W0192528

Peer Ederer / Philipp Schuller / Stephan Willms  2008

# Geschäftsplan Deutschland

Zukunft gewinnen
mit Investitionen in Humanvermögen

Cit. ✓

2008
Schäffer-Poeschel Verlag Stuttgart

Bildnachweis:
Fotos Zukunft@BPhil (S. 8, 44, 184, 220): Copyright Peter Adamik,
Fotos Circus Cabuwazi (S. VIII, 80, 120, 150, 260): Copyright David Heerde

Bibliografische Information der Deutschen Nationalbibliothek
Die Deutsche Nationalbibliothek verzeichnet diese Publikation
in der Deutschen Nationalbibliografie; detaillierte bibliografische
Daten sind im Internet über http://dnb.d-nb.de abrufbar.

Gedruckt auf chlorfrei gebleichtem, säurefreiem und alterungs-
beständigem Papier

ISBN 978-3-7910-2730-2

Dieses Werk einschließlich aller seiner Teile ist urheberrechtlich geschützt. Jede
Verwertung außerhalb der engen Grenzen des Urheberrechtgesetzes ist ohne
Zustimmung des Verlages unzulässig und strafbar. Das gilt insbesondere für Ver-
vielfältigungen, Übersetzungen, Microverfilmungen und die Einspeicherung und
Verarbeitung in elektronischen Systemen.

© 2008 Schäffer-Poeschel Verlag für Wirtschaft · Steuern · Recht GmbH

www.schaeffer-poeschel.de
info@schaeffer-poeschel.de

Einbandgestaltung: Willy Löffelhardt
Layout/Satz: pws Print und Werbeservice Stuttgart GmbH
Druck und Bindung: Kösel, Krugzell · www.koeselbuch.de

Printed in Germany
Mai 2008

Schäffer-Poeschel Verlag Stuttgart
Ein Tochterunternehmen der Verlagsgruppe Handelsblatt

# Inhalt

# Ein Ziel für Deutschland

Deutschland ist wieder da. Die Wirtschaft wächst kräftig und der Export erreicht neue Höchststände. Noch nie gab es so viele Erwerbstätige und seit 1992 nicht so wenig Arbeitslose wie heute. Weil ein verheirateter Alleinverdiener mit zwei Kindern aber über weniger Kaufkraft als 1999 verfügt, soll nun Schluss sein mit den schmerzvollen Reformen der vergangenen Jahre. Mindestlohn, Streiks, Linksrutsch – der Gewinn soll gerecht verteilt werden.

Dennoch herrscht Ratlosigkeit, denn eine Zukunftsstrategie ist das nicht. Kaum einer ist überzeugt, dass die alten Fronten, die zwischen links/rechts, Arbeit/Kapital, ökologisch/wirtschaftlich unterscheiden, auch langfristig zählen. Politiker und Wähler haben sich gegenseitig matt gesetzt: Wahlergebnisse, die keine Regierung mehr hervorbringen folgen auf Politik, die keine Ergebnisse mehr hervorbringt. Wie passen historisch hohe Steuer- und Abgabenquoten mit immer weniger Gerechtigkeit zusammen? Wie kann es sein, dass kapitalstarke, hochprofitable Ikonen der Weltwirtschaft wie Nokia, BMW und Siemens Deutschland den Rücken kehren? Welche Optionen lässt uns die Globalisierung überhaupt noch?

Der Geschäftsplan Deutschland leistet eine einfache Antwort. Nicht Einkommen, sondern Chancen müssen stärker umverteilt werden. Damit mehr Menschen am Erfolg teilhaben, müssen mehr Menschen ihn erzeugen können, in erster Linie durch bessere und mehr Arbeit. Die Chancen, um die es geht, sind vor allem Bildungs- und Partizipationschancen: in Krippe und Kindergarten, in Schule und Hochschule und vor allem am Arbeitsplatz. Nichts macht so arbeitsfähig wie die Arbeit. Nirgendwo wird soviel gelernt wie am Arbeitsplatz. Das gilt nicht nur

für Wissensarbeiter wie Wissenschaftler und Forscher sondern genauso für Friseure, Altenpfleger, Chemielaboranten, Lehrer, Selbständige, Führungskräfte oder Politiker.

Um diese Chancen zu beschreiben, führt der Geschäftsplan Deutschland eine neue Kategorie ein, das Humanvermögen. Damit ist etwas ganz Konkretes gemeint, das Handwerkszeug des Wohlstands nämlich. Humanvermögen ist die Summe aller Fähigkeiten, mit denen ein Mensch sich und anderen Nutzen stiftet.

Bei allen Dimensionen des Humanvermögens hat Deutschland messbares Verbesserungspotenzial: Kindern aus bildungsfernen Elternhäusern wird die Chance verwehrt, diesen Rückstand aufzuholen, 50-Jährigen wird die Weiterbildung verweigert, Mütter werden mit Bargeld zum Zuhausebleiben und zum Verlust der späteren Arbeitsmarktchancen verführt, 65-Jährige werden zwangsweise vom Arbeitsmarkt ausgeschlossen. Zu oft belohnen die institutionellen Anreize das Nicht-Arbeiten statt das Arbeiten. Dabei ist in einer differenzierten, arbeitsteiligen Gesellschaft die Erwerbsarbeit der wichtigste Weg für die Menschen, an der Entwicklung der Gesellschaft teilzunehmen und sich Vertrauen und Respekt zu erarbeiten.

Dieses Buch ist auch eine Antwort auf unseren »Geschäftsbericht Deutschland AG«, der 1999 die »Überschuldung« der öffentlichen Hand festgestellt hatte. Die dann folgende Reaktion auf diese nicht nur von uns diskutierte Tatsache – mehr Steuern und Abgaben, weniger Leistungen – war falsch. Obwohl eine Reform die nächste jagte, sind die Herausforderungen schneller gewachsen, als die Sparpolitik sie zu lösen vermochte, und die Sparstrategien der letzten Jahre haben uns alle ärmer gemacht. Die Kaufkraft der Konsumenten ist gesunken, die Perspektiven wurden spärlicher und die öffentlichen Schulden sind trotzdem weiter gewachsen.

Wir können uns die Zukunft nicht ersparen. Deutschland kann sich nicht gesund schrumpfen, aber es kann sich gesund wachsen. Dazu brauchen wir Investitionen, vor allem in Humanvermögen, mit denen wir den zukünftigen Wohlstand erzeugen können. Dieses Buch kommt zu dem Ergebnis, dass der Lebensstandard aller sich bis 2033 mehr als verdoppeln, die Wirtschaft 3,3 Prozent pro Kopf und Jahr wachsen und 10.500 Milliarden Euro in Humanvermögen investiert werden können. Was dazu nötig ist – das lesen Sie in diesem Geschäftsplan.

Zwischen den Kapiteln finden Sie Fotografien von Kindern beim Erwerb von Humanvermögen. Es handelt sich um das von der Deutschen Bank unterstützte Education Program der Berliner Philharmoniker, Zukunft@BPhil, und um Proben des Kinder- und Jugendzirkus Cabuwazi. Circus Cabuwazi ist ein sozialpädagogischer Jugendkulturbetrieb in Berlin-Marzahn, der sich durch die Förderung der Entwicklung von Kindern und Jugendlichen für eine engagierte, tolerante Berliner Jugend, ein lebendiges weltoffenes Berlin und gesellschaftliche Integration einsetzt. Zukunft@BPhil will auf

Menschen ganz unterschiedlicher Bildungsschichten und sozialer Herkunft zugehen, ihnen einen Zugang zur Welt der Klänge und musikalischen Formen vermitteln und ihnen einen Raum schaffen, in dem sie ihre ganz individuellen Möglichkeiten entfalten können, Musik zu erfinden, zu spielen und bewusst zu hören. Die Aufnahmen von diesen beiden Projekten stehen im Kontrast zu der sozialwissenschaftlichen Herangehensweise des Textes. Dennoch illustrieren sie eindrücklich, was auch das Buch insgesamt zeigen will: Viele Wege des Lernens führen zu Teilhabe und Erfolg.

Der Geschäftsplan will ermutigen, aber nicht schönreden. Er präsentiert auf analytische Weise eine erstrebenswerte, mögliche Zukunft und den Weg zu ihr. Er ist ein Angebot an jene Deutsche, die stolz sind auf ihr Land, auf das Wirtschaftswunder, auf die Vergangenheitsbewältigung, auf die friedliche Revolution 1989 und auf die Fußball-WM 2006. Er richtet sich an die Deutschen und ihre Freunde, die sich engagieren, etwas beitragen und sich anstrengen wollen, weil sie an die Macht des Menschen glauben, die Dinge zu verändern.

Peer Ederer
Philipp Schuller
Stephan Willms

# Perspektiven auf Wohlstand

Eine der Kernfragen der kommenden Jahre lautet: Schaffen wir es, die wieder gewonnene Wettbewerbsfähigkeit Deutschlands zu bewahren? Diese Frage müssen wir offen stellen, ebenso müssen wir offen über mögliche Antworten diskutieren. Ich bin davon überzeugt, dass alle Menschen in unserer Gesellschaft eine Perspektive wachsenden Wohlstands haben. Jedoch wird es nur unter völlig anderen Bedingungen als vor zwei oder drei Jahrzehnten möglich sein, diese Wohlstandsperspektive zu erlangen. So werden wir in einigen Jahren arbeitsrechtliche Regelungen vergleichbar denen in Dänemark haben, wo es fast Vollbeschäftigung gibt, und nicht mehr unseren Kündigungsschutz, der uns viele Arbeitsplätze kostet. Das heißt gleichzeitig aber auch: Wir brauchen eine flexiblere Form der Arbeitslosenversicherung. Hinzukommen muss ein Investivlohn als Beteiligung der Arbeitnehmerinnen und Arbeitnehmer an Unternehmenskapital und -gewinnen. Vor allem: die Möglichkeiten in Bildung zu investieren müssen auf allen Ebenen ausgebaut werden – für Kinder, Jugendliche, Studierende und Erwachsene – vom Kindergarten bis zu den Institutionen des Lebenslangen Lernens.

Weiter müssen wir über die Fortentwicklung der Sozialen Marktwirtschaft auf einer internationalen Ebene sprechen. Wir stehen vor der Herausforderung, eine freiheitliche Wirtschaftsordnung auf einer globalen Ebene zukunftsfähig zu machen. Viele Veränderungen kommen ins Blickfeld: Kapital, Waren- und Informationsströme haben sich von politisch und wirtschaftlich homogenen Räumen abgekoppelt und bahnen sich global ihren Weg. Die wirtschaftliche Dynamik hat zugenommen, aber auch unkontrollierte Machtstrukturen und soziale Ungleichgewichte, die

zumindest demokratische Staaten so nicht hinnehmen können.

Wer die Regeln einer sozialen Marktwirtschaft auf die internationale Ebene übertragen will, muss mit diesem neuen Phänomen umgehen. Dies erfordert durchaus erhebliche Veränderungen im nationalen Recht, aber auch mutige und nicht immer konfliktfreie Schritte hin zu einer Weltwirtschaftsordnung. Diese kann sicherlich nicht binnen weniger Jahre verwirklicht werden, aber das darf keine Ausrede zum Zögern bei jetzt notwendigen Maßnahmen sein.

Wir können uns auf das, was wir können, verlassen – deutsche Produkte und Dienstleistungen sind gefragter denn je. Für Deutschland und Europa sind globalisierte offene Märkte unter den Bedingungen einer internationalen sozialen Marktwirtschaft eine enorme Chance. Die Leistungsfähigkeit unserer Menschen und der Wirtschaftsunternehmen braucht niemanden auf der Welt zu fürchten. Im Gegenteil: Es besteht Anlass, sich über jeden zu freuen, der in der Welt genug Geld verdient, um sich unsere guten Produkte und Dienstleistungen leisten zu können.

Roland Koch
Hessischer Ministerpräsident

# Freiheit durch Gerechtigkeit

Darf man über Menschen und Arbeit so reden wie über Kapital und Investitionen? Nein. Denn der Mensch ist mehr – und er ist mehr wert. Obwohl unser Bruttosozialprodukt unentwegt steigt, finden viele, dass es ungerecht zugeht. Das können wir gemeinsam ändern. Wir Menschen suchen in unserem Leben die Erfahrung von Sinn, Bedeutung und Glück. Wir wollen nicht bloß mehr Geld, mehr Konsum oder mehr Komfort. Menschen wollen kreativ sein, sich entfalten, mit anderen gemeinsam etwas erreichen. Sie wollen nützliche und anerkannte Mitglieder eines sozialen Ganzen sein. Ohne unsere wertschöpfenden Kräfte als Menschen, ohne unsere Bereitschaft zur Entwicklung und zum Engagement gibt es keinen wirtschaftlichen und keinen gesellschaftlichen Fortschritt. Arbeitnehmer setzen den größten Teil ihres aktiven Lebens im Betrieb ein. Sie sind großartige Investoren in Sachen Wissen und Wertschöpfung. Sie müssen deshalb mehr und stärker in den Focus.

Die Zukunft Deutschlands liegt in dem mächtigen Potential, dass die arbeitsfähigen Menschen in Deutschland haben. Zu viel davon liegt brach. Zu viele Menschen sind falsch eingesetzt, resignieren, ihre Stärken werden nicht entwickelt. Wir können uns das nicht länger leisten, weder ökonomisch noch sozial. Eine wissensbasierte Industriegesellschaft, die demokratischen und republikanischen Prinzipien folgt, muss den Menschen in den Mittelpunkt wirtschaftlichen Handels stellen. Wirtschaft ist kein Selbstzweck. Sie soll unserer aller Leben erleichtern. Ein Unternehmen ist eine Leistungsgemeinschaft aller Beschäftigten. Eine Gesellschaft ist eine Lebensgemeinschaft aller ihrer Mitglieder. Nützlich und sinnvoll ist der Kapitaleinsatz in der Wirtschaft nur, wenn es nicht um die Rendite geht, sondern um das Ziel, dass Menschen die Freiheit haben, ihr Leben selbstbestimmt zu gestalten ohne die Gemeinschaft und die begrenzte Umwelt zu zerstören.

Gewerkschaften wissen: Eine Voraussetzung von Freiheit und Gerechtigkeit ist, dass die Menschen frei sind von Armut und Not. Gegenseitige Verpflichtungen und gesellschaftliche Sicherungssysteme sind unverzichtbar – und müssen in einer globalisierten Welt neu reguliert werden. Freiheit ohne Sicherheit führt sonst zur größten aller Knechtschaften: der Not. Menschen sollen auch frei sein von Angst, zum Beispiel vor dem Verlust des Arbeitsplatzes. Wer Angst hat, entwickelt sich nicht, sondern läuft weg, wird aggressiv oder igelt sich durch innere Kündigung ein. Wir brauchen eine menschliche Arbeitsgesellschaft, in der Ältere und Jüngere, Frauen und Männer, Deutsche und Migranten ihren Platz, Arbeit und eine Perspektive haben; kurz, als Menschen wie Menschen leben können. Dazu gehört vor allem auch eines: ein existenzsicherndes Arbeitseinkommen, also Erwerbsarbeit, die einen Sinn macht und einen Wert hat.

Wenn Frauen wie Männer in unserer Erwerbsgesellschaft endlich gleiche Chancen haben, wenn auch Frauen ganz selbstverständlich Führungspositionen besetzen und sie – oder ihre Männer – nicht durch mangelnde Kinderbetreuungsangebote an den Haushalt gebunden sind, wird ein großes Potential frei, sowohl für Mütter wie für Väter. »Gute Arbeit« bedeutet auch partnerschaftliche Unterstützung und Vereinbarkeit von Familie und Beruf.

Eine Gesellschaft, in der Lernen das zentrale Anliegen ist, kennt keine »überflüssigen« Menschen, auch nicht bei weiter steigender Produktivität. Langzeitarbeitslosigkeit ist auch ökonomisch kontraproduktiv. Parolen wie lebenslanges Lernen reichen nicht, gefragt sind konkrete Projekte. Niemand darf materiell durch den Rost fallen, wenn er sich weiterbildet. Ein junger Mensch muss unabhängig von seiner Herkunft eine Chance auf Ausbildung und Arbeit haben. Bildungskosten sind die wichtigsten Investitionen für die Zukunft. Das gilt für die Unternehmen und die ganze Gesellschaft. Bildungschancen ersetzen nicht eine nötige, gerechte Einkommensverteilung. Doch ohne Bildungs- und Entwicklungschancen wird die Spaltung der Gesellschaft weiter gehen.

Jeder im Arbeitsleben hat Anspruch auf gute Führung und Teilhabe an den Entscheidungen wie am Ergebnis. Zu »Guter Arbeit« und einer gerechten Gesellschaft gehört auch, dass Ältere nicht mehr aus dem Arbeitsleben ausgegrenzt werden. Es ist keine Perspektive, wenn man mit 55 Jahre »fertig« ist – oder nicht mehr arbeiten darf, obwohl man will und kann. »Gute Arbeit« bedeutet die Entwicklungsfaktoren zu sehen, die es dem Menschen möglich machen, sein ganzes Arbeitsleben gesund und kreativ zu bleiben. Dies ist nicht nur volks- und betriebswirtschaftlich sinnvoll, sondern hat sehr viel mit Menschenwürde zu tun.

Die Arbeitswelt ist wesentlich differenzierter und heterogener geworden. Dieser Trend wird sich fortsetzen. Unsere gewerkschaftlichen Gestaltungsaufgaben für die arbeitenden Menschen haben sich verändert. Attraktive Gewerkschaften sind viel mehr als nur Schutz- und Gegenmacht: Sie bieten eine gemeinsame Heimat in einer flexiblen Arbeitswelt, guten Service für Mitglieder, passgenaue Qualifizierungsangebote und eine umfassende und kompetente Beratung. Das ist interessant für Menschen in neuen Berufen, neuen Arbeitsverhältnissen und in neuen Branchen.

Ich finde deshalb auch die Idee eines Geschäftsplanes Deutschland spannend. Er detailliert die notwendigen Investitionen in Fähigkeiten und Wissen der Menschen, mit denen sie ihr Leben selbstbestimmt gestalten können. Er greift dabei wichtige Ideen des »DGB-Index Gute Arbeit« auf, den wir im vergangenen Jahr vorgestellt haben. Wir wollen damit Arbeitnehmern wie Unternehmen Kriterien für Entwicklungsmöglichkeiten bieten. Nicht alle Aussagen in diesem Buch finden meine Zustimmung – aber die Richtung stimmt: Es geht um die Menschen, was sie wollen, was sie können – und was sie verdienen.

Wir sehen neue Chancen für anderes, gerechteres Arbeiten und Wirtschaften. Nutzen wir sie gemeinsam.

Dietmar Hexel
Vorsitzender Aufsichtsrat
DGB-Index Gute Arbeit GmbH

# Fakten statt Mythen

In Deutschland haben wir alles, was man für eine erfolgreiche Zukunft braucht – Infrastruktur, Bildung, Know-how. Es muss uns gelingen, diese Potenziale auch für Fortschritt, Wohlstand und sozialen Frieden auszuschöpfen. Fortschritt kann nur von uns selbst gemacht werden – nicht von anderen, und schon gar nicht nur von »denen da oben«.

Deshalb müssen wir uns in Deutschland endlich von romantischen Träumereien verabschieden und uns der Realität zuwenden. Hierbei sind sowohl die Unternehmen als auch die Politik, die Medien sowie jeder Einzelne gefordert. Wir Deutsche können viel mehr, als wir zurzeit leisten. Im Moment ist es aber Realität, dass wir uns häufig selbst auf den Füßen stehen. Die großartigen Chancen, die sich weltweit bieten, nutzen wir nicht genug. Wir reden, statt mutig zu handeln.

Wir haben kein Erkenntnisproblem. Wir wissen: Ohne leistungsfähige industrielle Basis bleibt die Wissensgesellschaft auf der Strecke. Doch wir spielen routiniert auf Zeit. Wir ziehen eine Studie nach der anderen aus der Schublade und basteln uns Argumente zurecht, die kunstvoll unsere Großartigkeit belegen. Und dies im vollen Bewusstsein, dass wir gerade abgehängt werden. Einige in unserer Gesellschaft mögen das sogar begrüßen, doch die Mehrheit der Deutschen will den besten Lebensstandard, den die Welt zu bieten hat.

Die romantische Annahme vom ewigen Exportweltmeister ist mittlerweile ein Mythos. »Made in Germany« ist kein Selbstläufer mehr. Realität ist, dass wir in vielen Industriezweigen nur noch zweite oder dritte Garde sind. Auch in der Energiewirtschaft droht uns die Gefahr, den Anschluss zu verlieren. Kohle und Kernkraft werden mehr und mehr verteufelt. Energie soll aber billig und stets verfügbar sein. So funktioniert das nicht. »Wasch mich, aber mach mich nicht nass« ist weder ein Rezept für die deutsche Energieversorgung noch für den Industriestandort als Ganzes.

Unser Anteil am Wohlstand der Welt muss jeden Tag aufs Neue erobert werden. Dabei müssen wir uns gegen Nationen durchsetzen, die sehr viel gerader denken und handeln als wir, bisweilen auch brutaler. Solange wir aber an Mythen glauben, anstatt uns mit Fakten auseinanderzusetzen, verlieren wir die Aufholjagd zurück an die Spitze.

Daher lade ich Sie ein, sich auf den Geschäftsplan für Deutschland einzulassen. Er liefert einen nüchternen, analytischen Blick auf das, was wir können. Darauf, wo wir sein wollen und was wir dafür investieren müssen. Ein solcher Geschäftsplan zeigt, wo es sich lohnt zu investieren. Er zeigt, was wir erwarten können. Ohne Investitionen keine bessere Zukunft. Weder eine grünere, noch eine sozialere, noch eine wohlhabendere.

Daher – lesen Sie als Unternehmer! Investieren Sie sich und Ihr Wissen in die Zukunft der Firma Deutschland. Es lohnt sich.

Dr. Jürgen Großmann
Vorsitzender des Vorstands RWE AG

# Geschäftsplan Deutschland – Investitionsmemorandum

- ▶ **Risiko:**      Niedrig
- ▶ **Renditeerwartung:**      ca. 13 %
- ▶ **Anlagehorizont:**      25 Jahre bis 2033
- ▶ **Wachstumserwartung:**      3,3 % pro Jahr
  2,2-facher Lebensstandard in 2033 gegenüber 2008
- ▶ **Stop Loss:**      falls Wachstumsstrategie in 2013 nicht das entscheidende Wahlkampfthema ist
- ▶ **Geeignete Investoren:**      Wohnbevölkerung in Deutschland und Ausländer mit Einwanderungs- und Integrationsinteresse
- ▶ **Investitionsvolumen:**      10.800 Milliarden Euro (450 % des Bruttoinlandsprodukts)
- ▶ **Art der Investitionen:**      Mehr Lebenszeit in besseren Schulen, besserer Ausbildung, besseren Berufen und besserer Arbeit investieren. Mehr Lebenszeit mit Arbeiten verbringen: im Alter, als Mutter, als Geringqualifizierter. Mehr Einwanderung fördern.

**Haftungsausschluss:**

Das Dokument beinhaltet eine zusammenfassende Beschreibung der Investition Deutschland. Es ist kein Verkaufsprospekt, aber doch eine Aufforderung zur Investition. Es appelliert an die gesellschaftliche Verpflichtung der Leser. Die in dem Dokument enthaltenen Informationen dienen als Hintergrundinformation und unterliegen ständiger Aktualisierung, Überarbeitung und Ergänzung. Das Dokument stellt weder eine vollständige noch vollumfänglich genaue Beschreibung der Investition dar, doch enthält es ausreichend Informationen, die an ihr interessierte Kapitalanleger benötigen, bevor sie investieren. Investitionen sind Risiken unterworfen und nur geeignet für Investoren, welche das Risiko eingehen können, dass das gesamte eingesetzte Kapital verloren geht. Doch das ist im vorliegenden Fall eher unwahrscheinlich. Das vorliegende Dokument ist vom Empfänger nicht vertraulich zu behandeln, sondern aktiv an dritte Personen, Firmen, Partnerschaften oder andere Gesellschaften zu übergeben und mit diesen zu diskutieren.

# Kaufen Sie Deutschland!

Deutschland ist eine erstklassige Gelegenheit für den langfristigen, wertorientierten Investor in Humanvermögen. Die schwachen Ergebnisse der letzten 15 Jahre haben zu einer historischen Unterbewertung geführt. Das Ertragspotenzial basiert auf einer herausragenden Produkt- und Marktkompetenz. Der Nettobarwert der Erträge liegt deutlich über den heute zu veranschlagenden Einstandskosten. Daher weist der vorliegende Geschäftsplan eine im internationalen Vergleich hohe Rendite bei geringen Risiken aus.

Hätten Sie vor 15 oder 10 Jahren **Porsche** oder die **Salzgitter AG** gekauft? Beide Unternehmen waren schlecht geführte Sanierungsfälle. Doch durch die Besinnung auf ihre Stärken, durch den Einsatz wissensintensiver Technologien und durch große Anstrengungen konnten diese Unternehmen seitdem ihre Chancen auf dem Weltmarkt nutzen. Wer damals schon das Potenzial erkannte und investierte, der profitiert heute: Der Wert der Aktien von Porsche oder Salzgitter ist um mehr als das Zehnfache gestiegen.

Deutschland bietet heute eine vergleichbare Chance, in unterbewertete Kompetenzen und Wachstumspotenzial zu investieren. Sie erwerben kein Unternehmen, sondern beteiligen sich mit Ihrer Investition in deutsches Humanvermögen an der Chance, an allen zukünftigen Wertsteigerungen teilzuhaben. Der Markenname hat lange Tradition und das deutsche Geschäftsmodell bietet auch in Zukunft ein hervorragendes Potenzial für überdurchschnittlichen Erfolg. Die größten Investitionschance liegen beim Humanvermögen: mehr Weiterbildung, mehr Hochschule, bessere berufs- und allgemeinbildende Schule, mehr Kinderbetreuung sowie anspruchsvollere Arbeitsplätze mit lernintensiveren Inhalten und mehr Einwanderung. Zudem ist viel vorhandenes Humanvermögen unterausgelastet oder liegt ganz brach, und trägt somit wenig oder gar nicht zum Ertrag bei.

Dieser Geschäftsplan gibt detailliert Auskunft über die Investitionspotenziale und die bessere Auslastung des vorhandenen Humanvermögens. Die Rendite auf Ihre Investition misst sich in Wohlstand. Falls Sie investieren, steigt Ihr Lebensstandard bis 2033 auf mehr als das Doppelte und vermittelt nicht nur Zugang zu den modernsten Gebrauchsgütern, sondern auch die Freiheit, weniger materielle, kollektive Ziele anzustreben, zum Beispiel Umweltschutzstandards einzuhalten, ressourcen-

## Porsche

1993 wurden nur 13.000 Porsches verkauft und ein Verlust von 150 Millionen DM realisiert. Daraufhin begann Wendelin Wiedeking sein Sanierungsprogramm. 2007 wurden 97.500 Porsches abgesetzt und ein Nachsteuergewinn von 4,2 Milliarden Euro erzielt. Im selben Zeitraum stieg die Anzahl der Mitarbeiter um über 70 Prozent.

## Salzgitter AG

Bis 1989 war der Stahlhersteller Salzgitter AG ein Staatsunternehmen, das zunächst an die Preussag AG verkauft und 1998 an die Börse gebracht wurde. 2000 übernahm die Firma die ungeliebten Stahlaktivitäten der ehemaligen Mannesmann AG für einen Euro. Umstrukturierung, Internationalisierung und Investitionen in Dienstleistung und Technologien bereiteten das Unternehmen auf den Stahlboom der letzten Jahre vor. Seither wurde das Unternehmen in vielen Bereichen zum Weltmarktführer.

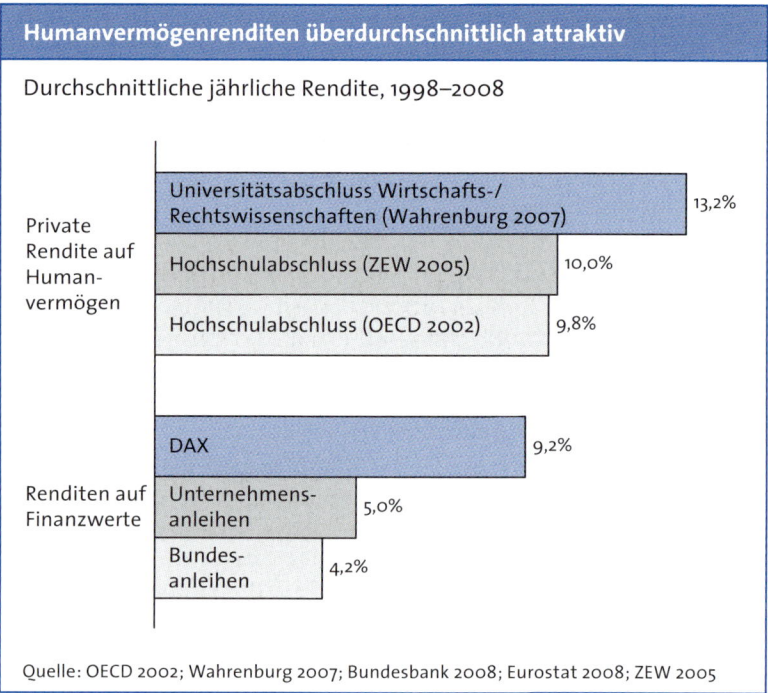

**Humanvermögenrenditen überdurchschnittlich attraktiv**

Durchschnittliche jährliche Rendite, 1998–2008

Private Rendite auf Humanvermögen
- Universitätsabschluss Wirtschafts-/Rechtswissenschaften (Wahrenburg 2007) — 13,2%
- Hochschulabschluss (ZEW 2005) — 10,0%
- Hochschulabschluss (OECD 2002) — 9,8%

Renditen auf Finanzwerte
- DAX — 9,2%
- Unternehmensanleihen — 5,0%
- Bundesanleihen — 4,2%

Quelle: OECD 2002; Wahrenburg 2007; Bundesbank 2008; Eurostat 2008; ZEW 2005

schonende Technologien einzusetzen, allen Einwohnern eine stetig verbesserte Gesundheitsversorgung zu garantieren, und die gleichberechtigte gesellschaftliche Partizipation der weniger bevorzugten Mitbürger zu subventionieren.

Dieser Geschäftsplan richtet sich an alle unter Ihnen, die von diesen idealen Voraussetzungen für ertragsstarke Investitionen in Humanvermögen profitieren wollen, weil Sie von den Stärken des Geschäftsmodells überzeugt sind. Der Geschäftsplan zeigt Ihnen, welche Investitionen in welchem Umfang möglich sind. Die Risiken dieser Investition sind fast vollständig durch Sie selbst oder durch das von Ihnen einzusetzende Management kontrollierbar.

### Idealer Zeitpunkt für Investitionen ist jetzt

**Der Investitionsstau beim Humanvermögen äußert sich in einem starken Mangel an Fachkräften. Mit neuen Investitionen kann zusätzliches Wachstum leicht realisiert werden.**

Da Sie diesen Geschäftsplan lesen können, haben Sie wahrscheinlich bereits in Deutschland investiert: Sie sprechen Deutsch, schicken Ihre Kinder auf eine deutsche Schule, arbeiten an einem deutschen Arbeitsplatz oder betreiben ein Unternehmen in Deutschland und leben in einer deutschen Stadt oder Gemeinde. Der größte Teil Ihrer bisherigen Investitionen in **Humanvermögen** ist eng mit Deutschland verbunden. Diese Investitionen haben Ihre Renditeerwartungen in der Vergangenheit möglicherweise nicht erfüllt – warum also nachlegen?

Vor allem weil die Leistungsfähigkeit Deutschlands bemerkenswert ist, sollten Sie investieren. Bereits heute bietet das Land seinen Investoren einen guten materiellen Lebensstandard und ein hohes Niveau an Freiheit und Sicherheit. Doch das Potenzial ist noch bedeutend größer.

Nie war die Lücke zwischen Nachfrage und Angebot an Humanvermögen in Deutschland so groß wie heute. Bereits 2006 fehlten in Deutschland 165.000 hoch qualifizierte Arbeitskräfte. Das kostete 0,8 Prozent Wirtschaftswachstum. Dieser **Fachkräftemangel** ist das Ergebnis eines über Jahrzehnte entstandenen Defizits beim wirtschaftlichen Strukturwandel, bei der Anzahl der Hochschulabschlüsse und beruflichen Weiterbildungen, bei den Leistungen in der Schule und bei der Kompensation der Humanvermögenslücken von Kindern bildungsferner Familien.

Eine Besserung der Situation war bisher nicht in Sicht, im Gegenteil: Die Ansprüche des Arbeitsmarktes steigen stetig, der Nachschub an geeigneten Arbeitskräften sinkt weiter und die Einwanderung ist zum Erliegen gekommen. Es ist nicht zu übersehen: Der Investitionsstau beim Humanvermögen ist zum größten Hemmschuh des wirtschaftlichen Erfolgs geworden.

Das Management setzt die Versäumnisse der Vorgängermannschaften lediglich fort und hat die Bewältigung dieser Herausforderung noch nicht auf die Agenda genommen. Stattdessen dominieren Machtpolitik, Selbstdarstellung und Nebensächlichkeiten, die das Wachstum eher schmälern als steigern. Ihre Investitionsentscheidung sollte von der noch unbefriedigenden Situation im Management unberührt bleiben. Dieser Geschäftsplan sieht vor, das Management auf seine Ziele zu verpflichten oder es gegebenenfalls auszutauschen. Dieses Recht ist allen Investoren per einfacher Mehrheitsentscheidung eingeräumt.

Deswegen ist jetzt der geeignete Zeitpunkt, um in Deutschland zu investieren.

---

### Humanvermögen

Humanvermögen ist das kumulierte Wissen und die Fertigkeiten, die einen Nutzen stiften. Für das Erlernen dieses Wissen wird Zeit investiert. Der Wert dieser Zeit bestimmt das Humanvermögen. Mehr Details zu Humanvermögen auf den Seiten 67–79.

### Fachkräftemangel

Das Institut der deutschen Wirtschaft stellte für 2006 einen Mangel an 165.000 Fachkräften fest. 80 Prozent der unbesetzten Stellen waren für Absolventen der Fachrichtungen Mathematik, Informatik, Naturwissenschaften und Technik ausgeschrieben. Jedes vierte Unternehmen musste deshalb Aufträge ablehnen. Laut Bundesagentur für Arbeit gab es im Oktober 2007 58.000 offene Stellen allein für Ingenieure, dem nur 22.000 Arbeitssuchende gegenüberstanden. Demografisch bedingt wird der Mangel von Jahr zu Jahr größer werden.

### Ausgangsszenario 2033

Das Ausgangsszenario 2033 unterstellt die heutige Erwerbstätigkeitsstruktur, die heutige Immigration und eine Fortschreibung der heutigen demografischen Trends. 2008 sind ca. 39 Millionen Menschen erwerbstätig. Weil viele davon teilzeitbeschäftigt sind, entspricht diese Zahl 31,9 Millionen Vollzeitäquivalenten. Ohne Einwanderung wird die Gruppe der 18- bis 60-Jährigen stark schrumpfen. Unter der heutigen Erwerbsbeteiligungsstruktur und der aktuellen Einwanderungsrate nahe Null, würde die Anzahl der vollzeitäquivalenten Erwerbstätigen daher bis 2033 auf 23,4 Millionen fallen. Das hätte einen stagnierenden Lebensstandard zur Folge.

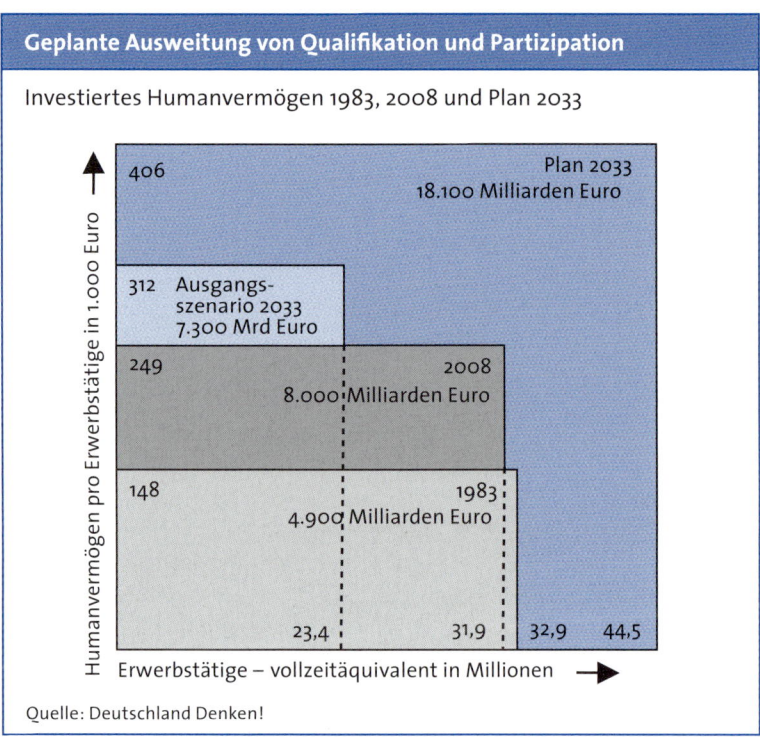

**Geplante Ausweitung von Qualifikation und Partizipation**

Investiertes Humanvermögen 1983, 2008 und Plan 2033

Quelle: Deutschland Denken!

## Potenzial wird noch nicht ausgeschöpft

**Deutschland verfolgt seit Jahrhunderten das Geschäftsmodell Humanvermögen und wird deshalb auch die aktuelle Schwäche überwinden. Die Risiken sind gering.**

Das Geschäftsmodell, Wohlstand in erster Linie durch den Einsatz von Humanvermögen zu erzeugen, ist bereits seit Jahrhunderten in Deutschland etabliert. Anders als in vielen Wettbewerberländern müssen Deutsche nicht erst davon überzeugt werden, dass es sich lohnt, in Bildung und Arbeit zu investieren. Investitionen in Humanvermögen sind eher als andere Geschäftsmodelle geeignet, den Wohlstand gleichmäßig zu verteilen – ein Ziel, das den Deutschen wichtig ist.

Deutschland stellt höchste Ansprüche an sich selbst. Nach Tradition und kulturellem Selbstverständnis wollen die Deutschen den technologischen Fortschritt schnell nutzen oder noch lieber selbst vorantreiben. Wenn Deutschland in der Vergangenheit hinter die Spitze der internationalen Entwicklung zurückgefallen war, holte es schnell auf. Mit Mittelmaß waren die Deutschen nie zufrieden. Wiederholt haben sie sich gerade aus tiefen Krisen wieder an die Spitze gekämpft. Es gibt daher viele Anknüpfungspunkte für den Geschäftsplan, um das Land aus seiner derzeitigen Lethargie zu befreien.

Unkontrollierbare Risiken gibt es fast keine: Das Land wird weder durch seine Nachbarn noch die Natur bedroht. Die Versorgung mit Rohstoffen auf dem Weltmarkt ist bei ausreichender Zahlungskraft leicht sicherzustellen. Chancen gibt es dagegen im Überfluss: Das Land hat mehr Platz, Infrastruktur und Sozialkapital, als für den Erfolg notwendig sind. Die Fähigkeiten und Möglichkeiten der Deutschen, dem heimischen Markt und den internationalen Märkten nachgefragte Produkte und Dienstleistungen anzubieten, sind bei weitem nicht ausgeschöpft.

## Geeignet für unterschiedliche Investoren

**Bewohner, Unternehmen, Städte und Einwanderer können als Investoren in Deutschland auftreten. Für sie alle ist Humanvermögen das zentrale strategische Instrument zum Wohlstand.**

Wer kann kaufen? Jeder kann in Deutschland investieren, der Geld oder sein Humanvermögen beisteuert. Jeder, der sein Humanvermögen ausbaut und einsetzt, wird zum Investor in Deutschland, zum Beispiel indem er seine Fertigkeiten verbessert und mit dem technischen Fortschritt Schritt hält oder sich verstärkt für beruflichen und gesellschaftlichen Erfolg engagiert. Jeder kann in sein eigenes Humanvermögen oder das seiner Kinder investieren, indem er zusätzliche Bildungsanstrengungen unternimmt, neue Fertigkeiten erlernt oder mit Abschlüssen und Zertifikaten das Gelernte formalisiert.

Schon heute verfügt ein typischer deutscher Haushalt über knapp 200.000 Euro Humanvermögen, ein Drittel mehr als übrige Vermögensarten. Am geringsten sind die Transaktionskosten für diejenigen, die heute schon investiert sind: 82,3 Millionen Bewohner Deutschlands. Die Investitionsmaßnahmen in diesem Geschäftsbericht schließen aber auch Ausländer, die als Einwanderer gewonnen werden können, die öffentliche Hand und Unternehmen mit ein.

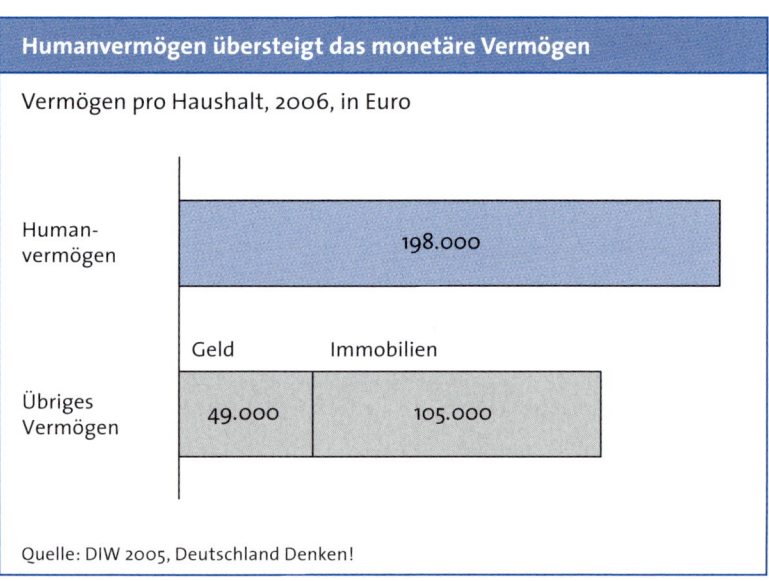

**Humanvermögen übersteigt das monetäre Vermögen**

Vermögen pro Haushalt, 2006, in Euro

Human-vermögen: 198.000

Übriges Vermögen — Geld: 49.000 | Immobilien: 105.000

Quelle: DIW 2005, Deutschland Denken!

## Ansiedlung von Arbeitsplätzen

Kalamazoo ist eine mittelgroße ehemalige Industriestadt im US-Staat Michigan. 30 Prozent der rückläufigen Bevölkerung lebt von öffentlichen Transfers. Kalamazoo braucht mehr Arbeitsplätze. Doch statt der üblichen Strategie, Unternehmen mit Steuervergünstigungen anzulocken, setzt Kalamazoo auf Humanvermögen: Seit November 2005 werden jedem Schulabgänger die Universitätsgebühren erstattet. Das macht die Stadt für Mittelklassefamilien attraktiv, die aus diesem Grund neu in die Stadt ziehen oder nicht mehr wegziehen wollen. Diese wiederum sind attraktiv für Unternehmen, die sich dort ansiedeln, wo qualifizierte Arbeitskräfte leben. Bis heute sind die Schülerzahlen bereits um 11 Prozent gestiegen. (Economist 2008)

Für Unternehmer bieten sich attraktive Investitionsmöglichkeiten. Wer die Qualifikationsanforderungen seiner Arbeitsplätze stetig vorantreibt, wird in Zukunft erfolgreich sein. Wer außerdem die Entwicklung seiner Mitarbeiter zur Kernkompetenz macht, indem er für dauerhafte Weiterbildung und Weiterqualifizierung auf allen Ebenen sorgt, der hat im Kampf um die besten Talente gute Aussichten. Finanzkapital gibt es am Weltmarkt im Überfluss; hohes Humanvermögen ist dagegen ein rares Gut, das die Wettbewerbsfähigkeit sichert.

Städte, Gemeinden und allgemein die öffentliche Hand sind mittelbar und unmittelbar am Investitionsprozess beteiligt. Sie schaffen die Voraussetzungen für einen attraktiven Arbeitsmarkt, indem sie die **Ansiedlung von anspruchsvollen Arbeitsplätzen** begünstigen, und sie können Bildungsinstitutionen etablieren und finanzieren. Umgekehrt tragen Menschen mit den höchsten Humanvermögen dort, wo sie sich niederlassen, entscheidend zur Bereitstellung und Finanzierung öffentlicher Dienstleistungen bei.

Schließlich können Einwanderer ihr Humanvermögen in Deutschland einbringen, für kurze Zeit oder auf Dauer, und es hier auch weiter aufstocken. Deutschland verfügt über eine lange Einwanderungshistorie und gute Bildungsinstitutionen, die auch Immigranten offen stehen.

# Marktsituation und Wettbewerber

Die steigende Nachfrage nach Humanvermögen ist das Spiegelbild eines steigenden Lebensstandards. Wer sich die beste gesundheitliche Versorgung, modernste Standards des Umwelt- und Klimaschutzes und die neuesten Technologien im täglichen Leben, von MP3 über GPS zu ESP, leisten möchte, muss mehr verdienen; wer an ihrer Erzeugung beteiligt sein möchte, muss mehr können. Auf die Geschwindigkeit des technologischen Fortschritts hat Deutschland keinen Einfluss; sie wird global gesetzt. Die Teilnahme am Fortschritt setzt aber die ständige Steigerung der Arbeitsleistung voraus und diese wiederum ständige Investitionen in Maschinen und Humanvermögen.

## Die Nachfrage nach Wohlstand

**Der Wohlstand der reichsten Länder steigt jedes Jahr um über zwei Prozent pro Kopf. Auch in Deutschland steigt der Wohlstand stetig, und mit ihm die Ansprüche.**

Der Fortschritt wird von dem Willen aller Menschen dieser Welt angetrieben, ihre Lebensumstände zu verbessern. Sie produzieren Technologie und mit ihr die Möglichkeit, den Wohlstand zu vermehren. Die historische Erfahrung zeigt, dass dieser Fortschritt die ökonomischen Möglichkeiten des am weitesten entwickelten Landes jährlich um zwei Prozent pro Kopf steigert; dieses Land setzt den Maßstab für Wohlstand. Nach 25 Jahren erlaubt dadurch dieselbe Menge Arbeit einen um 64 Prozent höheren Lebensstandard. Weniger entwickelte Länder wachsen oft sogar schneller, weil sie den Rückstand aufholen wollen.

Zu den Entwicklungen in Deutschland seit 1983 gehören beispielsweise: Statt rumpeliger Züge saust der elegante ICE mit Tempo 300 zwischen den Städten, im Straßenverkehr ist die Anzahl der Verkehrstoten pro Fahrkilometer um 76 Prozent gesunken, und der Schadstoffausstoß eines Euro-4-Autos ist auf fünf Prozent des Niveaus vor Einführung des Katalysators gefallen. Die Wahrscheinlichkeit, an einem Herzinfarkt zu sterben, ist um 25 Prozent gesunken. Damals wurde beim Telefonieren über das Festnetz auf jede Minute geachtet und die Deutsche Bundespost verlangte eine Zusatzgebühr für ein längeres Kabel oder ein Tastentelefon; der Begriff Flatrate hätte Verwunderung, die Idee dahinter Lachen ausgelöst.

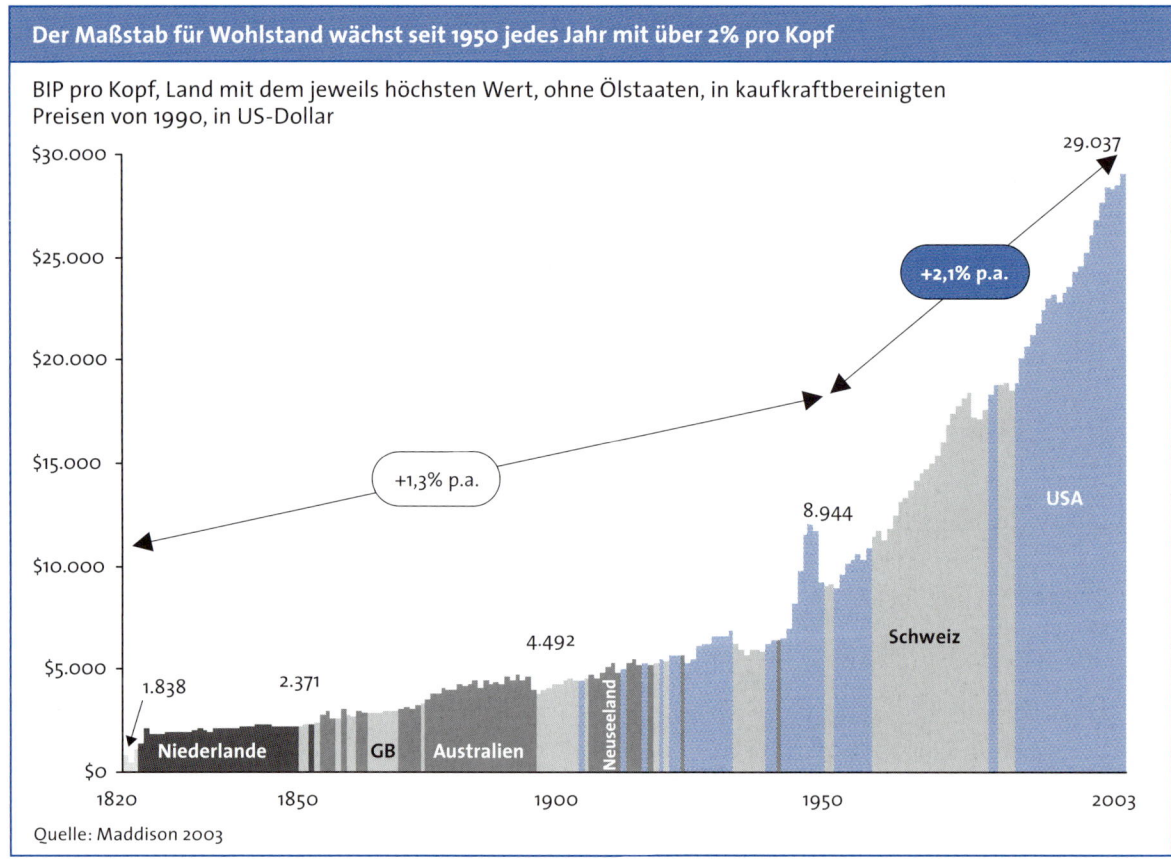

**Der Maßstab für Wohlstand wächst seit 1950 jedes Jahr mit über 2% pro Kopf**

BIP pro Kopf, Land mit dem jeweils höchsten Wert, ohne Ölstaaten, in kaufkraftbereinigten Preisen von 1990, in US-Dollar

Quelle: Maddison 2003

Der durchschnittliche westdeutsche Lebensstandard von 1983 entspricht in etwa der Armutsgrenze von heute, nämlich 63 Prozent eines durchschnittlichen Einkommens in 2008. Das entspricht ungefähr dem Abstand, den die Tschechische Republik oder Ungarn heute auf Deutschland haben. Für die Ostdeutschen war die Entwicklung seit 1983 noch rasanter.

**Allerdings ist Deutschland in den letzten 25 Jahren von der Spitze abgefallen. Ein jährliches Wachstum von 3,3 Prozent bis 2033 kann den Anschluss wieder herstellen.**

Hätte Deutschland in den letzten 25 Jahren nicht an der weltweiten Steigerung des Lebensstandards teilgehabt, dann würden die Städte weiterhin übel nach Abgas riechen, es gäbe keine Mobiltelefone, Internet oder Flachbildschirme, die Lebenserwartung wäre sieben Jahre kürzer und statt ICE, Solarzellen und PC gäbe es sehr viele Schreibmaschinen. Sollte Deutschland zukünftig nicht an der Entwicklung teilnehmen, dann würde das Land im Jahr 2033 genauso aussehen, wie der

Lebensstandard von heute. Dennoch ist gegenüber vergleichbaren Ländern der deutsche Lebensstandard schon erkennbar gesunken, weil das **Wirtschaftswachstum** hinter dem der anderen zurückblieb. Gehörten die Deutschen in den 1980er Jahre zu den reichsten Industrieländern der Welt, so hat sich seitdem eine Lücke zur Spitzengruppe aufgetan. Zwar konnte schuldenbasierter Konsum den Lebensstandard stützen, doch diese Strategie steht in Zukunft nicht mehr zur Verfügung. Damit Deutschland wieder zur Spitzengruppe aufschließt, bietet sich daher nur die Möglichkeit, das Pro-Kopf-Einkommen noch schneller als um zwei Prozent jährlich zu steigern. Der Geschäftsplan errechnet ein Wachstum von 3,3 Prozent im Jahr bis 2033. Dabei handelt es sich um einen Durchschnitt; tatsächlich werden die Wachstumsraten mit der Konjunktur zwischen null und sechs Prozent schwanken.

Fortgesetzte Unterinvestition in Humanvermögen würde den Lebensstandard dagegen empfindlich einschränken. Dafür dass die Deutschen zu dieser Einschränkung bereit wären, gibt es keine Anzeichen. Der Geschäftsplan geht davon aus, dass die Deutschen auch in Zukunft den jeweils höchsten weltweit verfügbaren Standard im Umwelt- und Klimaschutz, bei der Gesundheits- und Energieversorgung, in Ernährung, Wohnung, Transport und täglichem Konsum beanspruchen werden und bereit sind, die dafür notwendigen Investitionen zu tätigen.

**Wirtschaftswachstum**

Mitte und Ende der 1980er Jahre wuchs die deutsche Wirtschaft kräftig. In der Periode seit 1992 fiel das durchschnittlich erzielte Wachstum mit nur 1,4 Prozent deutlich hinter andere Ländern zurück, obwohl die Wiedervereinigung einen überdurchschnittlichen Wachstumsschub hätte auslösen müssen.

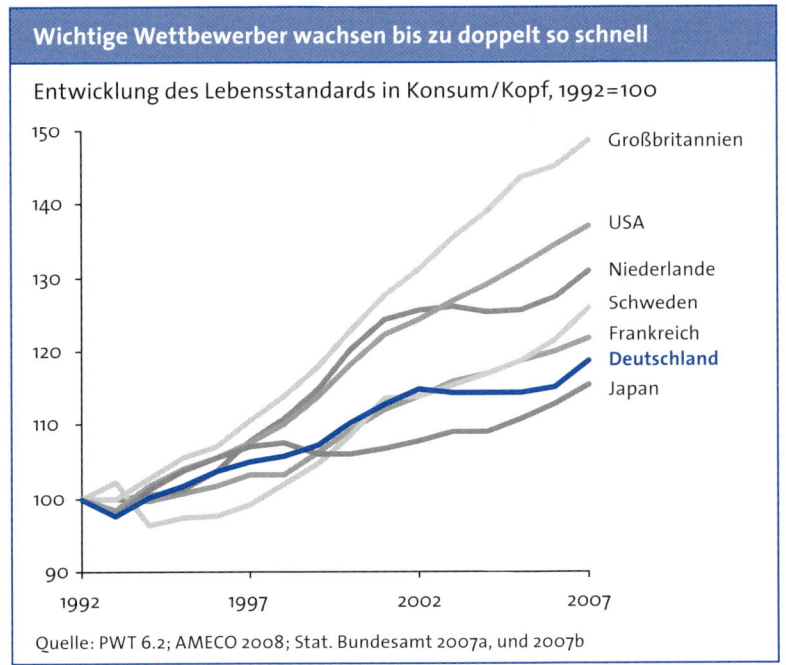

**Wichtige Wettbewerber wachsen bis zu doppelt so schnell**

Entwicklung des Lebensstandards in Konsum/Kopf, 1992=100

Großbritannien
USA
Niederlande
Schweden
Frankreich
**Deutschland**
Japan

Quelle: PWT 6.2; AMECO 2008; Stat. Bundesamt 2007a, und 2007b

## Alternative Geschäftsmodelle

**Wie ein Land den Wohlstand seiner Bürger sichert, hängt von seiner Größe, seinen Rohstoffen und seiner Strategie ab. Für Deutschland gibt es nur das Geschäftsmodell, auf Humanvermögen zu bauen.**

Kurzfristig gibt es eine Reihe von Stellhebeln, mit denen der Wohlstand beeinflusst werden kann: Stimulierung der Nachfrage, Liberalisierung der Produktmärkte, Wechselkurs und Zinsgestaltung oder die Fiskalpolitik. Langfristig haben diese Taktiken aber nur geringen Einfluss. Wichtiger ist die Ausstattung mit den Produktionsfaktoren. Dabei führen je nach Voraussetzung unterschiedliche Geschäftsmodelle zu mehr Wohlstand. Einige verlassen sich auf natürliches Kapital, andere auf die Arbeit vieler Menschen mit niedrigem Humanvermögen, wieder andere auf bestimmte Spezialisierungen von Humanvermögen.

### Geschäftsmodell: Nischenspezialist

**Nischenspezialisten**

BIP pro Kopf 1996–2006
| | |
|---|---|
| Estland: | 8,2 Prozent |
| Irland: | 5,7 Prozent |
| Kapverde: | 3,5 Prozent |
| Singapur: | 3,3 Prozent |
| Island: | 3,0 Prozent |

(Weltbank 2008)

Kleine Länder können fokussiert in solche Sektoren investieren, in denen sie in der internationalen Arbeitsteilung aufgrund von Sprache, geografischer Lage oder Geschichte einen besonderen Wettbewerbsvorteil haben. **Irland** hat seine englische Sprache – und Steuervergünstigungen – genutzt, um beispielsweise die Buchungsfunktionen der europäischen Finanzindustrie in und um Dublin anzusiedeln. Das Konsumniveau ist in den letzten zehn Jahren um über 90 Prozent gestiegen. Eine vergleichbare Strategie hat **Singapur** in Asien verfolgt und hat dabei nicht nur das internationale Netzwerk seiner chinesisch-stämmigen Bevölkerung, sondern auch die strategische Lage an der wichtigsten Handelsroute der Welt, der Straße von Malakka, genutzt. Irland und Singapur haben jeweils fünf Prozent der Bevölkerung Deutschlands.

### Geschäftsmodell: Rohstoffverkauf

Länder mit großen Rohstoffvorkommen müssen nicht viel für ihren Wohlstand tun, so lange sie die Kontrolle über diese Rohstoffe behalten und die Preise nicht verfallen lassen. Russland benötigte nach dem Zusammenbruch der Sowjetunion ausländisches Kapital für die Instandhaltung der Förderungsanlagen und für die weitere Erschließung der Rohstoffe. Inzwischen hat es aber die Kontrolle wieder weitgehend in eigenen Händen, um den Wohlstand im Land zu behalten. Die

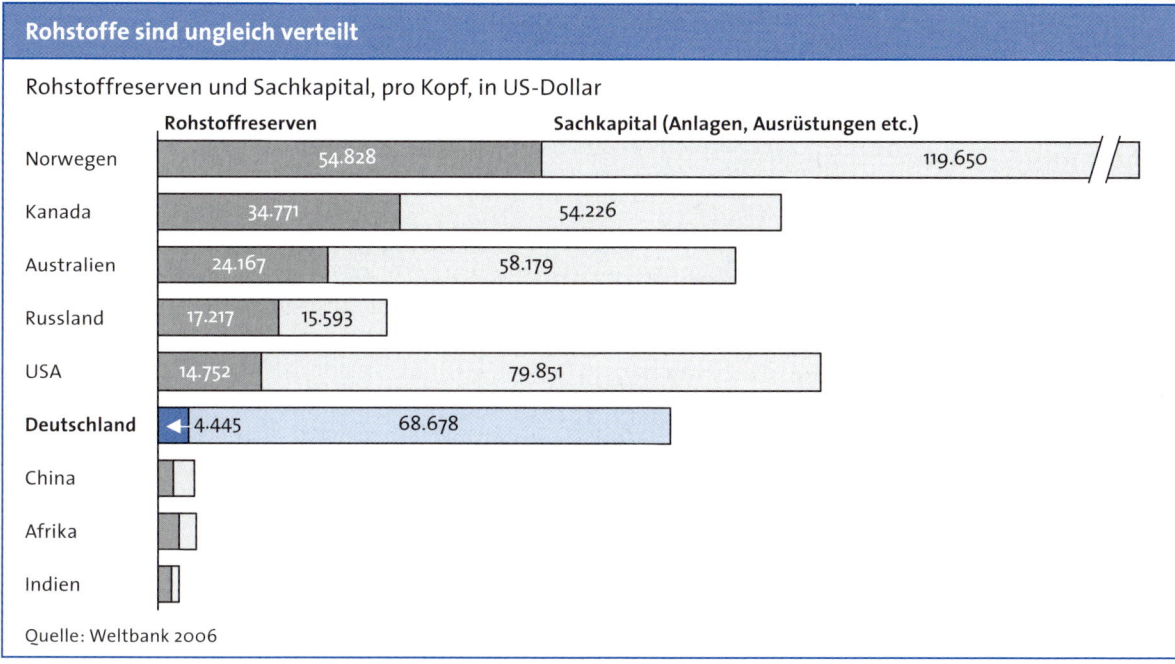

**Rohstoffe sind ungleich verteilt**

Rohstoffreserven und Sachkapital, pro Kopf, in US-Dollar

Rohstoffreserven — Sachkapital (Anlagen, Ausrüstungen etc.)

| | Rohstoffreserven | Sachkapital |
|---|---|---|
| Norwegen | 54.828 | 119.650 |
| Kanada | 34.771 | 54.226 |
| Australien | 24.167 | 58.179 |
| Russland | 17.217 | 15.593 |
| USA | 14.752 | 79.851 |
| Deutschland | 4.445 | 68.678 |
| China | | |
| Afrika | | |
| Indien | | |

Quelle: Weltbank 2006

OPEC hat jahrelang den Ölpreis durch Angebotsmanagement hoch gehalten. Auch moderne Demokratien können von ihren Rohstoffen profitieren: Australien, Norwegen oder Kanada verdanken einen Teil ihres Wohlstands ihren Rohstoffvorkommen.

## Geschäftsmodell: Hegemonialmacht

Bevölkerungsreiche Länder sind ab einem gewissen Entwicklungsgrad von der globalen Arbeitsteilung weniger abhängig. Ihre relative, auch militärische Übermacht erlaubt es ihnen, ihre Wohlstandsinteressen durchzusetzen. Die USA können zum Beispiel nahezu risikolos den heimischen Wohlstand aus hohen Handelsbilanzdefiziten speisen, weil sie der größte Absatzmarkt der Welt sind, der Welthandel in US-Dollar fakturiert wird und Währungsreserven in US-Dollar denominiert sind. Ohne die wirtschaftliche und militärische Dominanz seit dem Zweiten Weltkrieg wäre diese Situation nicht denkbar. China wiederum kann dank seiner Größe und politischen Struktur den Konsum im eigenen Land gegen die Interessen der Handelspartner verringern, um das Kapital in langfristige Investitionen zu lenken.

### Geschäftsmodell: Humanvermögen

Allen übrigen Ländern bleibt nur ein Geschäftsmodell zur Auswahl: den Wohlstand auf den Ausbau von individuellem Humanvermögen zu gründen. Diese Länder tragen in der internationalen Arbeitsteilung vor allem hoch qualifizierte und anspruchsvolle menschliche Arbeit bei. Diese Strategie steht nicht nur Ländern, sondern auch Regionen, Städten oder Bevölkerungsgruppen offen. Ein historisch erfolgreiches Beispiel waren die Juden in der Diaspora. Sie waren weder mächtig noch reich an Grundbesitz; ihr Wohlstand gründete sich allein auf ihre Fertigkeiten zunächst im Finanzwesen und Handel, später auch in Kultur und Wissenschaft. In allen Ländern mit signifikanter jüdischer Bevölkerung gehören sie zu den am besten ausgebildeten Bürgern.

Einige Länder verfolgen mehrere Strategien gleichzeitig. Russland verfolgt eine Rohstoff- und Hegemonialstrategie. Dubai hat das Ende seiner Rohstoffe abgesehen und setzt rechtzeitig darauf, zu einem Dienstleistungsspezialisten zu werden. Die Strategie Humanvermögen lässt sich problemlos mit den anderen drei Strategien kombinieren. Für Deutschland ist jedoch nur die Maximierung von individuellem Humanvermögen als Geschäftsmodell geeignet, denn es ist für einen Nischenspezialisten zu groß, für eine Hegemonialmacht zu klein, und für die Ausbeutung von Rohstoffen zu arm an natürlichen Ressourcen.

Auf der Basis des Geschäftsmodells Humanvermögen detailliert dieser Geschäftsplan die möglichen Investitionen in, sowie die mögliche Mobilisierung von Humanvermögen. Gemäß Plan wird der Lebensstandard bis 2033 auf 223 Prozent des heutigen Niveaus oder jährlich 3,3 Prozent pro Kopf steigen, den Rückstand zur weltweiten Spitzengruppe wieder aufholen und für zukünftige Generationen sichern.

# Investitionsvolumen

**Das Investitionsvolumen beläuft sich bis 2033 auf 10.800 Milliarden Euro Humanvermögen und 1.661 Milliarden Euro monetäre Investitionen.**

Das gesamte Investitionsvolumen des Humanvermögens beträgt über die nächsten 25 Jahre bis 2033 10.800 Milliarden Euro, mehr als eine Verdoppelung des in 2008 in Deutschland eingesetzten Humanvermögens. Die Investition besteht primär aus der **Ressource Zeit**. Grundsätzlich unterscheidet der Geschäftsplan zwei Arten, Zeit zu investieren: Zeit zum Lernen und Zeit zum Arbeiten. Durch die Verwendung von Zeit zum Lernen wird Humanvermögen aufgebaut; Zeit zum Arbeiten mobilisiert Humanvermögen für den Einsatz auf dem Arbeitsmarkt.

Die monetären Investitionskosten für den Geschäftsplan von 1.661 Milliarden Euro setzen sich zusammen aus Einmalkosten von 186 Milliarden, fast ausschließlich für die Kapazitätsausweitung der Hochschulen, und laufenden Kosten von 59 Milliarden im Jahr, vor allem in Schule und Universität und zu einem geringeren Teil für Weiterbildungen und die Integration von Einwanderern. Ein erheblicher Teil dieser Investition kann privat vorgenommen werden, da die Erträge ebenfalls vornehmlich privat anfallen werden. Selbst wenn die öffentliche Hand die gesamten laufenden Investitionskosten tragen würde, beliefen sich diese Ausgaben nur auf 5,6 Prozent der heutigen Gesamtausgaben der **öffentlichen Hand**.

Weitere privat anfallende Kosten zum Beispiel für Investitionen, die die Bereitstellung und Besetzung von neuen Arbeitsplätzen sowie die Verbesserung dieser Arbeitsplätze betreffen, sind im Geschäftsplan nicht beziffert oder modelliert, da sie sich im Rahmen der üblichen Kapitalausstattung von Arbeitsplätzen bewegen und Teil einer jeweils projekt- oder unternehmensbezogenen Kalkulation sind. Der globale Finanzmarkt lenkt Investitionen in Sachkapital an die Orte mit der höchsten Produktivität und den besten Renditen. Da das Produktivitätsniveau mittel- und langfristig primär durch das Humanvermögen bestimmt wird, wird auch der Einsatz von Sachkapital den Vorinvestitionen in Humanvermögen folgen, ohne explizite Planung zu erfordern.

## Ressource Zeit

Zeit wird nicht nur produktiv, sondern auch konsumtiv verbraucht. Der Verzicht auf Freizeit ist eine Investition, die sich lohnt, weil die zukünftigen Wohlstandsgewinne den heutigen Wert dieser Freizeit bei weitem übersteigen. Ohnehin ist nicht alle Freizeit selbst gewählt; viele Menschen sind gegen ihren Willen von einer Partizipation am Arbeitsmarkt ausgeschlossen oder würden gerne mehr Zeit in Weiterbildung und Arbeit investieren.

## Öffentliche Hand

Durch die Umsetzung des Geschäftsplans wird die öffentliche Hand einerseits mehr Einnahmen aus den gestiegenen Einkünften der Bürger generieren, andererseits geringere Sozialausgaben für Nichtarbeitende verzeichnen. Beide Effekte übertreffen jeweils die notwendige Investitionssumme um ein Vielfaches. Es besteht also nicht nur ausreichender Spielraum diese Investitionen vorzunehmen, sondern darüber hinaus die Steuer- und Abgabenquote für Arbeitseinkommen von derzeit ca. 60 Prozent weit abzusenken.

## Zeit zum Lernen:
## Investition in Humanvermögen

**Plangemäß steigt das investierte Human-vermögen pro Erwerbstätigen von heute 249.000 Euro auf 406.000 Euro im Jahr 2033.**

Dass der technische Fortschritt die Möglichkeiten des Lebensstandards steigert, ist nur möglich, wenn er auch die Inhalte der Arbeit verändert, aus deren Erträgen dieser höhere Lebensstandard finanziert wird. Die stetige Anpassung an neue Arbeitsinhalte erfordert mehr Lernen, weniger Routine und anspruchsvollere Berufe:

▶ Der Anteil an Routinearbeiten wird weiter sinken; Analyse, Problemlösung und Kommunikation gewinnen dagegen an Gewicht. Die Anpassung an diese neuen Arbeitsinhalte erfordert nicht primär mehr institutionalisiertes Lernen, aber zunehmend mehr Zeit für berufsbedingtes Lernen.

▶ Der Anteil der Experten (Akademiker und Führungskräfte) unter allen Erwerbstätigen verdoppelt sich von heute 20 auf 40 Prozent in 2033. Dazu werden jedes Jahr 300.000 Fachkräfte auch nach Jahren der Berufspraxis Weiterbildungen auf Hochschulniveau absolvieren. Erwerbspersonen in einfachen Tätigkeiten werden zu Fachkräften fortgebildet.

▶ Die Erstausbildung konzentriert sich in Zukunft ebenfalls auf dieses Ziel: 50 Prozent jedes Jahrgangs schließen ein Hochschulstudium ab. Die andere Hälfte absolviert eine Berufsausbildung

▶ Bessere Schülerleistungen unterstützen die Ziele bei Hochschule und Berufsausbildung. Der Schülerdurchschnitt erreicht das finnische Leistungsniveau und 60 bis 70 Prozent eines Jahrgangs erzielen die Hochschulreife; alle besuchen zwölf Schuljahre lang eine allgemeinbildende Schule.

## Zeit zum Arbeiten:
## Investition von Humanvermögen

**Laut Geschäftsplan steigt die Zahl der Vollzeitäquivalente von heute 31,9 Millionen auf 44,5 Millionen in 2033; die der erwerbstätigen Personen von 39 auf 50 Millionen.**

In Zukunft wird ein viel kleinerer Teil der Menschen vom Arbeitsmarkt ausgeschlossen als heute. Wenn das Gesamtniveau der Qualifikation steigt, nimmt auch die relative Nachfrage nach weniger Qualifizierten zu, so dass sich deren Chancen auf dem Arbeitsmarkt verbessern. Die folgenden Zahlen beziehen sich auf vollzeitäquivalente Beschäftigungsverhältnisse.

▶ Eine durchschnittliche Erwerbsbiographie verlängert sich auf 53 Jahre und der Eintritt in den Ruhestand erfolgt erst zwischen dem 70. und 80. Lebensjahr. Die letzten zehn Jahre werden in Teilzeit gearbeitet. Diese Gruppe der Älteren entspricht 8,8 Millionen zusätzlichen Erwerbstätigen bis 2033.

▶ Flächendeckende Kinderbetreuung mit Kinderkrippen, Kindergärten und Ganztagsschulen erlaubt der Hälfte aller Mütter vollzeitig am Arbeitsmarkt teilzunehmen. Dadurch kommen bis 2033 weitere 3,3 Millionen Erwerbstätige hinzu.

▶ Das höhere Qualifikationsniveau erhöht die Nachfrage auch nach geringer Qualifizierten, so dass Arbeitslosigkeit nur noch den kurzen Zeitraum zwischen zwei Arbeitsplätzen ausmacht. Bis 2033 werden so 2,4 Millionen mehr Menschen erwerbstätig sein.

▶ Im Jahr wandern netto (mit den Fortzügen saldiert) 300.000 arbeits- und integrationswillige Ausländer mit hohem Humanvermögen ein, um die schwache Geburtenrate der Deutschen auszugleichen. Das entspricht 6,7 Millionen Erwerbstätigen im Jahr bis 2033.

Die größten Lebensstandardsteigerungen sind mit der Mobilisierung von Humanvermögen und der Verlängerung der Erwerbsbiografien verbunden. Diese setzen aber die Investition in höheres Humanvermögen pro Kopf voraus. Umgekehrt werden sich die Investitionen in Humanvermögen nicht rentieren, falls sie nicht am Arbeitsmarkt eingesetzt werden. Investition und Mobilisierung des Humanvermögens bedingen sich gegenseitig.

Der Ertrag auf diese Investitionen führt zu einem Wirtschaftswachstum von 3,3 Prozent pro Kopf pro Jahr. Dadurch steigt der Lebensstandard auf 223 Prozent des heutigen Niveaus.

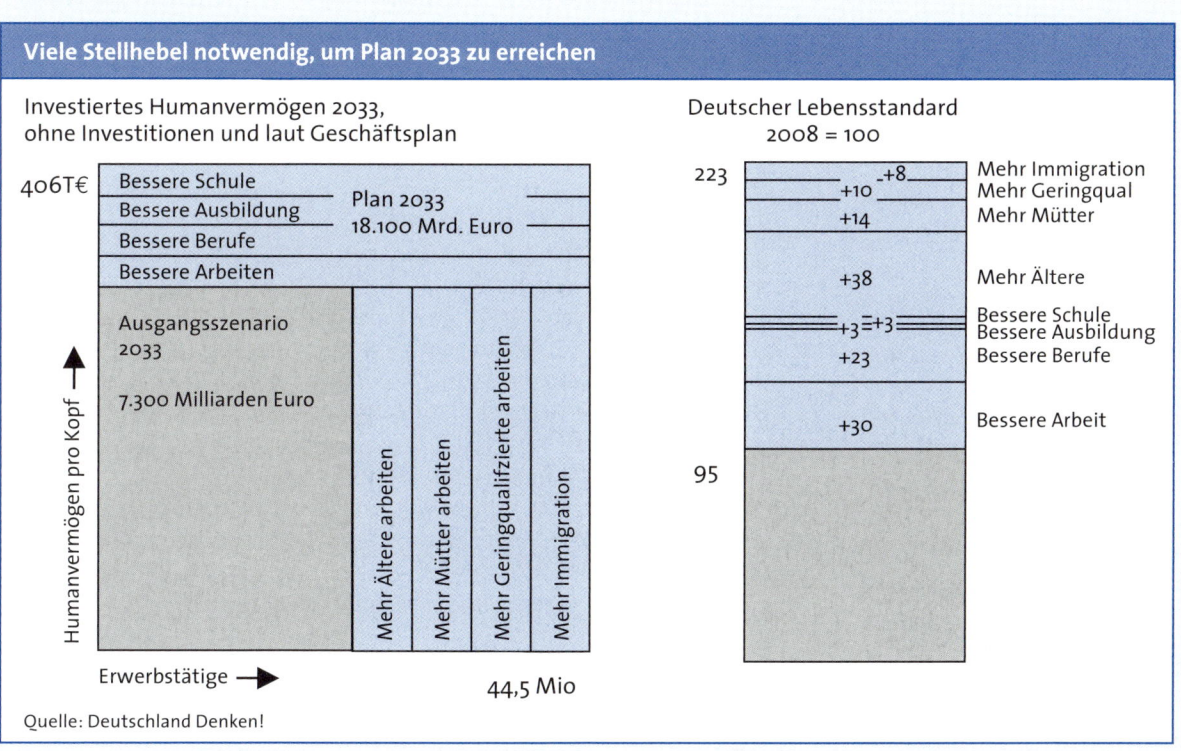

**Viele Stellhebel notwendig, um Plan 2033 zu erreichen**

Investiertes Humanvermögen 2033, ohne Investitionen und laut Geschäftsplan

Deutscher Lebensstandard 2008 = 100

Quelle: Deutschland Denken!

# Strategie und Geschäftsplan

Der Geschäftsplan gliedert die geplanten Investitionen für mehr Lernzeiten und mehr Arbeitszeiten in fünf Bereiche: Produktivität, Ausbildung, Schule, Arbeitsmarkt und Immigration.

## Geschäftsplan Bereich Produktivität

**Der Anteil der Experten (Akademiker und Führungskräfte) unter allen Erwerbstätigen verdoppelt sich von heute 20 auf 40 Prozent bis 2033. Anpassung an neue Arbeitsinhalte erfordert zunehmend mehr Zeit für berufsbedingtes Lernen am Arbeitsplatz.**

Die Investitionen in diesem Bereich sind Investitionen in die Qualität der Arbeit. Je anspruchsvoller Arbeit ist, desto höher die Wertschöpfung und der Beitrag zu Bruttoinlandsprodukt und Wohlstand, und desto höher der Anspruch auf mehr Entgelt. Für Produktivitätssteigerung gibt es zwei Wege: einerseits eine höhere berufliche Qualifikation und andererseits eine Verbesserung der Produktivität durch Veränderung der Arbeitsinhalte. In der beruflichen Qualifikation wurde lange Zeit in erster Linie zwischen Facharbeitern und ungelernten Arbeitern unterschieden; Deutschland hatte hier eine traditionell gute Position. In der modernen Dienstleistungsgesellschaft ist die Unterscheidung zwischen akademischen und nichtakademischen Qualifikationen wichtiger; hier liegt Deutschland hinter seinen Wettbewerbern. Schon heute gibt es in Deutschland eine deutlich höhere Nachfrage nach qualifizierter Arbeit, als angeboten wird.

Die **Produktivitätssteigerungen** durch eine Veränderung der Arbeitsinhalte sind das Resultat der Adaption des Arbeitsplatzes an den technologischen Wandel – neue Maschinen, Techniken, Produkte oder Organisationsformen. Diese Adaption kann in vielen Sektoren durch eine Öffnung zum Wettbewerb

### Produktivitätssteigerungen

Der Blick in andere Länder zeigt, dass Produktivitätssteigerung nur in einem dynamischen Umfeld erreicht werden können: Unternehmen müssen Arbeitsplätze auf- und abbauen, sowie neu in Märkte ein- und austreten. Die Erwerbstätigen müssen ihre Arbeitsplätze auch in kurzen Fristen wechseln. Weder der Strukturwandel noch die Fluktuation von Arbeitsplätzen sind eine hinreichende, wohl aber eine notwendige Bedingung für die Verbesserung der Produktivität. Deutschland hat in beiden Dimensionen ein großes Verbesserungspotenzial gegenüber seinen Wettbewerbern (Seiten 84–93).

| | Investition Humanvermögen | Einmalkosten | Jährliche Aufwendungen |
|---|---|---|---|
| Investition | 3.954 Milliarden Euro | – | 6 Milliarden Euro |
| Begründung | Mehr Experten, weniger einfache Arbeitsplätze; anspruchsvollere Arbeitsinhalte | – | 300.000 Weiterbildungen p.a. auf akademischem Niveau je 20.000 Euro; Requalifizierung einfacher Tätigkeiten im Rahmen des bestehenden Budgets der Bundesanstalt für Arbeit |
| Ertrag | 53 Prozent Steigerung des Lebensstandard bis 2033 | | |

beschleunigt werden: zum Beispiel Privatisierung im öffentlichen Sektor oder Ausgliederung im privaten Sektor.

Der Geschäftsplan sieht vor, dass sich die Aufteilung der Berufe bis 2033 so verschiebt, dass 40 Prozent aller Erwerbstätigen in hochwertigen Akademikerberufen oder Führungspositionen und jeweils 40 Prozent als Fachkräfte und 20 Prozent als Hilfskräfte ohne besondere Qualifikationsanforderungen arbeiten.

Für dieses Ziel werden die Qualität und Kapazität von Schule und Hochschule gesteigert. Außerdem absolvieren jedes Jahr ca. 300.000 Fachkräfte, die die Erstausbildung schon abgeschlossen haben, eine Weiterbildung auf akademischem Niveau, eine Vervierfachung der aktuellen Zahl. Diese Bildung verbessert ihren Wissens- und Fertigkeitsstand soweit, dass sie in Expertenberufen arbeiten können. Bislang Geringqualifizierte oder nur in einfachen Berufen Tätige werden requalifiziert, um zu Fachkräften aufzurücken. Diese Investition ist zudem Voraussetzung für den Anstieg der Erwerbstätigenquote.

Eine weitergehende Analyse dieser Dynamik wird im **Bereich Produktivität** dieses Geschäftsplans beschrieben (Seiten 81–119).

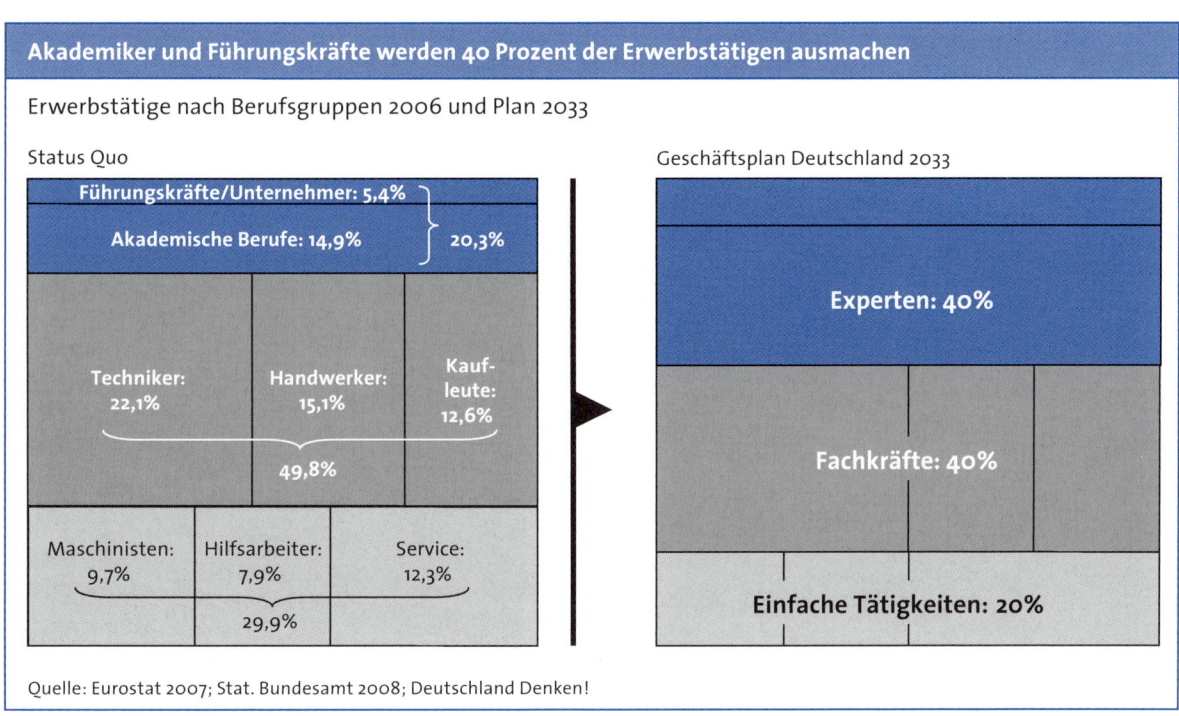

**Akademiker und Führungskräfte werden 40 Prozent der Erwerbstätigen ausmachen**

Erwerbstätige nach Berufsgruppen 2006 und Plan 2033

Status Quo

Geschäftsplan Deutschland 2033

Führungskräfte/Unternehmer: 5,4%
Akademische Berufe: 14,9% — 20,3%

Techniker: 22,1%
Handwerker: 15,1%
Kaufleute: 12,6%
49,8%

Maschinisten: 9,7%
Hilfsarbeiter: 7,9%
Service: 12,3%
29,9%

Experten: 40%

Fachkräfte: 40%

Einfache Tätigkeiten: 20%

Quelle: Eurostat 2007; Stat. Bundesamt 2008; Deutschland Denken!

## Geschäftsplan Bereich Ausbildung

**In der Erstausbildung schließen 50 Prozent jedes Jahrgangs ein Hochschulstudium ab. Die andere Hälfte absolviert mindestens auf dem heutigen Niveau eine Berufsausbildung.**

Das Akademikerdefizit im Arbeitsmarkt ist die Konsequenz einer international unterdurchschnittlichen Hochschulabsolventenquote. Während 2005 im Durchschnitt der OECD 36 Prozent eines Jahrgangs einen Hochschulabschluss erwerben konnten, waren es in Deutschland nur 21 Prozent. Dass diese Quote während der gesamten 1980er und 1990er Jahre stagnierte, hatte kaum politische Aufmerksamkeit gefunden. Damit die Absolventenquote auf 50 Prozent eines Jahrgangs angehoben werden kann, werden nicht nur die Kapazitäten ausgebaut, sondern auch die Lerninhalte auf diese breitere Zielgruppe ausgerichtet.

Durch die unterbrochene Bildungsexpansion konnte sich an der Hochschule, besonders an der Universität, ein Selbstverständnis konservieren, das primär der Wissenschaft und Forschung und weniger der Lehre und den Studenten dient, die für den Arbeitsmarkt ausgebildet und vorbereitet werden wollen. Die notwendige inhaltliche Restrukturierung hat mit der Einführung der Bachelor- und Master-Studiengänge bereits begonnen: In den neuen Lehrplänen folgt die Vermittlung praxisbezogenen Wissens nicht mehr den wissenschaftlichen Grundlagen, sondern umgekehrt.

Da viele der zusätzlichen Absolventen praxisbezogene Bachelor-Abschlüsse erwerben werden, sinkt die Durchschnittsstudiendauer. Die Kapazitäten der Hochschulen werden dennoch wachsen, da sie außerdem zukünftig ca. 400.000 Auslandsstudenten einen Abschluss erteilen werden. Zusammen mit 450.000 einheimischen Absolventen

| | Investition Humanvermögen | Einmalkosten | Jährliche Aufwendungen |
|---|---|---|---|
| Investition | 140 Milliarden Euro | 166 Milliarden Euro | 23 Milliarden Euro |
| Begründung | Absolventenquote von 240.000 heute auf zukünftig 900.000 | Kapazitätsausbau der Infrastruktur | Vervierfachung der nicht-personellen Kapazitäten und Verdopplung der personellen Kapazitäten für ein Gesamtvolumen von 4,2 Millionen Studenten |
| Ertrag | Direkt: 3 Prozent Steigerung des Lebensstandard bis 2033 Indirekt: Vorbereitungsinvestition für produktivere Berufe und Arbeitsinhalte | | |

und 50.000 Absolventen von Weiterbildungen auf Hochschulniveau im Jahr werden die Kapazitäten daher auf das Vierfache der heutigen steigen.

Zu den 50 Prozent eines Jahrgangs, die nach Geschäftsplan ein Hochschulstudium absolvieren werden, zählen Diplome, Staatsexamen und Bachelor an Universitäten, Fachhochschulen und Berufsakademien. Weitere 50 Prozent eines Jahrgangs erhalten eine Berufsausbildung. Von diesen können ein Drittel Meisterabschlüsse in Industrie und Handwerk erzielen, und somit einen hochschuläquivalenten Ausbildungsstatus erreichen. Da die Berufsausbildung erst nach 12 allgemeinbildenden Schuljahren an Haupt- oder Realschulen erfolgt, kann sie auf zwei Jahre reduziert werden und dennoch auf dem höheren Niveau stattfinden, das den gestiegenen Anforderungen entspricht.

Die inhaltliche und strukturelle Umgestaltung der akademischen Ausbildung wird im **Bereich Ausbildung** dieses Geschäftsplanes beleuchtet (Seiten 121–149).

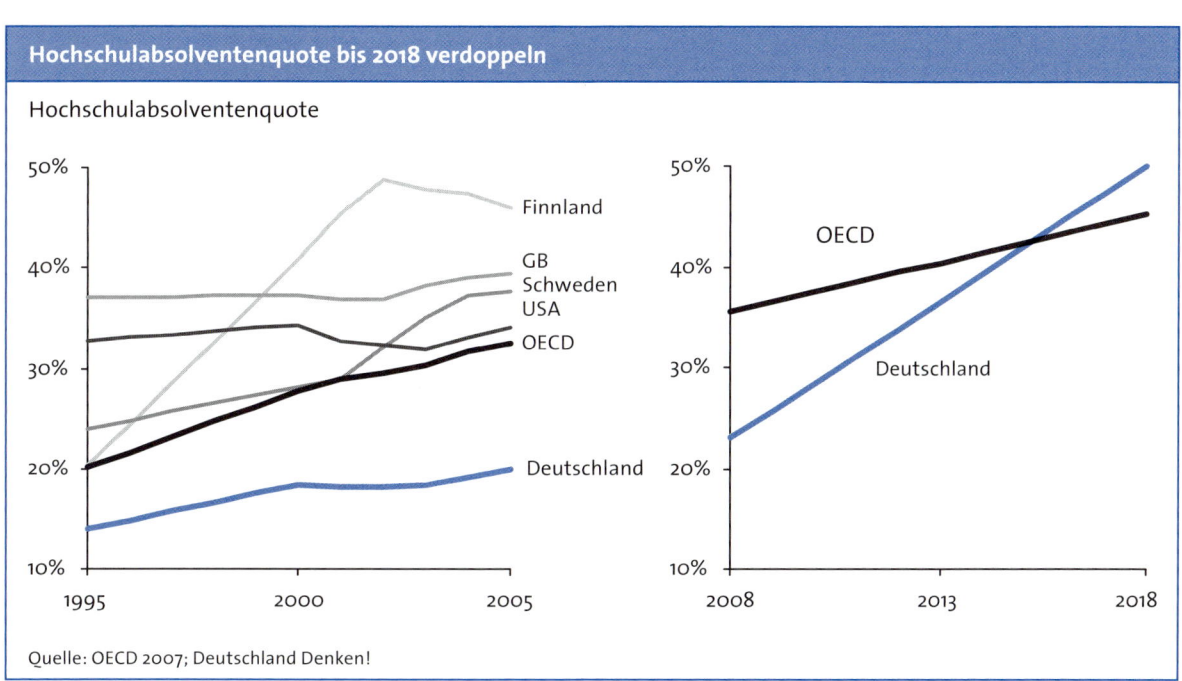

**Hochschulabsolventenquote bis 2018 verdoppeln**

Hochschulabsolventenquote

Finnland
GB
Schweden
USA
OECD
Deutschland

OECD
Deutschland

Quelle: OECD 2007; Deutschland Denken!

## Geschäftsplan Bereich Schule

**Der Schülerdurchschnitt erreicht das finnische Leistungsniveau und 60 bis 70 Prozent eines Jahrgangs schaffen die Hochschulreife; alle besuchen 12 Schuljahre eine allgemeinbildende Schule.**

Dass in Deutschland weniger Menschen eines Jahrgangs einen Hochschulabschluss erreichen, als in anderen Ländern, hat nicht nur mit der Selektivität der Hochschulen zu tun, sondern auch mit der mangelnden Qualität der Lernergebnisse in der Schule. Abiturienten deutscher Gymnasien, insbesondere der süddeutschen, gehören zu den leistungsfähigsten Schülern weltweit. Aber viel zu wenig Schüler erreichen dieses Leistungsniveau. In allen Leistungstests der letzten 40 Jahre hat Deutschland nur mittelmäßig abgeschnitten. Eine goldene Vergangenheit der deutschen Schule gibt es nicht.

Die Diskussion über die Qualität der Schule hat sich über lange Zeit an strukturellen Fragen wie Klassenstärke und Mehrgliedrigkeit festgemacht, die auf die Leistungsfähigkeit keinen oder nur geringen Einfluss haben. Der Grad der Autonomie der Schule in der Gestaltung des Unterrichts oder die Standardisierung der Prüfungen (zum Beispiel des Zentralabiturs) beeinflussen die Leistungsfähigkeit der Schulen deutlich stärker. Den größten Einfluss hat aber die Qualität der Lehrer und ihres Unterrichts. In Zukunft wird eine selektivere Lehrerausbildung sowie mehr Weiterbildung und Unterrichtsunterstützung der Lehrer höhere Qualität gewährleisten.

Die geringe Leistungsfähigkeit des Schulsystems zeigt auch die breite Streuung der Lernerfolge. Schwache Schüler sind

| | Investition Humanvermögen | Einmalkosten | Jährliche Aufwendungen |
|---|---|---|---|
| Investition | 80 Milliarden Euro | 20 Milliarden Euro | 22 Milliarden Euro |
| Begründung | Leistungssteigerung um 1 Schuljahr (50 PISA Punkte), 12 Schuljahre für alle | Weiterbildung für alle 740.000 Lehrer entweder als Graduiertenkolleg oder über mehrere Jahre | 1.200.000 Schüler je 5.000 Euro p.a. für 2 zusätzliche Schuljahre 3.2 Millionen Kinder je 5.000 Euro p.a. für Kinderbetreuung Ganztagsschule, Förderunterricht etc. durch Priorisierung und effizientere Verwendung der bestehenden Mittel |
| Ertrag | Direkt: 3 Prozent Steigerung des Lebensstandard bis 2033 Indirekt: Vorbereitungsinvestition für mehr und bessere Ausbildung | | |

in Deutschland besonders schwach und meist nicht in der Lage, eine Berufsausbildung anzutreten. Plangemäß sollen in Zukunft schwache Schüler nicht der Schule verwiesen, sondern nach der Devise »Keiner bleibt zurück!« besonders betreut werden: Einzelunterricht, Ganztagsschule und mehr Vorschulbildung sind beispielsweise für Schüler aus bildungsfernen Familien von entscheidender Bedeutung.

Damit die Hälfte einer Jahrgangskohorte ein Studium aufnehmen und erfolgreich abschließen kann, erreichen laut Plan mindestens 60 bis 70 Prozent eines Jahrgangs das Leistungsniveau eines heutigen Abiturienten. Für diejenigen, die eine Berufsausbildung anstreben, sind mindestens zwölf Jahre allgemeinbildende Schule Voraussetzung. Das aufwändige und ineffiziente Übergangsystem, in dem heute ein großer Teil der 15- und 16-jährigen Schulabgänger bis zur Ausbildungsfähigkeit aufbewahrt wird, kann entfallen.

Die Defizite und mögliche Lösungsansätze sind im **Bereich Schule** dieses Geschäftsplans näher ausgeführt (Seiten 151–183).

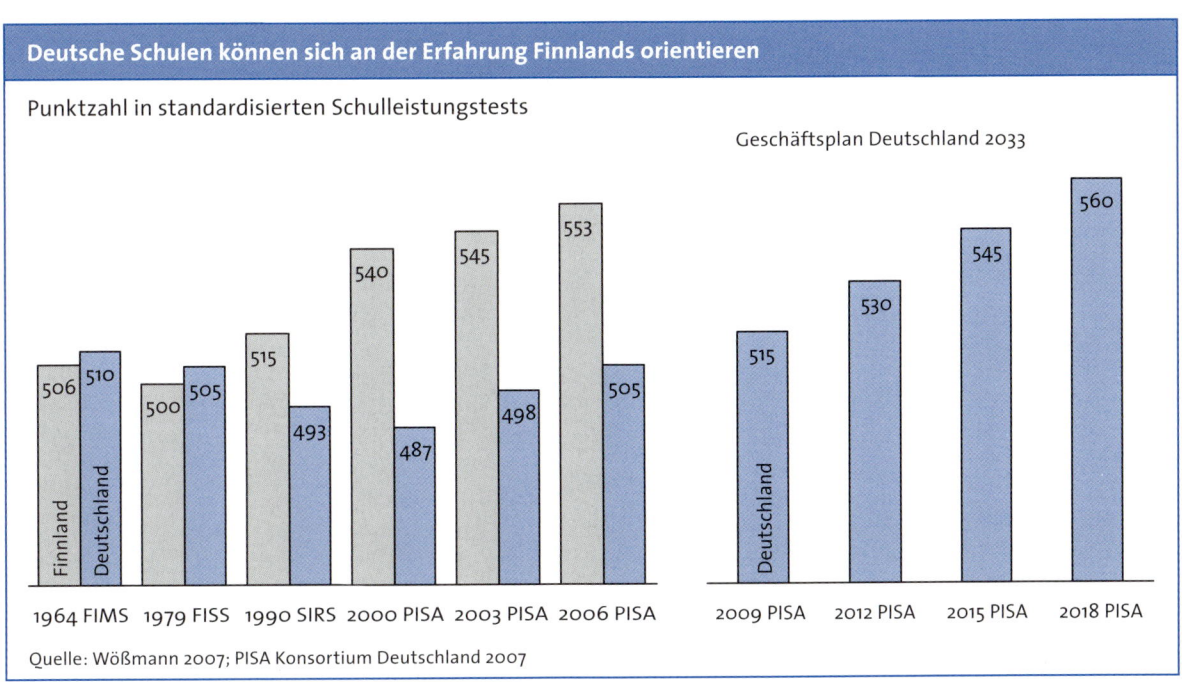

**Deutsche Schulen können sich an der Erfahrung Finnlands orientieren**

Punktzahl in standardisierten Schulleistungstests

Geschäftsplan Deutschland 2033

Finnland / Deutschland:
1964 FIMS: 506 / 510
1979 FISS: 500 / 505
1990 SIRS: 515 / 493
2000 PISA: 540 / 487
2003 PISA: 545 / 498
2006 PISA: 553 / 505

Deutschland:
2009 PISA: 515
2012 PISA: 530
2015 PISA: 545
2018 PISA: 560

Quelle: Wößmann 2007; PISA Konsortium Deutschland 2007

## Geschäftsplan Bereich Arbeitsmarkt

**Eine durchschnittliche Erwerbsbiographie verlängert sich auf 53 Jahre. Mütter nehmen stärker am Arbeitsmarkt teil. Arbeitslosigkeit betrifft nur noch den kurzen Zeitraum des Arbeitsplatzwechsels.**

Zusätzliches Humanvermögen auszubilden und für eine höhere Produktivität am Arbeitsmarkt einzusetzen, wird in den drei Bereichen Produktivität, Ausbildung und Schule beschrieben. Das noch größere Potenzial, durch die Mobilisierung bestehenden, aber zur Zeit brach liegenden Humanvermögens in den Arbeitsmarkt Wohlstand zu erzeugen, ist die Perspektive im Bereich Arbeitsmarkt. Die Verlängerung der Erwerbsbiographie ist dabei Voraussetzung, um mehr Investitionen in Humanvermögen rentabel zu machen, und diese wiederum Voraussetzung für mehr Erwerbstätigkeit (s. Seiten 185–219).

Das Arbeitsvolumen, auch der weniger Qualifizierten, steigt in allen wichtigen europäischen Nachbarländern. Doch in Deutschland geht die Zahl der gearbeiteten Stunden weiter zurück, zwischen 1960 und 2005 um 22 Prozent. Dabei hat sowohl die Bevölkerung als auch die Arbeitsmarktpartizipation zugenommen: pro Erwerbstätigen hat die Arbeitszeit sogar um 33 Prozent abgenommen. Dazu haben nicht nur kürzere Wochenarbeitszeiten, längere Urlaubszeiten und mehr Teilzeittätigkeiten beigetragen. Darüber hinaus ist die Lebensarbeitszeit durch späteren Berufseintritt, längere Erwerbsunterbrechungen und früheren Rentenbeginn zurückgegangen. Heute konsumiert jeder im Verlauf eines Lebens mehr als er erwirtschaftet. Damit genau soviel erarbeitet wie ausgegeben wird, müssen drei Viertel eines Erwachsenenlebens gearbeitet werden. Das werden bei der gestiegenen Lebenserwartung 2033 ca. 53 Jahre sein. Wegen verbesserter Arbeitsplatzbedingungen und Gesundheitsleistungen wird ein längeres Erwerbsleben auch möglich sein.

| | Investition Humanvermögen | Einmalkosten | Jährlich Aufwendungen |
|---|---|---|---|
| Investition | 4.504 Milliarden Euro | – | – |
| Begründung | von 31,9 auf 44,5 Millionen vollzeitäquivalente Erwerbstätige | – | Requalifizierung der Arbeits- und Erwerbslosen m Rahmen der bestehenden Budgetierung der Bundesanstalt für Arbeit |
| Ertrag | 62 Prozent Steigerung des Lebensstandards bis 2033 | | |

Unter den heute 15- bis 75-Jährigen sind 20,6 Millionen Menschen, die weder in Ausbildung noch erwerbstätig sind. 2,3 Millionen von ihnen sind krank oder berufsunfähig, weitere 1,8 Millionen arbeitslos, weil sie sich zwischen zwei Jobs befinden. Die übrigen 16,3 Millionen wären prinzipiell in der Lage, ihr Humanvermögen in den Arbeitsmarkt einzubringen. Sie sind entweder älter, gering qualifiziert, weiblich oder meistens eine Kombination aus diesen Eigenschaften. Deren Mobilisierung wird durch verbesserte Kinderbetreuung, Krippen und Ganztagsschulen einerseits und durch höhere Qualifizierung im Bereich Produktivität andererseits ermöglicht.

Plangemäß wird die Zahl der Erwerbstätigen bis 2033 auf 50 Millionen oder 44,5 Millionen Vollzeitäquivalente steigen. Zur Erhöhung der Erwerbstätigenzahl, wird der Ruhestandsbeginn je nach Qualifikation auf das 70. bis 80. Lebensjahr verschoben. Es wird angenommen, dass ein Viertel der über 60-Jährigen erwerbsunfähig sein und die Hälfte der verbleibenden über 65-Jährigen in Teilzeit (50 Prozent) arbeiten werden. Die Babypause der Mütter wird verkürzt, so dass ihr Humanvermögen erhalten bleibt und auch Mütter anspruchsvolle Karrieren fortsetzen können. Schließlich werden die aus dem internationalen Vergleich bekannten Wege beschritten, um die Langzeitarbeitslosigkeit zu reduzieren.

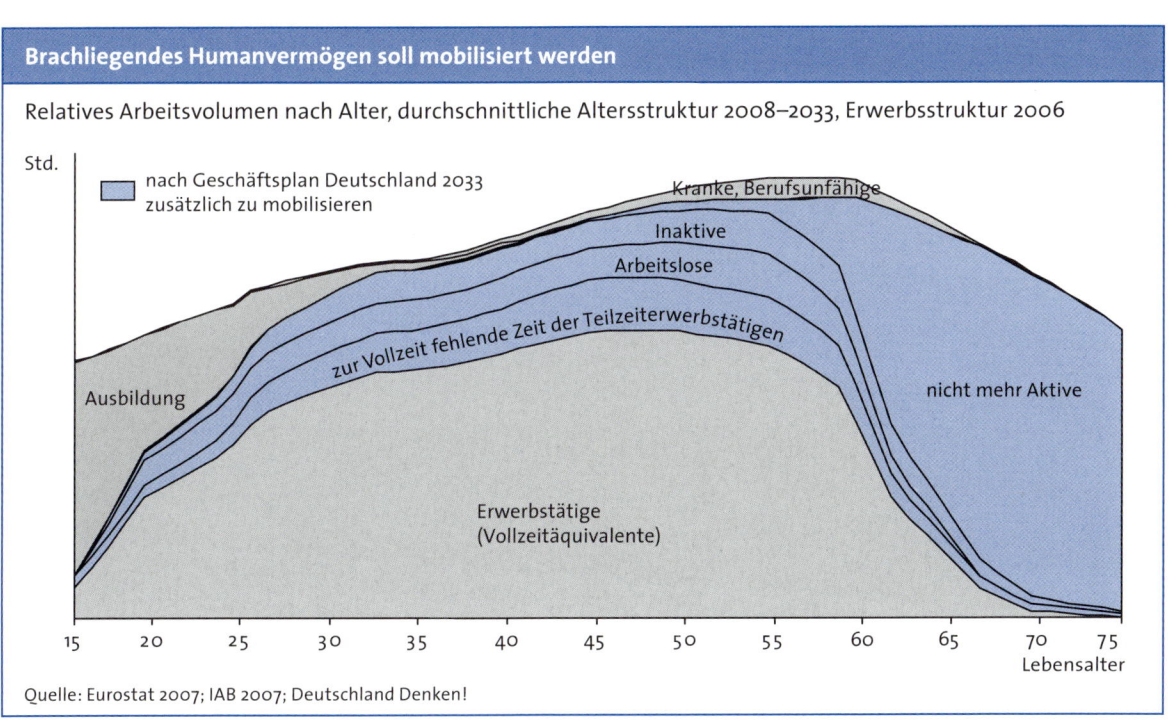

**Brachliegendes Humanvermögen soll mobilisiert werden**

Relatives Arbeitsvolumen nach Alter, durchschnittliche Altersstruktur 2008–2033, Erwerbsstruktur 2006

Std.

nach Geschäftsplan Deutschland 2033 zusätzlich zu mobilisieren

Kranke, Berufsunfähige

Inaktive

Arbeitslose

zur Vollzeit fehlende Zeit der Teilzeiterwerbstätigen

Ausbildung

nicht mehr Aktive

Erwerbstätige (Vollzeitäquivalente)

15  20  25  30  35  40  45  50  55  60  65  70  75
Lebensalter

Quelle: Eurostat 2007; IAB 2007; Deutschland Denken!

## Geschäftsplan Bereich Immigration

**Im Jahr wandern 300.000 arbeits- und integrationswillige Ausländer mit hohem Humanvermögen ein, um die schwache Geburtenrate der Deutschen auszugleichen.**

Schon seit fast vierzig Jahren reicht die Geburtenrate in Deutschland nicht aus, um die Bevölkerungszahl aufrecht zu erhalten. Seit 2005 verringert sich die Bevölkerung, nachdem sie vorher vor allem durch Immigration stabil gehalten wurde. Aufgrund des starken Geburtenrückgangs zwischen 1966 und 1975 wird die deutsche Bevölkerung mit jeder Generation um 30 Prozent kleiner. Eine schrumpfende Bevölkerung ist an sich noch kein Indiz für einen Rückgang des Wohlstands, der pro Kopf gemessen wird. Da aber die Kosten für Immobilien, Infrastruktur und Verwaltung nur sehr langsam angepasst werden können, würde ein Bevölkerungsrückgang für eine lange Übergangsphase zu einem Wohlstandsverlust führen. Das gilt für die Festkosten sowohl im privaten wie im öffentlichen Sektor.

Die drei Immigrationswellen der Vergangenheit, der Gastarbeiter, der Asylsuchenden und der Spätaussiedler, haben Deutschland zu einem der großen Einwanderungsländer der Welt gemacht.

Deutschland wird in Zukunft eine humanvermögensorientierte Migrationsstrategie einsetzen, um die Geburtenlücke mit ausbildungswilligen und -fähigen Ausländern zu schließen. Bis zum Jahr 2033 gehen dem deutschen Arbeitsmarkt andernfalls 6,8 Millionen Erwerbstätige im Alter zwischen 15 und 75 Jahren verloren. Allerdings tragen Einwanderer nur dann zum Wohlstand bei, wenn sie mit ihrem Qualifikationsprofil dem deutschen Arbeitsmarkt entsprechen. Daher werden auch die Einwanderer zu ca. 40 Prozent Akademikerberufe ergreifen und zu 60 Prozent zumindest über eine Berufsausbildung verfügen. Dazu werden Immigranten in erster Linie nach dem Kriterium des maximalen Humanvermögens ausgesucht.

| | Investition Humanvermögen | Einmalkosten | Jährlich laufende Kosten |
|---|---|---|---|
| Investition | 2.080 Milliarden Euro | – | 4 Milliarden Euro |
| Begründung | 6,8 Millionen erwerbstätige Einwanderer | – | 800.000 Einwanderer p. a. je 5.000 Euro für Marketing, Anwerben und Integration |
| Ertrag | 8 Prozent Steigerung des Lebensstandard bis 2033 | | |

Idealerweise studieren sie in Deutschland und können dann sofort im Arbeitsmarkt integriert werden. Mit potentiellen Herkunftsländern wie der Türkei, China oder Indien werden laut Geschäftsplan zu diesem Zweck Abkommen geschlossen, die auch berücksichtigen, dass ein großer Teil der Auslandsstudenten wieder in die Heimat zurückkehrt.

Die Gesamtzahl der Immigrationen nach Deutschland steigt bis 2033 durch diese Zirkulation, die im Zeitalter der Mobilität ohnehin das globale Wanderungsgeschehen bestimmen wird, auf 20 Millionen. Deutschland hat in der Vergangenheit bereits höhere Nettoeinwanderungsraten bewältigt, sodass die grundsätzliche Integrationskapazität vorhanden ist. Eine Herausforderung ist die langfristige Verstetigung der Einwanderung. Deutschland wird dazu seine Vorzüge aktiv im Ausland vermarkten und die Ausländerintegration zu einem zentralen Bestandteil aller kommunalen Institutionen machen.

Der **Bereich Immigration** dieses Geschäftsplanes beschreibt die Vergangenheit und mögliche Zukunft der Einwanderung in Deutschland (Seiten 221–259).

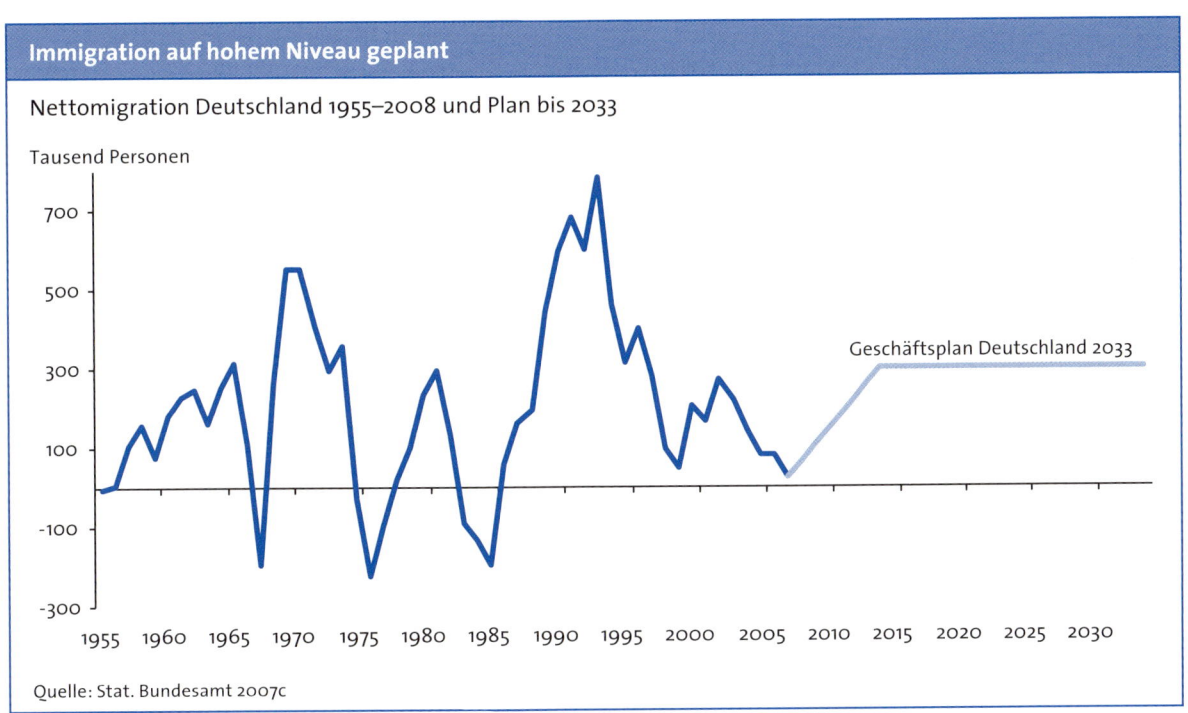

**Immigration auf hohem Niveau geplant**

Nettomigration Deutschland 1955–2008 und Plan bis 2033

Tausend Personen

Geschäftsplan Deutschland 2033

Quelle: Stat. Bundesamt 2007c

## Risiken und Chancen

Das im Geschäftsplan beschriebene Investitionsprogramm zeichnet sich durch hohe Chancen und geringe Risiken aus. Die Interdependenzen zwischen den einzelnen Planelementen sind hoch, so dass der Geschäftsplan keine Sammlung von optionalen Maßnahmen, sondern eine insgesamt stimmige Strategie darstellt. Der Verzicht auf Umsetzung einzelner Elemente würde den Erfolg der Gesamtstrategie in Frage stellen.

### Sensitivitäten und Abhängigkeiten

Die ineinander verzahnte und ausgewogene Mischung der einzelnen Investitionsmaßnahmen des Geschäftsplanes schöpfen das vorhandene Potenzial aus analytischer Sicht optimal aus. Für die Umsetzung könnten allerdings politische Prioritäten ebenfalls eine Rolle spielen. Alternativszenarien zum Geschäftsplan mit vergleichbaren Wohlstandseffekten sind bis zu einem gewissen Grad denkbar:

**Einwanderung statt Weiterbildung:** Eine Umschichtung der Prioritäten zwischen der Qualifikationsstruktur der Einheimischen und der Immigranten ist möglich. Für jeden Deutschen, der sich nicht akademisch weiterbildet und keinen Expertenarbeitsplatz belegt, könnte stattdessen ein entsprechend höher qualifizierter Einwanderer die Arbeit übernehmen. Wenn alle der zu erwartenden 6,8 Millionen Einwanderer akademisch ausgebildet würden, dann reduzierte das die Notwendigkeit im Verlauf der nächsten 25 Jahre 300.000 Einheimische pro Jahr weiterzubilden um etwa die Hälfte.

**Weiterbildung statt Erstausbildung:** Wird die Bildungsexpansion an Schulen und Universitäten nicht im geplanten Maße vorangetrieben, so kann das durch die Verstärkung der Weiterbildung Erwachsener kompensiert werden. Für jeden, der nicht schon eine akademische Erstausbildung erfährt, müssen zwei eine akademische Weiterbildung mit Mitte 40 absolvieren.

**Qualifikation statt Partizipation:** Noch stärkere Anstrengungen bei der akademischen Erst- oder Weiterbildung können Teile der sonst notwendigen Ausweitung der Partizipation kompensieren. Für jeden zusätzlichen Arbeitnehmer, der sich von einer Fachkraft zum Experten weiterbildet, kann eine gut qualifizierte Mutter Teilzeit statt Vollzeit arbeiten und sich um ihre Kinder kümmern, oder können zwei minderqualifizierte Arbeitslose erwerbslos bleiben.

Darüber hinaus sind Alternativszenarien denkbar, die einen geringeren Wohlstandseffekt erzielen. In diesem Fall würde der Geschäftsplan von einem proportionalen Absenken der Anforderungen in allen Bereichen ausgehen, weil diese von erheblichen Interdependenzen gekennzeichnet sind:

▶ Der Ausbau der Hochschulen ist Voraussetzung für die Strukturveränderung im Arbeitsmarkt zu anspruchsvollen und produktiveren Berufen, die überwiegend Hochschulausbildungen voraussetzen.

▶ Ein Ausbau des Hochschulsystems ist nur sinnvoll, wenn das Schulsystem Absolventen auf dem notwendigen Leistungsniveau produziert.

▶ Die Mobilisierung von Älteren, Müttern und Geringqualifizierten wird erheblich erleichtert, wenn zuvor die Anzahl hoch qualifizierter Arbeitsplätze steigt, die ihrerseits Nachfrage nach komplementären, also geringeren Qualifikationen erzeugen.

▶ Der quantitative und qualitative Ausbau der Hochschulen ist Voraussetzung für Einwanderung mit hohem, am deutschen Arbeitsmarkt ohne Abschläge einsetzbarem Humanvermögen.

Darüber hinaus gibt es eine allgemeine Interdependenz aller Bereiche. Je höher das Wachstum, desto attraktiver sind Investitionen in Humanvermögen, die Wachstum erzeugen.

## Risiken

**Jede Investition hat Risiken. Die in diesem Geschäftsplan empfohlenen Investitionsrisiken sind aber vergleichsweise gering und darüber hinaus auch weitgehend kontrollierbar.**

**Risiko der zu geringen Veränderungen in der Akkumulation von Humanvermögen:** Bisher war es schwer, mit einem Arbeiter- oder Migrantenhintergrund zu einem Akademiker zu werden; es war nicht selbstverständlich, mit einer Hochschulreife auch einen Hochschulabschluss zu erlangen; es war problematisch, einen Beruf zu ergreifen, der nicht dem Studienfach entsprach; und es war selten, den Beruf im Laufe der Karriere zu wechseln. Sollte es dabei bleiben, wäre die Geschwindigkeit, mit der sich die Volkswirtschaft dem technologischen Wandel anpasst, für den geplanten Wohlstandszuwachs deutlich zu langsam.

Bewertung: Dieses Risiko ist akzeptabel, weil es weitgehend in der Kontrolle der Investoren liegt. Sollte die Dynamik nicht ausreichen, müssen die Anstrengungen verstärkt werden.

### Risiko der weiteren Reduktion von Arbeitsleistung pro Kopf:

In der Vergangenheit wurde die Ausweitung der Arbeitsmarktpartizipation stets durch die Reduktion der Arbeitsstunden pro Erwerbstätigen überkompensiert. Schuld daran war vor allem die massive Ausweitung der Teilzeittätigkeiten inklusive der Minijobs. Dieser Trend ist besonders bei den vorgesehenen Zielgruppen für mehr Arbeit, den Älteren und Müttern, ungebrochen. Sollte er auch in Zukunft nicht abgewendet werden können, würde sich der Wohlstandszuwachs verlangsamen.

Bewertung: Dieses Risiko ist akzeptabel, weil es weitgehend in der Kontrolle der Investoren liegt. Sollte sich dieser Trend nicht umkehren, müssen die Anstrengungen verstärkt werden.

### Risiko der fehlenden strategischen Kompetenz des Managements:

Der öffentliche Diskurs zur Wirtschaftspolitik beschränkt sich bisher auf verteilungspolitische, ordnungspolitische oder populistische Fragen, und darauf, was die anderen tun sollten. Auch die Experten, ob Unternehmer oder Gewerkschaften, Bundesbanker oder Thinktanker, Wirtschaftsinstitute oder Medien, argumentieren selten strategisch und langfristig. Die Überzeugung hat um sich gegriffen, dass äußere Umstände und Akteure wie die Globalisierung oder die EU-Kommission auf die deutsche Entwicklung größeren Einfluss haben als eigene Anstrengungen oder die des eigenen Managements. Ohne eine grundlegende Revision dieses Missverständnisses und ohne eine **verbindliche** Festlegung auf strategische Ziele, werden weiterhin Partikularinteressen die Entscheidung zu Lasten der Investoren beeinflussen. Ohne einen gesellschaftlichen Diskurs über zukünftige strategische Ziele wird es nicht möglich sein, Wähler und Politiker von dem wachstumsorientierten Kurs des Geschäftsplanes zu überzeugen.

Bewertung: Dieses Risiko ist akzeptabel, weil es weitgehend in der Kontrolle der Investoren liegt. Personelle Defizite im strategischen Entwicklungsprozess können durch Personalentscheidungen kompensiert werden.

### Verbindlichkeit

Im Jahr 2000 beschlossen Kanzler Gerhard Schröder und der Europäische Rat der Staats- und Regierungschefs die »Lissabon-Strategie«, in der verbindliche Ziele genannt wurden, um die EU bis 2010 zum wettbewerbsfähigsten und dynamischsten Wirtschaftsraum der Welt zu machen. Ein jährliches Wirtschaftswachstum von drei Prozent des BIP, eine Anhebung des durchschnittlichen Renteneintrittsalters um fünf Jahre, und ein Betreuungsangebot für 33 Prozent der Kinder unter drei Jahren wurden unter anderen als explizite Ziele genannt. Auch Angela Merkel unterstützt die Lissabon Strategie, und spricht in ihrer Regierungserklärung 2006: »Europa muss vorne sein bei Bildung, Forschung und Innovation.« Dass diese Ziele bis 2010 umgesetzt werden, ist angesichts der bisherigen Fortschritte nicht wahrscheinlich.

## Begünstigende Faktoren und Chancen

**Die begünstigenden Faktoren, die nicht im Geschäftsplan quantifiziert wurden, unterstützen den Plan qualitativ überzeugend: geografische Lage, Sozialkapital, Selbstvertrauen und Gesundheit der Deutschen.**

**Geografische Lage:** Deutschland liegt zentral in Europa und Europa ist Kreuzungspunkt der Welthandelsströme zwischen den Kontinenten. In einer globalisierten Welt, in der die hochwertige Wertschöpfung vor allem auf Kommunikation beruht, ist diese Lage eine besondere Chance. Nur Europa kann zur Tageszeit mit allen anderen Regionen der Welt kommunizieren und hat die durchschnittlich kürzesten Reisestrecken. Zugleich wird die mitteleuropäische Zone, in der Deutschland liegt, von klimatischen Extremen verschont bleiben.

**Sozialkapital:** Der Wohlstand einer Gesellschaft hängt nicht nur von der Qualität des Humanvermögens oder der Mobilisierung von Humanvermögen und Sachkapital ab. Darüber hinaus hat die Qualität ihrer sozialen Institutionen Einfluss. Obwohl Deutschland hier Schwächen hat, besonders bei der Verfassung des Arbeitsmarktes, überwiegen die Stärken in anderen Bereichen: Infrastruktur, rechtliche Rahmenbedingungen, Professionalität und Innovationsfreudigkeit des privaten Sektors. Die Stabilität eines starken Währungssystems mit dem Euro sowie die Integration mit den europäischen Nachbarn in der Europäischen Union gehören ebenfalls dazu.

**Selbstvertrauen:** Der Anspruch der Deutschen, zu den Besten zu gehören, wurde nach den Katastrophen der ersten Hälfte des 20. Jahrhunderts und ihren Auswirkungen von dem Wunsch überlagert, die Vergangenheit zunächst zu verdrängen und dann zu bewältigen. Inzwischen besetzt eine Generation in Deutschland die Funktionsstellen, die die Fehler der Vergangenheit nicht leugnet und dennoch das unkomplizierte Selbstbewusstsein besitzt, Deutschland an einem Spitzenplatz in der Welt zu sehen. Das friedliche Ende der DDR oder die Gastfreundschaft der professionell organisierten Fußball-WM 2006 sind zwei beispielhafte Identifikationsmomente.

**Gesundheit und Lebensdauer:** Die Erträge auf Investitionen in Humanvermögen sind immer von der Leistungsfähigkeit und der Motivation des Investitionssubjektes abhängig. Deutsche verfügen im internationalen Vergleich über eine gute Gesundheit. Das ist das Ergebnis eines allgemeinen Zugangs zu hochwertiger Medizin und exzellenter Versorgung mit gesunden Lebensmitteln und guten Wohnungen. Die hohe und weiter steigende Lebenserwartung der Deutschen macht Investitionen in Humanvermögen in diesem Land attraktiv, denn sie können über einen längeren Zeitraum Erträge erwirtschaften.

### Alternativszenario sanfter Niedergang

**Der Erfolg des Geschäftsplans wird sich nicht von allein einstellen. Der Misserfolg könnte in eine Krise münden, oder in einen sanften Niedergang.**

Der vorliegende Geschäftsplan erfordert Anstrengungen von allen Beteiligten. In dem Zeitraum von nur einer Generation soll der Akademikeranteil der Erwerbstätigen von 20 auf 40 Prozent, die Arbeitsmarktpartizipation um 30 Prozent, die Abiturientenquote eines Jahrgangs um den Faktor 2, die Anzahl der Hochschulabsolventen und der Weiterbildungen auf Hochschulniveau jeweils um den Faktor 4 steigen, und jedes Jahr 800.000 Einwanderer (brutto) willkommen geheißen und integriert werden.

Ist das machbar? Was passiert, wenn es nicht gelingt, den Geschäftsplan umzusetzen und sich die zukünftige Entwicklung eher am Trend der zurückliegenden 15 Jahre orientiert? Geht Deutschland pleite? Wird das Land von seinen Nachbarn übernommen oder dominiert? Wird es zu bürgerkriegsartigem Streit um die Verteilung des schrumpfenden Wohlstands kommen? Kann es zu einer existenzbedrohenden **Krise** kommen?

Letzteres ist unwahrscheinlich – auf dem erarbeiteten Wohlstand früherer Generationen können die Deutschen sich noch lange ausruhen, bevor es bedrohlich wird. Eher wird Deutschlands Lebensstandard den Anschluss an die Weltspitze verlieren. Denn bei Wettbewerberländern wie Schweden, Dänemark, den Niederlanden, Österreich, Schweiz, Großbritannien, Australien, Kanada und auch den USA sind viele der obigen Kennzahlen entweder gängige Praxis oder ein Teil bereits implementierter Wachsstumsstrategien.

Der langsame Niedergang kann schmerzlos, vielleicht sogar angenehm sein. Viele werden ihn genauso wenig wahrnehmen, wie sie das Zurückfallen des Landes in den letzten 15 Jahren registriert haben. Es wird viele Jahre dauern, bis Deutschland zu einem armen Land wird. Die Politik wird

**Krise**

Systemverändernde Krisen waren in der Vergangenheit Kriege, die nicht nur Armeen und Infrastruktur zerstörten, sondern auch Seilschaften, Lobbygruppen und Bürokratie. Neben Krieg gibt es zwei weitere Formen der Krise, die für Deutschland eher eintreten dürften. Die erste ist ein direkter Globalisierungsschock, etwa ein Wechselkursschock oder ein Handelsschock, ausgelöst durch eine Verschiebung von Warenströmen oder durch das Anwachsen des weltweiten Protektionismus. Die zweite und wahrscheinlichere Krise wäre eine Finanzkrise mit drastischen langfristigen Konsequenzen für das Wirtschaftssystem. Die Konsequenz wäre die komplette Übernahme des wirtschaftlichen Managements durch andere, im Extremfall durch den Internationalen Währungsfonds oder durch eine neue Generation von Politikern. (Münchau 2006)

theatralisch, die Theater kritisch, das Fernsehen bunt und die Sommer schön bleiben.

Es würde weiterhin eine Gesundheitsversorgung für alle geben, aber die genmedizinische Krebstherapie wäre höchstens für Privatversicherte erschwinglich – wenn es die Privatversicherung dann noch gibt. Urlaub bei den Italienern, sofern die ihre Sache auch nicht besser machen, werden die Deutschen machen können, aber die USA, Fernost oder Skandinavien wären für sie unerschwinglich. Jeder hätte noch ein Auto, aber immer noch eines, das man selbst steuern muss; und das Benzin wäre, gemessen am Einkommen, vermutlich doppelt so teuer wie heute. In Deutschland würden weiter hoch qualifizierte Wissenschaftler, Ärzte, Akademiker und Unternehmer arbeiten, aber einige Hunderttausend im Jahr würden ihr Glück eher woanders suchen. Keiner müsste Hunger leiden, aber immer mehr Einkommenstransfers würden die Arbeits- und Investitionsanreize und damit das Wachstum weiter senken. Weite Teile Deutschlands würden entvölkert und zurückgebaut, so wie heute mancher Ort in den Neuen Bundesländern. Es wäre ein Deutschland des Mittelmaßes.

Wäre das das Deutschland, an das Kant und Schiller dachten, dessen internationale Reputation Humboldt und Virchow schufen, und dessen wirtschaftliche Grundlage Siemens und Rathenau legten? Wäre das das Deutschland der vom Stein, Bismarck und Ebert, der Adenauer und Brandt? Deutschland hat oft genug an seiner Mittellage gelitten, doch Mittelmaß wollte es nie sein.

## Zusammenfassende Beurteilung

Deutschland ist ein attraktives Land für Investoren von Humanvermögen. Zwar hat es in der jüngeren Vergangenheit sein Potenzial nicht ausgeschöpft, aber die grundsätzlichen Voraussetzungen für überdurchschnittlichen Erfolg in der Zukunft sind vorhanden. Ein großer Mangel herrscht an Humanvermögen jeder Art. Wenn Sie investieren, können Sie attraktive Renditen erzielen.

Die Deutschen sind zu diesen Investitionen bereit. 89 Prozent der Beschäftigten möchten ihre Fertigkeiten für den Arbeitsplatz verbessern. Für attraktive Vergütung sind Deutsche auch bereit, deutlich mehr zu arbeiten. So wird zum Beispiel jede fünfte Arbeitsstunde schwarz gearbeitet. Selbst im offiziellen Arbeitsmarkt, dessen Erträge die öffentliche Hand mit einem effektiven durchschnittlichen Steuer- und Abgabensatz von 60 Prozent belegt, wären 29 Prozent der Deutschen bereit, für mehr Geld mehr zu arbeiten, und 35 Prozent aller Ruheständler könnten sich vorstellen, erwerbstätig zu sein.

Bei der Umsetzung des Geschäftsplans können daher institutionelle Veränderungen helfen, die Anreize für Arbeit und Lernen zu verstärken. Diese Veränderungen betreffen vor allem die Gestaltung des Arbeitsmarktes und der Sozialversicherungen, sind aus der Erfahrung der Wettbewerberländer gut bekannt und liegen dem Management in mehrfacher Ausfertigung vor.

Der Geschäftsplan muss von einem Management umgesetzt werden, das hinter ihm steht. Es muss das ehrgeizige Programm durch zielgerichtete Führung begleiten und dabei alle für den Erfolg notwendigen Stakeholder an ihm partizipieren lassen. Insbesondere muss es mit Ihnen, den Investoren, in einen intensiven strategischen Dialog treten. Falls das **Management** nicht bereit ist, sich auf die Ziele des Geschäftsplans verpflichten zu lassen und die Steigerung von 3,3 Prozent jährlich zu unterstützen, dann ist Ihnen zu empfehlen, das Management auszutauschen. Sie sind Eigentümer und Entscheider in letzter Instanz.

### Management

Der Vorstand von Porsche sieht seine wichtigste Aufgabe nicht darin, zu entscheiden, ob die Fahrzeuge schwarz, rot, gelb oder grün lackiert werden. Mit den Eigentümern redet er auch nicht über die Konstruktionsdetails einer neuen Kupplung oder die Frage, ob der Auspuffkrümmer zwölf oder 24 Zentimeter lang sein soll. Er spricht mit den Eigentümern über Marktpositionierung, den Einsatz von Technologien, Preisgestaltung und Kosten und über die langfristige strategische Positionierung der Marke. Wenn diese Fragen geklärt sind, folgen alle anderen Entscheidungen von allein.

## Verpasste Chancen der letzten 25 Jahre

Kaufkraftbereinigte Pro-Kopf Einkommen der führenden Industrienationen, in US-Dollar (1990)

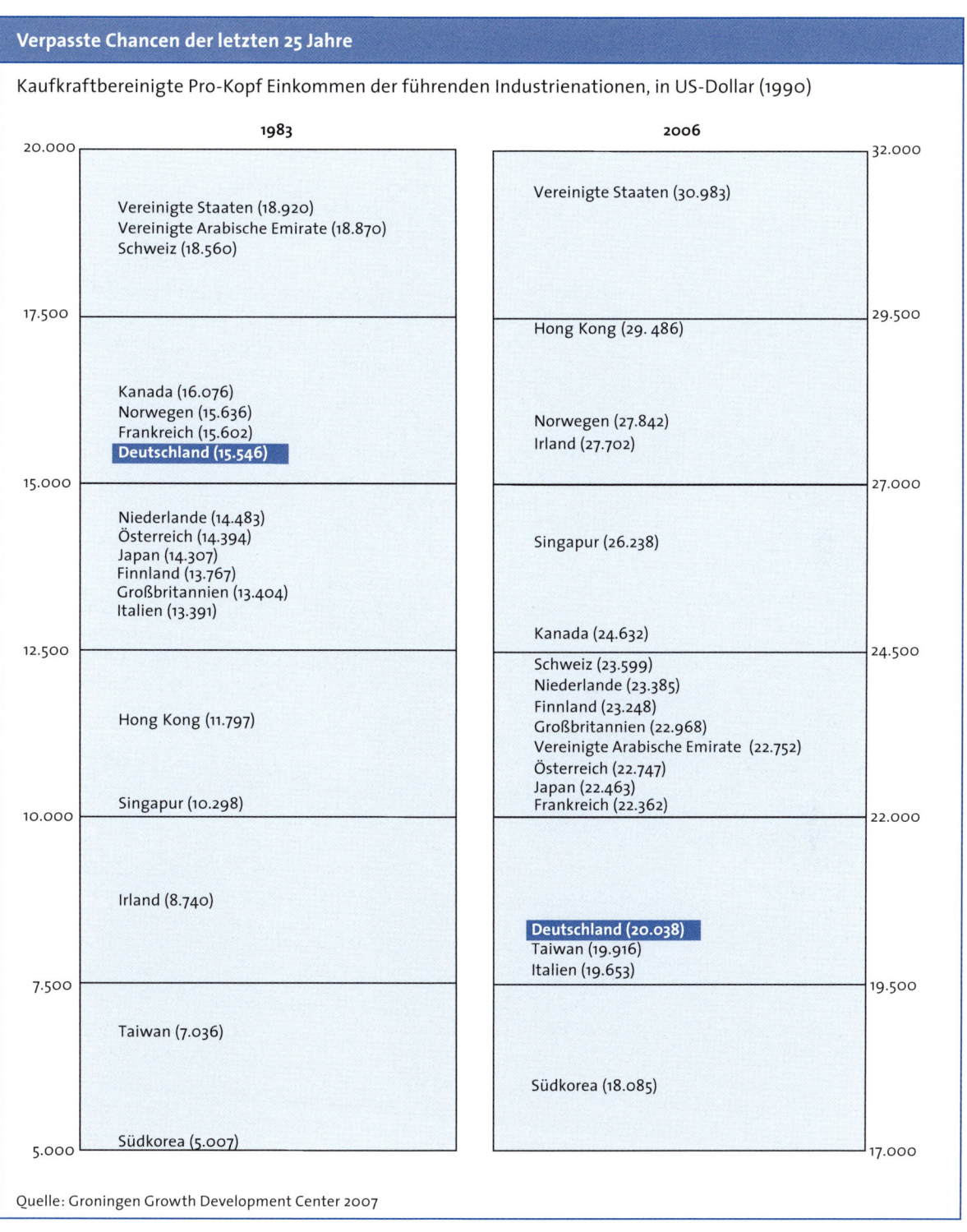

| 1983 | 2006 |
|---|---|
| **20.000** | **32.000** |
| Vereinigte Staaten (18.920) Vereinigte Arabische Emirate (18.870) Schweiz (18.560) | Vereinigte Staaten (30.983) |
| **17.500** | **29.500** Hong Kong (29. 486) |
| Kanada (16.076) Norwegen (15.636) Frankreich (15.602) **Deutschland (15.546)** | Norwegen (27.842) Irland (27.702) |
| **15.000** | **27.000** |
| Niederlande (14.483) Österreich (14.394) Japan (14.307) Finnland (13.767) Großbritannien (13.404) Italien (13.391) | Singapur (26.238) |
| | Kanada (24.632) |
| **12.500** | **24.500** Schweiz (23.599) Niederlande (23.385) Finnland (23.248) Großbritannien (22.968) Vereinigte Arabische Emirate (22.752) Österreich (22.747) Japan (22.463) Frankreich (22.362) |
| Hong Kong (11.797) | |
| Singapur (10.298) | |
| **10.000** | **22.000** |
| Irland (8.740) | **Deutschland (20.038)** Taiwan (19.916) Italien (19.653) |
| **7.500** | **19.500** |
| Taiwan (7.036) | Südkorea (18.085) |
| **5.000** Südkorea (5.007) | **17.000** |

Quelle: Groningen Growth Development Center 2007

43

# Geschäftsmodell Deutschland

## Ziele des Geschäftsmodells: Langfristig den Wohlstand maximieren

▶ Das Bruttoinlandsprodukt pro Kopf ist ein guter Indikator auch für solche Arten des Wohlstands, die es nicht direkt misst. Die Deutschen gehören zu den reicheren Nationen der Erde und verteilen die Einkommen relativ gleichmäßig. Nur die skandinavischen Länder haben eine noch größere Gleichverteilung der Einkommen.

▶ Die Wohlstandsgewinne der letzten 25 Jahre sind inzwischen zur Notwendigkeit geworden. Auch jetzt steigen die Ansprüche weiter. Welcher Konsum in Zukunft möglich ist, entscheiden die Länder, die den Wohlstand am meisten steigern. Die größten Erwartungen werden an die Medizin gestellt: Sie soll das Leben immer weiter verlängern und verbessern.

▶ Die Nachhaltigkeitslücke der Sozialsysteme unterstellt einen starken Anstieg der Umverteilung in der Zukunft. Es ist unklar, ob sich dieser Anstieg politisch durchsetzen lässt. Die Kapitaldeckung funktioniert nur, wenn erhebliche Auslandsvermögen angesammelt werden. Das birgt Risiken und steigert den Wohlstand nicht, sondern verteilt ihn nur anders zwischen den Generationen um.

## Grundlagen des Geschäftsmodells I: in Sach- und Sozialkapital investieren

▶ Für das Wachstum der letzten Jahre war besonders die Produktivitätssteigerung durch technologischen Fortschritt verantwortlich. Die technologische Entwicklung machte auch einen immer größeren Einsatz von Sachkapital notwendig.

▶ Das hohe Produktivitätsniveau in Deutschland ist außerdem eine Folge des hohen Sozialkapitals, also der guten institutionellen Rahmenbedingungen. Die Institutionen können wachstumsfreundlicher gestaltet werden.

▶ Wichtiger für Wachstum als das Sachkapital oder die Institutionen ist aber das Humanvermögen. In Deutschland sind 8.500 Milliarden Euro Humanvermögen am Arbeitsmarkt investiert.

## Grundlagen des Geschäftsmodells II: in Humanvermögen investieren

▶ Humanvermögen ist die Summe der Fertigkeiten und Qualifikationen, mit denen ein Mensch produktiv arbeiten kann. Je höher die Investition in Humanvermögen, desto höher das Lebenseinkommen, desto niedriger das Risiko der Arbeitslosigkeit und desto zufriedenstellender die Arbeit.

▶ Die Institutionen, die Humanvermögen vermitteln, sind der Arbeitsplatz, die Hochschulen, die Berufsausbildung, die Schule und die Familie. Jede Institution baut auf der Leistung der vorangegangenen Investitionen auf.

▶ Lebenslanges Lernen findet zurzeit hauptsächlich informell statt, am Arbeitsplatz und privat. Angesichts längerer Lebenszeiten und längerer Erwerbsbiografien kann es viel mehr lebenslanges Lernen geben. Geeignete Institutionen für lebenslanges Lernen gibt es noch zu wenig.

## Ziele des Geschäftsmodells: Langfristig den Wohlstand maximieren

Der Wohlstand in Deutschland soll maximiert werden. Er wird am langfristigen Konsum eines Haushaltes gemessen: Ausgaben für Wohnen und Nahrung, Bildung und Gesundheit, Kommunikation und Verkehr, Kultur und Unterhaltung. Die erstaunliche Wohlstandsentwicklung der Vergangenheit wird sich mit großer Wahrscheinlichkeit auch in Zukunft fortsetzen – allerdings nur bei einigen Nachbarn Deutschlands, in Fernost und Nordamerika, denn Deutschland koppelt sich gerade vom Tempo des globalen Fortschritts ab. Eine mögliche Verknappung und Verteuerung natürlicher Ressourcen läßt dies um so gravierender erscheinen. Außerdem erschwert schwaches Wachstum die gleichmäßige Verteilung des Konsums. Deutschland braucht mehr Wachstum.

### Deutsche sind reich

**Die Deutschen gehören zu den reicheren Nationen der Erde. Das BIP pro Kopf ist ein guter Indikator auch für solche Arten des Wohlstands, die es nicht direkt misst. 90 Prozent des BIP gehen in den Konsum.**

Die Erträge auf Investitionen in Deutschland erscheinen als Einkommen, die im Bruttoinlandsprodukt (BIP) zusammengefasst werden. Jeder, der in Deutschland lebt, verfügt im Schnitt und kaufkraftbereinigt über ein 2,5 mal so hohes Einkommen wie ein Russe, und ein 12 mal so hohes Einkommen wie ein Chinese. Die Nordwesteuropäer sind allerdings noch etwas reicher und die USA stehen unter den großen Industrienationen an der Spitze. Vor 25 Jahren lag Deutschland noch besser, nämlich deutlich vor den Japanern und fast allen Europäern.

Das Wachstum des BIP ist die am häufigsten zitierte volkswirtschaftliche Größe. Unmittelbar ist aber für den Wohlstand eine andere Größe relevanter: der Konsum. Nur der konsumierte Teil der Volkswirtschaft verbessert die Lebensqualität, da dieser beispielsweise für Essen und Wohnen, Kommunikation und Transport bezahlt. Neben dem privaten Konsum trägt auch der staatliche Konsum zum **Wohlstand** bei. Der nicht konsumierte Teil wird entweder im Inland oder im Ausland investiert, damit auch in Zukunft Konsum möglich ist. Das Ziel von Investitionen ist die langfristige Maximierung des Konsums.

### Wohlstand

Wohlstand ist mehr als das, was monetär gemessen werden kann. Langes, gesundes Leben, soziale Stabilität und eine saubere Umwelt sind für das Wohlbefinden mindestens ebenso wichtig wie das Einkommen und der Konsum. Allerdings stehen hinter der Maximierung dieser Ziele auch monetäre Ausgaben, besonders der staatliche Konsum, der zum Beispiel einen großen Teil von Gesundheit, Bildung und Kultur, Umweltschutz, Sicherheit und kommunalen Leistungen bezahlt. Nicht-monetäre Wohlstandsfaktoren sind außerdem nicht unabhängig vom Einkommen, sondern im internationalen Vergleich stark mit dem Niveau des BIP korreliert.

**USA setzen den Maßstab im Durchschnittseinkommen, Schwellenländer holen auf**

BIP pro Kopf relativ zu den USA, 1983 und 2007, kaufkraft- und inflationsbereinigte US-Dollar

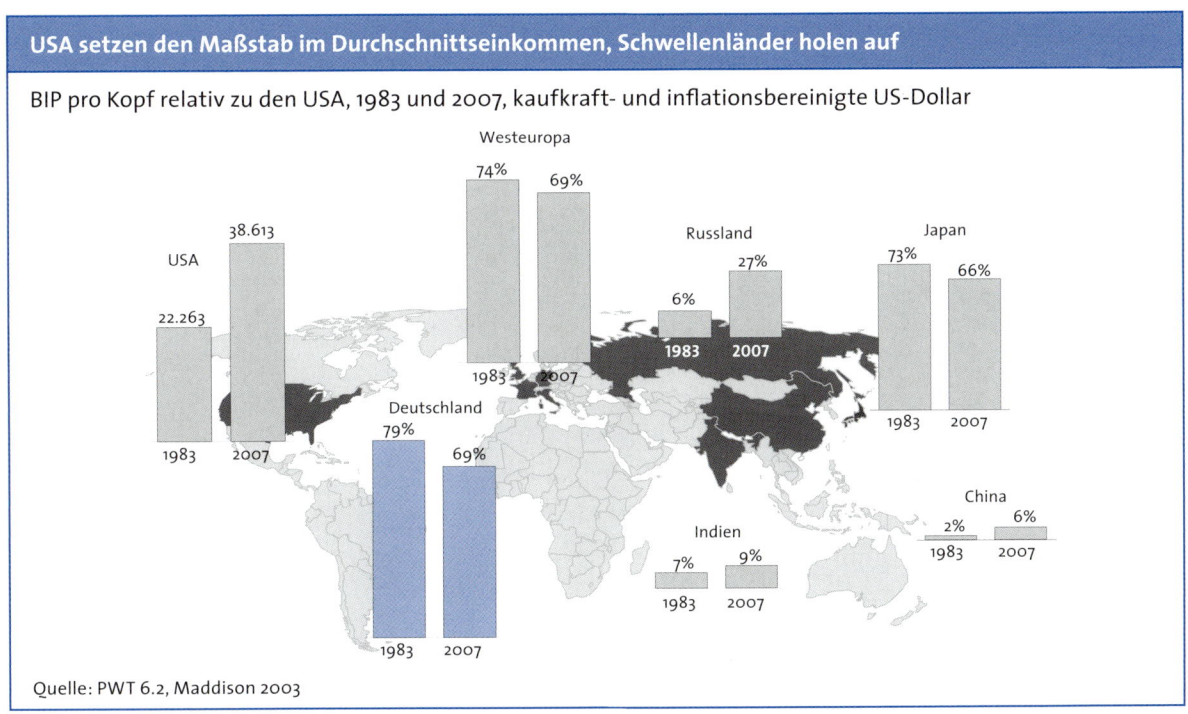

Quelle: PWT 6.2, Maddison 2003

Das BIP misst nur solche Leistungen, für die Geld aufgewendet wurde. Ehrenamtliche Arbeit oder Arbeit in der Familie wie Kochen und Reparieren werden nicht entgolten und sind nicht Teil des BIP. Ein Grund, warum das Einkommen der USA so viel höher als in Deutschland erscheint, ist der kleinere Anteil an nicht entgeltlicher Hausarbeit dort. Die Amerikaner nutzen ihre höheren Arbeitseinkommen zum Beispiel, um häufiger in Restaurants zu essen: Die Deutschen essen zu Hause und arbeiten dort unentgeltlich zur Essenszubereitung. Dass die Deutschen auch bei Berücksichtigung dieses Unterschieds weniger arbeiten und dafür mehr Freizeit genießen als die Amerikaner, ist eine Art Wohlstand, der ebenfalls nicht im BIP gemessen wird. Allerdings scheinen die Deutschen keine an sich höhere Präferenz für **Freizeit** zu haben, denn wenn ihnen ähnlich attraktive Anreize gegeben werden wie den Amerikanern, dann arbeiten sie lieber (Prescott 2004).

**Freizeit**

Siehe Bereich Arbeitsmarkt, Seite 188–197: Ein großer Teil der Freizeit im Alter wird über implizite Schulden finanziert. Das derzeitige Konsumniveau kann nachhaltig nur bei einer Reduktion der Freizeit gehalten werden. Viele Erwerbslose oder nur teilzeitig Erwerbstätige haben Freizeit nicht freiwillig gewählt.

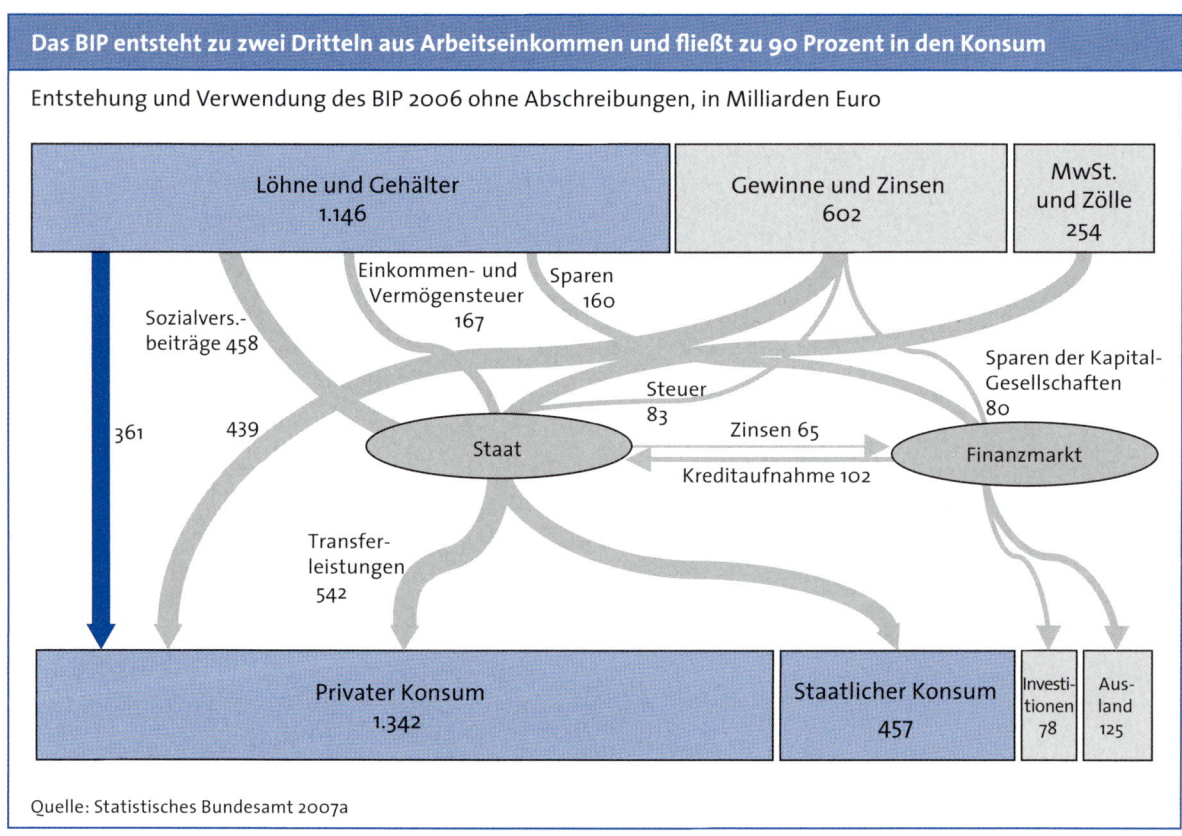

**Das BIP entsteht zu zwei Dritteln aus Arbeitseinkommen und fließt zu 90 Prozent in den Konsum**

Entstehung und Verwendung des BIP 2006 ohne Abschreibungen, in Milliarden Euro

Löhne und Gehälter
1.146

Gewinne und Zinsen
602

MwSt. und Zölle
254

Einkommen- und Vermögensteuer
167

Sparen
160

Sozialvers.- beiträge 458

Sparen der Kapital- Gesellschaften
80

361        439

Steuer
83

Zinsen 65

Staat

Finanzmarkt

Kreditaufnahme 102

Transfer- leistungen
542

Privater Konsum
1.342

Staatlicher Konsum
457

Investi- tionen
78

Aus- land
125

Quelle: Statistisches Bundesamt 2007a

### Umverteilung

Nur 20 Prozent des gesamten Konsums in Höhe von 1.799 Milliarden Euro, also 361 Milliarden, werden durch eigene Arbeitseinkommen finanziert. 55 Prozent des Konsums werden über öffentliche Institutionen umverteilt und finanziert. Der Rest wird aus Vermögenseinkommen finanziert.

»Wohlstand ist gut, aber für wen?« ist eine Frage, die in Deutschland schnell gestellt wird. Die Durchschnittszahlen sagen wenig über den Wohlstand einer einzelnen Person. Einige verdienen viel und genießen einen höheren Wohlstand, andere verdienen weniger. Ein Haushalt mit zwei Erwachsenen und zwei Kindern verfügt nach Steuern und Abgaben über etwas mehr als 3.000 Euro im Monat. Für einen alleinerziehenden Erwachsenen mit einem Kind sind es nur gut 1.300 Euro. Wie das private Geld ausgegeben wird, ist dagegen viel weniger variabel. Unabhängig von der Größe des Haushalts wird gut die Hälfte für Wohnen, Essen und Kleidung und gut zwanzig Prozent für Verkehr, Kommunikation und Einrichtung ausgegeben. Auf Freizeit, Kultur und Restaurantbesuche entfällt ein ähnlicher Betrag und für Gesundheit und Bildung bleiben zwei bis vier Prozent. Die meisten Ausgaben in diesem letzten Bereich sind in dieser Zahl allerdings nicht enthalten, weil sie nicht als privater sondern als staatlicher Konsum gelten. Auch eine Aufteilung der Haushalte nach Einkommen zeigt, dass die Verteilung der einzelnen Ausgabenkategorien weitgehend stabil ist.

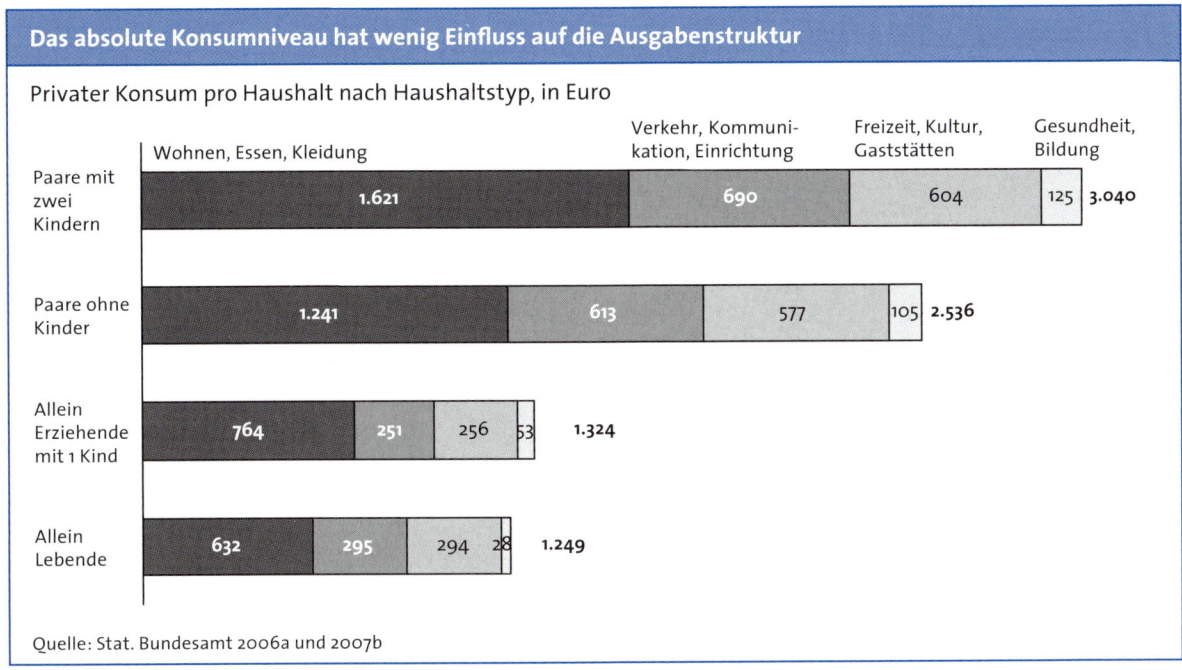

**Das absolute Konsumniveau hat wenig Einfluss auf die Ausgabenstruktur**

Privater Konsum pro Haushalt nach Haushaltstyp, in Euro

Quelle: Stat. Bundesamt 2006a und 2007b

### Deutsche wollen soziale Gerechtigkeit, und meinen damit einen gleichmäßig verteilten Wohlstand. Nur die skandinavischen Länder haben eine noch größere Gleichverteilung.

Deutsche möchten sich nicht nur Flachbildschirme, ESP-Systeme, Krebstherapien und den Sommerurlaub am Mittelmeer leisten können. Sie wollen auch, dass der Wohlstand breit verteilt ist. Große Wohlstandsunterschiede sind nicht erwünscht, denn wenn der Nachbar oder Kollege es zu deutlich mehr gebracht hat, stört es das subjektive Wohlbefinden. Unter diesen Umständen können große Einkommensunterschiede auch objektiv betrachtet den Wohlstand reduzieren, weil sie die Energie der Menschen in die Optimierung der **Umverteilung** statt in die Maximierung der Produktivität der Volkswirtschaft lenken.

Bis zu einem gewissen Ausmaß können staatlich organisierte Sozialsysteme den Wunsch nach **sozialer Gerechtigkeit** befriedigen, indem sie von den Wohlhabenden nehmen und den weniger Wohlhabenden geben. Aber eine solche Politik hat Grenzen: Wer viel kann und viel hat, ist nur bis zu einem gewissen Grad bereit, es herzugeben. Denn er hat auch die Wahl, entweder weniger zu arbeiten oder das Land zu verlassen.

### Soziale Gerechtigkeit I

»Für die Erzielung sozialer Gerechtigkeit müssen Strukturen geschaffen werden, welche dem Einzelnen die verantwortliche Teilnahme am gesellschaftlichen und wirtschaftlichen Leben erlauben. Dazu gehört neben den politischen Beteiligungsrechten der Zugang zu Arbeits- und Beschäftigungsmöglichkeiten, die ein menschenwürdiges, mit der Bevölkerungsmehrheit vergleichbares Leben und eine effektive Mitarbeit am Gemeinwohl ermöglichen.« (Rat der evangelischen Kirche 1997)

### Soziale Gerechtigkeit II

»Ich vermute, dass das Wort Gerechtigkeit oft nur ein vorgeschobener Begriff ist. Nicht Ungerechtigkeit bewegt die Deutschen sondern Angst. Sie haben Angst, dass sie zurückbleiben oder aussortiert werden. Ich glaube auch nicht, dass die Deutschen besondere Angsthasen sind. Sie haben eher noch das Gefühl, dass sie sich irgendwie durchmauscheln können. Wohl haben sie Angst. Doch anstatt diese Angst zur konkreten Furcht werden zu lassen und aktiv anzugehen, verdrängen sie sie. Die Energie, die beim Verdrängen verheizt wird, fehlt zum Handeln; es reicht für eine symbolische Politik, die vergessen machen soll, dass Reformen nötig sind und möglich wären.« (Guy Kirsch, Schweizer Ökonom)

Wer dagegen viel erhält, verliert die Fähigkeit, sein Leben selbst zu bestimmen und neue Fähigkeiten zu entwickeln. Beide Reaktionen reduzieren das Wachstum des Wohlstands.

Breite öffentliche Debatten über Managergehälter und Steuerhinterziehungen speisen die Vermutung, dass wenige immer reicher und viele immer ärmer werden oder bestenfalls stagnieren. In der Tat sind die Einkommen ungleich, und die Vermögen noch ungleicher verteilt. Ein objektiver Maßstab für Gerechtigkeit ist der Gini-Koeffizient: je höher der Koeffizient, desto höher die Ungleichverteilung. Deutschland liegt bei diesem Gerechtigkeitsmaß für die Verteilung des verfügbaren Einkommens mit 0,29 etwas über den skandinavischen Ländern (0,26–0,27), aber deutlich hinter Italien, Großbritannien oder den USA (0,36–0,40) (Luxembourg Income Study 2000).

Etwas anders kalibrierte Messungen zeigen außerdem, dass die Einkommensverteilung über die Jahre zwar schwankt, aber nicht wesentlich zugenommen hat. Die verfügbaren Einkommen waren in der Vergangenheit auch in Deutschland sehr viel ungleicher verteilt als heute. Hinzu kommt: Je wohlhabender eine Gesellschaft ist, desto weniger unterscheiden sich die **Konsumgewohnheiten** zwischen den Wohlhabenden und den weniger Wohlhabenden. Der Konsum der Armen zeigt fast dasselbe Muster wie der Konsum der Reichen.

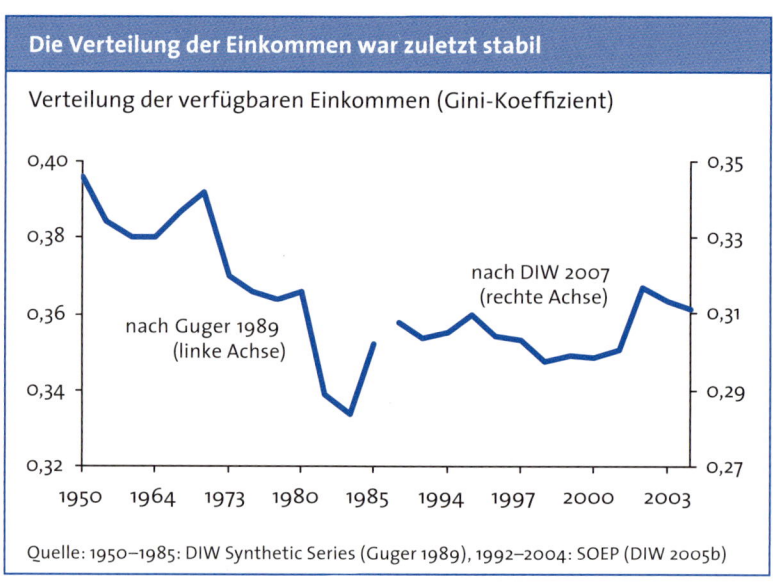

**Die Verteilung der Einkommen war zuletzt stabil**

Verteilung der verfügbaren Einkommen (Gini-Koeffizient)

nach Guger 1989
(linke Achse)

nach DIW 2007
(rechte Achse)

Quelle: 1950–1985: DIW Synthetic Series (Guger 1989), 1992–2004: SOEP (DIW 2005b)

Aus diesem Grund hat selbst in den USA die Ungleichverteilung des Glücks (»Sind Sie mit Ihrem Leben insgesamt zufrieden«) abgenommen, obwohl die Ungleichverteilung der Einkommen zugenommen hat (Economist 2007).

## Schwache Wachstumsprognose

**Zuletzt haben sich die Deutschen vom globalen Wachstumstrend abgekoppelt. In 25 Jahren könnten die Schweden schon ein Drittel reicher, und 82 Millionen Chinesen zweimal so wohlhabend wie die Deutschen sein.**

In den letzten 25 Jahren ist der Wohlstand in Deutschland zwar gestiegen, aber relativ gegenüber wichtigen Wettbewerberländern zurückgefallen. Für die kommenden 25 Jahre sieht es noch schlechter aus. Während das Pro-Kopf-Einkommen kaufkraftadjustiert heute knapp vor Frankreich und knapp hinter Großbritannien oder Schweden liegt, wird es 2033 knapp hinter Frankreich, aber deutlicher hinter Großbritannien oder Schweden liegen. Der Abstand wäre dann ungefähr so groß wie der zwischen Deutschland und der Tschechischen Republik oder Portugal heute. Dabei sind die Herausforderungen in fast allen europäischen Ländern ähnlich: Niedrige

### Konsumgewohnheiten

»Man muss kein Vanderbilt mehr sein, um einen Kühlschrank oder ein Auto sein eigen nennen zu können. Kühlschränke sind in den USA fast in jedem Haus vorhanden, obwohl die Ungleichheit der Kühlschränke zunimmt. Der Sub-Zero PRO 48, den sein Hersteller ein ,Monument der Lebensmittelaufbewahrung' nennt, kostet 11.000 Dollar, ein Energisk B18 W von IKEA dagegen 350 Dollar. Der erlebbare Unterschied zwischen diesen beiden Geräten ist allerdings deutlich kleiner als der zwischen frischem Fleisch und Konserven. 70 Prozent der Amerikaner unterhalb der Armutsgrenze besitzen mindestens ein Auto. Der Unterschied zwischen einem gebrauchten Hyundai Elantra und einem neuen Jaguar XJ ist fast nicht wahrzunehmen im Vergleich zu dem Unterschied zwischen Autofahren und zu Fuß gehen.« (Economist 2007)

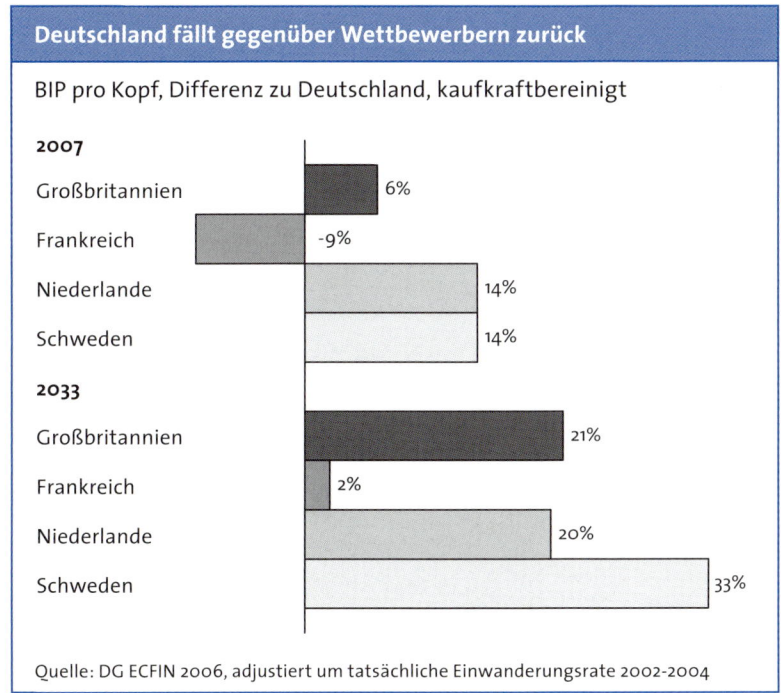

**Deutschland fällt gegenüber Wettbewerbern zurück**

BIP pro Kopf, Differenz zu Deutschland, kaufkraftbereinigt

**2007**
Großbritannien 6%
Frankreich -9%
Niederlande 14%
Schweden 14%

**2033**
Großbritannien 21%
Frankreich 2%
Niederlande 20%
Schweden 33%

Quelle: DG ECFIN 2006, adjustiert um tatsächliche Einwanderungsrate 2002-2004

| | Alterspartizipation | Einwanderung | Geburtenrate | Dolce Vita/Art de Vivre |
|---|:---:|:---:|:---:|:---:|
| Skandinavien | ✓ | ✓ | ✓ | |
| Großbritannien, Irland | ✓ | ✓ | ✓ | |
| Niederlande | ✓ | ✓ | | |
| Frankreich | | | ✓ | ✓ |
| Südeuropa | | | | ✓ |
| Deutschland | | | | |

Geburtenraten, steigende Lebenserwartung, im globalen Vergleich großzügige Sozialsysteme. Allerdings weisen wichtige europäische Konkurrenten mindestens einen Faktor auf, der sie gegenüber Deutschland besser stellt.

Das potentielle Konsumniveau, an dem sich deutsche Ansprüche zukünftig messen werden, liefert aber nicht der innereuropäische Vergleich. Sollten die USA ihren Wachstumspfad der letzten 50 Jahre weiter verfolgen, dann werden sie 2033 noch deutlicher vor Schweden und England liegen.

Länder wie China und Indien sind zwar im Schnitt arm und werden selbst bei jetzigen Wachstumsraten noch lange arm bleiben. Aber die größere Ungleichheit in diesen Ländern wird Teile der Bevölkerung sehr wohlhabend machen.

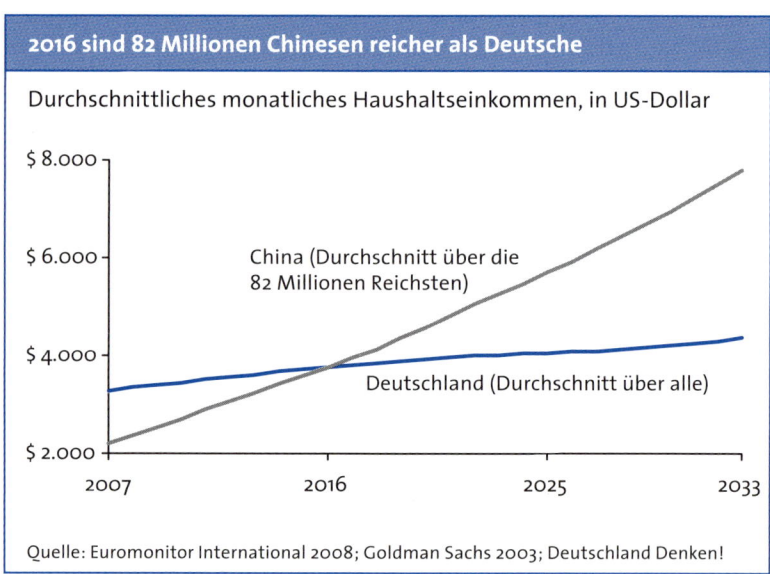

**2016 sind 82 Millionen Chinesen reicher als Deutsche**

Durchschnittliches monatliches Haushaltseinkommen, in US-Dollar

China (Durchschnitt über die 82 Millionen Reichsten)

Deutschland (Durchschnitt über alle)

Quelle: Euromonitor International 2008; Goldman Sachs 2003; Deutschland Denken!

2016 werden die reichsten 82 Millionen Chinesen dasselbe Durchschnittseinkommen erwirtschaften wie die Deutschen. Bis 2033 sind sie dann doppelt so reich wie die Deutschen. Diese Menschen werden das Verständnis dessen, was ein materiell angemessenes Leben ist, auch für die Europäer weiter vorantreiben.

**Die Wohlstandsgewinne der letzten 25 Jahre sind inzwischen zur Notwendigkeit geworden. Das Durchschnittseinkommen von damals entspricht der heutigen Armutsgrenze.**

Für die Weiterentwicklung der Ansprüche ist auch der Vergleich der Konsumgewohnheiten heute und vor 25 Jahre anschaulich. Das Wohlstandsniveau ist in dieser Zeit inflationsbereinigt um fast 60 Prozent gestiegen, unter Berücksichtigung des staatlichen Konsums, der individuell zugeordnet werden kann wie Unterricht, Gesundheitsausgaben, Sport oder Kultur. Der größte Teil des zusätzlichen Wohlstands eines durchschnittlichen Haushalts ist in die Grundversorgung mit Wohnung, Kleidung und Nahrung geflossen.

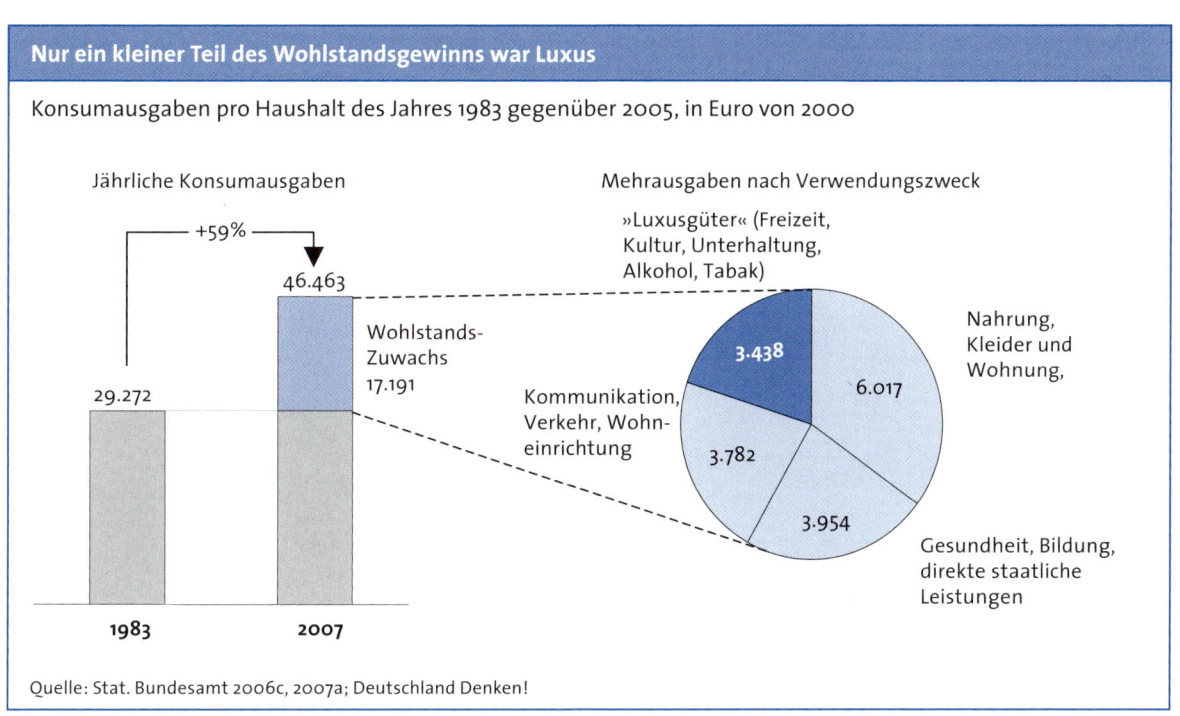

**Nur ein kleiner Teil des Wohlstandsgewinns war Luxus**

Konsumausgaben pro Haushalt des Jahres 1983 gegenüber 2005, in Euro von 2000

Jährliche Konsumausgaben

+59%

46.463

Wohlstands-Zuwachs 17.191

29.272

1983    2007

Mehrausgaben nach Verwendungszweck

»Luxusgüter« (Freizeit, Kultur, Unterhaltung, Alkohol, Tabak)

3.438

Kommunikation, Verkehr, Wohneinrichtung

3.782

3.954

6.017

Nahrung, Kleider und Wohnung,

Gesundheit, Bildung, direkte staatliche Leistungen

Quelle: Stat. Bundesamt 2006c, 2007a; Deutschland Denken!

Die Verbesserungen sind für die meisten Menschen Selbstverständlichkeiten: Wohnflächen, die pro Kopf leicht gestiegen sind, oder biologische Nahrungsmittel, die etwas teurer in der Herstellung sind. Der nächstgrößere Posten sind Dienstleistungen wie Gesundheit und Bildung, die nicht nur mit der Inflation, sondern mit dem allgemeinen Lohnniveau steigen; in der Gesundheit hat auch der technische Fortschritt die Ansprüche steigen lassen. Der drittgrößte Teil des Wohlstandszugewinns entfiel auf Kommunikation, Verkehr und Wohnungseinrichtung, zum Beispiel weil der Arbeitsweg länger geworden ist oder weil ein Handy heutzutage zur persönlichen Grundausstattung gehört. Die Kategorie, die sich am leichtesten als entbehrlicher Luxus beschreiben ließe, nämlich Freizeit, Kultur und Unterhaltung, umfasste nur 20 Prozent des zusätzlichen Wohlstands. 80 Prozent des Zugewinns erscheinen mehr oder weniger unverzichtbar.

| Dacia Logan 1.4 MPI | VW Golf II |
|---|---|
| **Preis in 2008:**<br>**7.200 Euro** | **Preis in 1984:**<br>**13.750 DM inkl. Geldinflation in 2008: 10.713 Euro** |
| Länge:  4.247 mm<br>Breite:  1.740 mm<br>Höhe:  1.534 mm | Länge:  3.985 mm<br>Breite:  1.665 mm<br>Höhe:  1.415 mm |
| Frontairbag für Fahrer und Beifahrer (Beifahrerseite deaktivierbar) | ./. |
| Elektronische Transponder-Wegfahrsperre | ./. |
| Außenspiegel, manuell von innen einstellbar | Abblendbarer Sicherheitsinnenspiegel |
| ABS mit elektronischer Bremskraftverteilung | Bremskraftverstärker |
| Dreipunkt-Sicherheitsgurte vorne und hinten | 4 Dreipunkt Automatiksicherheitsgurte und 1 Beckengurt |
| Scheibenwischer vorne, zwei Geschwindigkeiten, Intervallschaltung | Elektrische Scheibenwischanlage mit 2 Waschdüsen, Zweistufenschaltung und Tipp-Wischkontakt für Scheibenwischer, Heckscheiben Wasch- und Wischanlage |
| Zentralverriegelung | Kindersicherung an den Hintertüren |
| Vierstufiges Heiz- und Belüftungssystem | Dreistufiges Belüftungs- und Heizungssystem |
| Frontsitze längs einstellbar | Liegesitzeinrichtung für Fahrer und Beifahrer |
| Kopfstützen vorne und hinten, höheneinstellbar | einstellbare Kopfstützen für Vordersitze |
| Staufach in Vordertür, Handschuhfach (8 Liter) | Ablagefach auf Fahrer- und Beifahrerseite, Ablagefach auf Beifahrerseite mit Deckel |
| Zigarettenanzünder | Ein Ascher vorne, ein Ascher Hinten |
| Crashtest (ÖAMTC): 3 von 5 Punkten | Crashtest (ÖAMTC): 1 von 5 Punkten |

Vor 25 Jahren war der Golf II ein typisches Mittelklasseauto, mit dem sich eine wohlhabende Familie nicht schämen muss-te, das sich eine weniger wohlhabende Familie aber immer noch leisten konnte. Autos wie der Golf II werden heute nicht mehr produziert. Selbst das, was der Leistung und Ausstat-tung eines Golfs von damals heute am nächsten kommt, ein Dacia Logan, ist größer, stärker motorisiert und besser aus-gestattet – und kostet inflationsbereinigt nur zwei Drittel des Golfs. Aber nur sehr kostenbewusste Familien fahren einen Dacia.

Der Anstieg des Wohlstands wird schnell zur Selbstver-ständlichkeit. Was vor weniger als einer Generation noch als luxuriös erschien, das gehört heute schon zur Grundausstat-tung. Das durchschnittliche Konsumniveau von 1983, infla-tionsbereinigt 1.400 Euro pro Haushalt, liegt 11 Euro unter der Armutsgrenze von 2007. Wenn der Wohlstand langsamer steigt oder stagniert, dann entwickeln sich auch die Ansprü-che langsamer – könnte man meinen. Doch die Vorstellung des Möglichen, nämlich der Fortschritt des technologischen Wandels, entsteht nicht nur in Deutschland, sondern global.

## Global steigt der Lebensstandard über 2 Prozent im Jahr

**Die Ansprüche steigen weiter, auch in Deutschland. Was mög-lich ist, entscheiden die Länder, die den Wohlstand am meisten steigern. Die größten Erwartungen werden in die Möglichkeiten der Medizin gesetzt, das Leben zu verlängern und zu verbessern.**

Amerikaner sind die reichsten Erdenbürger. Das durch-schnittliche Einkommen eines Amerikaners ist in den letzten 60 Jahren jedes Jahr um mehr als zwei Prozent gestiegen.

Diese Entwicklung wird auch in Zukunft anhalten. Die Lebensumstände werden sich kontinuierlich entlang der Entwicklungspfade weiterentwickeln, die sich schon heute beobachten lassen. Technische Innovationen und bessere Kommunikationsmöglichkeiten schaffen nicht nur neue tech-nische Produkte und Dienstleistungen, sondern auch neue Handelsformen: »Prosumenten« werden bei der Entwicklung von Produkten aktiv eingebunden. Bessere Kommunikations-möglichkeiten führen dazu, dass sich Konsumenten mehr für Geschmack und Aktivitäten Dritter interessieren und dass Moden rascher wechseln werden.

**Vision der Zukunft I**

»Die Rechenleistung von Super-computern ist 2018 nahezu so groß wie die des menschlichen Gehirns. Eingesetzt wird die massiv gewachsene Leistungs-fähigkeit der IT zum Beispiel bei hochrealistischen Weltsimulati-onen. In vielen Lebensbereichen sind allerdings nicht so sehr die Spitzenleistungen spürbar, sondern die massive Diffusion von niedriger Rechenpower: Weniger leistungsfähige Chips sind aufgrund des Kosten-verfalls zu Wegwerfartikeln geworden und deshalb milli-ardenfach in Kleidungsstücke, Verpackungen oder Bahntickets integriert.«
(Technology Review 2008)

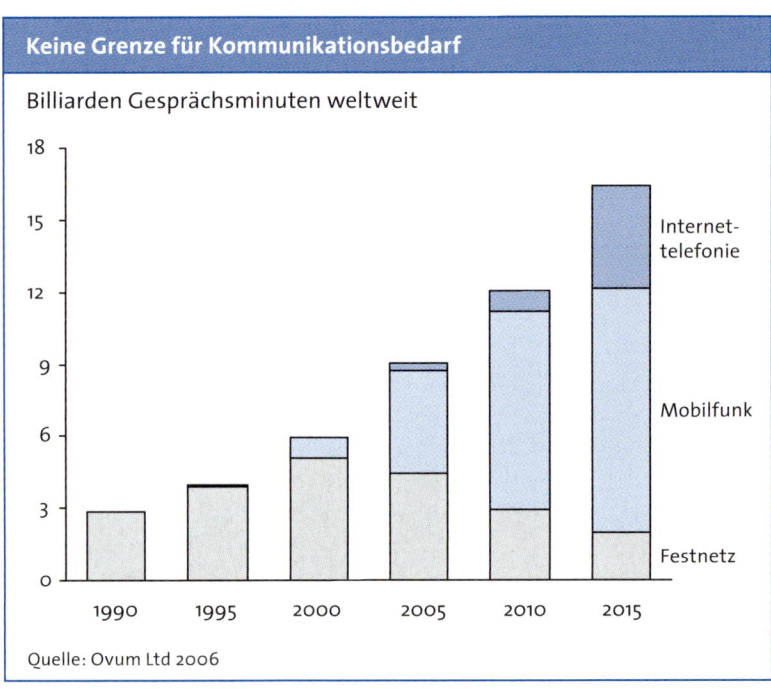

**Keine Grenze für Kommunikationsbedarf**

Billiarden Gesprächsminuten weltweit

Quelle: Ovum Ltd 2006

### Vision der Zukunft II

»In Deutschland sind Roboter fest im Alltag verwurzelt, und zwar auf der Straße. Über Sensoren sind Fahrzeuge mit der Infrastruktur und untereinander vernetzt, zu eigenständigem Handeln in der Lage und weisen damit robotische Qualitäten auf. In der Praxis agieren die Autobots meist semi-autonom, schlagen Spurwechsel vor oder ermuntern den Fahrer zum Bremsen oder Beschleunigen. Mit komplett autonomen Pkws auf den Autobahnen konnten sich bisher weder Fahrzeughalter noch Hersteller so richtig anfreunden. Zu niedrig ist noch das Vertrauen in die Technik, zu wenig klar, wer bei einem Unfall haftet.« (Technology Review 2008)

In Verbindung mit besseren Kommunikationsmöglichkeiten werden virtuelle Gemeinschaften entstehen und dadurch die Besorgnis über weltweite Probleme in den Bereichen Umwelt und Soziales steigen. Verbraucher verfolgen das Prinzip »Weniger ist mehr« und wählen nachhaltige, gute Qualität: Bionahrung, energieeffiziente Geräte, grüne Baustoffe, Wellness oder Hybridfahrzeuge (Deutsche Bank 2007).

Dass die Deutschen immer länger leben, ist vielleicht der wichtigste Ausdruck des gestiegenen Wohlstands in Deutschland. Die Lebenserwartung eines Landes korreliert signifikant mit dem Einkommensniveau. In den letzten 160 Jahren ist die Lebenserwartung ziemlich genau um 40 Jahre gestiegen, und die Steigerungsrate ist ungebrochen. Die Annahme, dass sich diese Entwicklung auch über die nächsten 25 Jahr fortsetzen wird, ist wenig kontrovers. Die meisten Untersuchungen kommen zu dem Ergebnis, dass der weitaus größte Teil dieser hinzugewonnenen Lebensdauer in Gesundheit verbracht wird (Crimmins 2001). Die Lebenserwartung hängt von vielen Faktoren wie Hygiene und Ernährung ab. Aber für Industrieländer wie Deutschland spielt die Medizin eine entscheidende Rolle.

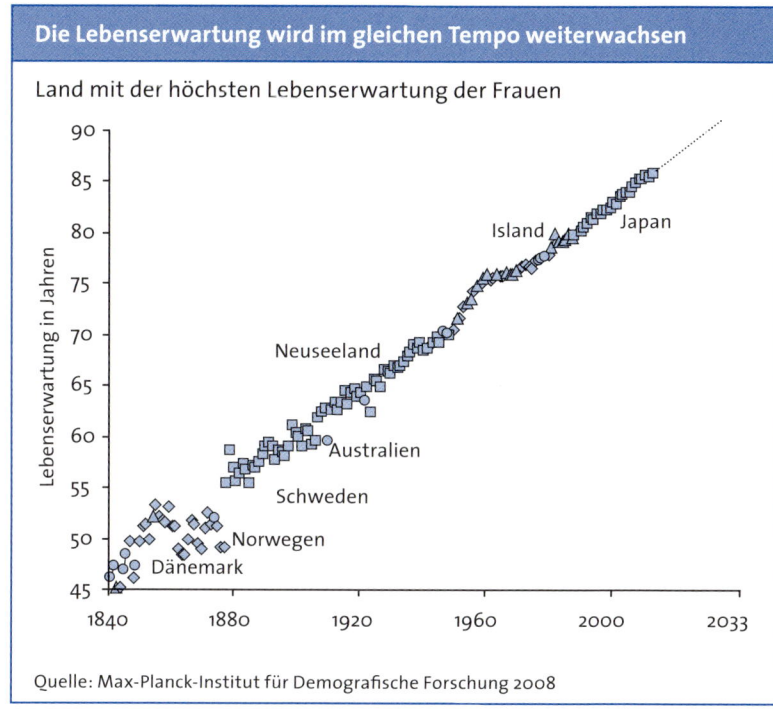

**Die Lebenserwartung wird im gleichen Tempo weiterwachsen**

Land mit der höchsten Lebenserwartung der Frauen

Quelle: Max-Planck-Institut für Demografische Forschung 2008

Der technische Fortschritt findet in der Medizin schneller als in anderen Bereichen statt. Das Konsumgut Gesundheit liegt den Menschen besonders am Herzen und sie sind bereit, dafür viel Geld auszugeben sowie neue Technologien zu entwickeln. Einige Entwicklungen wie zum Beispiel die minimalinvasive Medizin senken die Kosten, andere wie die Kernspintomografie steigern sie. Im Saldo steigert der medizinisch-technische Fortschritt die Gesundheitsausgaben um zwei bis drei Prozent im Jahr.

Liegt das Wirtschaftswachstum unter dieser Rate, dann steigt der Anteil der Gesundheitskosten stetig, auch ohne demografische Veränderung (Breyer 1999).

**Die Angst vor einer Verknappung der natürlichen Ressourcen ist vor allem für jene berechtigt, die nicht die finanziellen Ressourcen haben, um Alternativen zu entwickeln.**

Der Ölpreis könnte steigen. Das DIW hält eine Verdopplung auf 200 Dollar pro Barrel bis 2018 für »nicht ausgeschlossen« (DIW 2008). Dabei handelt es sich um nicht inflationsbereinigte Preise. Die bereinigte Steigerung läge bei 50 Prozent. Noch 2005 ging das DIW von einem realen Ölpreis von 80 Dollar in 2030 aus. Im Januar 2008 schätzte die Energiebehörde der

**Vision der Zukunft III**

»Allgegenwärtig sind Technologien, die auf der Ebene molekularer Bausteine ansetzen. Die submikroskopische Nanostruktur wird bei etwa zehn Prozent der Waren, die auf dem Markt sind, gezielt beeinflusst: Vom Kotflügel mit Formgedächtnis, der auf kleinere Macken und Dellen gutmütig reagiert, über die aufsprühbare Solarzelle aus Nanomaterialien, bis hin zu flexiblen Stoffen, die Kugeln abfangen. Teilweise sind Nano und Bio kaum noch zu unterscheiden – insbesondere bei medizinischen Anwendungen. Wirkstofftransportsysteme helfen, Chemotherapeutika zum Krankheitsherd zu befördern. Molekulare Minimaschinen produzieren Insulin aus körpereigenen Zellen und geben genau die Menge frei, die ein Zuckerkranker braucht.« (Technology Review 2008)

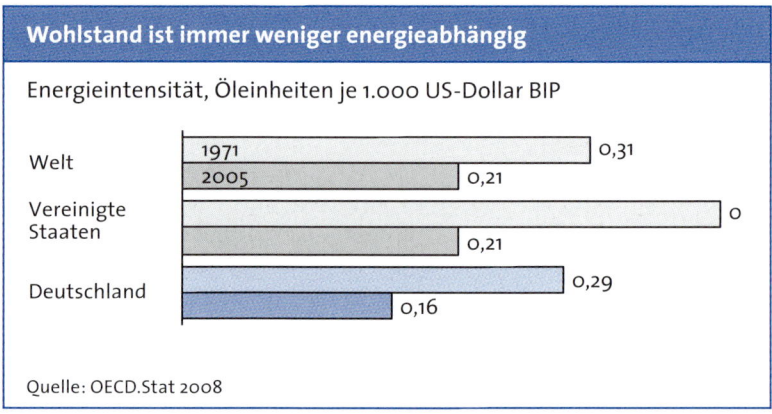

**Wohlstand ist immer weniger energieabhängig**

Energieintensität, Öleinheiten je 1.000 US-Dollar BIP

| | |
|---|---|
| Welt | 1971 — 0,31 |
| | 2005 — 0,21 |
| Vereinigte Staaten | — 0 |
| | 0,21 |
| Deutschland | 0,29 |
| | 0,16 |

Quelle: OECD.Stat 2008

### Vision der Zukunft IV

»Knapp wird das zuverlässig sprudelnde, leicht zu erschließende Öl mit günstigen chemischen Eigenschaften. Deshalb werden unkonventionelle Quellen wie Ölsande und Ölschiefer im großen Stil ausgebeutet, weil aufgrund der anhaltend hohen Energiepreise ihre Produktion profitabel ist. Mehr als ein Drittel des unkonventionellen Öls wird heute aus den Ölsanden Kanadas synthetisiert. Vorangekommen ist auch die Nutzung erneuerbarer Energien, die eine der wichtigen Wachstumsbranchen der letzten zehn Jahre war. Wenn hier nicht so intensiv investiert worden wäre, wäre das Ökosystem Erde mutmaßlich schon längst kollabiert – auch weil unkonventionelle Kraftstoffe energieintensiv in der Förderung und Verarbeitung sind und damit eine sehr ungünstige $CO_2$- Bilanz aufweisen.«
(Technology Review 2008)

USA den Ölpreis für das Jahr 2030 ungefähr auf dem heutigen Niveau (EIA 2008). Die Prognosen unterscheiden sich, weil keiner weiß, wieviel Öl in Zukunft gebraucht wird. Hoher Preis und technologischer Fortschritt machen die Suche sowohl nach alternativen Energiequellen als auch nach unkonventionellen Ölquellen lukrativ. Fest steht nur eines: Jede andere bedeutende Energiequelle wird mindestens genauso teuer sein wie Öl heute. Die Kosten der Energieversorgung werden daher steigen.

Die Bedeutung von Energie für das Wachstum nimmt jedoch stetig ab. Für jeden Euro oder Dollar Wirtschaftsprodukt wird immer weniger Energie gebraucht. Zwar operieren Entwicklungsländer wie China noch auf einem viel ineffizienteren Niveau als die USA oder Westeuropa und der absolute Energieverbrauch wird zunehmen, doch Energie dürfte langfristig keine absolute Grenze für Wachstum darstellen. Eher stellt Energieknappheit ein relatives Problem für Volkswirtschaften dar, die nicht schnell genug wachsen, um sich auf weniger energieintensive Aktivitäten umzustellen.

## Warum Deutschland wachsen muss

**Die Nachhaltigkeitslücke der Sozialsysteme unterstellt einen starken Anstieg der Umverteilung in der Zukunft. Es ist unklar, ob sich dieser politisch durchsetzen lässt.**

Niemandem konnte es entgehen, dass Deutschland ein demografisches Problem hat: Stetig steigende Lebenserwartung, stark abnehmende Immigration, frühes Ausscheiden aus der Erwerbstätigkeit, und eine bereits seit 40 Jahren zu geringe Geburtenrate. Selbst wenn die Geburtenrate von heute 1,4 auf

2,5 Kinder pro Frau morgen stiege, würden erst 2070 in einem Jahr wieder so viele Kinder geboren wie 1963. Bis die Bevölkerung wieder das heutige Niveau erreicht, wäre das 22. Jahrhundert angebrochen. Aber es deutet nichts auf eine höhere Geburtenrate hin.

Wenn alles so bleibt wie es ist, und nur die Bevölkerung immer älter wird, dann wird in Zukunft die Abgabenlast um zwölf Prozent oder, noch eindrücklicher, die Mehrwertsteuer auf über 31 Prozent steigen, um die Einkommen zwischen den noch Arbeitenden und den nicht mehr Arbeitenden über Rentenversicherung, Krankenversicherung, Pflegeversicherung und Steuersystem umzuverteilen (Raffelhüschen 2007). Nachdem Deutschland heute schon mit 60 Prozent eine der höchsten Steuer- und Abgabenquoten der Welt hat, hätte diese weitere Erhöhung allerlei negative Nebeneffekte wie Schwarzarbeit, Nicht-Arbeit oder verstärkte Auswanderung zur Folge. Ein äquivalentes Absenken aller Umverteilungen würde dagegen viele Haushalte im Alter verarmen lassen und wäre in einer älteren Bevölkerung politisch noch schwieriger durchzusetzen.

**Die Kapitaldeckung funktioniert nur, wenn erhebliche Auslandvermögen angesammelt werden. Das birgt Risiken und steigert den Wohlstand nicht, sondern verteilt ihn zwischen den Generationen anders um.**

Kann Deutschland mehr sparen, um diese Last in der Zukunft leichter zu schultern? Die Rentenreformen der Vergangenheit setzten auf eine Reduktion der umverteilenden Komponente und einer Stärkung der kapitalgedeckten Komponente. Dadurch werden Konsummöglichkeiten von heute in die Zukunft verschoben und so gerechter zwischen den Generationen verteilt. Das angesparte Kapital muss allerdings bewirtschaftet werden. Keine Fabrik läuft und produziert von alleine, ohne Arbeitskraft. Wird in inländisches Sachkapital investiert, dann sinkt dessen Ertrag, wenn die Arbeitskräfte weniger werden. Um diesem demografischen Teufelskreis zu entkommen, muss das Geld also im Ausland, zum Beispiel in Ländern mit günstigerer Demografie als Deutschland, investiert werden.

Das ist risikoreich. Denn es ist nicht sicher, dass diese Länder das Eigentum am Kapital auch dann noch anerkennen werden, wenn sie stark und mächtig geworden sind. Viele Entwicklungsländer haben auch gar keinen externen Kapitalbedarf; China investiert sein überschüssiges Kapital vielmehr im Westen. Bisher wurde ohnehin nur ein geringer Teil des deutschen Vermögens

**Nachhaltigkeit**

»Die Nachhaltigkeitslücke beläuft sich für das Basisjahr 2005 auf 276 Prozent des Bruttoinlandsprodukts. Nur knapp ein Viertel entfällt auf die explizit ausgewiesene Staatsverschuldung, während der Löwenanteil auf die implizite Staatsverschuldung, also die schwebenden Ansprüche der Bürger gegen den Staat, entfällt. Aus Sicht der Nachhaltigkeit gibt es trotz der Gesundheitsreform keine nennenswerten Fortschritte bei der Gesetzlichen Krankenversicherung und der Sozialen Pflegeversicherung, deren isolierte Nachhaltigkeitslücken im Vergleich zum Vorjahr sogar gestiegen sind.« (Raffelhüschen 2007)

im Ausland angelegt, der Saldo von Vermögen und Schulden mit dem Ausland beträgt zur Zeit ca. 700 Milliarden Euro oder 10 Prozent der inländischen Sachanlagen. Noch vor zehn Jahren betrug das Auslandsvermögen der Deutschen nur 14 Milliarden DM. Das liegt daran, dass die Deutschen die im Ausland anzusammelnden Vermögen auch bezahlen müssen: in der Praxis mit der in Exporten geronnenen eigenen Arbeit. Doch die Exportmaschine ist nicht in allen Jahren so rund gelaufen wie zuletzt und wird vielleicht auch in Zukunft wieder ins Stocken geraten. Schließlich ist der Ertrag auf dieses Auslandsvermögen mit 5,6% mäßig (Zahlungsbilanz 2006).

Ob die Konsummöglichkeiten durch eine zukünftige Anhebung der Steuern und Abgaben zwischen den zukünftig Arbeitenden und nicht Arbeitenden umverteilt wird oder durch vermehrtes Sparen zwischen den Heutigen und den Zukünftigen, in beiden Fällen würde der Wohlstand weiter hinter dem der Wettbewerberländer zurückfallen. Deutschland muss wachsen, um an den Konsummöglichkeiten, die die Welt kommenden Generationen bieten wird, partizipieren zu können.

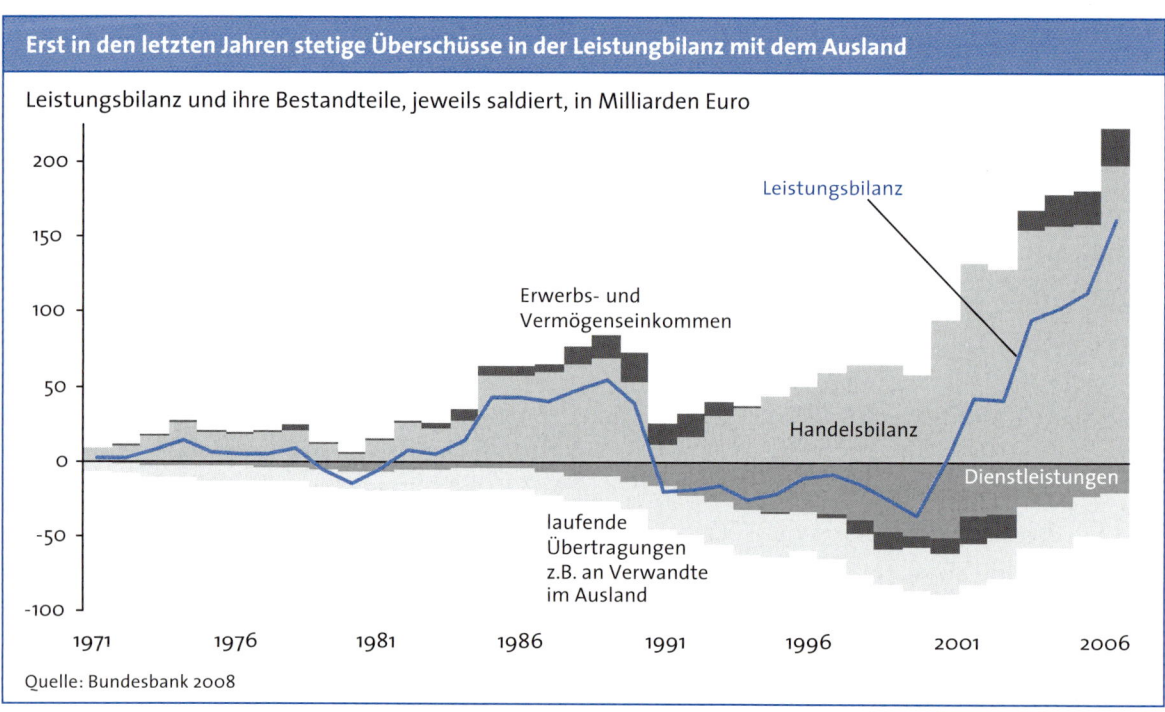

**Erst in den letzten Jahren stetige Überschüsse in der Leistungbilanz mit dem Ausland**

Leistungsbilanz und ihre Bestandteile, jeweils saldiert, in Milliarden Euro

Leistungsbilanz

Erwerbs- und Vermögenseinkommen

Handelsbilanz

Dienstleistungen

laufende Übertragungen z.B. an Verwandte im Ausland

Quelle: Bundesbank 2008

# Grundlagen des Geschäftsmodells I: In Sach- und Sozialkapital investieren

Der Wohlstand, gemessen in Bruttoinlandsprodukt (BIP), steigt mit den Faktoren Arbeit und Kapital und dem technologischen Fortschritt, der die Produktivität der beiden Faktoren bestimmt. Von der Steigerung des deutschen BIP um 59 Prozent über die vergangenen 25 Jahre entfallen 19 Prozent auf die Steigerung des Kapitals, -5 Prozent auf den Rückgang der Arbeit in Stunden und die verbleibenden 45 Prozent auf den technologischen Fortschritt.

## Produktionsfaktoren des Bruttoinlandsprodukts

**Der Arbeitseinsatz schrumpft, das Kapital wächst kaum. Für das Wachstum der letzten Jahre war besonders die Produktivitätssteigerung durch technologischen Fortschritt verantwortlich.**

Das Sachkapital spielt eine wichtige Rolle für die Steigerung der Produktivität, weil oft neue Maschinen oder Investitionen

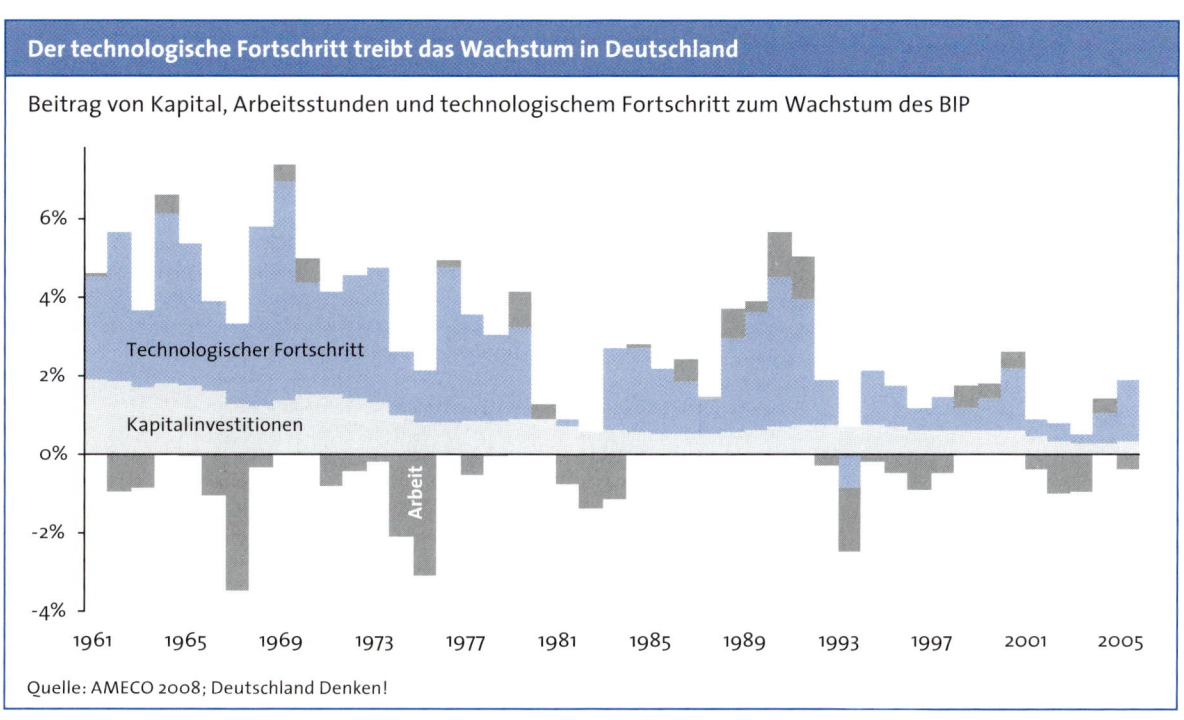

**Der technologische Fortschritt treibt das Wachstum in Deutschland**

Beitrag von Kapital, Arbeitsstunden und technologischem Fortschritt zum Wachstum des BIP

Quelle: AMECO 2008; Deutschland Denken!

in neue Technologien notwendig sind, um Arbeit produktiver zu machen. Die Kapitalinvestitionen sind aber nicht selbst ein Treiber des technologischen Wandels, sondern eher seine Resultante. Weil sie in der Regel langfristiger Natur sind, werden sie nur schwach von der Konjunktur beeinflusst. So wuchs der investierte Kapitalstock während des Wirtschaftswunders in den Anfangsjahren der Bundesrepublik rasant, weil nach der Zerstörung des Krieges und der Armut der Nachkriegszeit viele Anlagen wieder neu errichtet werden mussten. Für eine entwickelte Volkswirtschaft scheint es keinen Wachstumstrend für Kapitalinvestitionen zu geben, der vom BIP unabhängig wäre.

Der Arbeitseinsatz schwankt von Jahr zu Jahr hingegen sehr viel stärker. In schwachen Konjunkturphasen werden weniger Arbeitskräfte eingestellt, mehr Arbeitskräfte freigesetzt, Überstunden abgefeiert oder Kurzarbeit eingeführt; in starken Konjunkturphasen geschieht das Gegenteil. Der langfristige Trend in Deutschland ist aber deutlich rückläufig: In den letzten 40 Jahren ist die Arbeitszeit in Deutschland kontinuierlich zurückgegangen, weil die Teilzeitarbeit und die Arbeitslosigkeit zugenommen haben und die Lebensarbeitszeit kürzer geworden ist.

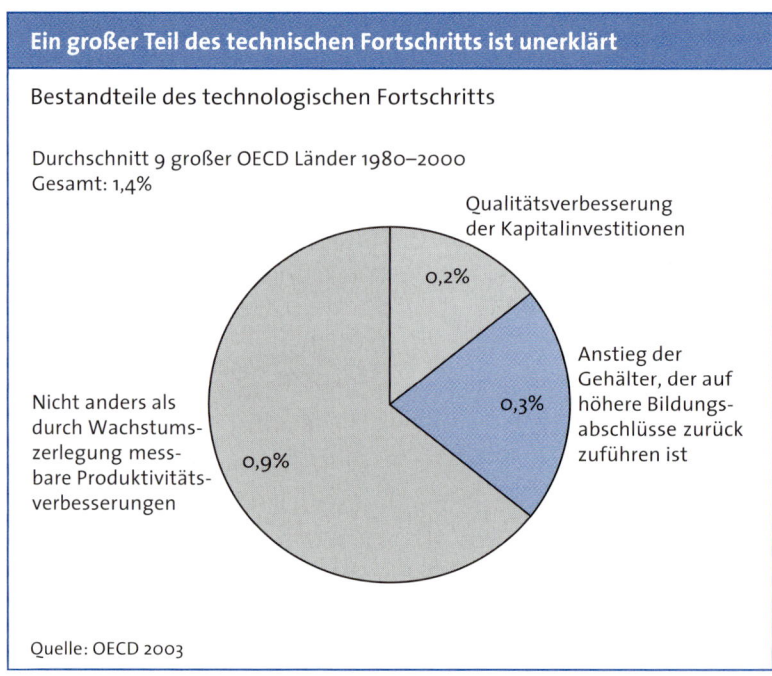

**Ein großer Teil des technischen Fortschritts ist unerklärt**

Bestandteile des technologischen Fortschritts

Durchschnitt 9 großer OECD Länder 1980–2000
Gesamt: 1,4%

Qualitätsverbesserung der Kapitalinvestitionen

0,2%

Anstieg der Gehälter, der auf höhere Bildungsabschlüsse zurück zuführen ist

0,3%

Nicht anders als durch Wachstumszerlegung messbare Produktivitätsverbesserungen

0,9%

Quelle: OECD 2003

Der nicht durch zusätzliche Arbeitsstunden oder Investitionen in Sachkapital erklärbare Anteil des Wachstums schwankt mit der Konjunktur, weil er unter anderem die Über- oder Unterauslastung der Anlagen oder auch der Arbeitszeit abbildet: Die Arbeitszeit beispielsweise kann nicht so schnell hinauf- oder heruntergefahren werden, wie sich die Auftragslage ändert. Doch nach Berücksichtigung der Schwankungen bleibt ein recht großes positives Residual, das üblicherweise als technologischer Fortschritt bezeichnet wird. Ein Teil des Fortschritts kann durch Qualitätsverbesserungen der Kapitalinvestitionen (ein Computer kostet nach ein paar Jahren nicht mehr, ist aber schneller und hat größere Funktionalität) oder durch einen Anstieg der Arbeitseinkommen aufgrund höherer Bildungsabschlüsse erklärt werden. Der größere Teil bleibt auch dann noch unerklärt. Dieser Teil des Fortschritts wird im Folgenden in zwei Komponenten aufgeteilt: die qualitative Verbesserung der wirtschaftlichen Rahmenbedingungen (Sozialkapital) und die qualitative Verbesserung der Arbeit (Humanvermögen).

## Sozialkapital in Deutschland

**Das hohe Produktivitätsniveau in Deutschland ist auch eine Folge der guten institutionellen Rahmenbedingungen. Die Institutionen können wachstumfreundlicher gestaltet werden.**

Dass die Qualität der wirtschaftlichen **Institutionen** eines Landes einen großen Einfluss auf das Wachstums- und Wohlstandspotenzial haben muss, darauf deuten die großen Unterschiede im Wohlstandsniveau und -wachstum zwischen den Ländern. Mehr Arbeitszeit und alles Geld der Welt würden im Kongo kein Wachstum erzeugen – jedenfalls kurzfristig nicht. Wo die Regierung ihr Gewaltmonopol nicht durchsetzen kann, werden nur wenige Unternehmer investieren. Wo es keine Banken gibt, kann nicht finanziert werden. Und wo die Gesundheitsversorgung nicht sichergestellt ist, lohnt sich die Investition in Humanvermögen nicht.

Was für Entwicklungsländer offensichtlich ist, bleibt für entwickelte Länder rätselhaft. Obwohl es beispielsweise zwischen den USA und Kontinentaleuropa institutionelle – und **kulturelle** – Unterschiede gibt, ist umstritten, welche Institutionen wachstumsförderlich oder -hinderlich sind. Denn wie diese Institutionen beschaffen sind, lässt sich zwar beschreiben, aber nur schwer messen. Allerdings gibt es eine Reihe

**Institutionen**

Diese Institutionen heißen Sozialkapital, weil sie wie ein Vermögen über längere Zeit aufgebaut werden und danach immer wieder Erträge abwerfen.

**Kultur**

Der Nobelpreisträger Edmund Phelps hat herausgefunden, dass kulturelle Faktoren wie Individualismus, Toleranz, Initiative bei der Arbeit und die Bereitschaft, Verantwortung zu übernehmen, Produktivitätsunterschiede zwischen Kontinentaleuropa und den USA besser erklären als herkömmliche institutionelle Faktoren wie Steuerquoten oder Arbeitsmarktregeln. (Phelps 2006)

von Versuchen, zu einer Bewertung des Sozialkapitals zu kommen, meistens in Form von Ranglisten:

► Der »Doing Business Index« der Weltbank misst die Regulierungsdichte, mit der sich Unternehmen in unterschiedlichen Ländern konfrontiert sehen. Die Weltbank stützt sich einerseits auf eigene Forschung und andererseits auf die Verifizierung durch 5.000 lokale Beamte, Rechtsanwälte, Unternehmensberater etc. Deutschland steht an 20. Stelle von 178 Ländern.

► Der »Index of Economic Freedom« der Heritage Foundation in Washington D.C. orientiert sich an den für die Erzeugung von Wohlstand notwendigen Freiheiten: Eigentumsrechte, Freizügigkeit für Produkte und Arbeitskräfte, Abwesenheit von Einschränkungen. Er wird aus öffentlichen Statistiken zusammengestellt und sieht Deutschland unter 162 bewerteten Ländern an 23. Stelle.

► Der »Global Competitiveness Index« des World Economic Forum ist eine umfassende Beschreibung der institutionellen Rahmenbedingungen für wirtschaftliches Wachstum. Er ist eine Mischung aus harten Fakten und einer Umfrage unter 11.000 Top Managern. Deutschland steht unter 131 Volkswirtschaften an 5. Stelle. Die Bewertung setzt sich aus drei Gruppen mit insgesamt 11 Kriterien zusammen. Die Zahlen in jeder Zelle der folgenden Tabelle reflektiert die relative Position Deutschlands, wobei Deutschland besonders bei Professionalität und Innovation gut abschneidet, einer Kategorie die für entwickelte Volkswirtschaften besonders stark gewichtet wird.

Diese Ranglisten sind zwar relativ gut geeignet, um das Wohlstandsniveau, aber weniger gut, um den Wachstumspfad eines Landes zu erklären (Deutsche Bank 2005). Dafür ist die Veränderung institutioneller Faktoren über Zeit besser geeignet: Ein Rückgang der Inflationsrate um ein Prozent beispielsweise steigert das Bruttoinlandsprodukt um ein halbes Prozent. Der Rückgang der Schwankungsbreite der Inflation hat sogar den doppelten Effekt. Sinkt diese um einen Prozentpunkt, dann steigt das BIP um 2 Prozent. Steuern haben den umgekehrten Einfluss: Steigen die Steuern um ein Prozent, dann fällt das BIP um etwas mehr als ein halbes Prozent. Für jede zehn Prozentpunkte, die die Außenhandelsquote steigt, geht das BIP um vier Prozent nach oben (OECD 2003). Während es für das Senken von Steuern und Inflation natürliche Grenzen gibt, kann

**Global Competitiveness Index mit dem jeweiligen Rang Deutschlands**

| Grundvoraussetzungen | 9 | Effizienzverstärker | 11 | Professionalität und Innovation | 3 |
|---|---|---|---|---|---|
| **Institutionen** Rechtssystem, staatliche Einstellung gegenüber Märkten und Freiheiten | 7 | **Gütermarkteffizienz** Wettbewerb, wenig öffentliche Marktintervention, Kunden-orientierung, anspruchsvolle Käufer | 14 | **Professionalität der Geschäftstätigkeit** Geschäftsnetzwerke, Geschäftsprozesse, Strategien, örtliche Zulieferer | 1 |
| **Infrastruktur** Effektive Transportmöglichkeiten für Güter, Personen und Dienst-leistungen, Energieangebot, Telekommunikationsnetze | 1 | **Arbeitsmarkteffizienz** Effizienz und Flexibilität des Arbeitsmarktes und der Re-allokation von Arbeitskräften, Lohnflexibilität, leistungs-orientierte Entlohnung | 47 | **Innovationen** Investitionen in Forschung und Entwicklung, Zusammenarbeit von Wissenschaft und Industrie, Schutz des geistigen Eigentums | 7 |
| **Makroökonomie** Inflationsrate, Haushaltsdefizit | 60 | **Finanzmarkteffizienz** Kapital wird den besten Unter-nehmern oder Projekten zugeführt, gründliche Risikoprüfung, Wagnis-kapital, Vertrauen, Transparenz | 14 | | |
| **Gesundheit** Gesundheitssystem | 40 | **Technologische Reife** Technologieaneignung, Rahmen-bedingungen für IKT, IKT Durchdringung | 21 | | |
| | | **Marktgröße** inländische Nachfrage, Handelsquote | 5 | | |

WEF 2007

die Offenheit einer Volkswirtschaft gegenüber Globalisierung und internationalem Wettbewerb beinahe unbegrenzt steigen.

## Bedeutung des Humanvermögens

**Wichtiger für Wachstum als die Institutionen ist das Humanver-mögen. In Deutschland sind 8.500 Milliarden Euro Humanver-mögen am Arbeitsmarkt eingesetzt.**

Das Sozialkapital in Deutschland hat offensichtlich Stärken (Handelsoffenheit, Infrastruktur, Professionalität) und Schwä-chen (Wirtschaftspolitik, Arbeitsmarkt, Freiheit). In der Mi-schung liegt es unter den reichen Industrieländern eher im hinteren Mittelfeld. Verbesserungen bei den institutionellen Rahmenbedingungen würden das Wachstum in Deutschland deutlich begünstigen. Aber relativ zu der anderen Komponente des technischen Fortschritts, der qualitativen Verbesserung der Arbeit, spielen sie eine untergeordnete Rolle. Eine Verbesserung des Humanvermögens hat deutlich größeren Einfluss auf den zukünftigen Wachstumspfad.

Für die Länder der OECD hat eine Studie gezeigt, dass der Einfluss des Humanvermögens, gemessen in der durchschnittlichen Anzahl von Bildungsjahren (Schule und Universität) pro Kopf, einen ungefähr doppelt so großen Einfluss auf das Wachstum von 1970 bis 1998 hat wie die Außenhandelsquote (Deutsche Bank 2005). Für eine größere Gruppe von über 50 Ländern zeigt eine weitere Studie, dass das Humanvermögen das Wachstum von 1960–2000 besser erklärte als eine Reihe von institutionellen Variablen wie politische Machtkonzentration, Demokratie, Risiko der Enteignung oder die Unabhängigkeit der Justiz (Glaeser 2004).

Die relativ große Erklärungskraft des Humanvermögens deutet darauf hin, dass sein Einfluss über den direkt messbaren Einfluss der Bildungsabschlüsse hinausgeht: Der Wohlstand steigt beispielsweise nicht nur, weil Facharbeiter durch Akademiker ersetzt werden, die produktiver sind und höhere Arbeitseinkommen erwirtschaften, sondern auch weil der Akademiker zu Produktivitätsverbesserung und Einkommenswachstum der verbleibenden Facharbeiter beiträgt. Das jedenfalls suggeriert das Humanvermögensmodell, das dem Geschäftsplan zugrunde liegt, und das nicht nur nach formalen Bildungsabschlüssen differenziert.

In obigen Studien wird das Humanvermögen nicht direkt gemessen, sondern durch die Anzahl der Bildungsjahre approximiert, also die durchschnittliche Zeit in Schule und Hochschule, weil diese Daten für viele Länder leicht verfügbar sind. Das Humanvermögen macht aber noch viel mehr aus. Wie produktiv jemand arbeitet, besonders wenn er schon einige Jahre Berufserfahrung besitzt, hat nur wenig mit der in der Schule verbrachten Zeit zu tun. Der Ansatz, das Humanvermögen zu messen, geht den umgekehrten Weg: Wie groß muss das Vermögen sein, damit es einen Ertrag in Höhe des Arbeitseinkommens rechtfertigt? Auf der Ebene des Bruttoinlandsproduktes betragen die Arbeitseinkommen 1.146 Milliarden Euro. Wird ein laufender Ertrag von ca. 13 Prozent angenommen, muss das Humanvermögen 8.500 Milliarden Euro betragen. Das ist mehr als das doppelte des deutschen Sachkapitalvermögens in Höhe von 4.114 Milliarden Euro. Dem Humanvermögen einen monetären Wert zuzuordnen, entspricht dem **Opportunitätskostenansatz.**

## Opportunitätskostenansatz

Ein Unternehmer muss zwischen einer Investition in eine neue Software und einer Investition in seine Mitarbeiter abwägen, vielleicht ein Training oder eine Entsendung in die Auslandstochter. Er wird sich für die Investition entscheiden, die die höhere Rendite erzeugt. Auf diese Weise sorgt der Markt dafür, dass sich die Renditen von Humanvermögen und Sachanlagen angleichen. Jeder wägt auch selbst ab, ob er seine Zeit zum Arbeiten oder zum Lernen einsetzen soll. Im einen Fall erhält er sofort ein Arbeitseinkommen, im anderen erhält er in Zukunft ein höheres Arbeitseinkommen. Liegt die zukünftige Einkommenssteigerung unter dem Zinsertrag auf das heutige Einkommen, wenn er es am Finanzmarkt anlegt, dann wird er lieber arbeiten statt lernen. Denn am Ende hat er davon einen größeren Nutzen.

# Grundlagen des Geschäftsmodells II: In Humanvermögen investieren

Die Wohlstandsentwicklung der Menschheit ist eng mit der Entwicklung des Wissens und seiner massenhaften Verbreitung durch Bildung verknüpft. Dass **Humanvermögen** volkswirtschaftliche Erträge erwirtschaftet, ist sofort erkennbar, wenn es auf die Ebene des Individuums heruntergebrochen wird. Je höher der Bildungsabschluss und je mehr einer kann, desto höher ist sein Einkommen. Die formalen Bildungsabschlüsse liefern dabei die Eintrittskarte für den Erwerb von Humanvermögen im Berufsleben, das dann den größten Beitrag zum Humanvermögen leistet.

## Höhere Erträge mit höheren Bildungsqualifikationen

**Je höher die Investition in Humanvermögen, desto höher das Lebenseinkommen, desto niedriger das Risiko der Arbeitslosigkeit und desto zufriedenstellender die Arbeit.**

Ungelernte verdienen weniger als € 1.000 netto im Monat, selbst wenn man die in dieser Gruppe auch enthaltenen erfolgreichen Selbständigen und Autodidakten berücksichtigt. Wer dagegen promoviert, bringt es im Schnitt auf das Dreifache. Tatsächlich verdienen beide etwas mehr, aber beim Ungelernten senkt die höhere Wahrscheinlichkeit, arbeitslos zu werden, und beim Promovierten die höhere Wochenarbeitszeit das Durchschnittseinkommen auf gleicher Stundenbasis. Für den Staat ist der promovierte Akademiker noch lukrativer. Von ihm erhält er 2.023 Euro Steuern und Abgaben, während er dem durchschnittlichen Ungelernten 255 Euro Transferleistungen auszahlt. Auch die Unternehmen legen immer mehr Wert auf Arbeitskräfte mit hohem Humanvermögen: Die Gehälter der hoch Qualifizierten sind in den vergangenen Jahren schneller gestiegen als für mittel und niedrig Qualifizierte (Strauss 2007).

Das höhere Monatseinkommen allein ist aber noch kein hinreichendes Argument für höhere Bildungsabschlüsse. Ein Doktor promoviert im Durchschnitt mit 32,8 Jahren. In diesem Alter hat jemand mit Berufsausbildung schon fünfzehn Jahre lang Geld verdient und musste auch keine **Studiengebühren** entrichten. Es gibt verschiedene Gründe für ein Studium, zu denen auch der Spaß des Studentenlebens gehört. Aber würde jemand, der rein monetär motiviert ist, über das ganze Leben gesehen mit einer Lehre besser wegkommen als mit einer Promotion?

### Humanvermögen

»Zum Vermögen gehören natürlich nicht nur Sachgüter, sondern alle Chancen, über welche eine sei es durch Sitte, Interessengewalt, Konvention oder Recht oder sonst wie verlässlich gesicherte Verfügungsgewalt besteht.« (Max Weber 1911)

### Studiengebühren

Ein Hochschulstudium ist eine Investition in die Zukunft, die sich auch lohnen würde, wenn seine Gebühren die tatsächlichen Kosten von € 9.100 im Jahr decken würden. Selbst bei Studiengebühren in dieser Höhe – üblich sind in Deutschland eher € 1.000 – wäre der Ertrag einer solchen Investition zwar schmaler aber immer noch attraktiv. Ähnliche Kosten trägt der Meisterschüler heute ohnehin schon.

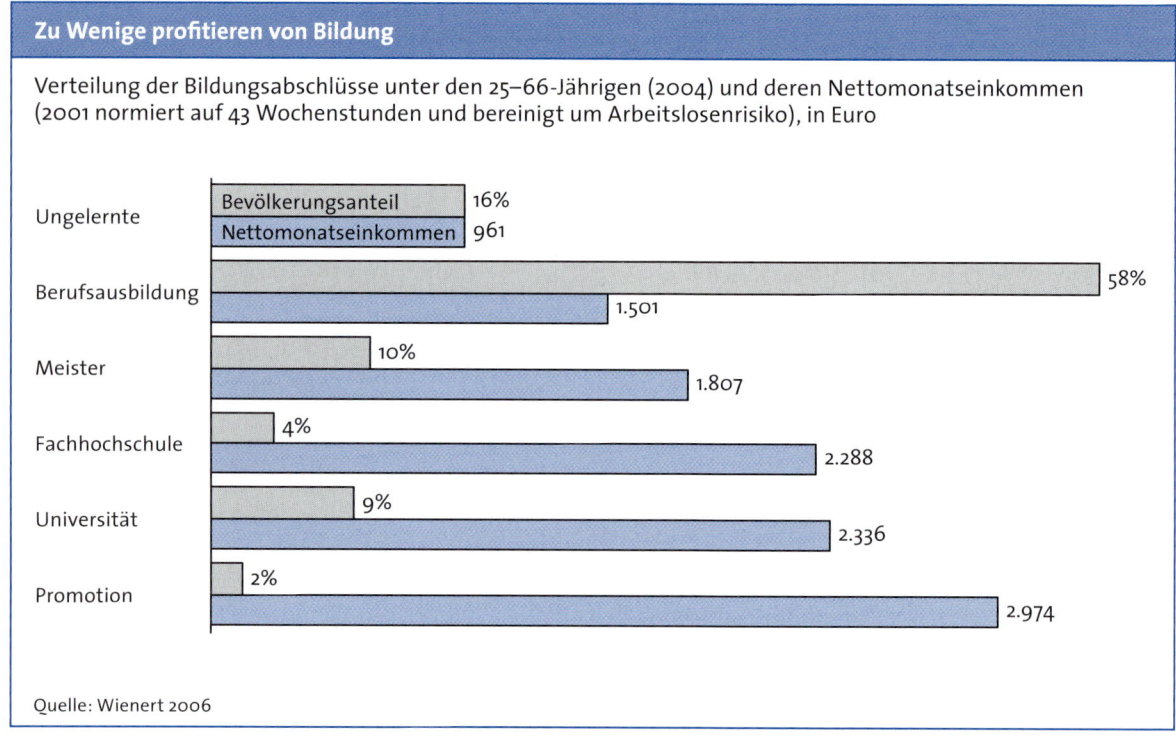

**Zu Wenige profitieren von Bildung**

Verteilung der Bildungsabschlüsse unter den 25–66-Jährigen (2004) und deren Nettomonatseinkommen (2001 normiert auf 43 Wochenstunden und bereinigt um Arbeitslosenrisiko), in Euro

| | |
|---|---|
| Ungelernte | Bevölkerungsanteil 16% / Nettomonatseinkommen 961 |
| Berufsausbildung | 58% / 1.501 |
| Meister | 10% / 1.807 |
| Fachhochschule | 4% / 2.288 |
| Universität | 9% / 2.336 |
| Promotion | 2% / 2.974 |

Quelle: Wienert 2006

Eine Berechnung der Erträge zeigt, dass die Investition in Humanvermögen – Abitur, Studium und Promotion – insgesamt sinnvoll ist. Trotz des fünfzehnjährigen Rückstands hat der Promovierte mit 43 Jahren in seinem Erwerbsleben schon genauso viel verdient, wie der Ausgebildete bis zu seinem 43. Lebensjahr und wird bis zum Ende seines Erwerbslebens fast das Doppelte verdienen. Nach derselben Logik holt der Promovierte den Universitätsabsolventen schon mit 40 Jahren ein, der Meister den Ausgebildeten mit 37 Jahren.

Fachhochschulen sind besonders attraktiv: Ihre Absolventen werden vom Universitätsabsolventen gar nicht und vom Doktor erst mit 56 Jahren eingeholt. Hier macht sich einerseits bemerkbar, dass man an einer Fachhochschule geisteswissenschaftliche Fächer, die in der Regel einen geringen Verdienst mit relativ hoher Arbeitslosigkeitswahrscheinlichkeit nach sich ziehen, gar nicht studieren kann, aber auch dass ein Studium zügiger beendet wird, ohne dass es deswegen weniger wert wäre. Höhere Bildungsabschlüsse gehen auch mit höherer Arbeitsbefriedigung und geringerer Arbeitslosigkeit einher. Ein Promovierter arbeitet im Durchschnitt mehr als 48 Stunden in der Woche, während ein Universitätsabsolvent auf 44 und ein Ausgebildeter auf 41 Stunden kommt (Wienert 2006).

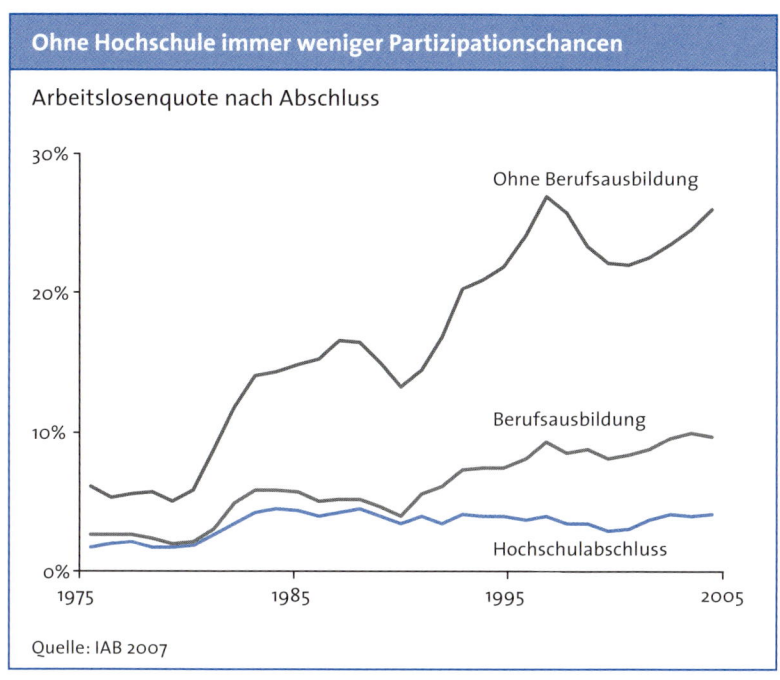

**Ohne Hochschule immer weniger Partizipationschancen**

Arbeitslosenquote nach Abschluss

Ohne Berufsausbildung

Berufsausbildung

Hochschulabschluss

Quelle: IAB 2007

Das macht auch deutlich, dass höhere Bildungsabschlüsse eher zu attraktiven Berufen führen, in denen Selbstverwirklichung im Beruf möglich und gewünscht ist. Von höherwertigen Berufsqualifikationen ließe sich darüber hinaus nicht profitieren, wenn diese nicht auch rege am Arbeitsmarkt nachgefragt

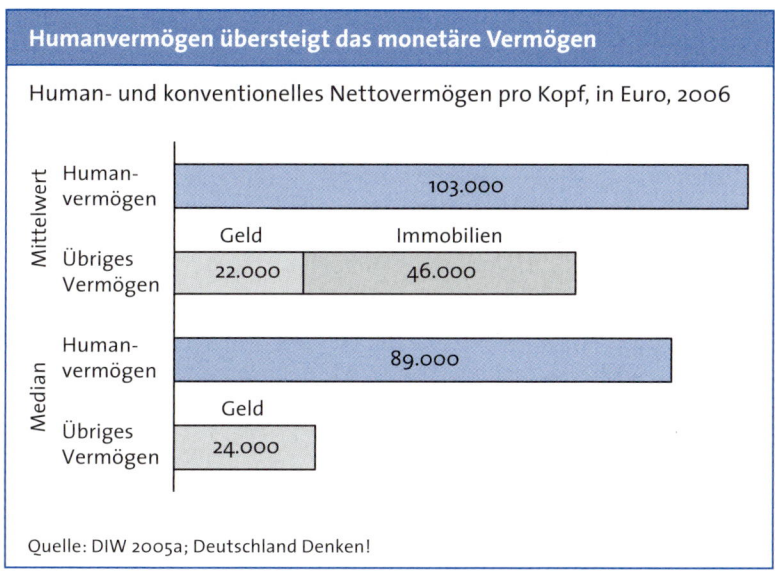

**Humanvermögen übersteigt das monetäre Vermögen**

Human- und konventionelles Nettovermögen pro Kopf, in Euro, 2006

Mittelwert

Human-vermögen — 103.000

Geld — Immobilien
Übriges Vermögen — 22.000 — 46.000

Median

Human-vermögen — 89.000

Geld
Übriges Vermögen — 24.000

Quelle: DIW 2005a; Deutschland Denken!

würden. Die Arbeitslosigkeitswahrscheinlichkeit sinkt mit der Bildung. Sie hat in den letzten dreißig Jahren für Ungelernte deutlich stärker zugenommen als für Ausgebildete, und für Ausgebildete stärker als für Akademiker.

Das individuelle Humanvermögen, das hinter der Erwerbsfähigkeit und dem Verdienstpotenzial steht, ist aber deutlich gleicher verteilt als das konventionelle Vermögen. Auch wer kein Haus und nur wenig auf der hohen Kante hat, verfügt über ein beträchtliches Humanvermögen. Was genau ist also Humanvermögen?

## Kategorien von Humanvermögen

**Humanvermögen ist die Summe der Fertigkeiten und Qualifikationen, mit denen ein Mensch produktiv arbeiten kann. Es reicht von der Muskelkraft bis zu berufsspezifisch Erlerntem.**

Humanvermögen setzt sich aus allen menschlichen Fähigkeiten und Fertigkeiten zusammen, die für Geld am Arbeitsmarkt verkauft werden können, auch wenn sie gelegentlich unentgeltlich eingesetzt werden. Die älteste Form des Humanvermögens ist die der **Muskelkraft**. Über Jahrtausende haben die meisten Menschen ihre Muskelkraft verkauft und damit gerade genug Naturalien und Geld verdient, um zu überleben. Nur eine kleine Schicht verdiente sich mit verschiedenen handwerklichen Fertigkeiten einen besseren Lebensunterhalt durch den Verkauf von Produkten, und eine noch kleinere Elite von Gelehrten, Händlern und Verwaltern konnte von ihrem Wissen leben.

Seit dem Beginn der industriellen Revolution wurde die Muskelkraft immer mehr durch maschinelle Kraft abgelöst. Die ersten Maschinen, Webstühle oder später Fließbänder, wurden noch von vielen un- oder angelernten Arbeitern bedient. Sie mussten aber bereits lesen und schreiben können und so ging mit der Industrialisierung auch die Verbreitung von allgemeiner Schulpflicht einher. Die Zusammenballung von Zehntausenden von Arbeitern an den Standorten der Fabriken machte die Stadt zum dominanten Siedlungsmuster. Die Menschen mussten lernen, sich in diesem Umfeld zu bewegen und erwarben die entsprechenden **Kulturtechniken**. Frühe Industriearbeiter waren an heutigen Maßstäben gemessen schlecht bezahlt, aber im Vergleich zur Arbeit in der Landwirtschaft erzielte ihr Humanvermögen einen deutlich höheren Ertrag. Dasselbe Phänomen ist heute in China und Indien zu beobachten.

### Muskelkraft

Für den Ewerb der Muskelkraft gibt es keine Bildungsinstitution. Die Muskeln entstehen von alleine, ihre Verwendung ist weitgehend angeboren. Wenn im Arbeitsmarkt keine höheren Qualifikationen nachgefragt werden, dann arbeiten Kinder, sobald sie genügend Kraft dafür haben, und Ältere hören auf, wenn sie diese verlieren.

### Sprach- und Kulturtechniken

Dazu gehören neben Lesen, Schreiben und Rechnen auch Regeln der sozialen Interaktion, zum Beispiel zwischen Geschlechtern oder Generationen, und Hygieneregeln wie regelmäßiges Waschen oder Zähneputzen und die Benutzung einer Toilette. Aber auch die Einteilung des Tages nach der Uhr statt der Sonne musste während der Industrialisierung erst gelernt werden.

Immer bessere Maschinen verdrängten ungelernte Arbeit später fast vollständig aus dem Produktionsprozess. Parallel dazu hat der wachsende Wohlstand die Nachfrage nach immer raffinierteren Produkten wie Kühlschränken, Kraftfahrzeugen oder Kinofilmen erzeugt. Auch dadurch stiegen die Qualifikationsanforderungen am Arbeitsplatz, für den nun mindestens eine berufsspezifische Ausbildung notwendig wurde. Aus austauschbaren Arbeitern wurden Berufstätige: Bankkaufleute, Elektromechaniker oder Kameraleute. Bereits vor dem Zweiten Weltkrieg setzten fast alle deutschen Arbeitsplätze eine Berufsausbildung voraus. Sowohl die Anforderungen einer Ausbildung, als auch die Komplexität der Produkte machten **Lerntechniken**, die in den Jahrhunderten zuvor nur von den Eliten praktiziert worden waren, für viele notwendig.

Solange das Leben kurz war, reichte die Lernanstrengung am Anfang eines Lebens, um den größten Teil des notwendigen Humanvermögens zu vermitteln. Bis in das 19. Jahrhundert lag die durchschnittliche Lebenserwartung noch unter 50 Jahren, selbst für den, der die Kindheit überlebt hatte. Bis 1945 leistete sich jede Generation ungefähr einen vernichtenden Krieg, der große Mengen von Humanvermögen zerstörte. Erst als der technische Fortschritt sich in der zweiten Hälfte des 20. Jahrhunderts beschleunigte und eine immer höhere Lebenserwartung mit einer langen Periode des Friedens zusammentraf, wurde klar, dass das, was man in Schule und Ausbildung gelernt hatte, nicht mehr für ein ganzes Leben reichen konnte, dass man lebenslang lernen muss.

## Wie und wo Humanvermögen investiert wird

**Sechs gesellschaftliche Institutionen vermitteln Humanvermögen. Unabhängig davon, wer die Kosten trägt, das Eigentum an seinem Humanvermögen hält jeder selbst.**

Die Investition von Humanvermögen findet in unterschiedlichen gesellschaftlichen Institutionen statt, in unterschiedlichen Phasen des Lebens:

1. in der Berufs- und Arbeitsumgebung
2. an der Hochschule
3. in der Berufsausbildung
4. an der allgemeinbildenden Schule
5. in der Familie
6. durch lebenslanges Lernen

---

**Lerntechniken**

Schule und Hochschule vermitteln nicht nur das Verständnis der Naturwissenschaften, fortgeschrittene Mathematik wie Algebra oder Geometrie, oder die Interpretation schwieriger Texte sondern auch Fähigkeiten wie Abstrahieren, Analysieren, Systematisieren, Strukturieren oder Synthetisieren. Dieser anspruchsvolle Lernprozess, der die richtige Mischung von Autorität, Disziplin und Motivation erfordert, hat die Berufe des Schullehrers und Hochschullehrers hervorgebracht und professionalisiert.

## Anspruchsvolle Berufe erzeugen das meiste Humanvermögen

Humanvermögensbestand eines Akademikers, in Euro

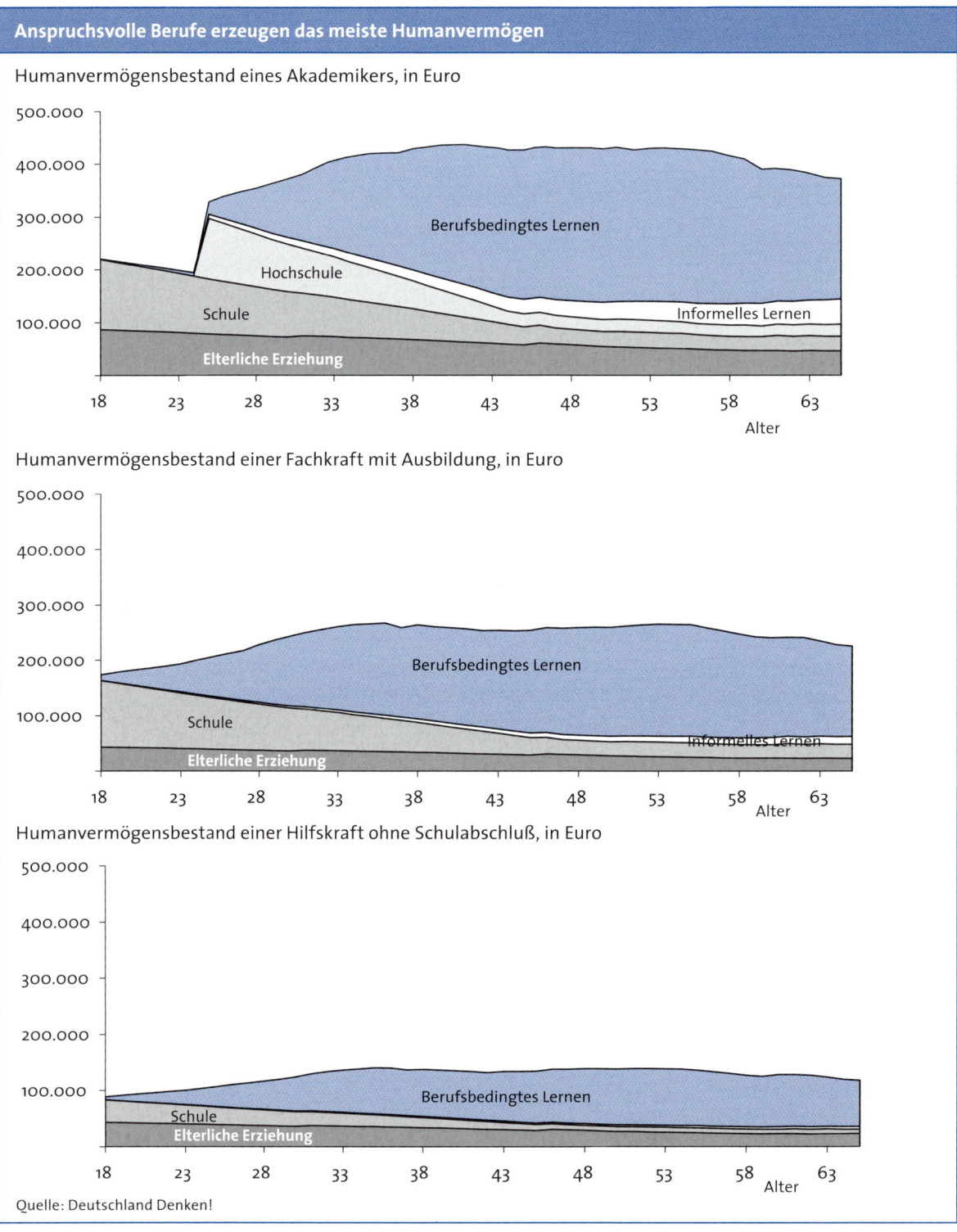

Quelle: Deutschland Denken!

Die Aufgabe, Humanvermögen zu investieren, fällt vielen Mitgliedern einer Gesellschaft zu: als private Aufgabe in der Familie und bei der eigenen Lebensgestaltung, als betriebliche Aufgabe der Arbeitgeber und als öffentliche Aufgabe beim Betrieb von Schulen und Hochschulen. Wie bei allen Investitionen, hängt vieles an den Rahmenbedingungen, die der Gesetzgeber setzt. Unabhängig davon, wer investiert, befindet sich das Eigentum immer bei demjenigen, der es trägt. Mit nur ganz wenigen Ausnahmen im Sport- und Showgeschäft, kann ein Arbeitnehmer sein Humanvermögen jederzeit einem anderen Arbeitgeber anbieten. Selbst beidseitig freiwillige Verträge, die diese Möglichkeit ausschließen, sind nach deutschem Recht sittenwidrig, auch wenn der Arbeitgeber viel in das Humanvermögen einer Person investiert hat.

## 1. Humanvermögen, das im Beruf entsteht

**Die Berufswelt ist die größte Bildungsinstitution in Deutschland. Fast 60 Prozent des investierten Humanvermögens werden durch die Berufsausübung selbst erworben. Aber die Lernintensität ist sehr unterschiedlich.**

Alle Berufe passen sich dem technologischen Fortschritt an und ändern ihre Arbeitsinhalte. Aber die Lernintensität ist sehr unterschiedlich. Die Arbeit der **Kassiererin** gibt es schon seit Jahrzehnten und die einzige Neuerung war die Umstellung von der manuellen Eingabe zum Scannen des Barcode. Dieser Beruf erfordert so wenig Lernen, dass diejenigen, die ihn ausüben, das Lernen völlig verlernen. Entsprechend geringen Verdienst und Karrierechancen vermittelt dieser Beruf. Generell gilt, je niedriger qualifiziert ein Beruf ist, um so geringer ist der Anteil der Lerninhalte in diesem Beruf.

Am anderen Ende der Qualifikationsskala erfordern viele Berufe ständiges Lernen, so dass ein großer Teil der Arbeitszeit Lernzeit ist. Jeder neue Patient ist für einen Arzt ein Fall zum Lernen: Er muß analysieren, was dem Patienten fehlt, um dann die passende Therapie vorzuschlagen. Dasselbe gilt für den Rechtsanwalt oder den Ingenieur: Jedes neue Projekt, jeder neue Kunde erfordert ein Studium des Umfelds, der Anforderungen und der Entwicklungen auf dem Markt. Erst dann kommt die Anwendung des Bekannten. Nur wer jahrelang an einer Hochschule oder einer gleichwertigen Institution das Lernen lernt, kann in diesen Berufen erfolgreich sein.

**Kassiererin im Supermarkt in Hofheim**

Seit mindestens fünf Jahren verkauft ein privater Supermarkt in Hofheim am Taunus die relativ exotische, aber sehr schmackhafte Frucht Tamarillo. In fünf Jahren haben die Kassiererinnen noch nicht gelernt, wie diese Frucht heißt und können ihr nicht den richtigen Preis zuordnen.

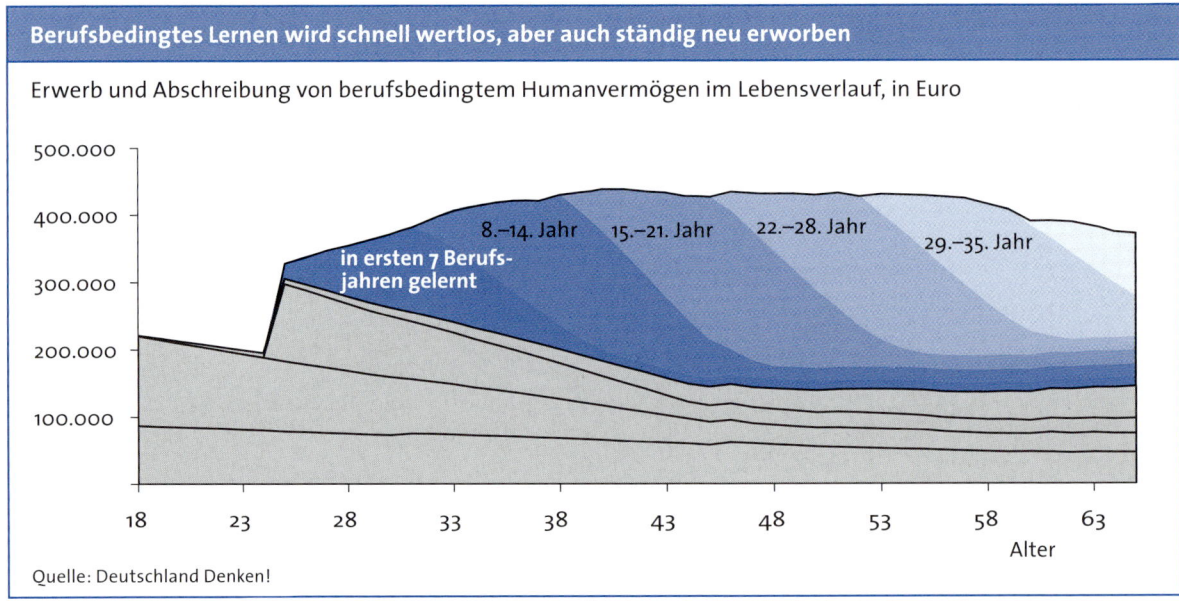

**Berufsbedingtes Lernen wird schnell wertlos, aber auch ständig neu erworben**

Erwerb und Abschreibung von berufsbedingtem Humanvermögen im Lebensverlauf, in Euro

Quelle: Deutschland Denken!

### Wissen

»Die Abschreibung erworbenen Lehrbuchwissens endet niemals bei Null, sondern geht in die Bewertungskompetenz ein, deren Bedeutung mit steigendem Lebensalter wächst. Wer im Leben schon viel gewusst hat, kann Dringliches von Entbehrlichem, Falsches von Richtigem scheiden. Dieses Erfahrungswissen, das auch soziale und moralische Maßstäbe umfasst ist, der eigentliche Wissensschatz jedes Menschen.«
(Weyh 2006)

Das so erworbene **Wissen** verliert aber auch an Wert. Was nicht bald wieder genutzt wird, wird vergessen. Oder es wird durch neues, besseres Wissen ersetzt: Jedes neue Medikament entwertet das Wissen über die Funktionsweise und die Nebenwirkungen des Vorgängerpräparates. Ingenieure müssen ständig den Umgang mit neuen Materialien lernen. Auch Lehrer müssen das Alte vergessen, wenn sich eine verbesserte Pädagogik als effektiver herausgestellt hat. Um weiterhin wettbewerbsfähig zu sein, müssen Inhaber von akademischen Berufen ununterbrochen hinzulernen, nur um das verlorengegangene oder entwertete Wissen wieder zu ersetzen.

## 2. Humanvermögen, das in der Hochschule entsteht

**Hochschulen vermitteln ein Startkontingent an Fachwissen für akademische Berufe. Aber noch wichtiger ist das Erlernen hochwertiger Lerntechniken.**

Die höchste Wertschöpfung erreichen Berufe, die das meiste Humanvermögen erfordern. Für diese Berufe müssen meistens in formalen Bildungsinstitutionen hohe Vorleistungen erbracht werden, um die Leistungsfähigkeit für den Berufseintritt zu erreichen. Das gilt für Akademiker wie Mediziner, Rechts-

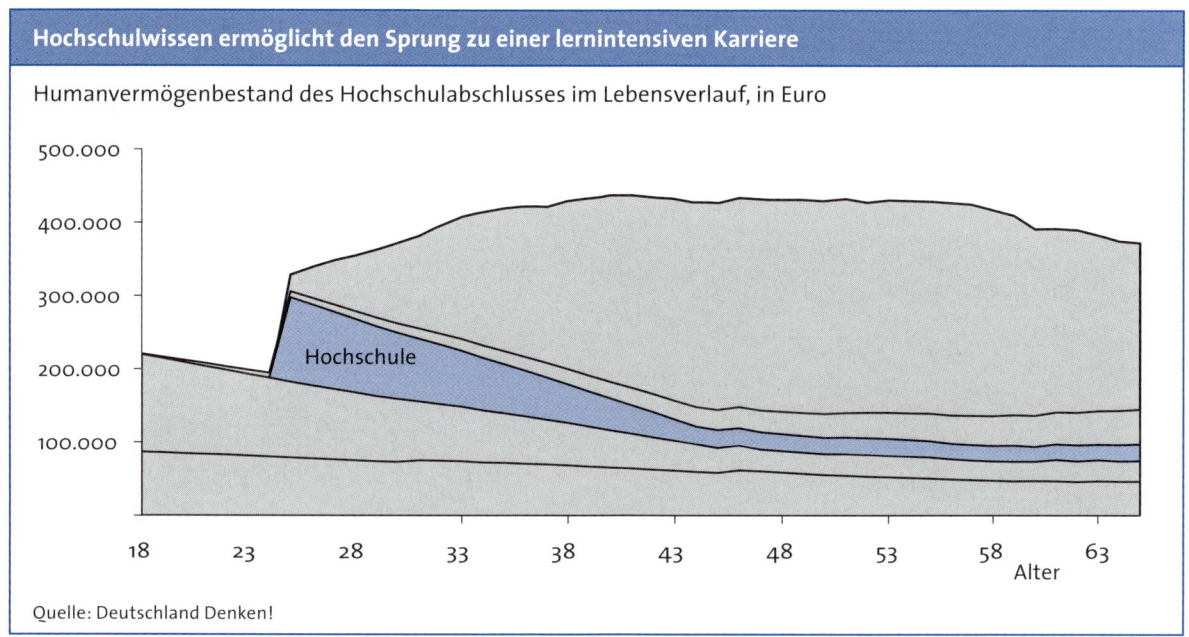

**Hochschulwissen ermöglicht den Sprung zu einer lernintensiven Karriere**

Humanvermögenbestand des Hochschulabschlusses im Lebensverlauf, in Euro

Hochschule

Quelle: Deutschland Denken!

anwälte, Ingenieure, Architekten oder Lehrer – aber auch für die anspruchsvolleren Kaufmanns- und Verwaltungsberufe.

Unterschiedliche Arten von Hochschulen werden für diese Art der Investition von Humanvermögen genutzt: Universitäten, Fachhochschulen, Berufsakademien oder Meisterschulen. Sie vermitteln zwei Kategorien von Humanvermögen, die das ständige Weiterlernen im Beruf auf höchstem Niveau möglich machen: berufsspezifisches Fachwissen einerseits und hochwertige Lerntechniken andererseits. Diese Lerntechniken sind weniger berufsspezifisch als die Lerninhalte, so dass nicht jeder Absolvent in den Beruf einsteigen muss, dessen Fach er studiert hat. Ein Ingenieur kann auch eine betriebswirtschaftliche Karriere machen, oder ein Anthropologe in der Archäologie reüssieren.

Das an den Hochschulen vermittelte Humanvermögen verfällt relativ schnell. Weil es so komplexes Wissen ist, wird es schnell vergessen, und weil es so spezifisch ist, wird es auch bald im Markt obsolet.

### 3. Humanvermögen, das in der Ausbildung entsteht

**Auch nichtakademische Berufe in einer modernen Industriegesellschaft sind so kompliziert, dass die Menschen dafür besonders ausgebildet werden müssen.**

Es gibt in Deutschland ca. 400 definierte Ausbildungsberufe. Schulabgänger bewerben sich für eine Ausbildung bei einem Betrieb, der gemeinsam mit der Berufsschule die für den gewählten Beruf notwendigen theoretischen und praktischen Grundlagen vermittelt. Die meisten Berufe sind so anspruchsvoll, dass ein Realschulabsolvent drei Jahre für einen Abschluss braucht. Für manche Fachrichtungen wird noch mehr Zeit veranschlagt: zum Beispiel dauert die Ausbildung zum Triebwerksmechaniker für Flugzeuge 3,5 Lehrjahre.

Wer sich für einen solchen Beruf qualifiziert hat, setzt seine Tätigkeit in der Regel als Fachkraft in diesem Beruf bei dem Ausbildungsbetrieb fort. Im Verlauf des Berufsweges gibt es Möglichkeiten, sich weiterzuqualifizieren, sowohl in den handwerklichen und industriellen als auch in den kaufmännischen Lehrberufen. Die Investitionen in eine Ausbildung verschafft eine mittlere Qualifikation am Arbeitsmarkt.

### 4. Humanvermögen, das in der Schule entsteht

**Kinder und Jugendliche lernen in der Schule die Grundlagen des Lernens, mit denen später die Berufsqualifikationen erworben werden.**

Es ist nicht offensichtlich, warum das Lernen in der Schule relevant ist für das Humanvermögen, das am Arbeitsmarkt nachgefragt wird. Selbst Akademiker können sich nur an Bruchteile dessen erinnern, was sie in ihren Sekundarschuljahren von der fünften bis dreizehnten Klasse gelernt haben. Wer aber in der Schule niemals Geschichte gelernt hat, kann nicht verstehen, dass jedes Volk eine Geschichte hat, und dass sie das Verhalten und Verstehen der Menschen beeinflusst. Wer nie Literatur analysiert hat, dem wird es schwer fallen, fremde Denkwelten zu verstehen oder überhaupt zu erkennen, wenn sie ihm begegnen. Nicht das Fach- und Detailwissen der Sekundarschulen ist entscheidend, sondern dass Schüler gelernt haben, zu lernen. Sie sollen Lerntechniken aus vielen Disziplinen kennengelernt haben, um im Verlauf der weiteren Bildungskarriere darauf zurückgreifen zu können.

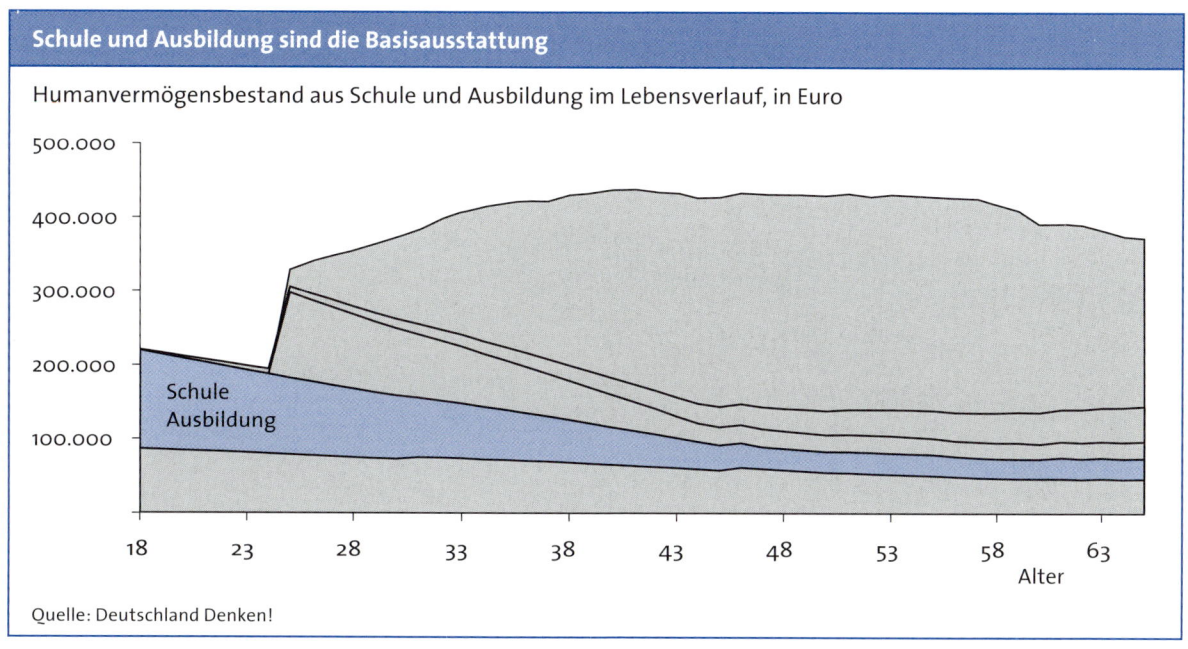

**Schule und Ausbildung sind die Basisausstattung**

Humanvermögensbestand aus Schule und Ausbildung im Lebensverlauf, in Euro

Schule
Ausbildung

Quelle: Deutschland Denken!

Eine Stufe davor gibt es die Grund- und Vorschule sowie den Kindergarten, die gemeinsam mit der Familie Sprach-, Sozial- und Kulturtechniken vermitteln. Durch das enge soziale Miteinander lehren Schulen auch gesellschaftliches Handwerkszeug: Ehrgeiz, Toleranz, Respekt, Disziplin, Umgang mit Autoritäten und Hierarchie. Die Grundvoraussetzungen für diese Tugenden und Techniken entstammen allerdings dem familiären Umfeld.

## 5. Humanvermögen, das zu Hause entsteht

**Die Familie ist die erste Schule. Noch mehr als in der Schule werden hier Sprach-, Sozial- und Kulturtechniken beigebracht.**

Die Erziehung der Kinder ist eine einzige Lernorgie – das Gehirn der Kinder ist evolutionär programmiert, von den Eltern besonders viel zu lernen. Die innerfamiliären Lernmethoden sind vielfältig und reichen von **Imitation** zu Disziplinierung und Motivation. Für Kinder wie Eltern schwieriger noch als das Erlernen von Manieren wie Tischsitten, Kleiderordnung und Begrüßungsformeln, ist die Vermittlung der Normen des sozialen Miteinanders: Teilen, Ehrlichkeit oder Rücksicht. Viele dieser Werte sind auch kulturell geprägt; in Deutschland gilt zum Beispiel die Gleichberechtigung der

**Imitation**

Das tägliche Leben in der Familie vermittelt viele Kulturtechniken auch unbewusst. Wem muss in Deutschland explizit beigebracht werden, dass man auf den kleeblattförmigen Autobahnkreuzen nach rechts abbiegt, um nach links zu kommen? Als dieses Prinzip 1956 an dem ersten deutschen Autobahnkreuz in Frankfurt eingeführt wurde, hat es jahrelang schwere Unfälle gegeben, bis sich diese Kulturtechnik etabliert hat. In Westeuropa hat es ca. zehn Jahre gedauert, bis sich durchgesetzt hat, dass man in Besprechungen, im Unterricht oder im Restaurant das Mobiltelefon ausschaltet. In Russland oder China wiederum ist es umgekehrt: Dort ist es unhöflich, nicht erreichbar zu sein.

**Die Kulturtechniken, die die Eltern lehren, halten am längsten**

Humanvermögenbestand elterlicher Erziehung und informellen Lernens im Lebenslauf, in Euro

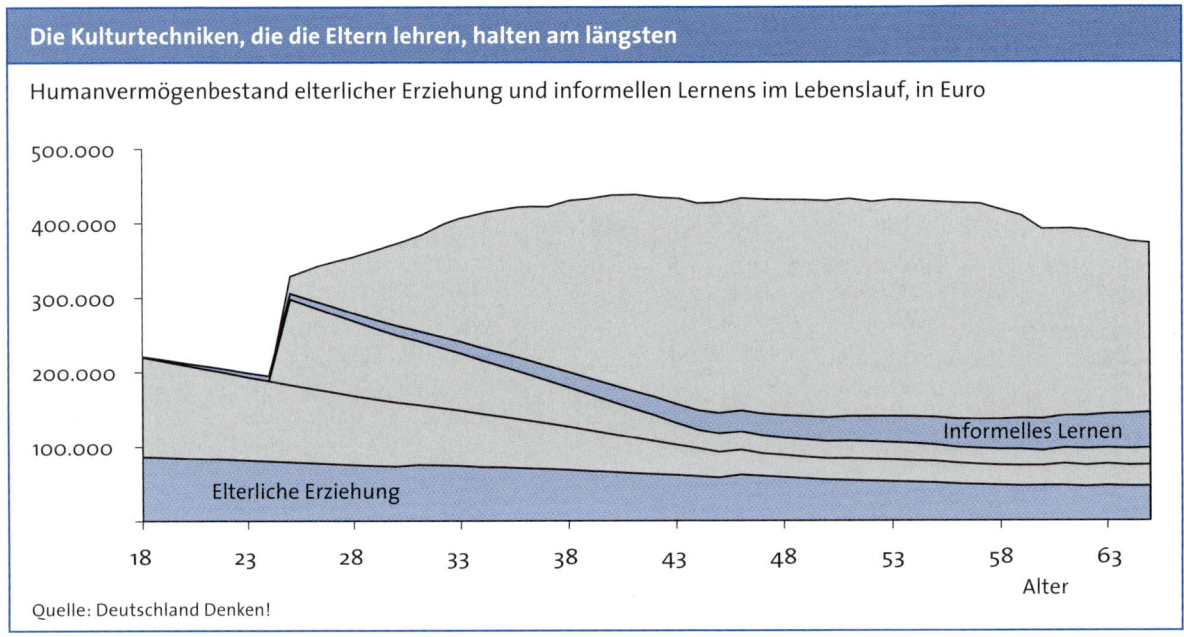

Quelle: Deutschland Denken!

Geschlechter und es gibt praktisch keine Unterordnung gegenüber Familienoberhäuptern.

Es gibt Situationen, in denen die Familie diese Investitionen in das Humanvermögen der Kinder nicht vornehmen kann, weil sie dieses Wissen selbst nicht hat, oder die entsprechenden gesellschaftlichen Werte nicht teilt: Das kann in Immigrantenfamilien oder dysfunktionalen Familien der Fall sein. Immigrantenfamilien verfügen oft nicht über gute Sprachkenntnisse oder stammen aus kulturell anderen Gesellschaften. In Deutschland einsetzbares Humanvermögen baut aber auf deutsche Normen und Werte auf. In dysfunktionalen Familien sind Eltern aus Gründen wie Alkoholismus, Depressionen oder Krankheit nicht in der Lage, ihren Kindern ausreichendes Humanvermögen zu vermitteln. In diesen Fällen müssen öffentliche Institutionen, Kindergärten, Vor- und Grundschule, in der Lage sein, als Ersatzinvestor aufzutreten.

## 6. Humanvermögen durch lebenslanges Lernen

**Lebenslanges Lernen findet zur Zeit hauptsächlich informell statt, am Arbeitsplatz und privat. Geeignete Institutionen für lebenslanges Lernen gibt es zu wenig.**

Kaum eine Notwendigkeit wird so oft postuliert und so wenig in die Tat umgesetzt wie das »lebenslange Lernen«. Der Begriff tauchte erstmals in den 1960er Jahren auf; 1970 verabschiedete der Europarat ein Konzept zur **Permanenten Bildung**; und die OECD entwarf 1973 ihren Vorschlag zur »Recurrent Education«. Seitdem vergeht kaum ein Jahr, in dem Bundes- und Landesregierungen, Gewerkschaften und Arbeitgeber oder Stiftungen keine Grundsatzpapiere zu diesem Thema veröffentlichen.

Ständiges Weiterlernen findet bereits statt. Alle Berufe passen sich permanent den technischen Neuerungen an – und damit auch deren Berufsinhalte. Erwerbstätige vollziehen diese Anpassung ihrer Fertigkeiten teilweise automatisch, indem sie einen Teil ihrer Freizeit dem Erlernen neuer Fertigkeiten oder neuen Wissens widmen, oder erwerben sie explizit durch organisierte Weiterbildungen. Die Lerngeschwindigkeit dieser informellen und beruflichen Weiterbildung ist aber nicht hoch genug, um mit der steigenden Nachfrage nach Humanvermögen Schritt zu halten.

Woran es vor allem mangelt, ist die Umsetzung der neuropädagogischen Erkenntnisse, dass 40-Jährige anders lernen als 20-Jährige und diese wieder anders als 60-Jährige. Versuche haben gezeigt, dass selbst 70-Jährige bei Anwendung entsprechender Lerntechniken noch fast dieselbe Lerngeschwindigkeit erzielen können wie Studenten (Die Zeit 2003). Aber es gibt wenig Lehrpersonal und noch weniger Lehrinstitutionen, die diese Lerntechniken beherrschen und damit sinnvolle Bildungsangebote für lebenslanges Lernen gestalten können.

---

**Permanente Bildung**

»Der Begriff permanente Bildung ist ein neues Konzept, das die gesamte, über die ganze Lebenszeit einer Person in geeigneten Etappen und Zeiträume verteilte Erziehungswirklichkeit umfasst, und dabei die kontinuierliche Entwicklung der sich mit Alter und Situation während unterschiedlicher Lebensphasen einer Person verändernden Fähigkeiten, Motivationen und Bestrebungen berücksichtigt.«
(Europarat 1970)

# Bereich Produktivität: Fortschritt nutzen

### Bestandsaufnahme: Wandel bringt Wohlstand

▶ Deutschlands Kernkompetenz liegt bereits seit dem 12. Jahrhundert in der Verarbeitung von Spezialprodukten, besonders der Metallverarbeitung.

▶ Die Zukunft gehört den Dienstleistungen, wo die höchsten Humanvermögen eingesetzt werden. Selbst im verarbeitenden Gewerbe haben die anspruchsvollen Aufgaben den Charakter einer Dienstleistung.

▶ Auf dem Arbeitsmarkt herrscht nur wenig Fluktuation und es fehlen qualifizierte Arbeitskräfte. Darunter leidet die Produktivität. Wenn Nokia sein Werk in Bochum schließt, dann können die dort entlassenen qualifizierten Mitarbeiter in einem anderen Unternehmen mehr leisten.

### Aktionsfeld I: Mehr Experten und Führungskräfte

▶ Die Globalisierung hat das Angebot an gering qualifizierten Arbeitskräften erheblich erweitert. Dadurch steigt die Nachfrage nach hoch qualifizierten, die komplementäre Fertigkeiten besitzen; Fachkräfte mit Berufsausbildung profitieren weniger.

▶ Besonders in Deutschland ist viel Platz für mehr Führungskräfte und Akademiker. Um diesen Bedarf zu decken, ist sowohl die Hochschulabsolventenquote als auch die Anzahl der Weiterqualifikationen auf Hochschulniveau zu niedrig.

▶ Das Qualifikationsniveau eines Berufs korrespondiert mit seiner Attraktivität. Schlechte Berufe sind in allen Dimensionen schlecht: wenig Qualifikation, geringes Einkommen, hohe Belastung. Berufe, die auch in Vollzeit keine Familie ernähren können, müssen subventioniert werden. Je weniger es davon gibt, desto besser.

### Aktionsfeld II: Arbeitsinhalte aufwerten

▶ Auch in einfachen Berufen steigen die Anforderungen. Über alle Berufe hinweg nehmen kommunikative und interaktive Tätigkeiten zu, während mentale und körperliche Routinearbeit abnimmt.

▶ Branchen, die im Wettbewerb stehen, müssen sich ständig dem technologischen Wandel anpassen. Sie haben Anreize, in das Humanvermögen ihrer Mitarbeiter zu investieren. Das ist ein Argument für Privatisierungen im öffentlichen Sektor oder Ausgliederungen interner Funktionen im privaten Sektor.

### Aktionsfeld III: Lebenslanges Lernen

▶ Executive MBA und Fernuniversitäten sind Beispiele für berufsbegleitendes formales Lernen. Auch informelles Lernen wird erst durch Zertifizierung marktgängig.

▶ In Deutschland wird noch nicht lebenslang gelernt. Aber es gibt Institutionen, die das Gelernte marktgängig machen, auch nach dem 40. Lebensjahr. Die IHKen und die Handwerkskammern nehmen heute schon knapp 70.000 Weiterbildungsprüfungen auf Hochschulniveau ab.

## Einzelziele für Investitionen in Humanvermögen

Der Geschäftsplan sieht vor, dass die Produktivität auf zwei Arten gesteigert wird: durch eine Verschiebung der Berufsstruktur zu höherwertigen Berufen mit höheren Qualifikationsanforderungen einerseits und durch eine Verbesserung der Arbeitsinhalte und die Reduktion von Routinearbeiten andererseits. Die Verschiebung der Berufsstruktur führt zu einer Steigerung des Lebensstandards bis 2033 um 30 Prozent; die Verbesserung der Arbeitsinhalte zu einer Steigerung um 23 Prozent. Insgesamt entstehen auf diese Weise 3.954 Milliarden Euro zusätzliches Humanvermögen. Sofern diese Ziele die heute 30- bis 50-Jährigen betreffen, die 2033 zwischen 55 und 75 Jahre alt sein werden, sollen jährlich 300.000 Fachkräfte eine Weiterbildung auf Hochschulniveau absolvieren und die dadurch vakant gewordenen Stellen für Fachkräfte mit requalifizierten Inhabern einfacher Tätigkeiten gefüllt werden.

Durch den stärkeren Einsatz von hoch qualifiziertem Humanvermögen steigt auch die Nachfrage nach gering qualifiziertem Humanvermögen, das zur Zeit brach liegt. Die daraus folgende Expansion der Arbeitsmenge um 30 Prozent wird im Bereich Arbeitsmarkt detailliert beschrieben.

## Führungskräfte und Experten von 20 auf 40 Prozent verdoppeln

Der Anteil an Führungskräften und akademischen Expertenberufen an allen Erwerbstätigen wird von heute 20 auf 40 Prozent bis 2033 steigen. Anstatt in Fabriken zu arbeiten, werden Deutsche diese Fabriken entwickeln und bauen. Anstatt an der Kasse Geld zu zählen, entwickeln Deutsche jene Systeme, die eine Kasse überflüssig machen. Dazu wird die Hochschulabsolventenquote eines Jahrgangs von heute 20 auf 50 Prozent gehoben und die Einwanderung von Hochqualifizierten forciert. Insgesamt wird das institutionelle und kulturelle Umfeld für Hochqualifizierte attraktiver gestaltet.

## Arbeitsinhalte aufwerten und Routinearbeiten reduzieren

In allen Berufen werden Menschen in die Lage versetzt, ihre Produktivität durch ständiges Lernen und Anpassen zu steigern. Zum Beispiel kann Wettbewerb als Produktivitätstriebfeder im öffentlichen Sektor oder bei unternehmensinternen Dienstleistungen eingesetzt werden. Einfache Routinearbeiten mit geringer Wertschöpfung werden so weit wie möglich reduziert. Sofern die verbleibenden einfachen Tätigkeiten subventioniert werden müssen, sind die Subventionen so zu gestalten, dass der Arbeitnehmer möglichst hohe Anreize für Weiterbildung erhält.

## Institutionen für lebenslanges Lernen schaffen

Bestehende und neue Bildungsinstitutionen werden den heutigen Weiterbildungsmarkt um den Faktor vier vergrößern und besonders auf Erwachsene zwischen 35 und 50 Jahren ausrichten, um über die nächsten 25 Jahre fehlende Abschlüsse der vergangenen 25 Jahre zu kompensieren. Mehrmalige Branchen- und Karrierewechsel im Verlauf eines Berufslebens werden so zum Normalfall.

## Beitrag im Bereich Produktivität zum Gesamtziel Geschäftsplan Deutschland

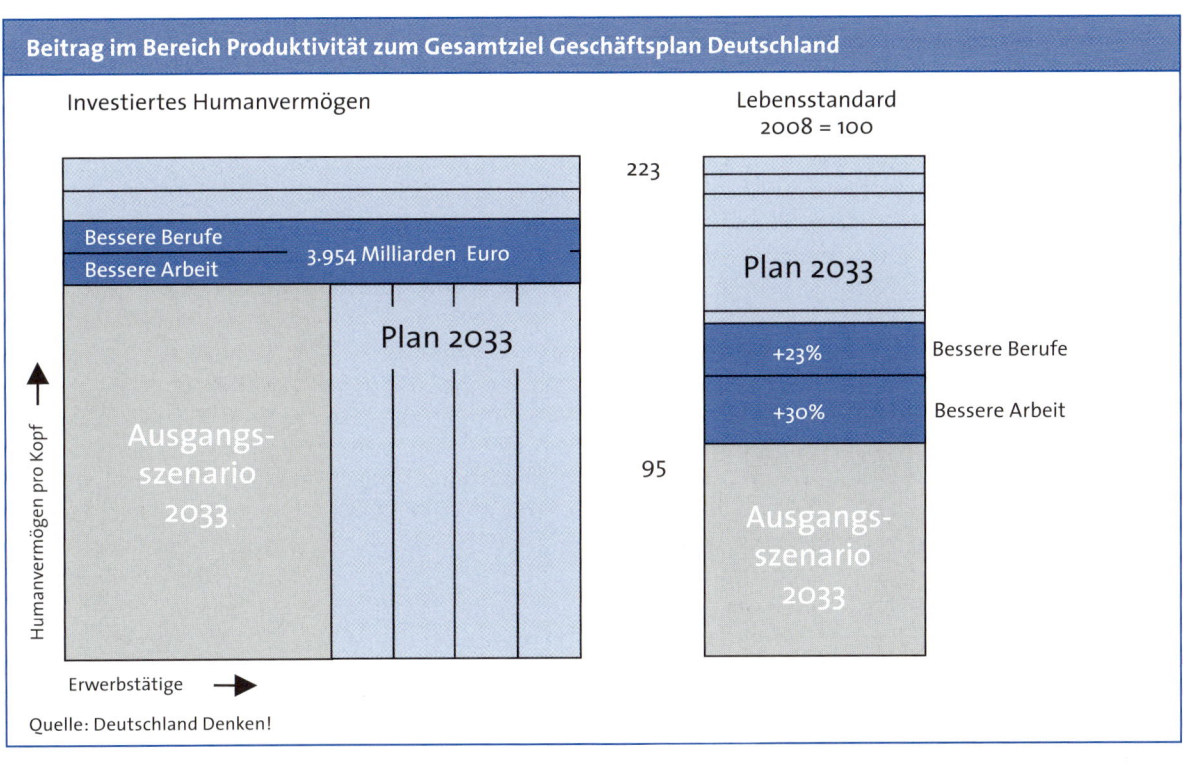

Investiertes Humanvermögen

Bessere Berufe
Bessere Arbeit

3.954 Milliarden Euro

Plan 2033

Humanvermögen pro Kopf

Ausgangs-
szenario
2033

Erwerbstätige

Lebensstandard
2008 = 100

223

Plan 2033

+23%   Bessere Berufe

+30%   Bessere Arbeit

95

Ausgangs-
szenario
2033

Quelle: Deutschland Denken!

## Schematische Darstellung der Qualifikationsentwicklung der mittleren Jahrgänge

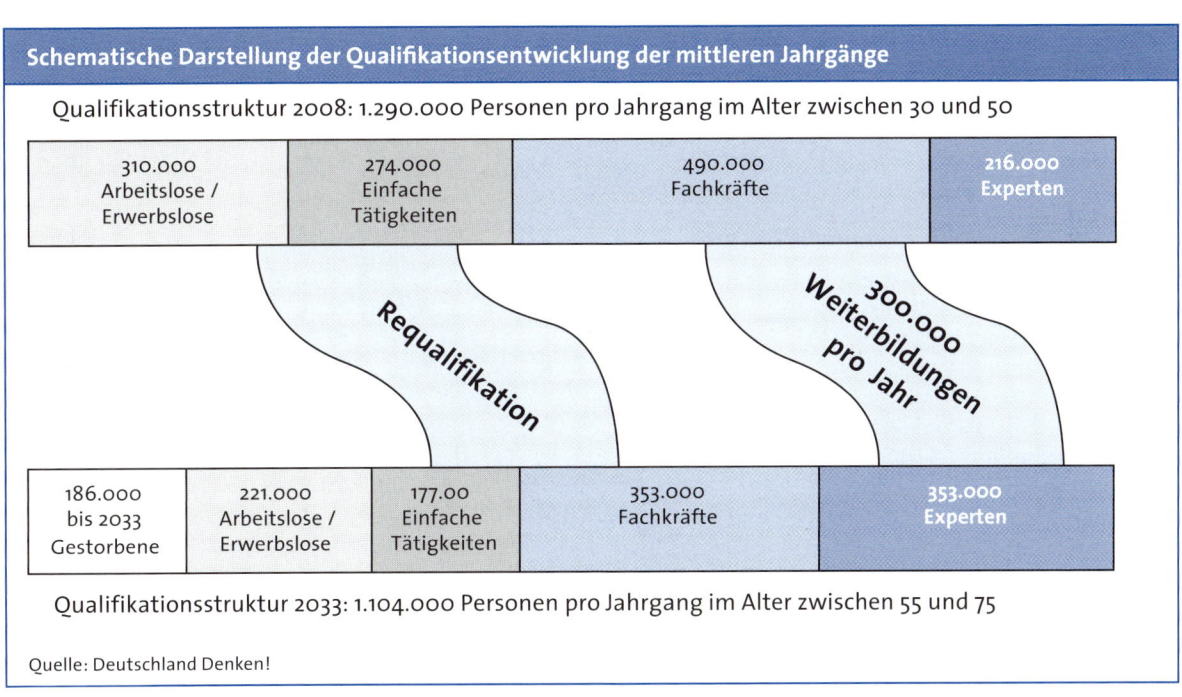

Qualifikationsstruktur 2008: 1.290.000 Personen pro Jahrgang im Alter zwischen 30 und 50

| 310.000 Arbeitslose / Erwerbslose | 274.000 Einfache Tätigkeiten | 490.000 Fachkräfte | 216.000 Experten |

Requalifikation

300.000 Weiterbildungen pro Jahr

| 186.000 bis 2033 Gestorbene | 221.000 Arbeitslose / Erwerbslose | 177.00 Einfache Tätigkeiten | 353.000 Fachkräfte | 353.000 Experten |

Qualifikationsstruktur 2033: 1.104.000 Personen pro Jahrgang im Alter zwischen 55 und 75

Quelle: Deutschland Denken!

## Bestandsaufnahme im Bereich Produktivität: Wandel bringt Wohlstand

Hoher Wohlstand setzt hohe Arbeitseinkommen voraus, die wiederum nur durch den Einsatz von viel Humanvermögen gerechtfertigt werden können. Dieses Humanvermögen kommt in Berufen mit hohen Qualifikationsvoraussetzungen und anspruchsvollen Arbeitsinhalten zur Geltung, wo es eine hohe Wertschöpfung ermöglicht: durch den Verkauf teurerer Produkte und Dienstleistungen, die sich einer regen Nachfrage erfreuen. Dieser Wertschöpfungsprozess unterliegt einer ständigen Dynamik: Was heute teuer ist, wird morgen billig; was heute anspruchsvoll ist, wird morgen Routine. Treibstoff dieser Dynamik ist der technologische Fortschritt, der sich auf den Produktmärkten in neuen und besseren Produkten und Dienstleistungen, und auf dem Arbeitsmarkt in einem ständigen Strukturwandel ausdrückt. Der Strukturwandel verändert die Branchen, die Berufe und die Arbeitsinhalte und steigert so auf vielfältige Weise die Anforderungen an die Qualifikation der Erwerbstätigen. Er ist eine große Chance für diejenigen, die ihn nutzen, und eine mögliche Gefahr für alle, die ihr Qualifikationsprofil nicht lebenslang pflegen.

### Verbesserung der Arbeit ist ein ständiger Prozess

Der technologische Wandel ist die Quelle der Wohlstandssteigerung, weil er Arbeitsplätze mit immer höherer Wertschöpfung möglich macht. Damit die Erwerbstätigen ihre **Produktivität** entsprechend steigern können, müssen sie ihre Qualifikation ständig anpassen. Auf allen Ebenen werden aus einfachen Arbeiten komplexe Arbeiten, die nur mit höheren Qualifikationen geleistet werden können:

▶ die Branchen verändern sich: von der Fertigung, insbesondere der automatisierbaren Fertigung zu oft komplexen Dienstleistungen,

▶ die Berufe verändern sich: von allgemeinen Berufen mit niedrig oder mittelmäßig qualifizierten Erwerbstätigen zu Expertenberufen mit Fachwissen und Führungsverantwortung,

▶ die Inhalte der Arbeit verändern sich: von einfachen Routinetätigkeiten zu anspruchsvolleren, wechselnden Aufgaben.

**Produktivität**

Siehe Bereich Geschäftsmodell, Seiten 61–66: Ein großer Teil des Wachstums des Wirtschaftsprodukts und des Wohlstands ist auf eine Steigerung der Produktivität zurückzuführen. Sie ist das Resultat aus dem Zusammenspiel von technischen Erfindungen (Maschinen, Computer) und Humanvermögen (die qualifizierte Arbeitskraft, die Maschinen und Computer herstellt und bedient).

## Kein Nokia in Bochum mehr – um so besser

**Wenn es sich für Nokia rechnet, in Bochum zuzumachen, dann ist es nicht das richtige Unternehmen für Deutschland. Qualifizierte Mitarbeiter werden woanders mehr leisten.**

Bei Nokia in Bochum arbeiten neben 1.500 Produktionsmitarbeitern auch 400 Ingenieure. Diese hatten zum Beispiel, noch bevor es den iPod gab, ein Handy mit MP3-Player und Musik auf Speicherkarten entwickelt. Der Konzernspitze hatten sie schon 2002 vorgeschlagen, Musik über das Internet kommerziell zu vertreiben. Dass sie mit ihren Vorschlägen nicht durchgedrungen sind, ist schlecht für Nokia und seine Aktionäre, aber es ist auch ein Zeichen dafür, dass das Humanvermögen der deutschen Ingenieure – Kreativität, Erfindungsreichtum und technisches Wissen – bei Nokia am falschen Platz war. Anderswo kann es mehr zur Wertschöpfung beitragen. Deutschland und Bochum werden profitieren, wenn diese hoch qualifizierten Mitarbeiter nun anderen Firmen und Unternehmern zur Verfügung stehen, die mit ihnen größeren wirtschaftlichen Erfolg erzielen können als die **Vorstände aus Helsinki**.

Das gilt nicht nur für Ingenieure. Susanne Gerken ist eine gelernte Juwelier-Fachverkäuferin, die in den 80er Jahren bei Siemens in Witten arbeitete. Als das Werk schloss, wechselte sie zu Nokia, wo sie Navigationssysteme produzierte. Als der Vertrag auslief, ging sie – wie bisher neun weitere Nokia-Mitarbeiter – als Schichtleiterin zu einem Hersteller von Inhalationsgeräten, der 2008 noch weitere 100 Leute **einstellen** will.

Für die weniger gut qualifizierten Mitarbeiter war die Arbeit bei Nokia keine gute Arbeit. Die Beschäftigten hatten bereits erhebliche Zugeständnisse bei der Flexibilität der Arbeitszeiten machen müssen. Sie wussten oft nur wenige Tage vorher, ob sie an einem Wochenende arbeiten mussten oder zuhause bleiben konnten. Einen Wettlauf um billigere Einkommen und schlechtere Arbeitsplatzqualität kann Deutschland gegen die vielen ärmeren Wettbewerber auf der ganzen Welt nicht gewinnen wollen. Hätten diese Mitarbeiter seit 2001, als das Bochumer Werk schon einmal fast geschlossen wurde, Hilfe erhalten, sich weiter zu qualifizieren, dann würden sie heute mehr können als die Rumänen, die ihre Arbeit tun werden. Einen guten Arbeitsplatz mit gutem Einkommen kann es in Deutschland nur für gut qualifizierte Menschen geben.

### Vorstände aus Helsinki

»Vorstandsvorsitzender Kallasvuo will von den Versäumnissen der Unternehmensleitung ablenken. Der Grund für die Schließung des Standortes sind nicht die angeblich zu hohen Kosten, sondern Versäumnisse in der Strategie des Managements. Der Vorstand sollte endlich eine zukunftsträchtige Vision für das Unternehmen entwickeln, anstatt die Mitarbeiter für das eigene Unvermögen leiden zu lassen. Preisgünstige Modelle für die Märkte in den Schwellenländern sind zwar wichtig, aber kein tragfähiges Zukunftsmodell.« (Gisela Achenbach, Betriebsratsvorsitzende, Nokia Bochum, 2008)

### Einstellen

»Nokia, also die Handy-Fertigung, ist natürlich in einem Bereich tätig, wo es auch auf hohe Qualität ankommt, da gibt es Automatisierungstechniker, da gibt es Mikro-Montagespezialisten, da gibt es hoch qualifizierte Ingenieure, das ist natürlich sehr interessant für uns.« (Ulrich Glas, Geschäftsführer microParts in Dortmund)

## Dynamik

»Entstehen zusätzliche Arbeitsplätze längerfristig in anderen
Branchen als in denen, wo
Arbeitsplätze abgebaut werden, so ist dies ein Hinweis auf
strukturellen Wandel. Neu geschaffene Arbeitsplätze zeich-
nen sich außerdem oft durch
andere Qualifikationsanforderungen, andere Tätigkeitspro-
file oder höhere Produktivität
aus. Ein gewisses Maß an Dynamik ist also wichtig, um den
für die Wettbewerbsfähigkeit
notwendigen wirtschaftlichen
Strukturwandel zu ermöglichen.« (IAB 2006)

## Zu selten gehen alte Arbeitsplätze verloren

**Im Arbeitsmarkt herrscht geringe Fluktuation. Darunter leidet
die Produktivität. Es gibt zu wenig hoch qualifizierte Arbeitskräfte.**

Arbeitsplätze werden in wachsenden Branchen geschaffen
und in schrumpfenden Branchen abgebaut. Diese **Dynamik**
allein erklärt die Steigerung der Wertschöpfung noch nicht
vollständig. Auch innerhalb der Wirtschaftszweige steigt die
Nachfrage nach höheren Qualifikationen, weil Arbeitsplätze
kontinuierlich auf- oder abgebaut werden. Unternehmen wei-
ten ihre Kapazitäten aus oder schränken sie ein, sie erobern
neue Märkte oder verlassen die bestehenden.

Die Rate des Verlusts und der Neuschaffung von Arbeitsplätzen aufgrund von Marktein- und -austritten von Unternehmen
ist nur halb so hoch wie in anderen europäischen Ländern.
Denn deutsche Arbeitsplätze sind vergleichsweise langlebig.
Während in Dänemark 39 Prozent der Arbeitnehmer mindestens einmal den Arbeitgeber wechselten, trifft das in Deutschland nur für 27 Prozent zu (FAZ 2007b). Viele Arbeitnehmer

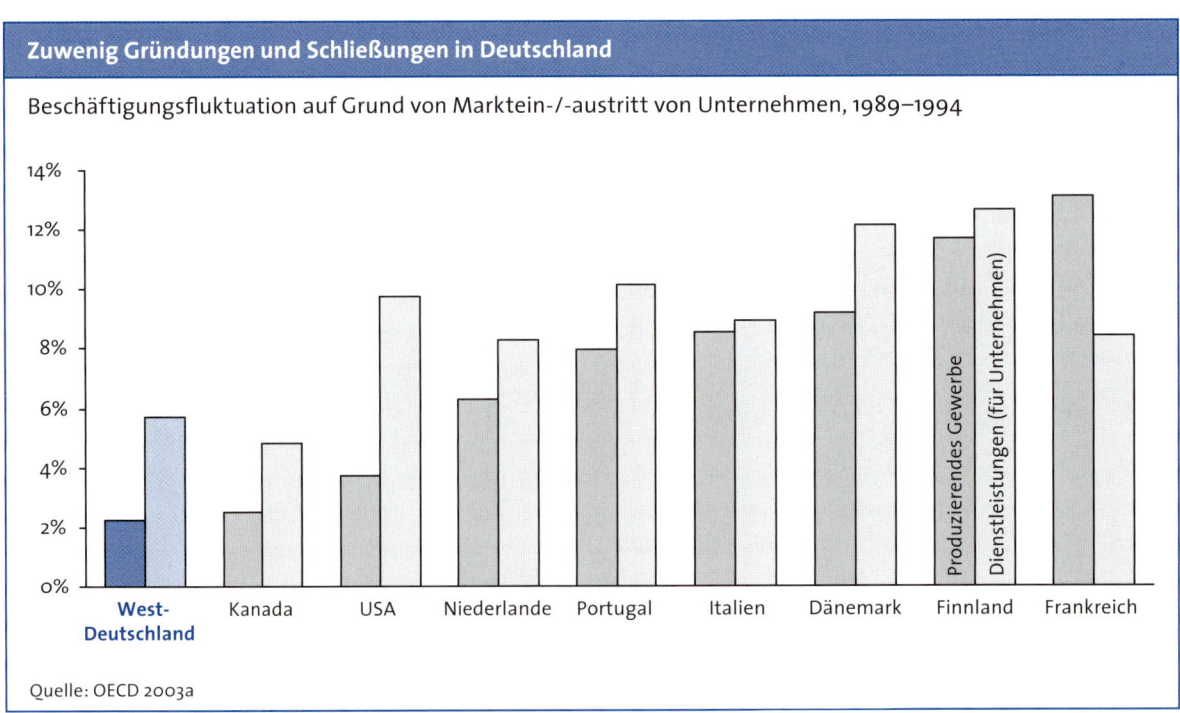

**Zuwenig Gründungen und Schließungen in Deutschland**

Beschäftigungsfluktuation auf Grund von Marktein-/-austritt von Unternehmen, 1989–1994

Quelle: OECD 2003a

hatten in der Vergangenheit sichere Stellen bei Groß-
unternehmen.

Überspitzt formuliert: Wenn die alten Arbeitsplätze nicht
verlorengehen, steht das Humanvermögen nicht für neue
Arbeitsplätze zur Verfügung. In Deutschland reduzierte die
geringe Arbeitsplatzfluktuation das Produktivitätswachstum
in der Vergangenheit. Im Zeitraum von 1992 bis 1997 lag die in
Deutschland innerhalb der Unternehmen realisierte Steigerung
der Arbeitsproduktivität mit 2,1 Prozent im Jahr nur knapp
unter der Steigerungsrate der europäischen Wettbewerber.
Doch diese Länder konnten darüber hinaus einen Produkti-
vitätsgewinn aus der Beschäftigungsfluktuation ziehen: Die
Arbeitsplätze in neuen Unternehmen sind in der Regel produktiver als die in schließenden Unternehmen. Insgesamt war die
Steigerung der Arbeitsproduktivität in Deutschland nur halb
so groß wie in den Nachbarländern.

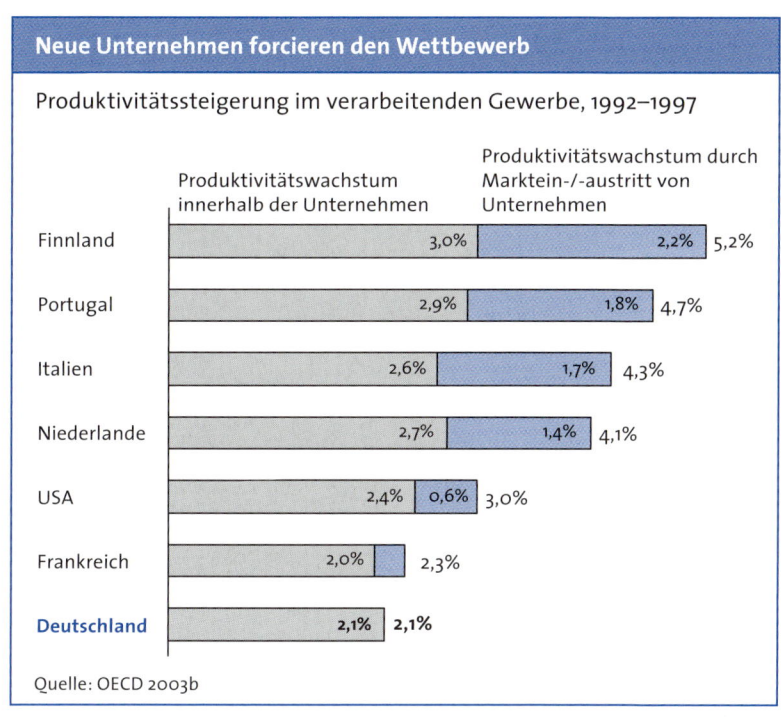

**Neue Unternehmen forcieren den Wettbewerb**

Produktivitätssteigerung im verarbeitenden Gewerbe, 1992–1997

Produktivitätswachstum innerhalb der Unternehmen / Produktivitätswachstum durch Marktein-/-austritt von Unternehmen

| | innerhalb | Markteintritt | Summe |
|---|---|---|---|
| Finnland | 3,0% | 2,2% | 5,2% |
| Portugal | 2,9% | 1,8% | 4,7% |
| Italien | 2,6% | 1,7% | 4,3% |
| Niederlande | 2,7% | 1,4% | 4,1% |
| USA | 2,4% | 0,6% | 3,0% |
| Frankreich | 2,0% | | 2,3% |
| Deutschland | 2,1% | | 2,1% |

Quelle: OECD 2003b

## Hidden Champions

Der Unternehmensberater Hermann Simon führt eine Liste von kleinen und mittleren deutschen Unternehmen, die er »Hidden Champions« nennt, weil sie wenig bekannt, dafür aber umso erfolgreicher sind. Diese Unternehmen haben zwischen 1995 und 2005 ihre inländische Beschäftigung um 28 Prozent oder ca. 300.000 Arbeitsplätze ausgeweitet.

In der Öffentlichkeit dominiert der Arbeitsplatzabbau, weil es sich dabei meistens um große Unternehmen handelt. Dabei ist die Rate der abgebauten Arbeitsplätze in Deutschland über die Jahre konstant, unabhängig von der Konjunktur. Für die Beschäftigungsentwicklung ist daher die Geschwindigkeit, mit der neue Arbeitsplätze geschaffen werden, entscheidend (IAB 2006). Neue Arbeitsplätze entstehen in kleinen und mittleren Unternehmen während ihrer Wachstumsphase, den sogenannten Hidden Champions. Diese Unternehmen und die von ihnen geschaffenen Arbeitsplätze stehen nicht im Rampenlicht der Medien. Sie könnten allerdings noch mehr tun. Erstens ist das Gründen von Unternehmen in Deutschland schwieriger als in anderen Ländern. Zweitens würden mehr Arbeitsplätze geschaffen, wenn mehr qualifizierte Arbeitskräfte verfügbar wären.

In den Metropolregionen Deutschlands herrscht ein struktureller Fachkräftemangel. Stellen für Ingenieure, Elektrotechniker, oder fast alle Metallberufe sind nicht besetzbar. Im Jahr 2006 hatten 35 Prozent der Maschinenbaufirmen, 31 Prozent der Unternehmen in der Elektroindustrie und 24 Prozent der Unternehmen in der Datenverarbeitung Probleme bei der Rekrutierung von Ingenieuren. Der ungedeckte Bedarf für Ingenieure lag 2007 bei 48.000 (IW 2007). Wenn eine solche Stelle nicht besetzt wird, ist sie für immer verloren. Das Unternehmen muss Aufträge ablehnen und Marktanteile an Wettbewerber abgeben oder Unteraufträge vergeben, bei denen oft wertvolles Know-how abfließt. Die Wertschöpfung später zurückzuholen oder die Marktanteile zurückzugewinnen, ist nur selten möglich. Wenn nicht ein Ingenieur in Deutschland, sondern einer im Ausland arbeitet, werden auch die unternehmensinternen Dienstleistungen (zum Beispiel Sekretärin, Wachdienst) und persönlichen Dienstleistungen (Restaurant, Friseur) um diesen Arbeitsplatz herum im Ausland erbracht und reduzieren das Wachstum in Deutschland weiter.

## Den Dienstleistungen gehört die Zukunft

**Auch für die nächsten 20 bis 30 Jahre werden Industriejobs weniger und Dienstleistungsarbeitsplätze mehr werden. Das zeigen Deutschlands Nachbarn.**

Am offensichtlichsten zeigt sich der technologische Wandel in der Form des Strukturwandels. Während der industriellen

Revolution zog die in der Landwirtschaft beschäftige Bevölkerung in die Städte, um dort in den neuen Industrien des verarbeitenden Gewerbes Beschäftigung zu finden. Inzwischen gibt
es kaum noch Menschen in der Landwirtschaft und auch die
Industriebeschäftigung nimmt ab. Dafür nehmen die Dienstleistungen ständig zu. Die technologische Entwicklung beglei-
tet den Strukturwandel: Dampfmaschinen und Elektrizität,
Fließband und Robotik, Computer und elektronische Kommunikation.

Der historische Vergleich mit Dänemark oder den USA zeigt,
dass der Trend, Beschäftigung aus dem Industriesektor in
den Dienstleistungssektor zu verlagern, sich noch mindestens
20 bis 30 Jahre fortsetzen dürfte. In Deutschland ist diese
De-Industriealisierung heute noch nicht so weit fortgeschritten
wie andernorts. Die aktuelle Erfahrung der »Re-Industrialisie-
rung« ist einer Sonderkonjunktur in der Nachfrage nach Inves-
titionsgütern in Schwellenländern wie China geschuldet. Denn
Deutschland hatte schon immer eine relative Stärke in der
Produktion solcher Güter gegenüber seinen Wettbewerbern.

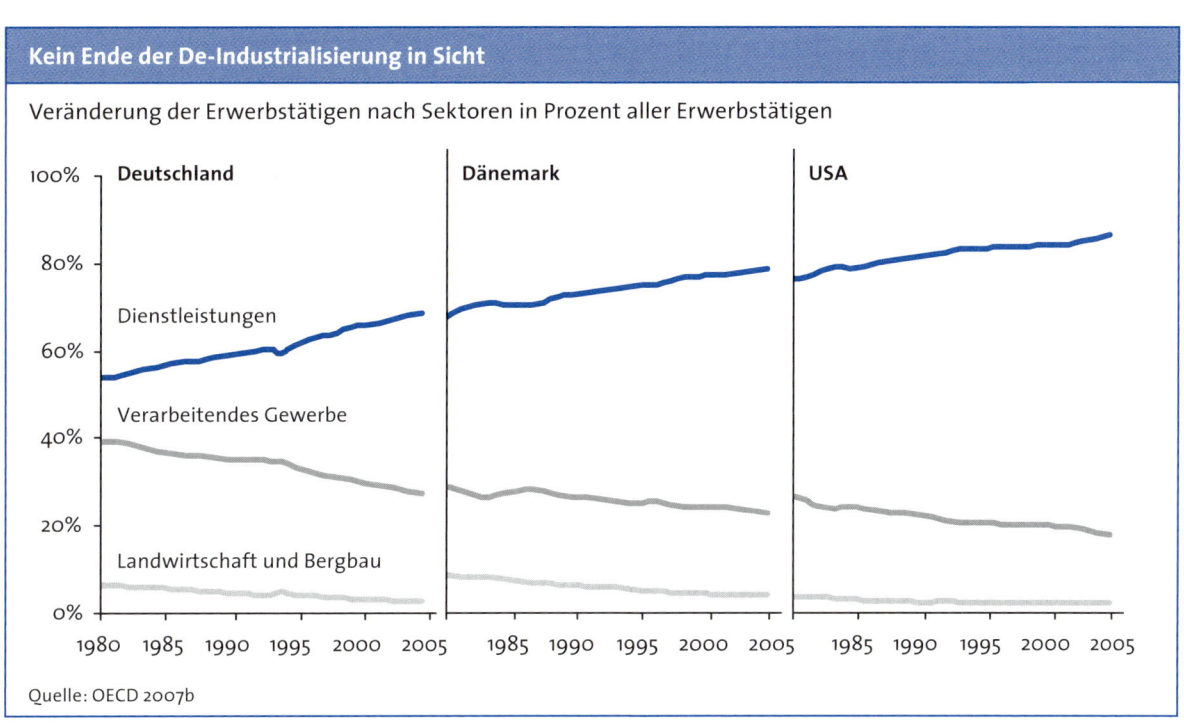

**Kein Ende der De-Industrialisierung in Sicht**

Veränderung der Erwerbstätigen nach Sektoren in Prozent aller Erwerbstätigen

Deutschland — Dänemark — USA

Dienstleistungen

Verarbeitendes Gewerbe

Landwirtschaft und Bergbau

Quelle: OECD 2007b

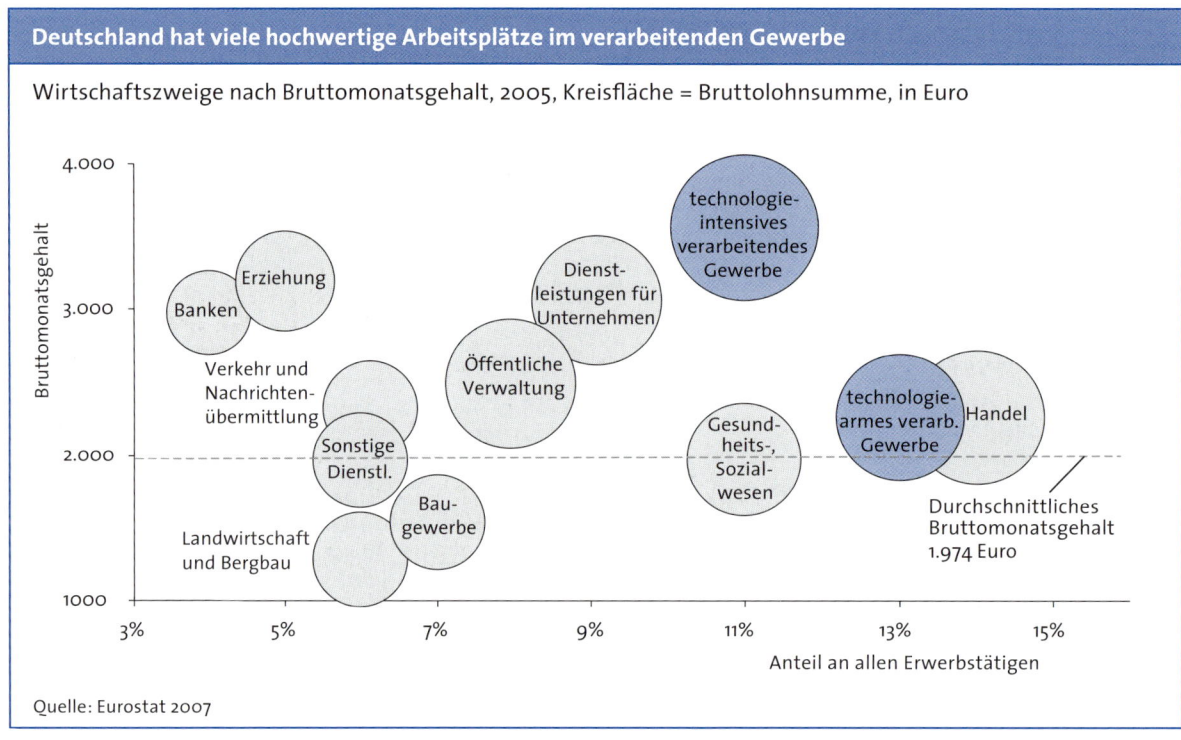

**Deutschland hat viele hochwertige Arbeitsplätze im verarbeitenden Gewerbe**

Wirtschaftszweige nach Bruttomonatsgehalt, 2005, Kreisfläche = Bruttolohnsumme, in Euro

Bruttomonatsgehalt

4.000

3.000

2.000

1000

technologie-intensives verarbeitendes Gewerbe

Erziehung

Banken

Dienst-leistungen für Unternehmen

Verkehr und Nachrichten-übermittlung

Öffentliche Verwaltung

Sonstige Dienstl.

Landwirtschaft und Bergbau

Bau-gewerbe

Gesund-heits-, Sozial-wesen

technologie-armes verarb. Gewerbe

Handel

Durchschnittliches Bruttomonatsgehalt 1.974 Euro

3%      5%      7%      9%      11%      13%      15%

Anteil an allen Erwerbstätigen

Quelle: Eurostat 2007

## Materielle Güter

Die deutsche Vorstellung, dass das wirtschaftliche Wachstum Grenzen haben könnte, hat viel mit der traditionellen Konzentration auf das verarbeitende Gewerbe zu tun. Die dinglichen Ressourcen der Erde sind endlich, aber die geistigen Ressourcen, die in den Dienstleistungen stecken, sind es nicht. Ein Autorennen, das in der virtuellen Welt des Computers erlebt wird, verbraucht keinen Treibstoff. Musik, die vom Internet geladen wird, verursacht noch nicht einmal den Plastikmüll der CD-Verpackungen. Für eine Wohlstandsmehrung durch Dienstleistungen gibt es keine natürliche Grenze.

### Deutschlands Kernkompetenz liegt bereits seit dem 12. Jahrhundert in der Verarbeitung von Spezialprodukten, besonders in der Metallverarbeitung.

Deutschland hat eine jahrhundertealte Kernkompetenz in der Produktion von **materiellen Gütern**, besonders in der Metallverarbeitung. Im Mittelalter befanden sich zeitweise 50 bis 70 Prozent des europäischen Montanbergbaus und der Metallverarbeitung im deutschen Raum (Wagner 2007). Zu einer vorteilhaften Rohstoffausstattung mit Erzen, Wäldern und Wasser gesellte sich eine für den Handel und Transport günstige Lage in der Mitte Europas, von wo aus diese kapital- und wissensintensiven Spezialprodukte in die Länder des gesamten Kontinents und darüber hinaus exportiert werden konnten.

Auch heute verfügt Deutschland noch über 19 Prozent des Welthandels im Maschinenbau und in Süddeutschland mit Daimler, Audi, Porsche und BMW über die weltweit höchste Konzentration im Spitzenfahrzeugbau. Ohne Zweifel wird Deutschland auch noch viele weitere Generationen diesen globalen Wettbewerbsvorsprung bewahren. Die Wertschöpfung der technologieintensiven Bereiche ist hoch, sowohl im

Vergleich zu den durchschnittlichen Arbeitseinkommen im verarbeitenden Gewerbe wie zu den Dienstleistungen.

Genauso alt ist Deutschlands relative **Rückständigkeit** im Dienstleistungssektor. Während die Deutschen produzierten, sicherten sich die Venezianer und Holländer schon im Mittelalter mit Handel und Finanzierung noch größeren Wohlstand als die Deutschen. Inzwischen arbeiten, über die gesamte Wirtschaftsstruktur gesehen, auch in Deutschland längst mehr Menschen im Dienstleistungssektor als in anderen Bereichen.

**Selbst im verarbeitenden Gewerbe haben die anspruchsvollen Aufgaben den Charakter einer Dienstleistung. Hier wird das höchste Humanvermögen eingesetzt.**

Autos bestehen schon längst nicht mehr nur aus verarbeitender Wertschöpfung, sondern aus einer großen Zahl von Dienstleistungen. Marketingstrategen und Verkaufspersonal arbeiten viele Stunden daran, wie sie die Autos am besten an den Kunden bringen. Ohne Computersoftware können heutige Autos weder entwickelt noch hergestellt werden und schon gar nicht fahren: Sie brauchen Motorsteuerung, ABS, ESP, Navigationssystem, Staumelder etc. Großer Aufwand steckt im Design: Die 85 Ingenieure in der **Soundabteilung** von VW gehören statistisch zwar zum produzierenden Gewerbe. Sollte VW allerdings auf die Idee kommen, diese Abteilung in eine eigene Rechtsform auszugründen, würde sie zu den unternehmensnahen Dienstleistungen gezählt. Viele Dienstleistungen sind das Ergebnis eines Differenzierungsprozesses der Produktion.

Differenzierte man den Produktionsprozess vollständig aus, würde erkennbar, dass alle Wertschöpfungsschritte, die hohes Humanvermögen erfordern, Dienstleistungen sind: komplexe Analyse, Kommunikation und Interaktion. Dabei werden die höchsten Arbeitseinkommen erwirtschaftet. Heute liegt die Kernkompetenz Deutschlands nicht in der physischen Produktion, sondern in den Design- und Ingenieurdienstleistungen, die aus dieser Erfahrung der Produktion erwachsen sind.

**Rückständigkeit?**

»Ein weiteres Charakteristikum der deutschen Wirtschaft ist ihre relative Rückständigkeit, im Mittelalter gegenüber der oberitalienischen und der flämisch-brabantischen Wirtschaft, in der Neuzeit gegenüber der westeuropäischen Konkurrenz, zunächst in England, dann den USA. Von der italienischen Weltwirtschaft wurden große Teile Deutschlands ebenso wenig berührt, wie von der niederländischen Handelsexpansion des 17. Jahrhunderts.« (North 2000)

**Soundabteilung**

»Man muss unter anderem am Blinker-Geräusch erkennen, dass man in einem Volkswagen sitzt.« Rainer Schmidetzki, zuständig für die Akustik Zusatzaggregate bei VW. Das VW-Geräusch soll an das mechanische Relais von früheren Zeiten erinnern. Heute wird es synthetisch hergestellt und von kleinen Lautsprechern abgestrahlt.

## Richtung des Strukturwandels ist klar vorgegeben

Entwicklung ausgewählter Wirtschaftszweige, Deutschland 1995 und 2005, Großbritannien 2005, in Euro

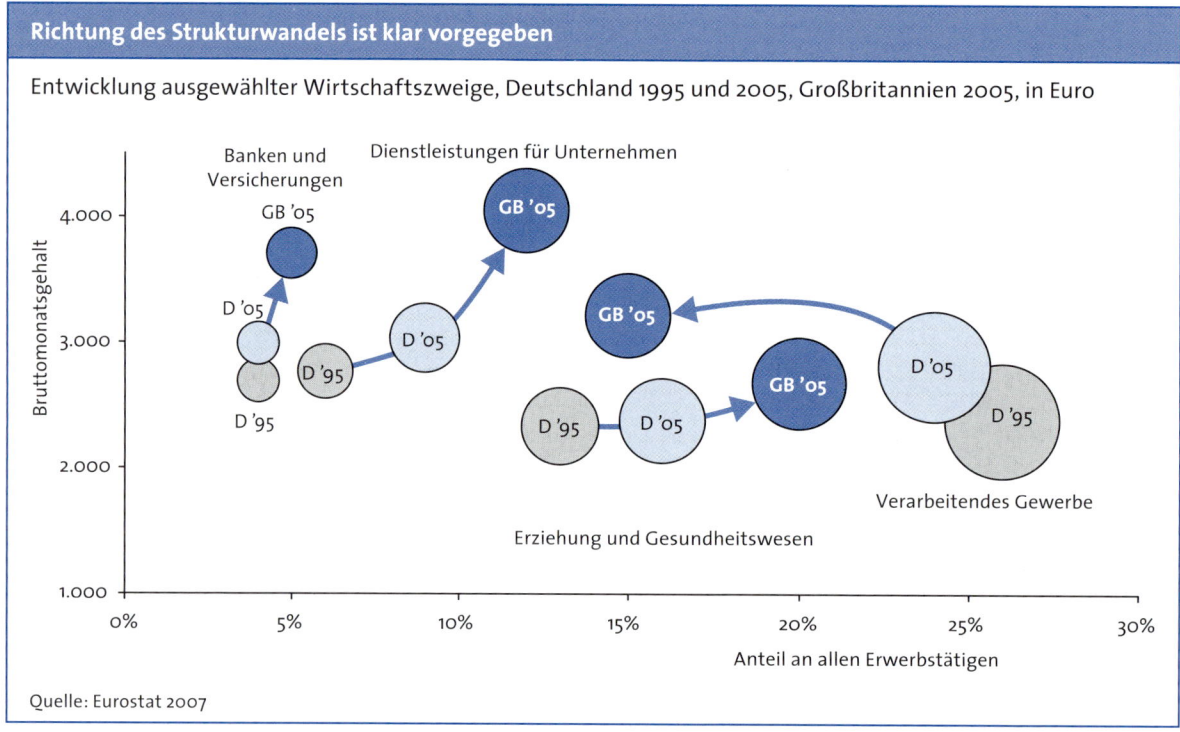

Quelle: Eurostat 2007

In Zukunft werden die Deutschen mehr Wohlstand mit Dienstleistungen erzeugen. Ein Vergleich mit der Struktur der britischen Wirtschaft zeigt, dass Entwicklungspotenzial für mehr Beschäftigung und höhere Arbeitseinkommen vor allem in den Branchen Erziehung, Gesundheitswesen, Finanzwesen und unternehmensnahe Dienstleistungen steckt, während das verarbeitende Gewerbe stetig abnimmt.

## Die Vorteile des Strukturwandels – Beispiel Bäckerhandwerk

1994 gab es in Westdeutschland 24.649 unabhängige Bäckereien, die 310.470 Menschen mit Arbeit versorgten. Ein normales Zweipfund-Landbrot kostete zwei Mark oder elf Prozent eines durchschnittlichen westdeutschen Nettostundenlohnes.

2006 gab es nur noch 16.280 unabhängige Bäckereien mit insgesamt 275.700 Mitarbeitern. Mittlerweile werden 60 Prozent des deutschen Brots im Supermarkt verkauft. Ein Zweipfund-Landbrot kostet dort 1,09 Euro oder neun Prozent eines durchschnittlichen Nettostundenlohnes. Diese Kostenreduktion haben moderne Backtechnologie und allerlei Lebensmittelchemie möglich gemacht, mit denen Brot in Brotfabriken zu günstigeren Kosten hergestellt wird als in der Backstube um die Ecke. Bei einem durchschnittlichen Brotkonsum von 84,1 kg im Jahr entsprechen die eingesparten zwei Prozent einem zusätzlichen verfügbaren Einkommen von 20,37 Euro im Jahr. Die Deutschen können heute Brot kaufen und von dem eingesparten Geld zusätzlich einen Monat lang SMS versenden und per Flatrate telefonieren. Die SMS-Technologie gab es 1994 noch nicht, heute gehört sie aber zum Lebensstandard.

Die Bäcker, die nicht mehr zum Backen gebraucht werden, können jetzt anspruchsvolleren Tätigkeiten nachgehen, als sich jeden Morgen um 3 Uhr an die immer gleiche Knetmaschine mit dem immer gleichen Teig zu stellen. Falls sich diese Bäcker weitergebildet haben, dann können sie jetzt als Lebensmitteltechniker neue Brote für die Brotfabriken entwickeln. Oder sie arbeiten gar nicht mehr in der Branche, sondern im Call-Center einer Telekommunikationsfirma, wo sie nicht nur die Technik beherrschen, sondern auch rund um die Uhr freundlich mit Kunden umgehen müssen.

Es gibt nach wie vor Bäcker, die als selbständige Handwerker prosperieren, aber nicht mit normalem Zweipfund-Landbrot. Sie forschen und experimentieren mit neuen und alten Getreidesorten wie Emmer oder Amaranth, und backen hochwertigere Brote, die zum Beispiel einen besonderen Geschmack haben oder für Allergiker geeignet sind. Solche Brote sind aufwändig und kosten entsprechend mehr. Sie verdienen das höhere Arbeitseinkommen für das höhere Humanvermögen des Spezialitätenbäckers.

## Aktionsfeld I im Bereich Produktivität: Mehr Experten und Führungskräfte

Das Qualifikationsniveau ist der wichtigste Indikator für die Produktivität und damit für das Arbeitseinkommen eines Arbeitsplatzes, deutlich wichtiger als zum Beispiel das Alter. Führungskräfte und Akademiker haben die höchsten Einkommen. Die Fachkräfte, die in Deutschland fehlen, sind vor allem Akademiker, weniger solche mit mittlerer Qualifikation. Der Geschäftsplan sieht daher vor, die nicht befriedigte, latente Nachfrage nach hoch qualifizierter Arbeit zu bedienen und auf diese Weise die Arbeitseinkommen zu steigern.

### Warum die Nachfrage nach Qualifikation global steigt

**Global partizipieren immer mehr gering Qualifizierte an der Arbeitsteilung und steigern dabei auch die Nachfrage nach hoch Qualifizierten. In Deutschland ist noch viel Platz für hoch qualifizierte Arbeitsplätze.**

Weil die Globalisierung immer mehr Ländern mit niedrigem Humanvermögen und niedrigen Löhnen erlaubt, an der globalen Arbeitsteilung zu partizipieren, werden besonders im verarbeitenden Gewerbe Produkte um die ganze Welt ex- und importiert, um von niedrigeren Löhnen zu profitieren.

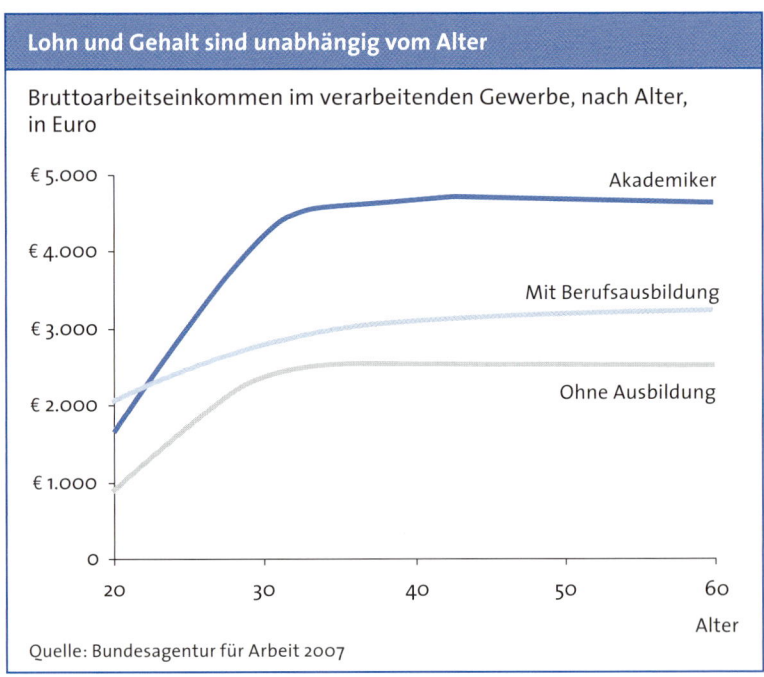

**Lohn und Gehalt sind unabhängig vom Alter**

Bruttoarbeitseinkommen im verarbeitenden Gewerbe, nach Alter, in Euro

Quelle: Bundesagentur für Arbeit 2007

Entsprechend ist die Nachfrage nach gering qualifizierten Arbeitnehmern in wohlhabenden Ländern zurückgegangen. Denn gering Qualifizierte können nicht nur durch Maschinen, sondern auch durch Vorleistungen – also den Einkauf von Halbfertigprodukten zum Beispiel im Ausland – ersetzt werden. Tarifverträge und Arbeitslosengeld verhindern in Deutschland Löhne unter einem bestimmten Minimalniveau, so dass sich die gefallene Nachfrage nach geringer Qualifizierung vor allem in höherer Arbeitslosigkeit und nicht in geringeren Löhnen ausgewirkt hat. Umgekehrt hat aber das zusätzliche weltweite Angebot an niedrigen Qualifikationen die Nachfrage nach qualifizierter und besonders hoch qualifizierter Arbeit erheblich gesteigert. Denn **hoch Qualifizierte** können so gut wie gar nicht ersetzt werden, weil sie mit anderen Produktionsfaktoren komplementäre Eigenschaften haben (Ochsen 2006). Je mehr gering Qualifizierte es weltweit gibt, desto mehr hoch Qualifizierte werden gebraucht.

Die global gestiegene **Nachfrage nach höheren Qualifikationen** ist nicht nur ein Ergebnis der Globalisierung, sondern auch des technologischen Wandels. Da dieser aber wiederum eine Reaktion auf das zunehmende Angebot von höherem Humanvermögen ist, schafft sich eine Investition in Humanvermögen ihre eigene Nachfrage. Die Prognosen über den Fachkräftemangel in Deutschland dürften das tatsächliche Potenzial daher stark unterschätzen, da sie die unternehmerische Reaktion auf ein größeres Angebot von hoch qualifizierten Arbeitskräften nicht berücksichtigen. Ist das Angebot an hoch qualifizierten Arbeitskräften hoch, dann lohnt es sich für Unternehmer, Arbeitsplätze mit hohen Anforderungen an das Humanvermögen zu schaffen. Umgekehrt ist Deutschlands schwaches Wachstum der letzten Jahre und die hohe Arbeitslosigkeit auf einen Investitionsstau in Humanvermögen zurückzuführen.

Obwohl die Anzahl der Hochschulabsolventen mit der Zeit zugenommen hat, ist ihr Einkommensvorsprung in Deutschland sogar leicht gestiegen. Höhere Bildungsabschlüsse führen also nicht zu einer Umverteilung der Arbeitseinkommen von weniger Qualifizierten zu höher Qualifizierten, sondern zu höherer Produktivität, also Wachstum, das den Wohlstand für alle erhöhen kann. Die international steigenden Anforderungen des Arbeitsmarktes können nur mit größeren Investitionen in Humanvermögen befriedigt werden.

### Hoch Qualifizierte

In Deutschland scheint die Substitution der einfachen Tätigkeiten vor allem durch anspruchsvollere Tätigkeiten zu erfolgen. In einer Umfrage berichteten Unternehmen, die Arbeitsplätze mit einfachen Inhalten abgebaut hatten, dass die Aufgaben vor allem in anderen Arbeitsplatzbeschreibungen aufgegangen, weniger dass sie durch Auslagerung oder Automatisierung weggefallen waren. (IAB 2006)

### Nachfrage nach Qualifikation

Der technologische Wandel des 20. Jahrhunderts hat hohe Berufsqualifikationen bevorzugt und niedrige ersetzt. Als im 19. Jahrhundert Handwerker und ihre Fähigkeiten durch Maschinen und niedrig qualifizierte Fabrikarbeiter ersetzt wurden, war es genau umgekehrt. Das zeigt: Wie sich der technische Fortschritt auf die Qualifikationsstruktur des Arbeitsmarktes auswirkt, ist nicht a priori vorgegeben. Denn auch der technische Fortschritt ist das Ergebnis eines Strebens nach Gewinnen. Wenn das Angebot an niedrigen Qualifikationen hoch ist, dann ist die Entwicklung und Anwendung von Technologien profitabel, die solche Qualifikationen einsetzt. Umgekehrt war es im 20. Jahrhundert die Expansion der hohen Qualifikationen, die einen technologischen Wandel induziert hat, der besonders diese Qualifikationen produktiv gemacht hat. (Acemoglu 2002)

## Zuwenig Stürmer

Jahrelang hat der 1. FC Michel im obersten Teil der Liga mitgemischt. Es gab viele Titel und Vize-Titel. Nur selten landete die Mannschaft nicht im vorderen Drittel. Doch in der letzten Zeit ist sie nie über einen mittleren Platz hinausgekommen. Manche Fans haben schon begonnen, sich an den Gedanken des Abstiegs aus der ersten Liga zu gewöhnen. So weit ist es bisher zum Glück noch nicht gekommen.

Die Mannschaft müht sich redlich. Sie trainiert hart und kennt ihr Geschäft. Das Mittelfeld leistet gute Arbeit. Auch die Verteidigung steht solide. Aber die einzelne Spitze funktioniert einfach nicht mehr. Sie schießt zu wenig Tore. Es gelingt der Mannschaft immer weniger, sich mit dieser defensiven Spielweise zu behaupten. Früher, als alle Mannschaften ähnlich aufgestellt wurden, war das kein Problem. Im Gegenteil, das starke Mittelfeld konnte Vorteile erarbeiten, die auch die Sturmspitze immer wieder zu einem Erfolg kommen ließ. Damals waren auch aus dem Mittelfeld selbst mehr Tore gekommen. Aber gegen den aggressiven Angriffsfußball der anderen Mannschaften können sich die Michels kaum noch durchsetzen.

Der Trainer des 1. FC Michel, B. Kanzler, hat schon manchen Trick versucht. Ich hab' die besten Mittelfeldspieler der Welt und mein Stürmer ist auch nicht schlecht, denkt er und hat Recht. Immer wieder hat er seine Reservisten ins Spiel zu bringen versucht. Aber auf der Bank sitzen lauter Verteidiger, die selbst nicht wissen, wie man Tore schießt. Auch die aus dem Ausland zugekauften Spieler waren meistens Verteidiger. Wirklich gute Stürmer sind einfach Mangelware. Letztlich versteht keiner beim 1. FC Michel, warum das, was Jahre lang gut funktioniert hat, jetzt nicht mehr funktionieren soll.

Grundsätzlich spielt eine Mannschaft natürlich so offensiv, wie es der Trainer will. Um im Fußball zu gewinnen, braucht man darüber hinaus aber nicht nur gute Fußballer, sondern ein gutes Team. Die Spieler müssen sich ergänzen, jeder seine eigenen Stärken einbringen. Und heutzutage braucht eine moderne Fußballmannschaft mindestens drei Stürmer.

Es bringt also nichts, noch mehr Verteidiger aufs Feld zu stellen. Natürlich können die Michels ihre Verteidiger auch nicht zu Stürmern machen. Aber der Trainer könnte dem Innenverteidiger beibringen, wie er als Außenverteidiger reüssiert. Ein Außenverteidiger kann die Rolle im defensiven Mittelfeld lernen. Mit etwas Anstrengung schafft der defensive Mittelfeldspieler den Wechsel ins offensive Mittelfeld. Und die, die vorher offensives Mittelfeld gespielt haben, aus denen können Stürmer werden, wenn sie die Mühe nicht scheuen, diese Aufgabe zu meistern. Erst wenn alle in der Mannschaft sich weiterentwickelt und eine neue Rolle gelernt haben, besteht eine Chance, dass die Michels schönen Angriffsfußball spielen lernen.

Welche Mischung aus Spielerrollen den größten Erfolg bringt, lässt sich nicht theoretisch, sondern durch Ausprobieren klären. Keiner, auch wenn er seine angestammte Rolle noch so gut beherrscht, kann sich zurücklehnen und die anderen machen lassen. Alle müssen sich bewegen.

## Qualifikationsexpansion an Berufen ablesen

**Immer mehr Führungskräfte und Akademiker werden gebraucht. Der Bedarf für Fachkräfte mit klassischer Berufsausbildung steigt dagegen nicht.**

Qualifikationsniveaus werden nach internationaler Klassifikation (ISCO-88) in acht Berufsgruppen unterschieden, die sich in drei Berufsklassen zusammenfassen lassen:

▶ **Experten** – Akademiker und Führungskräfte – verfügen über das höchste Humanvermögen, dessen Grundlage an Hochschulen gelegt wurde: Mediziner, Rechtsanwälte, Ingenieure und Lehrer, sowie Vorstände oder Selbständige.

▶ **Fachkräfte** – Techniker, kaufmännische Angestellte und Handwerker – haben in der Regel eine Berufsausbildung. Darunter sind Berufe wie Maschinenbautechniker, Verwaltungsfachkraft oder Speditionsangestellter.

▶ **Einfache Tätigkeiten** – Maschinenbediener, Hilfsarbeiter und Servicepersonal – benötigen nur geringes Humanvermögen, obwohl ca. die Hälfte der Berufsinhaber eine Berufsausbildung haben. Zu ihnen gehören zum Beispiel Montierer, Bauhilfsarbeiter, Polizisten und Pflegekräfte.

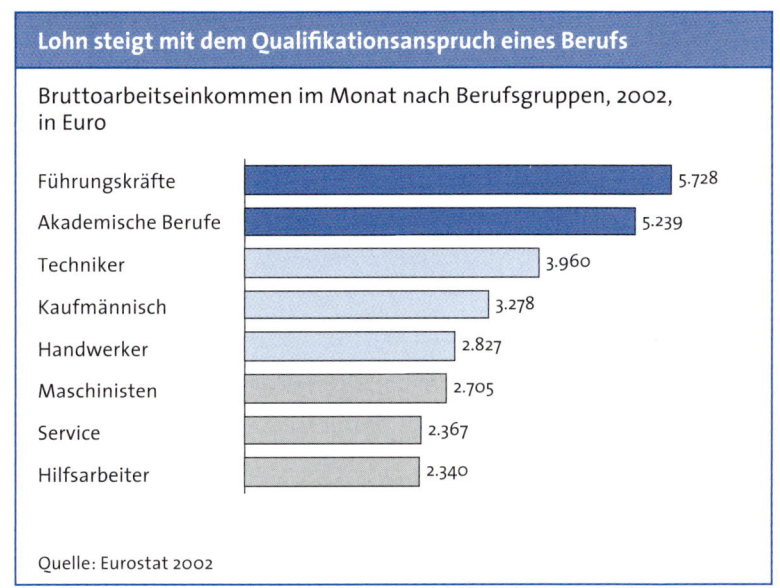

**Lohn steigt mit dem Qualifikationsanspruch eines Berufs**

Bruttoarbeitseinkommen im Monat nach Berufsgruppen, 2002, in Euro

| Berufsgruppe | Euro |
|---|---|
| Führungskräfte | 5.728 |
| Akademische Berufe | 5.239 |
| Techniker | 3.960 |
| Kaufmännisch | 3.278 |
| Handwerker | 2.827 |
| Maschinisten | 2.705 |
| Service | 2.367 |
| Hilfsarbeiter | 2.340 |

Quelle: Eurostat 2002

## Führungsspanne

»Ich bin Leiter der Fahrzeugmontage. Der größte Unterschied zu vorher ist die Art und Weise, wie wir mit den Mitarbeitern umgehen, welche Verantwortung wir ihnen geben und was wir von ihnen in Bezug auf die Entwicklung ihres Arbeitsplatzes erwarten. Früher haben wir den Leuten gesagt: Schraub mal das Rad an, dafür hast du 38 Sekunden Zeit. Heute erwarten wir, dass die Leute innerhalb einer Kleingruppe auch an Verbesserungen arbeiten. Das Aufsichtsverhältnis hat sich von eins zu 80 auf eins zu 6 verschoben, damit der einzelne Arbeiter besser unterstützt werden kann.« (Helmut Meyer, 55, Maschinenbau-Ingenieur)

Je hochwertiger die Produkte einer Volkswirtschaft, desto komplexer sind die Produktionsabläufe und das Wissen, das für ihre Herstellung benötigt wird. Ein einfaches Sparbuch konnte von einem Bankangestellten – einer Fachkraft – problemlos erklärt und verkauft werden. Aber damit dem Kunden ein geschlossener Anlagefonds, der in Windenergie investiert, verkauft werden kann, müssen Ingenieure, Rechtsanwälte und Finanzexperten zusammenwirken. Sie sind alle Akademiker. Auch Führungskräfte werden immer mehr gebraucht, weil die Arbeitsteams kleiner und autonomer werden und die **Führungsspanne** abnimmt. Im Umkehrschluss sinkt die Nachfrage nach Fachkräften mit mittlerer Qualifikation. Einfache Tätigkeiten nehmen ebenfalls ab, soweit sie durch Verlagerung, Automatisierung oder in anderer Form ersetzbar sind.

Mit steigendem Wohlstand und steigender Arbeitsteilung benötigt der Arbeitsmarkt immer mehr Experten und Führungskräfte. Dieser Trend ist in allen Ländern ähnlich, allerdings in manchen Ländern weiter fortgeschritten. Der Vergleich mit den USA zeigt, dass er sich in Deutschland noch mindestens 25 bis 30 Jahre fortsetzen kann.

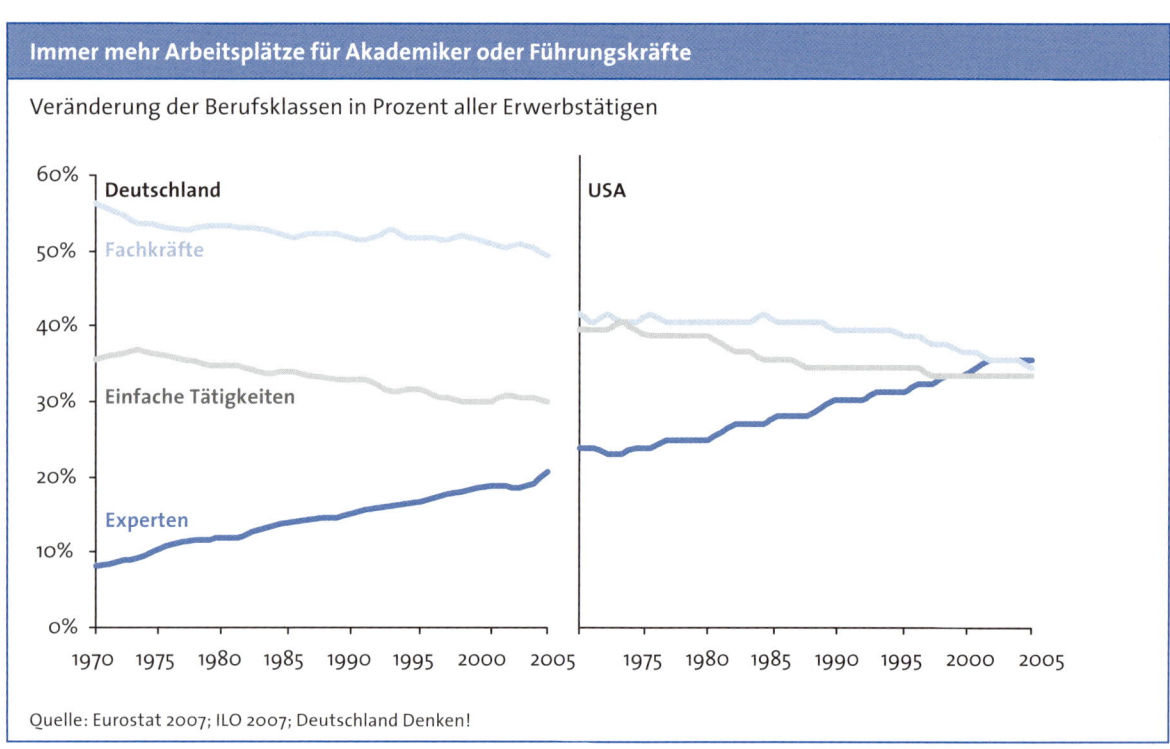

**Immer mehr Arbeitsplätze für Akademiker oder Führungskräfte**

Veränderung der Berufsklassen in Prozent aller Erwerbstätigen

Quelle: Eurostat 2007; ILO 2007; Deutschland Denken!

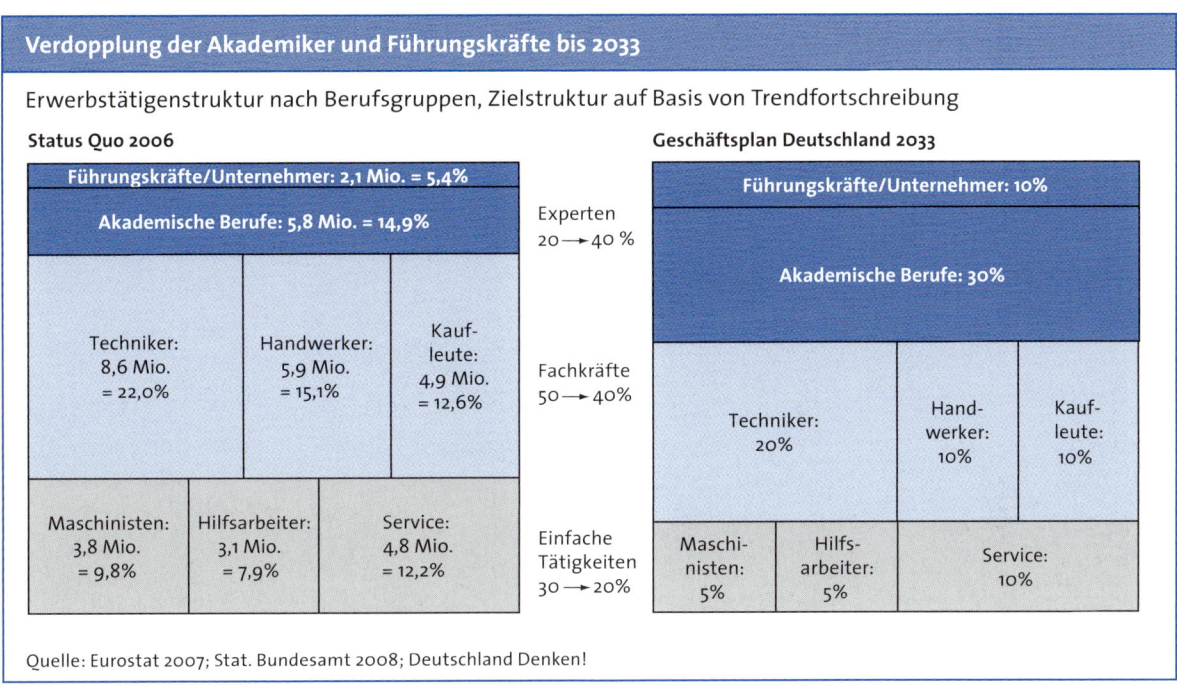

**Verdopplung der Akademiker und Führungskräfte bis 2033**

Erwerbstätigenstruktur nach Berufsgruppen, Zielstruktur auf Basis von Trendfortschreibung

Quelle: Eurostat 2007; Stat. Bundesamt 2008; Deutschland Denken!

## Mehr Experten: Berufseinsteiger und Erfahrene

**Auch eine Hochschulabsolventenquote von 50 Prozent kann den Bedarf nur decken, wenn gleichzeitig die Weiterqualifikation innerhalb der Erwerbsbiografie zunimmt.**

Der Geschäftsplan schreibt die historische Entwicklung fort und unterstellt eine Konvergenz mit anderen Wettbewerbern: Der Anteil von Experten an der Erwerbsbevölkerung verdoppelt sich von 20 auf 40 Prozent. Dagegen werden die Fachkräfte im Zielszenario 2033 von 50 auf 40 Prozent und die einfachen Tätigkeiten von 30 auf 20 Prozent schrumpfen.

In der Vergangenheit gab es kaum Verschiebungen im Lebenslauf. In eine Akademikerposition kam man am Anfang seiner beruflichen Laufbahn oder gar nicht. Auch die Festlegung auf die Rolle der Führungskraft erfolgte recht früh. Der **Aufstieg** erfahrener Facharbeiter war dagegen selten. Selbst innerhalb dieser großen Berufsklassen war die Mobilität gering. Wer einmal in einem Beruf angefangen hatte, der blieb diesem Pfad treu. Spät-, Quer-, Seiten- und Umsteiger hatten es schwer. Zwischen 1995 bis 2005 haben nur fünf bis sechs Prozent der Erwerbstätigen einen neuen Beruf ergriffen – in Irland oder Großbritannien waren die Wechselraten wesentlich höher.

### Aufstieg

»37 Prozent der Beschäftigten geben an, gar keine Aufstiegschancen zu haben, 45 Prozent haben sie nur in geringem Maße. Alles in allem sind das über 80 Prozent der Beschäftigten, die in ihren Unternehmen mehr oder minder in einer beruflichen Sackgasse stecken.« (DGB 2007)

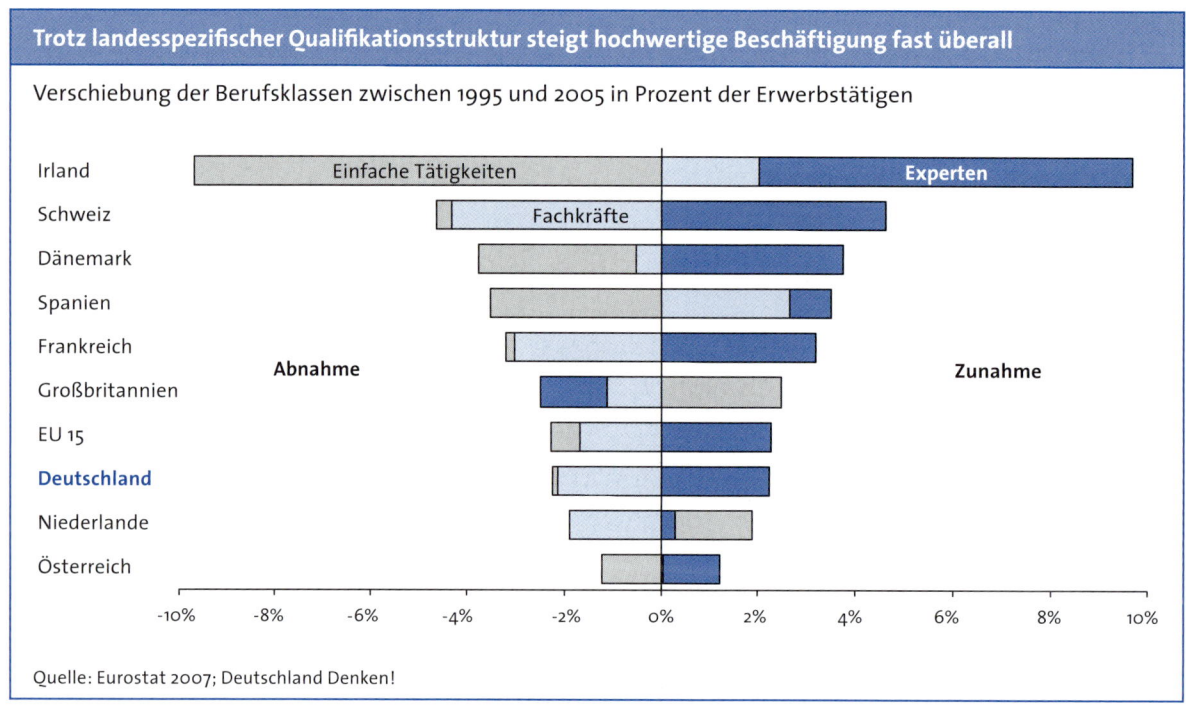

**Trotz landesspezifischer Qualifikationsstruktur steigt hochwertige Beschäftigung fast überall**

Verschiebung der Berufsklassen zwischen 1995 und 2005 in Prozent der Erwerbstätigen

Quelle: Eurostat 2007; Deutschland Denken!

Auf diesem Wege konnten in Deutschland höhere Qualifikationen nur über Berufseinsteiger in den Markt kommen. Der Abbau der einfachen Berufe hingegen erfolgte fast ausschließlich am anderen Ende der Altersstruktur: Inhaber einfacher oder veralteter Arbeitsplätze wurden **frühverrentet**.

Aber selbst diese relativ langsame Art der Anpassung steht für die Zukunft nicht mehr zur Verfügung, weil es zu wenige Berufseinsteiger gibt, um die Führungs- und Akademikerpositionen zu besetzen; weil die Frühverrentung abnimmt; weil die Lebensarbeitszeit steigt; und weil sich der Strukturwandel beschleunigt.

Der Geschäftsplan sieht vor, dass in Zukunft ein erheblich größerer Teil der Berufseinsteiger über eine Akademikerqualifikation verfügt. Mindestens 50 Prozent eines Jahrgangs sollen einen Hochschulabschluss erwerben. Darüber hinaus wird der Wechsel nicht nur des Arbeitsplatzes, sondern auch des Berufs zu einer regelmäßigen Erfahrung im Karriereverlauf. Die anfänglichen Umgewöhnungs- und Umlerninvestitionen werden sich mittelfristig durch den möglichen Wissenstransfer zwischen den Branchen und Berufen amortisieren. Der Fahrzeugtechniker, der in die Kommunikationsbranche wechselt,

**Frühverrentung**

Der Zeitpunkt des Ausscheidens aus dem Arbeitsleben variiert stark mit der Berufsgruppe. Von den 50- bis 55-Jährigen, die 1995 in Expertenberufen erwerbstätig waren, arbeiteten zehn Jahre später noch knapp die Hälfte. In weniger anspruchsvollen Berufen waren es weniger als ein Drittel. (Eurostat 2007)

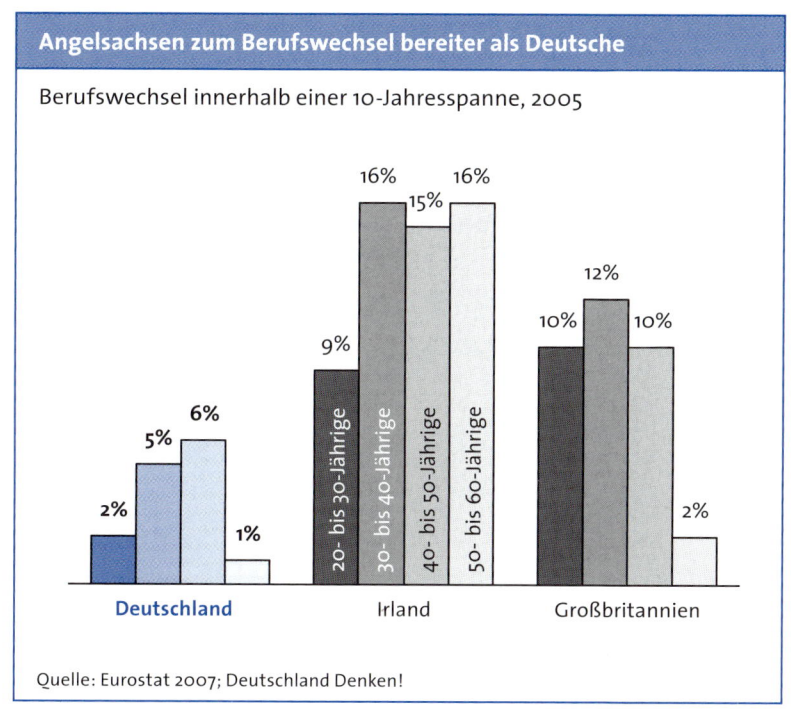

**Angelsachsen zum Berufswechsel bereiter als Deutsche**

Berufswechsel innerhalb einer 10-Jahresspanne, 2005

Deutschland — 2%, 5%, 6%, 1%
Irland — 9% (20- bis 30-Jährige), 16% (30- bis 40-Jährige), 15% (40- bis 50-Jährige), 16% (50- bis 60-Jährige)
Großbritannien — 10%, 12%, 10%, 2%

Quelle: Eurostat 2007; Deutschland Denken!

oder der Präzisionsmechaniker, der Teil eines OP-Teams im Krankenhaus wird – sie befruchten ihre neuen Arbeitsplätze mit Wissen über Abläufe, Materialien und Techniken, deren Verbreitung sonst viele Jahre länger dauern würde. Auch für die Qualifikationspfade, die innerhalb ähnlicher Branchen und Berufe liegen, sind erhebliche Weiterbildungsanstrengungen erforderlich, auch mit formellen Bildungsabschlüssen (siehe Aktionsfeld III: Lebenslanges Lernen).

## Inhaber einfacher Tätigkeiten qualifizieren

**Berufe, die auch vollzeitig ausgeübt keine Familie ernähren und nicht exportiert oder automatisiert werden können, müssen subventioniert werden. Je weniger es davon gibt, desto besser.**

Es wird in Zukunft zwar weniger einfache Tätigkeiten geben, aber nicht alle werden verschwinden: Taxifahrer, Kassierer, Gebäudereiniger, Briefträger und andere wird es weiter geben. Um diese Personen ging es Bundesfinanzminister Peer Steinbrück, als er sagte »Wer vollschichtig arbeitet, muss existenzsichernde Löhne bekommen« (Focus 2007). Das war moralisch richtig, aber ökonomisch unvollständig. Nicht Arbeit, sondern

| Wer eine einfache Tätigkeit ausübt, kann eine Fachkraft werden, jede Fachkraft ein Experte | | | | |
|---|---|---|---|---|
| Mögliche Qualifizierungspfade | | | | |
| **Einfache Tätigkeit** | | **Fachkraft** | | **Experte** |
| Maschinenbediener und -montierer | Weiter-qualifikation | Maschinenmechaniker/ Maschinenbautechniker | Weiter-qualifikation | Maschinenbauingenieur |
| Bediener chemischer Verfahrensanlagen | Weiter-qualifikation | Fotolaborant | Weiter-qualifikation | Chemieingenieur |
| Hubkarrenführer | Weiter-qualifikation | Lagerverwalter | Weiter-qualifikation | Betriebsleiter in der Lagerei |
| Pflegekraft | Weiter-qualifikation | nicht-wissenschaftliche Krankenschwester | Weiter-qualifikation | Wissenschaftliche Krankenpflege |

Quelle: ILO 1990

## Wert schaffen

Einem Ökonomen werden stolz die Baufortschritte an einem Staudamm in China unter Mao Tse-tung gezeigt. Viele tausend Arbeiter rackern mit Schaufeln und Schubkarren. Der Ökonom fragt, ob Bagger und Traktoren nicht schneller und billiger wären. »Aber dann würden doch die ganzen Arbeitsplätze verloren gehen.« Darauf erwidert der Ökonom: »Ach – ich dachte, es sollte ein Staudamm gebaut werden. Aber wenn es um Arbeitsplätze geht, dann sollten die Arbeiter besser mit Löffeln statt Spaten arbeiten.«

Wertschöpfung verdient Geld. Eine Arbeit, vollschichtig oder nicht, reicht nicht zu Lebensunterhalt, wenn zu geringer **Wert geschaffen** wird.

Was bestimmt den Wert einer Arbeit? Einerseits wird der Wert einer Arbeit stark von den Wertvorstellungen einer Gesellschaft bestimmt, die sich ihrerseits in der Nachfrage spiegelt. Steigt der Preis über den Wert, dann verschwindet die Nachfrage. Andererseits der Wettbewerb: Viele gering qualifizierte Arbeiten können von Schülern und Studenten, Rentnern oder Schwarzarbeitern erbracht werden. Sie sind bereit, für sehr geringes Einkommen zu arbeiten, weil sie davon nicht ihren Lebensunterhalt bestreiten müssen oder sehr geringe Ansprüche haben.

Gering qualifizierte Arbeitsplätze müssen auf die eine oder andere Art subventioniert werden: Bei Studenten und Rentnern subventioniert die Familie, bzw. BAföG und BfA; beim Mindestlohn subventioniert Kunden und Arbeitgeber; beim Tarifvertrag subventionieren die Kollegen. Jede Subventionsart hat ihre Stärken und Schwächen. Am besten ist es, wenn die Zahl solcher subventionierten Arbeitsplätze so gering wie möglich ist. Denn in einer Gesellschaft mit höchstem Wohlstandsanspruch können einfache Tätigkeiten mit geringer Wertschöpfung und niedrigem Bedarf an Humanvermögen keinen ausreichenden Lebensstandard sichern.

**Das Qualifikationsniveau eines Berufs entspricht seiner Attraktivität. Schlechte Berufe sind in allen Dimensionen schlecht: wenig Qualifikation, geringes Einkommen, hohe Belastung etc.**

Je geringer das Qualifikationsniveau eines Berufs, desto weniger attraktiv ist er für den, der ihn ausübt. Nach der für alle deutschen Beschäftigten repräsentativen Befragung des DGB »DGB-Index Gute Arbeit« sind Arbeitsplätze, die sich durch gute Arbeit auszeichnen, besonders motivierend für Mitarbeiter und vorteilhaft für die Arbeitgeber. In diesen Index fließen Kriterien von Einkommen über Betriebskultur bis zum Sinngehalt der Arbeit ein. **Unzufriedenheit** mit der Arbeit rührt neben einem unzureichenden Einkommen auch von anderen Kriterien her. Die aus Sicht der Befragten wichtigsten sind mangelnde »berufliche Zukunftsaussichten und Arbeitsplatzsicherheit« sowie fehlende Aufstiegsmöglichkeiten.

Der Geschäftsplan sieht daher vor, auch für diejenigen mit nur sehr geringem Humanvermögen in mehr Qualifikation zu investieren, damit sie entweder einen anderen Beruf ausüben oder die Wertschöpfung in ihrem Beruf durch anspruchsvollere Arbeitsinhalte steigern können.

## Gute Arbeit ist Arbeit mit hoher Qualifikation

Berufsgruppenbewertung nach Beschäftigen, 2007

| | Gute Arbeit | Akzeptable Arbeit | Schlechte Arbeit |
|---|---|---|---|
| Ingenieure | 23% | 56% | 21% |
| Büroberufe | 16% | 60% | 24% |
| Erziehungsberufe | 16% | 55% | 29% |
| Techniker | 14% | 59% | 27% |
| Künstler | 12% | 56% | 32% |
| Maschinisten | 11% | 38% | 51% |
| Warenkaufleute | 11% | 49% | 40% |
| Elektroberufe | 10% | 53% | 37% |
| Gesundheitsberufe | 8% | 53% | 39% |
| Verkehrsberufe | 6% | 44% | 50% |
| Maler | 4% | 40% | 56% |
| Hilfsarbeiter | | 39% | 61% |

Quelle: DGB 2007

### Unzufriedenheit

»Die Schlechtbezahltesten haben ihre Arbeit auch unter den schlechtesten Arbeitsbedingungen auszuführen. Dieser Zusammenhang gilt mit nur wenigen Ausnahmen. Beschäftigte, die ihr Einkommen als unangemessen bewerten, berichten deutlich öfter von großen gesundheitlichen Belastungen, respektlosem Umgang, schlechter Führungsqualität und einem Mangel an Aufstiegschancen.« (DGB 2007)

### DGB-Index Gute Arbeit

Der DGB hat in einer repräsentativen Erhebung unter 6.168 Arbeitnehmern im ersten Quartal 2007 anhand von 15 Einzelkriterien einen Index über die Qualität von Arbeitsplätzen erstellt. Als Ergebnis konnte ermittelt werden, dass 12 Prozent der Arbeitnehmer eine »gute« Arbeit haben, 34 Prozent eine »schlechte«. Gute Arbeit zu haben, zahlt sich für Arbeitnehmer und Arbeitgeber gleichermaßen aus. Arbeitnehmer mit guter Arbeit sind zu 74 Prozent von ihrer Arbeit begeistert, fühlen sich zu 70 Prozent mit dem Unternehmen verbunden. Bei schlechter Arbeit sind die Werte 32 und 25 Prozent. Bei guter Arbeit berichten Arbeitnehmer zu 20 Prozent, nach der Arbeit leer und ausgebrannt zu sein, und 16 Prozent haben Erholungsdefizite. Bei schlechter Arbeit liegen diese Werte bei 74 und 63 Prozent. (DGB 2007)

## Aktionsfeld II im Bereich Produktivität: Arbeitsinhalte aufwerten

Höhere Produktivität resultiert nicht nur aus der Verschiebung zu höher qualifizierten Berufen, sondern auch aus der Veränderung der Arbeitsinhalte. Auch innerhalb desselben Berufs rücken Fähigkeiten wie Denken, Beurteilen und Kommunizieren immer stärker in den Mittelpunkt. Alles, was zur Routine werden kann, übernehmen Maschinen und Computer oder Erwerbstätige in Ländern mit niedrigeren Lebens- und Bildungsstandards und machen Kapazitäten frei für anspruchsvollere Arbeitsinhalte mit höherer Wertschöpfung und Produktivität.

### Mehr Können für bessere Arbeitsinhalte

**Auch in einfachen Berufen muss man heute immer mehr können – sogar im Ehrenamt oder Sport. Aufgaben ohne Kommunikationsfähigkeiten und Urteilsvermögen gibt es kaum noch.**

Von der Dynamisierung der Arbeitsinhalte sind alle Berufsklassen betroffen: Experten, Fachkräfte und einfache Arbeiter. Auch letztere können die Wertschöpfung steigern und so Einkommen erzielen, die sie an der Verbesserung des allgemeinen Lebensstandards teilhaben lassen:

▶ Der Mitarbeiter eines deutschen Call-Centers stiftet höheren Kundennutzen als ein deutschsprachiger Inder in einem indischen Call-Center, wenn er sachkompetenter, serviceorientierter, freundlicher, sprachgewandter und mit der deutschen Kultur vertrauter ist. Jede dieser Eigenschaften ist eine Form von Humanvermögen, das ein höheres Arbeitseinkommen rechtfertigt, weil die Wertschöpfung für den Kunden ebenfalls höher ist.

▶ Ein Friseur leistet heute mehr, als einfach nur Haare zu schneiden. Er kennt sich mit den neuesten Trends und Moden aus oder bietet vielleicht Kosmetikleistungen an; er hat sich in Dermatologie weitergebildet und berät in Fragen der Verträglichkeit von Haar- und Hautkosmetika. Selbst wenn der Kunde nichts anderes als einen Haarschnitt will, können flexible Zeiten, Schnelligkeit und Freundlichkeit den Wert der Leistung erhöhen.

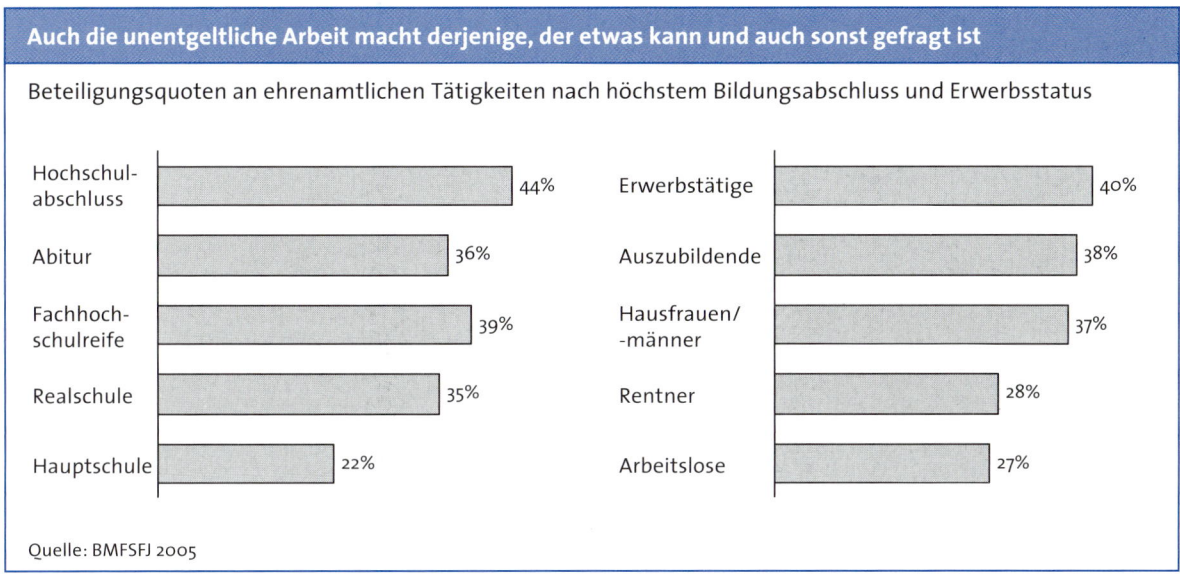

**Auch die unentgeltliche Arbeit macht derjenige, der etwas kann und auch sonst gefragt ist**

Beteiligungsquoten an ehrenamtlichen Tätigkeiten nach höchstem Bildungsabschluss und Erwerbsstatus

| | | | |
|---|---|---|---|
| Hochschulabschluss | 44% | Erwerbstätige | 40% |
| Abitur | 36% | Auszubildende | 38% |
| Fachhochschulreife | 39% | Hausfrauen/-männer | 37% |
| Realschule | 35% | Rentner | 28% |
| Hauptschule | 22% | Arbeitslose | 27% |

Quelle: BMFSFJ 2005

▶ Lastwagenfahrer fahren nicht nur, sie entwickeln für ihre Kunden Lösungen für Speditionsprobleme. Der Bahnschaffner ist ein mobiles Reisebüro, verkauft Bahntickets per Kreditkarte und serviert Kaffee. Sekretärinnen, die früher nur 300 Anschläge in der Minute fehlerfrei schreiben können mussten, beherrschen heute Desktop-Publishing.

Auch außerhalb der herkömmlichen Arbeitswelt steigen die inhaltlichen Ansprüche und machen Qualifikationen zum Schlüssel für erfolgreiches Zusammenleben. Ehrenamtliche Tätigkeiten beispielsweise werden stärker von höher qualifizierten und im Arbeitsleben stehenden Personen ausgeführt. Und ohne Qualifikation kann man noch nicht einmal mehr auf hohem Niveau **Fußball** spielen.

## Weniger Routine

**Über alle Berufe hinweg nehmen kommunikative, interaktive und dynamische Tätigkeiten zu, während mentale und körperliche Routinearbeit abnimmt.**

Entlang ähnlicher Linien werden sich auch in Zukunft die Arbeitsinhalte durch neue Technologien verändern und höhere Wertschöpfung leisten. Schon in zehn Jahren werden die wenigsten Berufe noch so aussehen wie heute. Die OECD hat

### Fußball-Nationalmannschaft

Im Kader der Weltmeistermannschaft von 1990 gab es einen einzigen Abiturienten, Hans Pflügler, der nur einmal eingesetzt wurde. 2006 wurden die Deutschen zwar nur Dritter, aber 11 von 25 hatten eine Hochschulreife. Daraus sind zwei Dinge zu lernen: Erstens, selbst um in die Fußballnationalmannschaft zu kommen, muss man heutzutage stärker qualifiziert sein als früher. Zweitens, ob man Erster oder Dritter wird, hat nichts mit Bildung zu tun.

## In zehn Jahren

Wie sieht der Beruf eines Lokführers in zehn Jahren aus? Es ist nicht unwahrscheinlich, dass er der Computerisierung und Automatisierung zum Opfer fällt. Wird ein Lokführer dann im zentralen Leitstand stehen oder eine Art Sicherheitsbeauftragter im Zug sein? Auf jeden Fall wird er neue, wahrscheinlich höhere Qualifikationen brauchen. Diese Qualifizierungsfrage wäre einen zehnmonatigen Tarifstreit eher wert gewesen als Einkommen, Arbeitszeit und Sonderstellungen.

zum Beispiel für Führungskräfte im 21. Jahrhundert sechs Persönlichkeitsmerkmale identifiziert (Schleicher 2007):

▶ **Koordinatoren** und **Dirigenten** verknüpfen die unterschiedlichen Ressourcen in einer komplexen, globalisierten und unübersichtlichen Welt sinnvoll miteinander,

▶ **Brückenbauer** und **Verbinder** bilden die Synthesen aus konträren und disparaten Elementen,

▶ **Erklärer** und **Erzähler** finden verständliche Erklärungen für die Fülle von Informationen und können sie anschaulich erzählen,

▶ **Versatilisten** sind weder Generalist noch Spezialist, sondern arbeiten sich in kurzer Zeit in beliebige Themen schnell ein,

▶ **Personalisierer** beherrschen jene interpersonelle Kompetenzen, die durch Technologisierung und Massenkommunikation selten geworden sind, Höflichkeit, Unterhaltung, Respekt etc.,

▶ **Lokalisierer** stellen den lokalen Bezug in der Brandung der Globalisierung her.

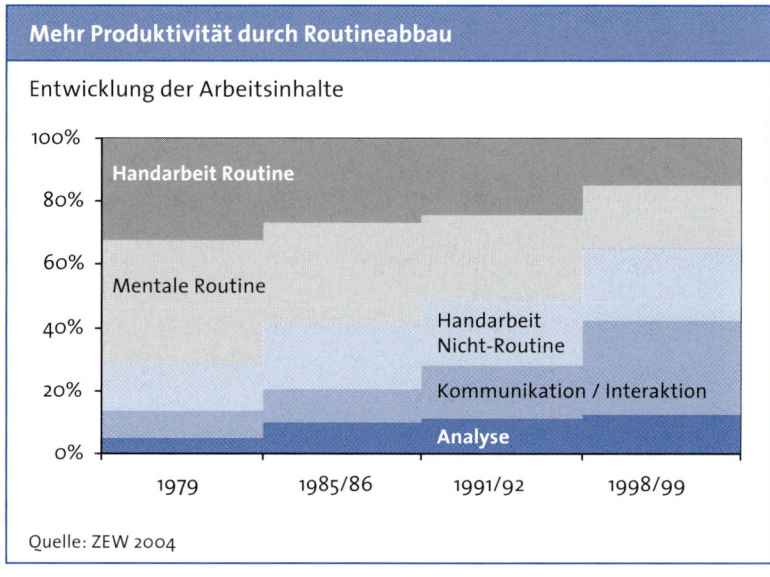

**Mehr Produktivität durch Routineabbau**

Entwicklung der Arbeitsinhalte

Quelle: ZEW 2004

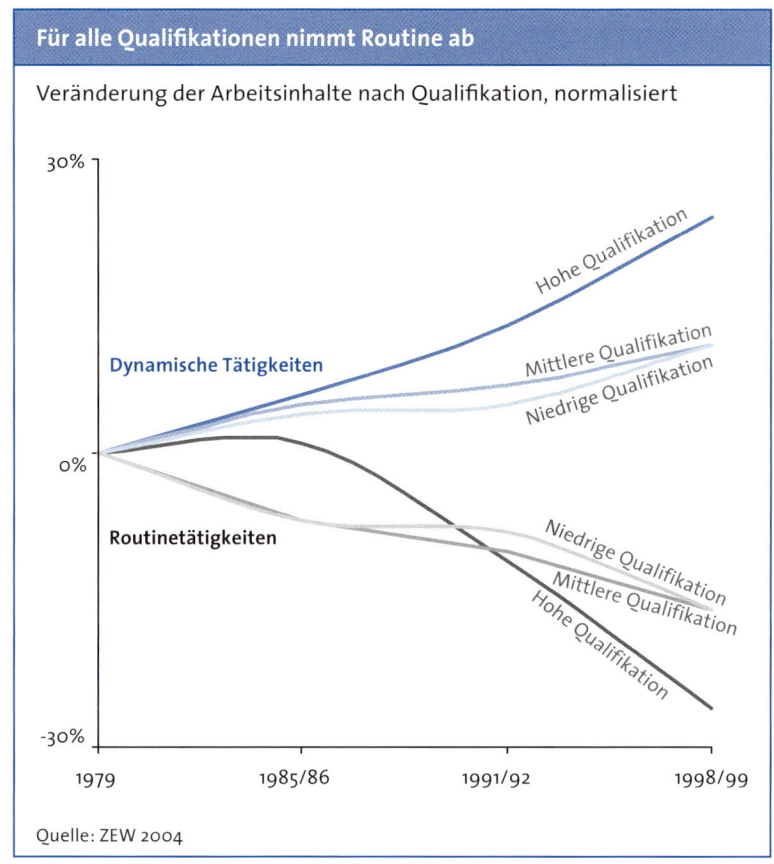

**Für alle Qualifikationen nimmt Routine ab**

Veränderung der Arbeitsinhalte nach Qualifikation, normalisiert

- Dynamische Tätigkeiten
- Hohe Qualifikation
- Mittlere Qualifikation
- Niedrige Qualifikation
- Routinetätigkeiten
- Niedrige Qualifikation
- Mittlere Qualifikation
- Hohe Qualifikation

30% · 0% · -30%

1979 · 1985/86 · 1991/92 · 1998/99

Quelle: ZEW 2004

Eine zukünftige Führungskraft wird dem Humanvermögen anderer zur optimalen Produktivität verhelfen. Dazu muss sie zunächst in ihre eigenen Fähigkeiten investieren und mehr können als die Führungskraft im 20. Jahrhundert, die vor allem Anweisungen erteilen und kontrollieren musste.

Der Trend der stetigen Reduktion von Routinetätigkeiten zu Gunsten dynamischer, abwechslungsreicher Tätigkeiten ermöglicht interessantere, humanere und gesündere Arbeiten für alle. Inzwischen sind nur noch ca. 35 Prozent aller Arbeiten Routinearbeiten. Im Geschäftsplan werden so viele einfache, sich wiederholende Arbeiten wie möglich abgeschafft oder ausgelagert, damit Humanvermögen für die abwechslungsreichen und wertvollen Arbeiten freigestellt und investiert werden kann.

### Beispiel für Produktivitätspotenzial: Öffentlicher Sektor

**Vier Fünftel des öffentlichen Sektors können prinzipiell privatisiert und im Wettbewerb organisiert werden. Die Beschäftigen tragen dann mit Produktivitätssteigerungen zum eigenen und zum allgemeinen Wohlstand bei.**

Nicht alle Wirtschaftszweige sind der Dynamik der Arbeitsinhalte gleichermaßen ausgesetzt. Wo der Wettbewerb stark ist, also besonders bei international handelbaren Gütern und Dienstleistungen, ist der Druck groß, die Produktivität zu steigern. Bei Gütern und Dienstleistungen, die nur lokal erbracht und erworben werden können, ist der Wandel der Arbeitsinhalte sanfter, zum Beispiel im öffentlichen Sektor.

In Deutschland arbeiten 5,6 Millionen Erwerbstätige für einen öffentlichen Arbeitgeber. Davon erledigen ca. eine Million hoheitliche Aufgaben in der Verteidigung einschließlich der Polizei, Justiz oder Ministerialbürokratie – natürliche Monopole, die sich nicht für eine Privatisierung eignen. Das gilt für einen großen Teil der übrigen 4,6 Millionen Arbeitsplätze nicht. Sie könnten auch bei privaten Unternehmen angesiedelt sein, die auf einem Markt im Wettbewerb mit anderen Anbietern stehen und zu Produktivitätssteigerungen gezwungen sind.

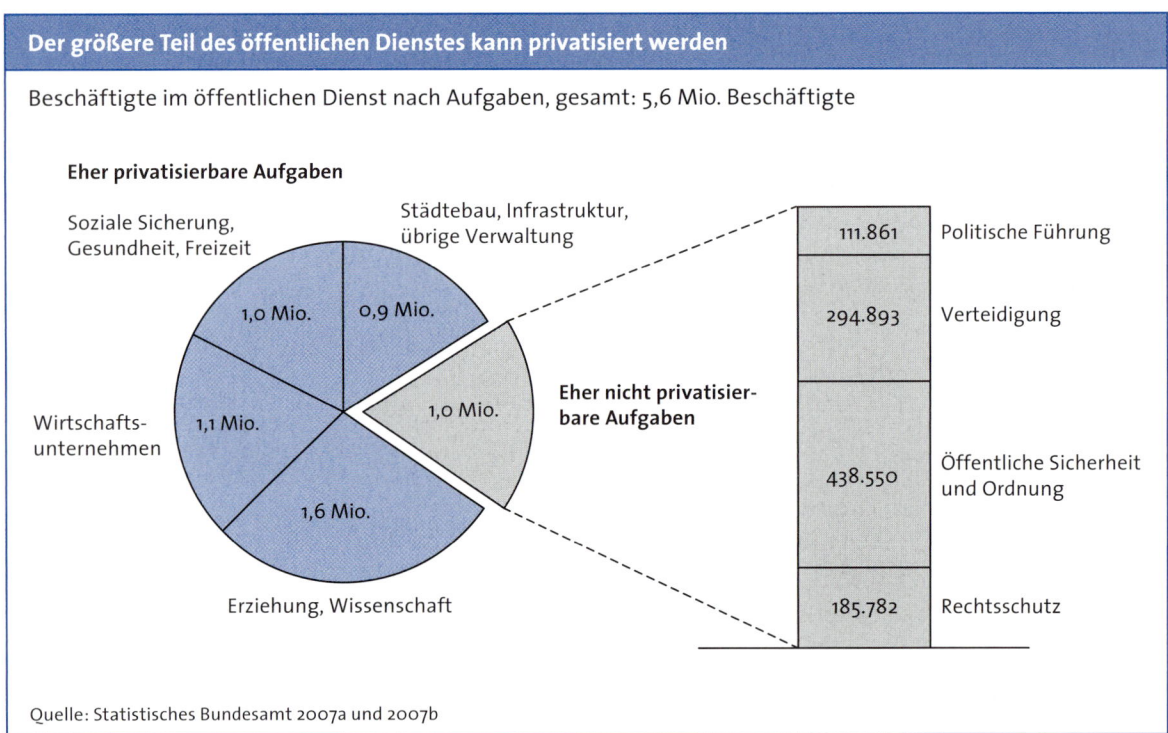

**Der größere Teil des öffentlichen Dienstes kann privatisiert werden**

Beschäftigte im öffentlichen Dienst nach Aufgaben, gesamt: 5,6 Mio. Beschäftigte

**Eher privatisierbare Aufgaben**

Soziale Sicherung, Gesundheit, Freizeit

Städtebau, Infrastruktur, übrige Verwaltung

1,0 Mio.    0,9 Mio.

Wirtschaftsunternehmen

1,1 Mio.    1,0 Mio.

**Eher nicht privatisierbare Aufgaben**

1,6 Mio.

Erziehung, Wissenschaft

111.861    Politische Führung

294.893    Verteidigung

438.550    Öffentliche Sicherheit und Ordnung

185.782    Rechtsschutz

Quelle: Statistisches Bundesamt 2007a und 2007b

Eine Analyse der wichtigsten Privatisierungen zwischen 1961 und 1990 – darunter: Elf Acquitaine, Societé Générale, Volkswagen, VEBA AG, VIAG, Nippon Telegraph & Telephone, KLM, British Petroleum, British Airways, Rolls Royce – zeigt, dass nach der Privatisierung durchschnittlich mehr Menschen mit höherer Produktivität beschäftigt waren. Die Wertschöpfung ist gestiegen. Private Unternehmen müssen in das Humanvermögen ihrer Mitarbeiter investieren, um auch bei Wettbewerbspreisen profitabel zu arbeiten. Öffentliche Arbeitgeber investieren weniger in das Humanvermögen ihrer Mitarbeiter.

Ohne Privatisierung sind die Beschäftigten im öffentlichen Sektor einem geringeren Anpassungsdruck ausgesetzt. Sie profitieren dennoch über Gehaltserhöhungen an den allgemeinen Zuwächsen des Lebensstandards, weil diese Gehaltserhöhungen durch die Produktivitätssteigerungen der Beschäftigten in Wirtschaftszweigen, die einem größeren Druck ausgesetzt sind, subventioniert werden.

Die Privatisierung ist nicht der einzige Weg, um Produktivitätssteigerungen zu erreichen, und in bestimmten Bereichen wie der Schule möglicherweise nicht der beste. In anderen Bereichen kann die Privatisierung großer Teile des öffentlichen Sektors auch den öffentlich Beschäftigtenn die Chance geben, ihr Humanvermögen zu vermehren und mehr zur eigenen und allgemeinen Sicherung des Lebensstandards beizutragen. Mit derselben Logik führt die Auslagerung der Nichtkernbereiche, zu einer Steigerung der Produktivität und der Möglichkeiten für hohes Humanvermögen.

### Unangenehmes Arbeiten

Die Aloysiusschule im nordrhein-westfälischen Holzwickede hat seit eineinhalb Jahren keinen offiziellen Rektor. Als 2006 die Schulleiterin die Grundschule verließ und sich kein Nachfolger fand, wurde ihr Stellvertreter Ulrich Gebhardt verpflichtet, den Posten kommissarisch zu übernehmen. Der 58-Jährige klagt: »Ich war Klassenlehrer im ersten Schuljahr, musste dreimal in der Woche meine eigene Sekretärin sein. Und da der Hausmeister für zwei Schulen zuständig ist, musste ich mich dann auch noch um tropfende Wasserhähne kümmern.« Seit 18 Monaten arbeitet er faktisch als Schulleiter, ein höheres Gehalt bekommt er dafür aber nicht. (T-Online 2008)

**Mehr Produktivität und Beschäftigung durch Privatisierung**

Leistungssteigerung 5 Jahre nach Privatisierung, 61 internationale Privatisierungen unterschiedlicher Branchen, 1961–1990

- Effizienz +11%
- Beschäftigung +6%
- Produktionsmenge +27%
- Investitionen +44%
- Profitabilität +45%

Quelle: The World Bank 1996

## Ausdifferenzierte Wertschöpfung – Beispiel New Source GmbH

New Source GmbH bietet mit gut ausgebildeten, auf das Finanz- und Rechnungswesen spezialisierten Fachkräften Outsourcing-Dienstleistungen für andere Unternehmen an. Ein typischer Kunde ist zum Beispiel ein national agierender deutscher Nahrungsmittelhersteller im Bereich Gemüsekonserven mit bundesweit 11 Produktionsstandorten. Insgesamt ließen sich durch die Übergabe des Finanz- und Rechnungswesens an New Source allein bei den Betriebskosten bis zu 25 Prozent sparen. Die Potenziale wurden in drei Bereichen identifiziert:

▶ Direkte Kosten: Die zunächst offensichtlichen direkten Kosten in der Kreditorenbuchhaltung waren gering, weil tatsächlich nur ein Buchhalter in der Abteilung tätig war. Die wirklichen Buchhaltungskosten aber waren auf diverse Fachabteilungen verteilt (hauptsächlich Einkauf, aber auch Marketing und diverse Sekretariate von Fachabteilungen), die alle in den Buchhaltungsprozess eingebunden waren.

▶ Qualitätskosten: Immer wieder gab es Skontonachforderungen, da Rechnungen zu spät bezahlt wurden. Das Volumen von Mahnungen war übermäßig hoch, da offensichtlich Rechnungen in Unterschriftsmappen oder Schubladen »händisch geblieben« sind oder verloren gingen.

▶ Indirekte Kosten: Die 60.000 jährlichen Rechnungen erzeugten aufgrund der suboptimalen Prozesse und Verfügungsrichtlinien rund 200.000 jährliche Hauspostverteilungen.

Nach Übergabe an New Source als Dienstleister konnten sich die entlasteten Fachabteilungen auf die eigenen Aufgabenbereiche und die eigenen Kernkompetenzen konzentrieren. (New Source 2008)

# Aktionsfeld III im Bereich Produktivität: Lebenslanges Lernen

Durch das tägliche Lernen am Arbeitsplatz wird das Humanvermögen der Erwerbstätigen ständig erneuert. Um ein höheres Qualifikationsniveau zu erreichen, ist dieses informelle, nicht zertifizierte Lernen in der Regel aber nicht geeignet. Für den Wechsel in einen Akademikerberuf im Alter von 30, 40 und 50 Jahren werden formelle Bildungsabschlüsse oder zertifiziertes Lernen notwendig sein. Um die zukünftige Nachfrage nach qualifizierter Arbeit trotz wenigerer Neuzugänge und längerer Lebensarbeitszeit zu befriedigen, sieht der Geschäftsplan 300.000 Weiterbildungen auf Hochschulniveau im Jahr vor.

Das Potenzial der Weiterbildung wird in Deutschland generell unterschätzt. Die **Erträge** der Unternehmen auf Weiterbildungsinvestitionen liegen bei bis zu 30 Prozent (Almeida 2006), weil sie nur zu einem kleinen Teil durch höhere Arbeitseinkommen von den Erwerbstätigen abgeschöpft werden. Geringe Erfahrung der deutschen Manager mit Weiterbildung, und geringe Erträge für die betroffenen Erwerbstätigen haben die Investitionen in Humanvermögen bisher eingeschränkt. Die Anreize für Weiterbildung steigen mit geringerer Beschäftigungsfluktuation und längerer verbleibender Lebjensarbeitszeit. Erste Unternehmen reagieren schon auf die prognostizierte Alterung ihrer Belegschaft mit verstärkten Weiterbildungsbemühungen. Auch die Mitarbeiter wollen **mehr Weiterbildung**.

## Der Weiterbildungsmarkt heute

**In Deutschland wird noch nicht lebenslang gelernt. Aber es gibt Institutionen, die das Gelernte marktgängig machen, auch nach dem 40. Lebensjahr.**

**Lebenslanges Lernen** ist zumindest bei Politikern, Journalisten und Experten uneingeschränkt positiv besetzt. Doch bisher stagniert dieser Bereich. Ein Erwerbstätiger hat eine 36-prozentige Chance, während seines gesamten Erwerbslebens an einer betrieblichen Weiterbildung teilzunehmen; die Dauer der Lehrveranstaltungen liegt bei 27 Stunden pro Teilnehmer und Jahr. Beide Werte platzieren Deutschland im unteren Drittel der **EU**. Drei Viertel der Unternehmen in Deutschland sind der Meinung, dass zeitlicher Umfang und Inhalt der Weiterbildung den Anforderungen angepasst werden müssen (BiBB 2003).

## Erträge auf Weiterbildung

»Eine umfassende Deregulierung und Flexibilisierung des Arbeitsmarktes, verbunden mit einer Senkung der Lohnzusatzkosten, würde den Teilnehmern eine realistischere Einschätzung der Rentabilität von Bildungsinvestitionen und eine ökonomisch begründete Entwicklung der Bildungsbeteiligung auf allen Ebenen des Bildungssystems ermöglichen. Dies würde vor allem im Bereich der mittleren Qualifikationen, wo die größten Defizite zu verzeichnen sind, für Markttransparenz sorgen und zu einem höheren Angebot an entsprechend qualifizierten Arbeitskräften führen.« (Foders 2004)

## Mehr Weiterbildung

70 Prozent der Beschäftigten sind gute Qualifizierungs- und Weiterbildungsmöglichkeiten sehr wichtig. Zufrieden sind sie mit ihren Möglichkeiten nicht. 68 Prozent berichten, dass sie keine oder nur in geringem Maße Angebote zur Weiterqualifizierung erhalten. Außerdem arbeiten 48 Prozent unter Bedingungen, unter denen ihnen die Weiterentwicklung ihres Wissens und Könnens nicht oder nur in geringem Maße möglich ist. 55 Prozent der Befragten berichten darüber hinaus, Weiterbildung und Personalentwicklung hätten für ihre Vorgesetzten keinen oder nur einen geringen Stellenwert. (DGB 2007)

## Lebenslanges Lernen

»Lebenslange Unvollkommen-heit – damit tun sich gerade die Deutschen schwer. »Gelernt ist gelernt«, sagt man hierzulande; die Erstausbildung zählt viel. Das Studium dauert besonders lange, das Lehrlingssystem fand lange den Beifall in aller Welt. Mancher Schlachter oder Bäckermeister hängt seinen Meisterbrief gut sichtbar hinter die Ladentheke. Wo aber der Eintritt ins Berufsleben hart erkämpft wird, fällt die Einsicht schwer, dass Qualifikationen genauso ein Verfallsdatum ha-ben wie die Wurst hinter dem Verkaufstresen.«
(Die Zeit 2006)

## Druck von der EU

Deutsche Unternehmen sol-len künftig mehr Geld für die Ausbildung ihrer Mitarbeiter bereitstellen. Für jeden Arbeit-nehmer soll ein auf ihn zuge-schnittenes Ausbildungs- und Karriereprogramm im Arbeits-vertrag verankert werden. Die Details der Weiterbildungspro-gramme sollen Arbeitgeber und Arbeitnehmer im Rahmen der Tarifverträge festlegen.
(EU-Kommission 2007)

## Wirksamkeit

Kurzfristig erhöhen Fortbildun-gen und Umschulungsmaß-nahmen die Arbeitslosigkeits-wahrscheinlichkeit. Langfristig überwiegen die positiven Ef-fekte aber. Besonders längere Maßnahmen erhöhen die Wahrscheinlichkeit, einen Arbeitsplatz zu bekommen.
(Lechner 2004)

In Deutschland werden insgesamt 22 Milliarden Euro für Weiterbildung ausgegeben. Dazu zählen unterschiedliche institutionelle Formate:

▶ Betriebliche Weiterbildung zur ständigen Anpassung der Qualifikationen an die technologische und organisatorische Entwicklung, vor allem bei großen Unternehmen, verbucht zwei Drittel der Ausgaben. Die klassischen Hochschulen wollen hier expandieren, haben aber erst fünf Prozent des Marktes, während der größere Teil von kleinen und mittleren externen und unternehmensinternen Anbietern erbracht wird.

▶ Öffentliche Weiterbildung vor allem durch die Bundesagen-tur für Arbeit zur Bewältigung der Arbeitsmarktprobleme macht circa 10 Prozent der Ausgaben aus; sie wird von einem sehr heterogenen Markt mittlerer und kleiner priva-ter und gemeinnütziger Anbieter erbracht. Diese Ausgaben waren zuletzt um fast die Hälfte geschrumpft, vor allem weil ihre **Wirksamkeit** in Zweifel gezogen wurde.

▶ Nicht-betriebliche, selbstfinanzierte berufliche Weiterbil-dung zur Kompetenzerweiterung und zur Sicherung und Verbesserung der beruflichen Situation; sie macht ein knappes Viertel der Ausgaben aus und dient meist dem Erwerb formeller Bildungsabschlüsse, zum Beispiel MBAs, Weiterbildungen der Industrie- und Handels- und Hand-werkskammern, Abschlüsse der Fernuniversitäten.

Für alle drei Gruppen – Unternehmen, Staat und Individuen – unterliegt die Weiterbildung der grundsätzlichen Investitions-logik: Nur später höheres Einkommen kann den Aufwand für den Erwerb zusätzlichen Humanvermögens rechtfertigen. Beispielsweise sind Hochschulstudiengänge, die längere Er-werbsunterbrechungen nötig machen, ab einem gewissen Alter nicht mehr geeignet, weil die Einkommenseinbußen im ver-bleibenden Erwerbsleben auch bei danach gestiegenem Ein-kommen nicht mehr aufgeholt werden können. Weiterbildung muss somit in das Erwerbsleben integriert werden. Wenn der derzeitige Aufwand für Weiterbildung auf alle Erwerbstätigen verteilt wird, erscheint die aufgewendete Zeit sowohl gegen-über formalen Bildungsabschlüssen als auch gegenüber dem nicht-formellen Lernen am Arbeitsplatz noch verschwindend gering. Eine solche Begründung scheint zu sein, dass die In-stitutionen des Arbeitsmarktes eine adäquate Entlohnung der Weiterbildungsinvestitionen zur Zeit noch nicht zulassen.

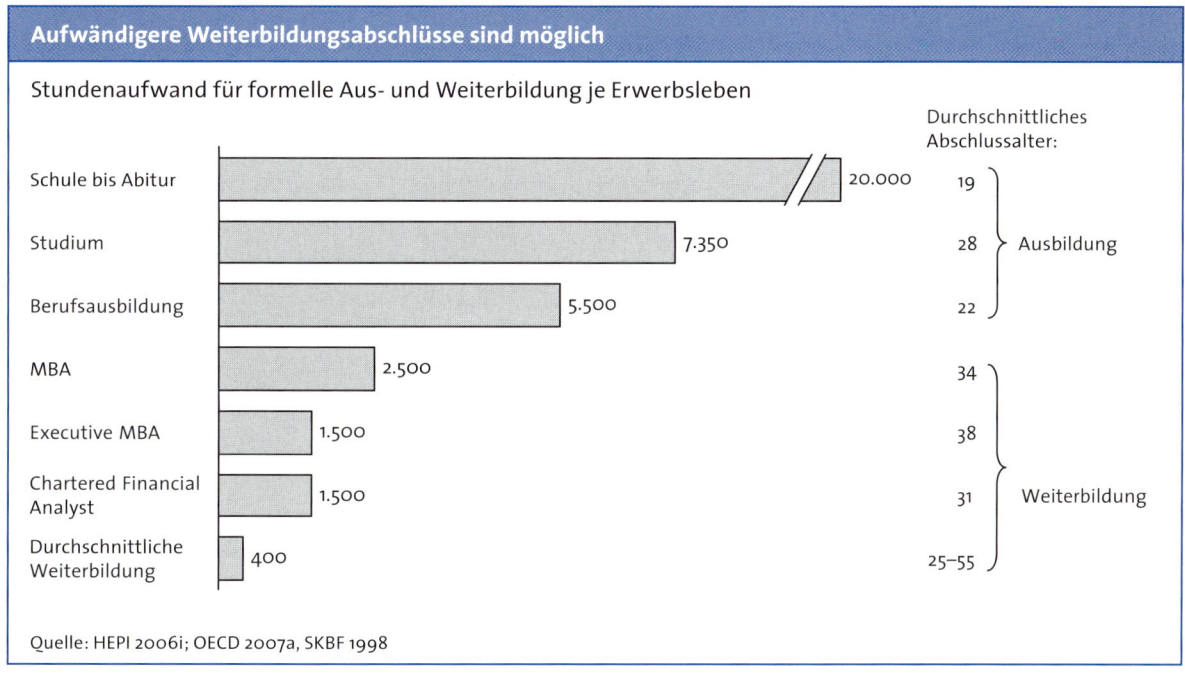

**Aufwändigere Weiterbildungsabschlüsse sind möglich**

Stundenaufwand für formelle Aus- und Weiterbildung je Erwerbsleben

Durchschnittliches Abschlussalter:

| | | |
|---|---|---|
| Schule bis Abitur | 20.000 | 19 |
| Studium | 7.350 | 28 |
| Berufsausbildung | 5.500 | 22 |
| MBA | 2.500 | 34 |
| Executive MBA | 1.500 | 38 |
| Chartered Financial Analyst | 1.500 | 31 |
| Durchschnittliche Weiterbildung | 400 | 25–55 |

Ausbildung (19, 28, 22)
Weiterbildung (34, 38, 31, 25–55)

Quelle: HEPI 2006i; OECD 2007a, SKBF 1998

Weiterbildung funktioniert in Deutschland bisher am besten, wo sie das vorhandene Humanvermögen ad hoc durch kurzfristig gebrauchte Fertigkeiten komplettiert: Computerkurse, Kommunikations- und Interaktionstraining, Management- und Sprachkurse und Anpassungsmaßnahmen. Beim grundlegenden Neuaufbau von Humanvermögen, das auch betriebsübergreifend nützlich ist, funktioniert sie schlechter: Es gibt kaum institutionalisierte Angebote für Erwerbstätige, deren Humanvermögen durch fehlende Produktivitätsfortschritte oder Arbeitslosigkeit strukturell bedroht ist. **Tariflich vereinbarte Weiterbildung** ist selten. Besonders Angestellte kleinerer Unternehmen oder ohne Hochschulabschluss sind benachteiligt. Öffentliche Maßnahmen setzen erst ein, wenn der Betroffene bereits arbeitslos geworden ist und gestalten sich dann meist schwierig. Ein umfassendes Konzept für lebenslanges Lernen kann institutionell umgesetzt werden, wenn

▶ die öffentliche oder quasi-öffentliche Zertifizierung von Kenntnissen und Fertigkeiten sie im Arbeitsmarkt bewertbar macht, auch wenn diese in nicht-formellen (am Arbeitsplatz oder in der Freizeit) oder informellen (Kurse ohne formalen Abschluss) Zusammenhängen erworben werden,

**Tarifliche Weiterbildung**

In den Niederlanden gibt es in fast allen Branchen tariflich vereinbarte sektorale Aus-, Weiter- und Fortbildungsfonds, die mit bis zu drei Prozent der Lohnsumme finanziert werden und die Bildungskosten der Unternehmen refinanzieren. Dadurch steigt die Bildungsmotivation einzelner und besonders kleiner und mittlerer Unternehmen. Fast die Hälfte dieser Fonds wird für die betriebliche Weiterbildung aufgewendet. Auch Beschäftigte, die in eine andere Branche wechseln wollen, werden gefördert. (BiBB 2007)

> ▶ nicht-formelles Lernen, das ohnehin am Arbeitsplatz stattfindet, stärker mit informellen und formellen Bildungsangeboten verschränkt wird, und

> ▶ Teilzeitstudiengänge stark ausgebaut werden, so dass auch neben dem Beruf Abschlüsse erworben und Karrierewechsel eingeleitet werden können.

### Lebenslanges Lernen institutionalisieren

**IHK und HWK nehmen heute schon knapp 70.000 Weiterbildungsprüfungen auf Hochschulniveau ab. Diese Zahl kann noch erheblich gesteigert werden.**

Das erfolgreichste Programm der Weiterbildung in Deutschland ist die berufliche Weiterbildung der Industrie- und Handelskammern und der Handwerkskammern. Entsprechend der klassischen Ausbildung zum Handwerksmeister nehmen die IHKen Prüfungen nicht nur für gewerbliche Meister, sondern auch für Fachwirte und Fachkaufleute auf **Bachelor-Niveau** und sogar für Betriebswirte auf Master-Niveau ab. 2006 sind auf diese Weise 67.500 Personen zu einem beruflichen Abschluss gekommen. Die Äquivalenz zu den Hochschulabschlüssen wird beispielsweise durch die Tatsache unterstrichen, dass die Hälfte der kaufmännisch orientierten Betriebswirte vorher ein Abitur erworben hatten.

Um einen großen Teil der geplanten 300.000 Weiterbildungen auf Hochschulniveau im Jahr zu vermitteln, ist diese berufliche Weiterbildung am ehesten geeignet (DIHK 2004):

> ▶ Teilnehmer mit Berufserfahrung: Drei Viertel der Absolventen haben mindestens sechs Jahre Berufserfahrung und die Hälfte ist älter als 30.

> ▶ Berufsbegleitende Ausbildung: 70 Prozent der Teilnehmer lernen in Teilzeit, einige weitere im Fern- oder Selbststudium, jeweils für ca. zwei Jahre.

> ▶ Unterstützung durch den Arbeitgeber: Die Hälfte der Arbeitgeber unterstützten die Weiterbildung, zum Beispiel finanziell oder durch Freistellung. Arbeitgeber nehmen Einfluss auf die Ausbildungsinhalte über die Kammern, die häufig als Träger der Ausbildungsinstitutionen auftreten.

**Bachelor-Niveau**

Die IHK möchte ihre Abschlüsse »Bachelor Professional« nennen, um die Kompatibilität mit ausländischen Abschlüssen für ihre Absolventen zu gewährleisten. Unter Bildungsforschern werden Abschlüsse der beruflichen Bildung auf diesem Niveau mit Hochschulabschlüssen gleichgesetzt. Die deutschen Hochschulen sträuben sich aber gegen diese Bezeichnung, weil sie die Hochschulbildung als höherwertig gekennzeichnet sehen wollen.

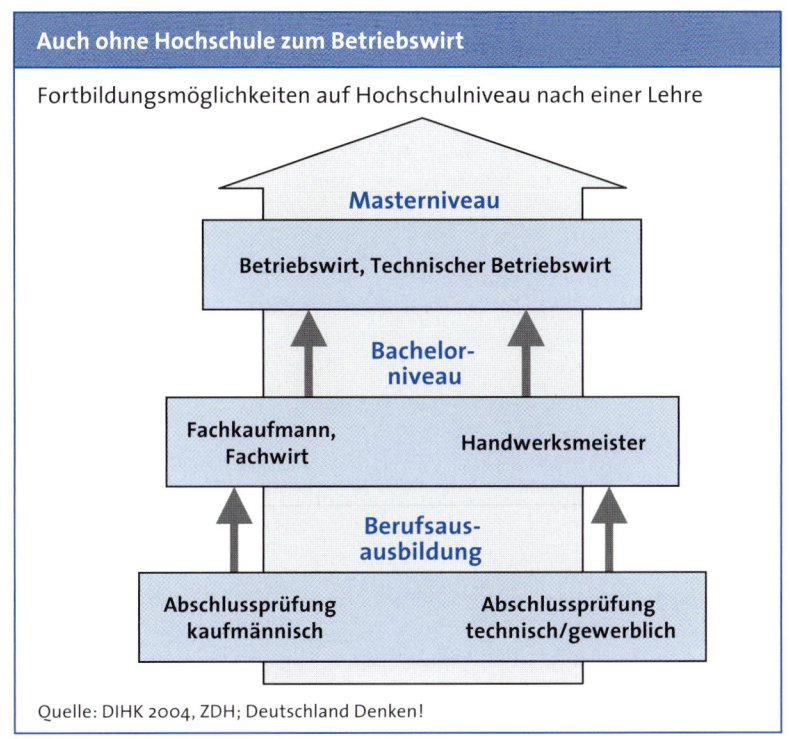

**Auch ohne Hochschule zum Betriebswirt**

Fortbildungsmöglichkeiten auf Hochschulniveau nach einer Lehre

**Masterniveau**

Betriebswirt, Technischer Betriebswirt

**Bachelor-niveau**

Fachkaufmann, Fachwirt

Handwerksmeister

**Berufsaus-ausbildung**

Abschlussprüfung kaufmännisch

Abschlussprüfung technisch/gewerblich

Quelle: DIHK 2004, ZDH; Deutschland Denken!

### Tanja Potreck, Wesel

»Vor der Weiterbildung zur Bankfachwirtin war ich als Kundenberaterin für Privatkunden tätig. Im Rahmen der Weiterbildung erwarb ich die notwendigen Qualifikationen, um mehr Verantwortung übernehmen zu können. Nach dem erfolgreichen Abschluss der Bankakademie wurde ich stellvertretende Filialleiterin mit Betreuungsauftrag für Geschäftskunden. Nach einiger Zeit konnte ich dann eine eigene Filiale übernehmen und bin jetzt Kreditberaterin für Gewerbetreibende und kleine Firmenkunden und außerdem Baufinanzierungsspezialistin.« (DIHK 2004)

### Dieter Geißler, Güntersleben

»Als ich 1996 einen damaligen Kollegen informierte, dass ich die Ausbildung zum Industriemeister Elektrotechnik angehen wollte, erntete ich nur verständnisloses Kopfschütteln. Die wirtschaftliche Situation des Unternehmens war gut, ich hatte eine verantwortungsvolle Stellung erreicht, aber selbst mit einer höheren Qualifikation eigentlich keine Aussicht auf ein Weiterkommen. Es gab keinen Anlass für das anstrengende Unterfangen, berufsbegleitend drei Jahre eine Weiterbildung zu absolvieren. Doch der Betrieb geriet 2002 praktisch über Nacht in wirtschaftliche Schwierigkeiten. Dank meiner Weiterbildung zum Industriemeister hatte ich keine Probleme, einen neuen, meiner Ausbildung entsprechenden Arbeitsplatz zu finden.« (DIHK 2004)

**Executive MBA und Fernuniversitäten sind weitere Beispiele für berufsbegleitendes formelles Lernen. Genauso wichtig ist die bessere Verschränkung von informellem Lernen und Praxis.**

Was schon für die berufsqualifizierenden Bildungsabschlüsse der Hochschulen gilt, ist für die Weiterbildung erst recht richtig. Nützlich ist vor allem, was eng mit der Praxis verwoben und verschränkt ist. Dies ist beim Executive MBA der Fall, den auch in Deutschland immer mehr Menschen erlangen und der entweder über einen Zeitraum von drei Monaten oder auch an Wochenenden, Abenden oder in Blockseminaren erworben wird. Dazu kommen mehrwöchige Auslandsaufenthalte. Dieser »Führerschein für Manager« bringt erfahrene Führungskräfte mit viel jüngeren Teilnehmern oder solchen aus anderen Ländern in Seminaren zusammen. Die Entsendung zu einem Executive MBA durch den Arbeitgeber ist eine Auszeichnung, die nur Kandidaten mit Karrierepotenzial erhalten.

Eher auf die **Eigeninitiative** der Studenten setzen die Programme der Fernuniversitäten. Die Fernuniversität Hagen ist die größte in Deutschland, mit zur Zeit 50.000 Studenten. Ihr britisches Pendant, die Open University, ist mit 180.000 Studenten, 1.300 davon sogar in Deutschland, ungleich größer. Für einen – auch in Deutschland anerkannten – BA- oder MA-Abschluss ist hier noch nicht einmal ein Abitur notwendig, denn die Hochschulreife kann gleich miterworben werden.

An beiden Universitäten lernen die Studenten mit Unterlagen und Arbeitsblättern, die sie per Post erhalten; auch die Bücher kommen per Fernleihe ins Haus und Vorlesungen können entweder von einer DVD abgespielt oder sogar live im Internet verfolgt werden. Weil so ein Fernstudium gut neben dem Beruf absolviert werden kann, wird es oft von Kandidaten gewählt, die längst in der Praxis etabliert sind, aber zum Beispiel für den nächsten Karriereschritt einen akademischen Titel brauchen. Dieses Marktsegment haben auch die traditionellen Hochschulen entdeckt, die im Rahmen des Bologna-Prozesses über hundert BA- und MA-Abschlüsse nur für die Weiterbildung konzipiert haben, meistens berufsbegleitend und mit wechselnden Präsenz- und Heimlernphasen.

Bei der Institutionalisierung der Weiterbildung geht es nicht nur um Hochschulabschlüsse. Sie ist für einfache Qualifikationsniveaus mindestens ebenso wichtig. Hier ist besonders die Erweiterung von erworbenem Praxiswissen und seine Verschränkung mit formalisiertem Lernen entscheidend. Auch wo der Arbeitsmarkt keine steilen Karrieren anbietet, sind zuneh-

### Eigeninitiative

Als Gerhard Pohlmanns Arbeitgeber, die Berliner Sparkasse, 2002 in Schwierigkeiten kam, sah der Bankkaufmann und Familienvater mit vier Kindern, dass seine Position trotz der Verantwortung für 150 Mitarbeiter und 15 Filialen nicht mehr sicher war. Mit Ende Dreißig schrieb er sich für ein Fernstudium der Betriebswirtschaft ein und absolvierte es in nur 25 statt der vorgesehenen 36 Monate – ohne seinen Kollegen oder Mitarbeitern oder sogar seinem Arbeitgeber etwas zu sagen. Der war dann allerdings begeistert und Pohlmanns Job war sicher. (FAZ 2007a)

mend Qualität und Fachwissen gefragt. Jeder kann und muss heute zum **Fachexperten** werden.

**Lernen wird erst durch Zertifizierung marktgängig. Zertifizierung können auch private Organisationen leisten, solange sie nicht gleichzeitig den Unterricht anbieten.**

Wer lernt, kann mehr, und wer mehr kann, ist produktiver. Arbeitgeber und Arbeitnehmer können sich in der Regel schnell einigen, unter welchen Umständen dieser Zusammenhang gegeben ist. Was aber ist, wenn der Arbeitgeber die zusätzliche Produktivität nicht anerkennen will, oder wenn ein neuer Arbeitgeber sie nicht einschätzen kann? Dann hilft die Zertifizierung des Gelernten. Humanvermögen wird wertvoller, wenn es objektiv bewertet worden ist.

Für die Zertifizierung von Gelerntem – ob in formellen Kursen, am Arbeitsplatz oder auf eigene Initiative – gibt es eine Reihe von guten Beispielen. In Großbritannien existiert ein System von »National Vocational Qualifications«, mit denen Kandidaten bereits erworbene praktische Fähigkeiten und Kenntnisse durch einen externen Gutachter, der vor Ort die Arbeit beobachtet, bewerten lassen können.

Ein Kandidat kann sich von Stufe 1 (Routineanwendung von Wissen) bis Stufe 5 (nicht-routinierte, autonome Anwendung von Prinzipienwissen mit Verantwortung für Personal, Planung, Umsetzung und Auswertung) hocharbeiten.

In Deutschland müssen Ärzte, um ihre Approbation zu behalten, nachweisen, dass sie jedes Jahr an Fortbildungen teilnehmen, die sich über fünf Jahre auf 250 Punkte addieren. Das entspricht ungefähr 200 Stunden Aufwand. Das Punktesystem, zentral durch die Landesärztekammern verwaltet, erlaubt eine Vergleichbarkeit völlig unterschiedlicher Weiterbildungen.

---

**Fachexperten**

Für das Personal in Pflegeheimen gibt es gewöhnlich kaum Karriere- oder Entwicklungsmöglichkeiten. Der Leiter der Pflegeeinrichtungen in Mönchengladbach, Helmut Wallrafen-Dreisow, hat ein System von Beauftragten entwickelt, in dem jede Pflegekraft eine besondere Verantwortung und die dazugehörige Weiterbildung erhält. Die »Pflegeexpertin Wundmanagement« hilft nun ihren Kollegen, wenn sich ein Patient wundgelegen hat und die EDV-Expertin hilft bei der Ausbildung an der Heimsoftware. (Die Zeit 2006)

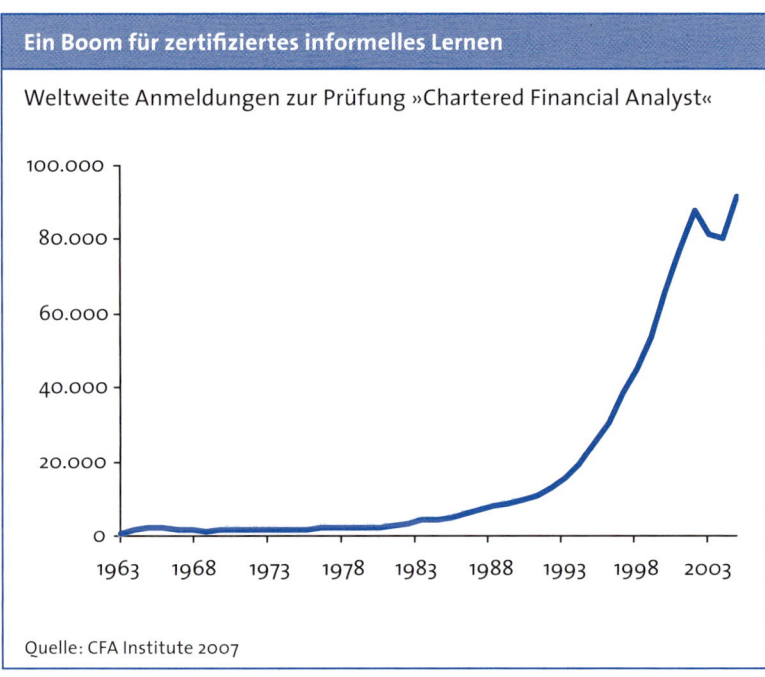

**Ein Boom für zertifiziertes informelles Lernen**

Weltweite Anmeldungen zur Prüfung »Chartered Financial Analyst«

Quelle: CFA Institute 2007

Das international bekannteste Zertifizierungsprogramm ist der »Chartered Financial Analyst« oder CFA. Ihn haben bis heute ca. 80.000 Kandidaten auf der ganzen Welt absolviert. Der CFA umfasst eine Mischung aus Volkswirtschaft, Ethik, Recht und Buchführung und entspricht ungefähr einem MA-Abschluss in Finanzwirtschaft. Ursprünglich vor über 50 Jahren für Aktienanalysten in den Vereinigten Staaten ins Leben gerufen, wächst das Programm jedes Jahr um mehr als 15 Prozent und ist besonders bei Arbeitgebern der Finanzbranche als objektiver und strenger Ausbildungsstandard beliebt: Nur 50 Prozent der Kandidaten bestehen das Examen. Das CFA Institute in den USA versteht sich dabei nicht als Universität, sondern als Qualitätsinstanz, die an Hunderten von Standorten weltweit die Examina abnimmt, aber den Unterricht privaten Anbietern überlässt.

# Investitionen in das Sozialkapital im Bereich Produktivität

Die vorangegangenen Investitionen in Humanvermögen können durch weitere Investitionen in das in diesem Bereich relevante Sozialkapital flankiert werden, um die Wirksamkeit der Investitionen in Humanvermögen zu verstärken. Diese Maßnahmen sind hier kurz zusammengefasst:

## Öffentliche Institutionen

Generell müssen die öffentlichen Institutionen auf ein viel größeres Weiterbildungsvolumen für alle Alters- und Einkommensgruppen ausgerichtet werden.

Insbesondere die Arbeitslosenversicherung kann in eine Versicherung für Humanvermögen ausgebaut werden, die bei Qualifikationslücken oder Gefährdung des Arbeitsplatzes die Weiterbildung zu höherwertigen Berufen gewährleistet, schon bevor die Arbeitslosigkeit eintritt. Diese kann so die Kosten des Strukturwandels effektiv reduzieren. Um präventiv eingreifen zu können, sobald sich strukturelle Schwierigkeiten in einer Branche, einer Region oder einem Betrieb abzeichnen, ist eine bessere Erfassung und ein besseres Verständnis der Arbeitsplatzdynamik und der lokalen Wirtschaftsstrukturen nötig.

Der Strukturwandel und Produktivitätsfortschritte im öffentlichen Sektor können durch mehr Privatisierung und Wettbewerb begünstigt werden.

## Private Institutionen

Unternehmen dürfen den Strukturwandel nicht hinauszögern, sondern müssen ihn vorantreiben, um immer wieder neu Arbeitsplätze für hohes Humanvermögen zu schaffen. Sie sollten, wo immer möglich, Führungsspannen reduzieren, die Spezialisierung vorantreiben und Nichtkernbereiche ausgliedern, damit diese in anderen Konstellationen Skaleneffekte und Produktivitätsgewinne erzielen können.

Die Interessenvertretungen, Arbeitgeberverbände wie Gewerkschaften, können stärker als bisher als Frühwarnsysteme für Veränderungen bei Qualifikationsnachfrage und so als Katalysatoren des Strukturwandels dienen.

Weiterbildung, und auch die Fortbildung aus dem angestammten Beruf, sollte betriebsübergreifend finanziert und in Tarifverträgen verankert werden. Der größere Teil der zusätzlichen Weiterbildung wird in privaten Institutionen, zum Beispiel in den IHKen stattfinden, die sich entsprechend um- und neu aufstellen müssen.

## Gesetze und Normen

Damit Arbeitsplätze leichter entstehen und auch wieder abgebaut werden können, müssen alle Gesetze, die dabei hinderlich sind, überprüft werden. Auch für berechtigte Schutzinteressen, wie zum Beispiel beim Kündigungsschutz, können Alternativen gefunden werden, die nicht den Strukturwandel an sich blockieren, sondern die Anpassung an ihn erleichtern.

## Kulturelle Werte

Strukturwandel und Innovationsfreude bedingen sich gegenseitig. Verteilungsdenken behindert dagegen das Wachstumsdenken.

Deutschland braucht noch mehr Meritokratie, damit Investitionen in Humanvermögen und der tatsächliche Wertschöpfungsbeitrag noch mehr als bisher über Einkommen und Karriere entscheiden.

# Bereich Ausbildung: Lernen zu arbeiten

## Bestandsaufnahme: Starker Fokus auf mittlere Qualifikationen

▶ Im Hochschulbereich liegt das größte Ausbildungsdefizit. Die Hochschulab-solventenquote in Deutschland liegt weit hinter dem OECD-Durchschnitt und steigt nur langsam.

▶ Die international einmalige deutsche Berufsausbildung hat bisher viele Hochschulabschlüsse ersetzt. Die duale, betriebliche Berufsausbildung ist auf dem Rückzug, weil sich die Ausbildungskosten nicht mehr amortisieren.

▶ Die Qualifikation der Schulabgänger kann steigen und die Ausbildung für Unternehmen attraktiver werden, wenn die Berufsausbildung um zwei bis drei Jahre verschoben wird und auf einer längeren allgemeinbildenden Schule aufbaut.

## Aktionsfeld I: Hochschulkapazität vervierfachen

▶ Die Hochschulen schrecken viele ab, die mehr Praxisbezug und mehr Be-treuung wollen. Das Defizit liegt bei den kurzen, praxisbezogenen Studien-gängen, nicht bei den langen, wissenschaftlichen. Die Hürde für einen Hochschulabschluss ist zu hoch.

▶ Nur mit zusätzlichen Ressourcen können die Kapazitäten ausgebaut und die Qualität verbessert werden.

▶ Auch ohne Kapazitätsausweitung bräuchten die Hochschulen mehr Geld, um die Studenten angemessen ausbilden zu können. Für die Politik sind Hoch-schulausgaben Kosten und keine Investitionen; das verhindert langfristig sinnvolle Mittelverwendung

## Aktionsfeld II: Hochschulen für Ausbildung

▶ Das Selbstverständnis der Universitäten ist vor allem auf die Forschung und die Ausbildung des wissenschaftlichen Nachwuchses ausgerichtet. Schnelle und anwendungsbezogene Vorbereitung auf die Praxis war bisher die Domä-ne der Fachhochschulen und Berufsakademien.

▶ Immer mehr Hochschulen, Studenten und Arbeitgeber sehen den Nutzen der neuen Abschlüsse und der Entwissenschaftlichung des frühen Studiums. Schnellere Abschlüsse machen auch die Geisteswissenschaften attraktiver, weil sie sich dann als Vorbereitung auch auf nicht geisteswissenschaftliche Berufe eignen.

▶ Private Universitäten haben heute schon ein starkes Interesse am beruflichen Erfolg ihrer Absolventen. Dass sich auch die übrigen Hochschulen zuneh-mend für den Arbeitsmarkterfolg ihrer Absolventen verantwortlich fühlen, zeigt die steigende Zahl der Career-Center.

## Einzelziele für Investitionen in Humanvermögen

Der Geschäftsplan sieht eine erhebliche Ausweitung der Ausbildungsinvestitionen durch eine Steigerung der Hochschulabsolventenquote auf 50 Prozent jedes Jahrgangs vor. Eine Gesamtinvestition von 140 Milliarden Euro bis 2033 bewirkt eine Zunahme des Lebensstandards um drei Prozent gegenüber dem Ausgangsszenario ohne Investitionen. Diese an sich relativ geringen Investitionen sind Voraussetzung für die im Bereich Produktivität detaillierten Investitionen in Humanvermögen: Die Ausweitung der Expertenberufe ist nur mit mehr akademischen Qualifikationen möglich.

Diese Ziele betreffen vorrangig die Jahrgänge, die heute noch jünger als 20 sind, sowie zukünftige Migranten und Ungeborene, die an Hochschulen ausgebildet werden sollen. Die Zahl der Abschlüsse Einheimischer soll verdoppelt, die der Auslandsstudenten um den Faktor 20 gesteigert werden. Die Berufsausbildung wird qualitativ verbessert.

Auch wenn diese Maßnahmen unmittelbar umgesetzt werden, können sie ihre Wirkung erst in 10 bis 20 Jahren entfalten, wenn die ersten zusätzlichen Absolventen auf den Arbeitsmarkt kommen.

## Hochschulkapazität auf 900.000 Abschlüsse pro Jahr steigern

Die Anzahl der Abschlüsse vervierfacht sich, aber da die Studiendauer sinkt, steigt die Zahl der Studenten nur um den Faktor zwei. Denn die Bildungsexpansion findet vor allem in Institutionen statt, die mit der Berufspraxis eng verzahnt sind: an Fachhochschulen und Betriebsakademien, an den Universitäten vor allem in den Bachelor-Studiengängen. Damit Anreize nicht nur für Effizienz, sondern auch Wachstum gegeben werden, wird die Finanzierung der Hochschulen mindestens auf eine Pro-Kopf-Kalkulation umgestellt.

Der Ausbau der Hochschulen führt zu einem relativen Rückgang der beruflichen Ausbildung für Fachkräfte. Diese steigert jedoch ihre Qualität, weil sie aufgrund einer allgemeinen Schulausbildung bis zum 18. Lebensjahr auf einem höheren Niveau aufsetzen.

## Selbstverständnis der Hochschulen auf die Ausbildung ausrichten

Das Selbstverständnis der Hochschulen wird verstärkt auf die Lehre ausgerichtet, weil diese Funktion gegenüber der Wissenschafts- und Forschungsfunktion erheblich an Gewicht gewinnen wird, auch an den Universitäten. Tatsächlich nutzen schon heute die meisten Universitätsabsolventen die erworbene Bildung als Berufsqualifikationen. Die Lehrkompetenz der Professoren wird erhöht, die Ressourcenausstattung (Gebäude, Bibliotheken, Kommunikationstechnologien) deutlich verbessert und die Orientierung an den Anforderungen des Arbeitsmarktes verstärkt.

Für einige Spitzenuniversitäten wird es richtig bleiben, ihre wissenschaftliche Kompetenz auszubauen, um die Attraktivität des Gesamtsystems für Auslandsstudenten zu steigern, wissenschaftlichen Nachwuchs auszubilden und die mit dem technologischen Wandel einhergehende Wissenschafts- und Forschungsleistung zu erbringen.

## Beitrag im Bereich Ausbildung zum Gesamtziel Geschäftsplan Geschäftsplan

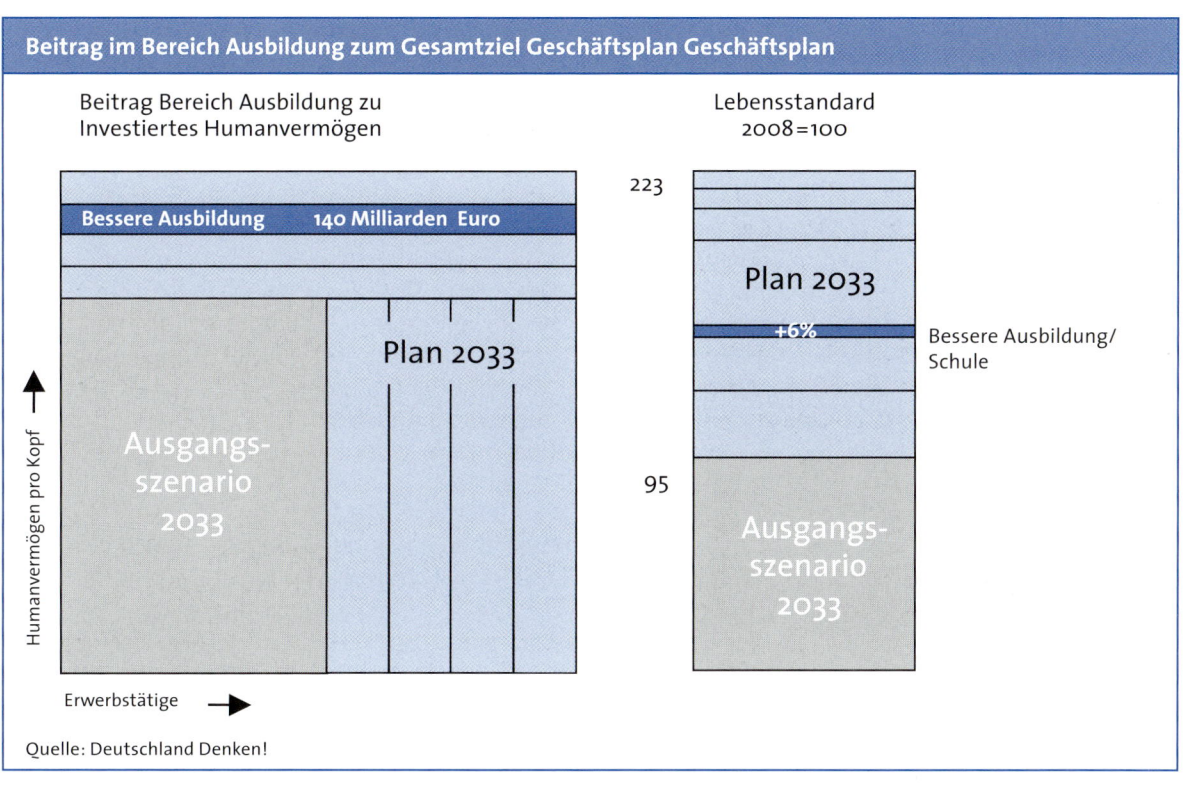

Beitrag Bereich Ausbildung zu
Investiertes Humanvermögen

Lebensstandard
2008=100

Bessere Ausbildung 140 Milliarden Euro

Plan 2033

Ausgangs-
szenario
2033

Plan 2033

+6%

Bessere Ausbildung/
Schule

Ausgangs-
szenario
2033

Humanvermögen pro Kopf

Erwerbstätige

223

95

Quelle: Deutschland Denken!

## Schematische Darstellung der Erstausbildung der jüngeren Jahrgänge

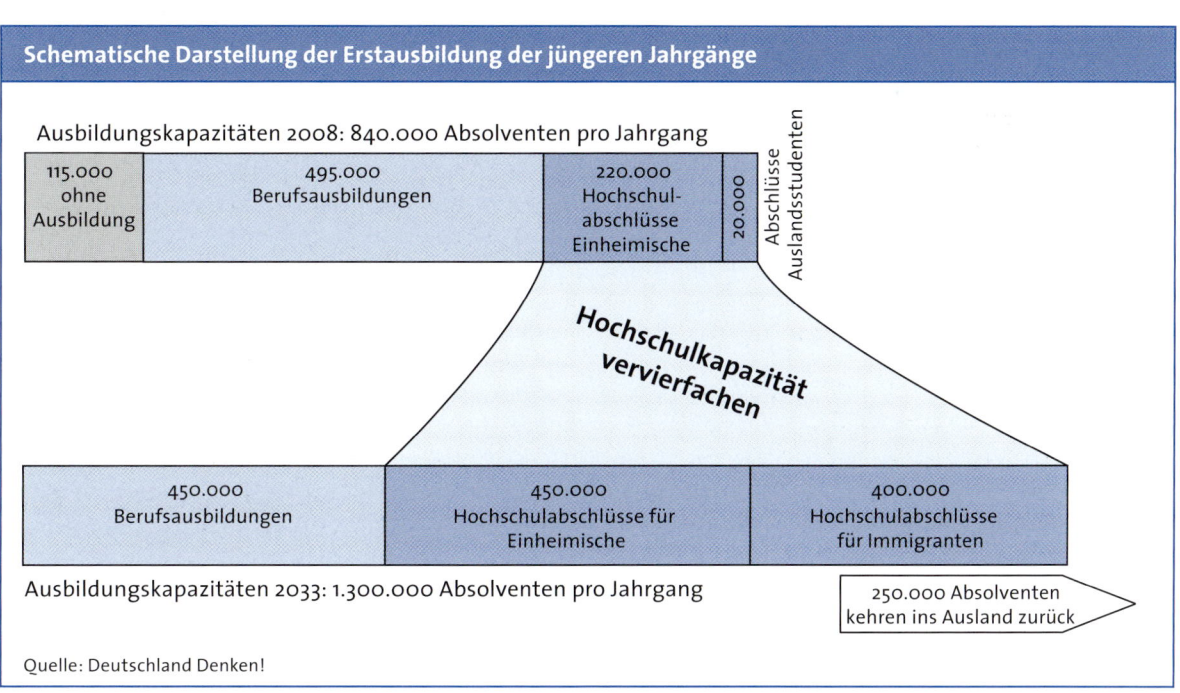

Ausbildungskapazitäten 2008: 840.000 Absolventen pro Jahrgang

115.000
ohne
Ausbildung

495.000
Berufsausbildungen

220.000
Hochschul-
abschlüsse
Einheimische

20.000

Abschlüsse
Auslandsstudenten

Hochschulkapazität
vervierfachen

450.000
Berufsausbildungen

450.000
Hochschulabschlüsse für
Einheimische

400.000
Hochschulabschlüsse
für Immigranten

Ausbildungskapazitäten 2033: 1.300.000 Absolventen pro Jahrgang

250.000 Absolventen
kehren ins Ausland zurück

Quelle: Deutschland Denken!

123

## Bestandsaufnahme im Bereich Ausbildung: Starker Fokus auf Mittlere Qualifikationen

Hochwertige Arbeitsplätze mit ihren komplexen Anforderungen erfordern berufsspezifische Ausbildungen für den Berufseintritt. Für sie wären Absolventen allgemeinbildender Schulen zu jung und zu unreif. Für den Arbeitsmarkt qualifizieren nicht nur Berufsschulen und Betriebe, sondern auch alle Arten von Hochschule. Genau hier liegt Deutschlands Schwäche. Zu lange wurde auf die Qualität der mittleren Qualifikation, also auf die klassische duale Berufsausbildung, gesetzt und die Ausbildungskapazitäten der Hochschulen nicht ausgebaut. Dadurch hat sich besonders an der Universität eine wissenschaftliche Orientierung konserviert, die für die Ausbildung breiterer Bevölkerungsschichten nicht geeignet ist. Der Geschäftsplan sieht vor, diese Orientierung durch eine stärker praxisbezogene zu ergänzen und die Kapazitäten an allen Hochschulen so weit auszubauen, dass sowohl die Hälfte eines jeweiligen Jahrgangs als auch ca. 400.000 **Auslandsstudenten** jährlich von einer deutschen Hochschule einen Abschluss erhalten.

### Auslandsstudenten

Siehe Bereich Immigration (Seiten 253–256): Deutsche Hochschulen werden eine wichtige Rolle bei der Attraktion von Einwanderern mit hohem Humanvermögen spielen. Plangemäß sollen jedes Jahr 400.000 Auslandsstudenten ausgebildet werden, von denen gut ein Drittel dauerhaft in Deutschland bleibt.

## Deutschland investiert wenig in Hochschulausbildung

**Im Hochschulbereich liegt das größte Ausbildungsdefizit. Die Hochschulabsolventenquote in Deutschland liegt weit hinter dem OECD-Durchschnitt und steigt nur langsam.**

Die Ungleichverteilung von Bildung ist in Deutschland stärker als in anderen Ländern. Vor allem gibt es wenig Hochschulabschlüsse: Nur etwa 21 Prozent eines jeweiligen Schülerjahrgangs erreichen einen Hochschulabschluss. In Finnland liegt die Quote heute bei 46 Prozent, im Durchschnitt der OECD bei 31 Prozent. Deutschland konnte sich in den letzten zehn Jahren um die Hälfte verbessern, leidet aber noch an der Tatsache, dass der Anteil der Hochschulabsolventen an der Gruppe ihrer Altersgenossen zwischen 1973 und 1993 stagnierte. Die globale Bildungsexpansion ist an einer ganzen Generation in Deutschland vorübergegangen. Der Geschäftsplan sieht vor, dass diese Bildungslücke in den nächsten Jahrzehnten durch Investitionen in die Weiterbildung Erwachsener geschlossen wird.

Die Unterinvestition der Vergangenheit ist auch an den Bildungsausgaben zu erkennen. Deutschland gibt für die Bildung im Hochschulbereich 1,1 Prozent des Bruttoinlandsprodukts

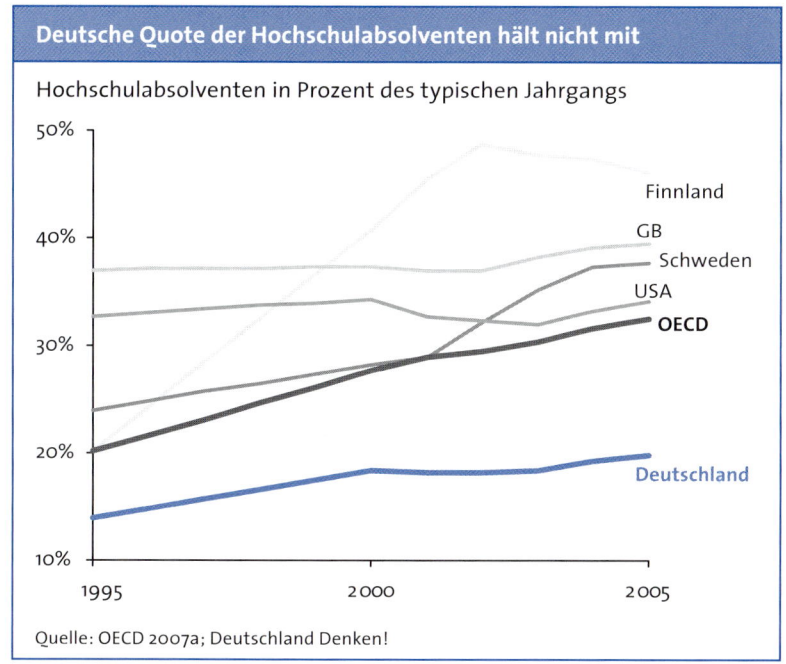

**Deutsche Quote der Hochschulabsolventen hält nicht mit**

Hochschulabsolventen in Prozent des typischen Jahrgangs

Quelle: OECD 2007a; Deutschland Denken!

aus, deutlich weniger als Schweden und Finnland mit jeweils 1,8 Prozent. Auch der Durchschnitt der OECD von 1,4 Prozent liegt höher. Der Unterschied ist vollständig erklärbar durch höhere private Ausgaben dort, denn die öffentlichen Ausgaben liegen in Deutschland genauso hoch wie im Schnitt der OECD: bei 1,0 Prozent des Bruttoinlandsprodukts (OECD 2007a).

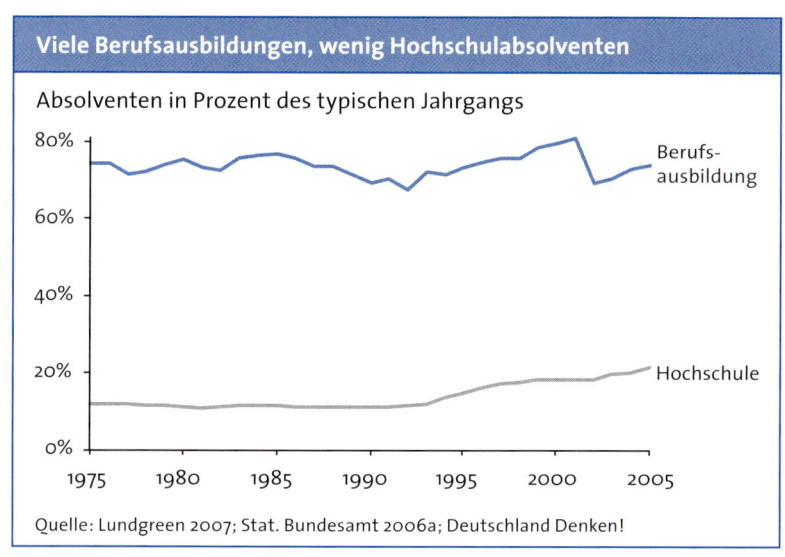

**Viele Berufsausbildungen, wenig Hochschulabsolventen**

Absolventen in Prozent des typischen Jahrgangs

Quelle: Lundgreen 2007; Stat. Bundesamt 2006a; Deutschland Denken!

Die Minderinvestition in Hochschulen erklärt sich zum Teil dadurch, dass Deutschland über ein effizientes und in der Welt einmaliges Berufsausbildungssystem verfügt. Es leistet die Ausbildung für viele Berufe, für die in anderen Ländern eine Hochschulqualifikation notwendig ist. Die Berufsausbildung kann den Mangel an Hochschulqualifikationen aber immer weniger kompensieren, denn ihr langfristiger Trend ist – von konjunkturellen Schwankungen abgesehen – fallend.

## Berufsausbildung bleibt Erfolgsmodell

**Die duale, betriebliche Berufsausbildung ist auf dem Rückzug, weil sich die Ausbildungskosten nicht mehr amortisieren. Die schulische Berufsausbildung füllt die Lücke.**

Die meisten Berufsausbildungen sind dual organisiert, das heißt, sie sind an einen Ausbildungsvertrag mit einem Betrieb gekoppelt und finden im regelmäßigen Wechsel zwischen Betrieb und Berufsschule statt. Ein gutes Drittel der Ausbildungen spielt sich dagegen vollständig im Schulkontext ab. Zwar wird ein gewisser Praxisbezug über Praktika gewährleistet, aber eine feste Bindung an ein Unternehmen mit anschließender Übernahmemöglichkeit gibt es nicht. Obwohl die duale Ausbildung besser auf das Berufsleben vorbereitet, befindet sie sich – bei kurzfristigen Schwankungen – auf dem Rückzug.

Dagegen nimmt die Zahl von Schulausbildungen zu. Bei einigen Berufen findet eine Substitution zwischen dualer Ausbil-

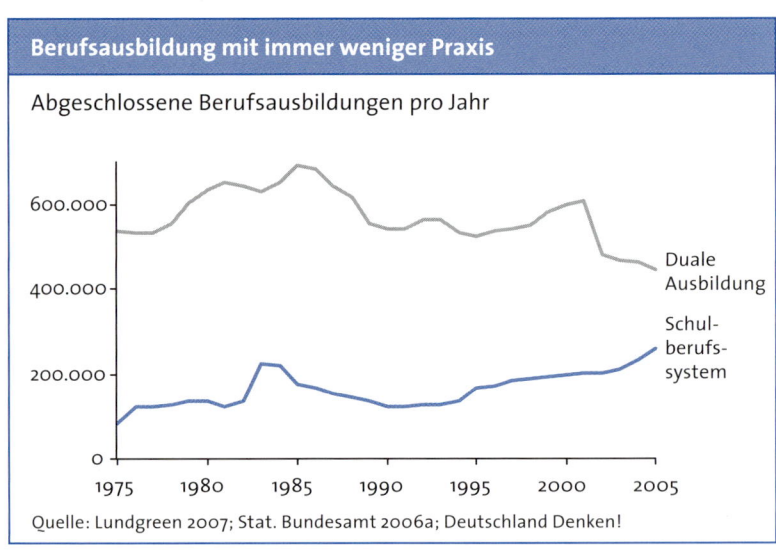

**Berufsausbildung mit immer weniger Praxis**

Abgeschlossene Berufsausbildungen pro Jahr

Quelle: Lundgreen 2007; Stat. Bundesamt 2006a; Deutschland Denken!

dung und Schulausbildung statt, etwa beim Bürokaufmann
(dual) und dem kaufmännischen Assistenten (Schule). Bei
anderen Berufen ist ein genereller Strukturwandel erkennbar:
Die stark wachsenden Dienstleistungs- und Sozialberufe wie
Altenpfleger sind in der Regel Schulausbildungsberufe.

| Die beliebtesten Ausbildungsberufe 2005 und ihr Wachstum seit 1995 | | | | | | |
|---|---|---|---|---|---|---|
| **Duale Ausbildung** | | | **Schulberufssystem** | | | |
| 75.200 | Kraftfahrzeug-mechatroniker | -3% | 22.800 | Kinderpfleger | | +2% |
| 75.000 | Kaufleute im Einzelhandel | +10% | 21.000 | Kaufmännische Assistenten, Wirtschaftsassistenten | | +122% |
| 59.500 | Bürokaufleute | -8% | 20.500 | Altenpfleger, Fachkräfte für Altenpflege | | +155% |
| 51.600 | Industriekaufleute | -1% | 20.000 | Technische Assistenten für Informatik | | +319% |
| 51.300 | Industriemechaniker | +111% | 18.500 | Sozialassistenten | | +181% |

(BMBF 1999 und 2007)

Der Trend zu den vollständig durch den Staat finanzierten
Schulberufen ist auch auf eine schwindende Motivation der
Unternehmen zurückzuführen, Verantwortung für die Ausbil-
dung der Schulabsolventen zu übernehmen. Denn:

▶ die Qualifikationen der Schulabgänger reicht für die gestiegenen Anforderungen der Ausbildungsunternehmen nicht
mehr aus, und

▶ der schnellere Wandel der Ausbildungsinhalte, eine
kurzfristigere Personaldisposition und gestiegene Lohnnebenkosten erschweren die langfristige Amortisation der
betrieblichen Ausbildungskosten (IAB 2004).

**Die Qualifikation der Schulabgänger kann steigen und die Aus-
bildungsanforderungen an die Unternehmen sinken, wenn die
Schule auf 12 Jahre für alle verlängert und die Berufsausbildung
um zwei bis drei Jahre verschoben wird.**

Die mangelnde Reife der Schulabgänger für eine Berufsausbildung ist daran erkennbar, dass in den letzten Jahren eine
zunehmende Zahl von Haupt- und Realschülern nach dem
Schulabschluss den Übergang in das duale System nicht geschafft hat, sondern in den Übergangsmaßnahmen der Berufs-
ausbildungsvorbereitung untergekommen ist. Mit zuletzt ca.
228.000 Betroffenen ist diese Gruppe deutlich größer als die
öffentlich stärker wahrgenommene **Lehrstellenlücke** von

**Lehrstellenlücke**

Jährlich wird unter großer
Aufmerksamkeit in der Presse
die Lehrstellenlücke mehr oder
weniger geschlossen. Doch das
geht nur, weil sie vorher klein
definiert wurde. Wer nicht
mindestens 20 Bewerbungen
geschrieben hat, wird nicht
mitgezählt. Wer zunächst eine
Übergangslösung gewählt hat,
aber weiter eine Ausbildung
will, wird nicht mitgezählt. Wer
sich nicht beim Arbeitsamt
gemeldet hat, wird ebenfalls
nicht mitgezählt. Würde man
alle mitzählen, hätte es zum
Beispiel 2005 nicht nur 40.900,
sondern mindestens 200.000
unvermittelte Ausbildungs-
suchende gegeben.
(Ulrich 2006)

### Abiturienten

»Abiturienten können zwischen speziell auf sie zugeschnittenen Ausbildungsgängen in den Betrieben, dualen Studien an Berufsakademien und anspruchsvollen Lehrgängen an Berufsfachschulen wählen. Sie sind in den Betrieben äußerst gefragt, weil sie vielseitig eingesetzt werden können, eine größere Reife als Realschüler mitbringen und gleichzeitig aber noch formbarer sind als Hochschulabsolventen.« (Arbeitsmarktexperte Michael Kratzmeyer 2007)

40.900. Besonders wenn eine schwache Konjunkturphase auf starke Schulabgängerkohorten trifft, dienen die Übergangsmaßnahmen als Puffer. Die meisten Teilnehmer dieser Maßnahmen finden ein oder zwei Jahre später in der dualen Ausbildung einen Platz. Die allgemeinbildende Schule kann in neun oder zehn Jahren offenbar nicht mehr das für eine Ausbildung notwendige Niveau gewährleisten. Das erklärt auch, warum für Unternehmen **Abiturienten** zunehmend als Berufsschüler attraktiv sind. Fast alle Auszubildenden in Banken haben heute Abitur.

Außerdem hat die Dynamik der Ausbildungsberufe zugenommen. Zwar ist die Zahl der ungefähr 400 Berufe konstant geblieben, aber die Inhalte haben sich in immer schnelleren Zyklen erneuert, was sich auch in neuen Berufsbeschreibungen niedergeschlagen hat. Inzwischen liegt die Halbwertzeit der Ausbildungsinhalte bei ungefähr fünf Jahren (Ausbildungsleiter eines Elektrokonzerns 2007). Viele Betriebe, die selbst sehr spezialisiertes Wissen fordern und lehren, haben gar keine Verwendung für andere notwendige Wissensinhalte und müssen solche nur für den Lehrbetrieb vorhalten.

Diese Entwicklungen – schnellerer Umschlag der Ausbildungsinhalte, höhere Anforderungen an die schulische Vorbildung,

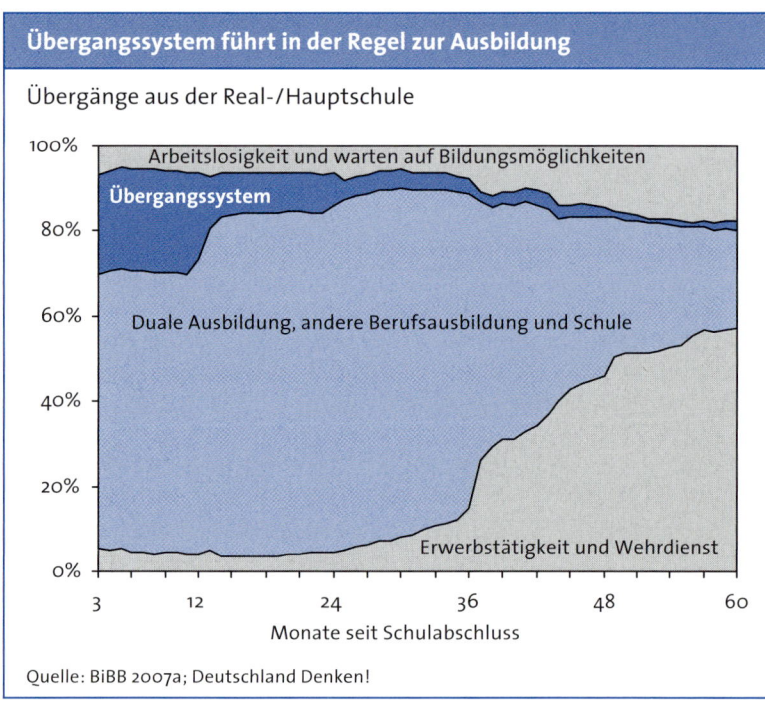

Quelle: BiBB 2007a; Deutschland Denken!

schulische statt betriebliche Ausbildung – sprechen nicht gegen die duale Ausbildung, sondern für ihre Verschiebung um zwei bis drei Jahre. Weil die Qualifikationsanforderungen in der Arbeitswelt und entsprechend auch in der Ausbildung über die vergangenen Dekaden merklich zugenommen haben, müssen die öffentlichen Vorinvestitionen ebenfalls zunehmen – zum Beispiel durch **12 Schuljahre für alle**. Das Modell der integrierten Ausbildung hat auf jeden Fall Zukunft. Das zeigt beispielsweise die hohe Wachstumsrate des dualen Studiums, ein mit der Berufspraxis und den Arbeitsinhalten des Unternehmens verzahntes Studium.

Damit Deutschland die zukünftige Nachfrage des Arbeitsmarktes bedienen kann, ist geplant, die Quote der Hochschulabschlüsse auf ca. 50 Prozent eines Schülerjahrgangs ansteigen zu lassen. Diese Schwelle erreichen heute schon Australien, Neuseeland und Island, aber in Zukunft werden noch weitere Wettbewerber Deutschlands sie überschreiten. Die Berufsausbildung wird dadurch zwar quantitativ etwas zurückgedrängt werden, gewinnt aber den notwendigen Spielraum, um sich qualitativ zu steigern und auf höherem Niveau stattzufinden als heute.

### 12 Schuljahre für alle

Siehe Bereich Schule (Seiten 158–159): Entsprechend der Praxis in vielen Wettbewerberländern werden alle Schulformen – mit unterschiedlichen Schwerpunkten – bis zum Abschluss des 12. Schuljahres fortgeführt.

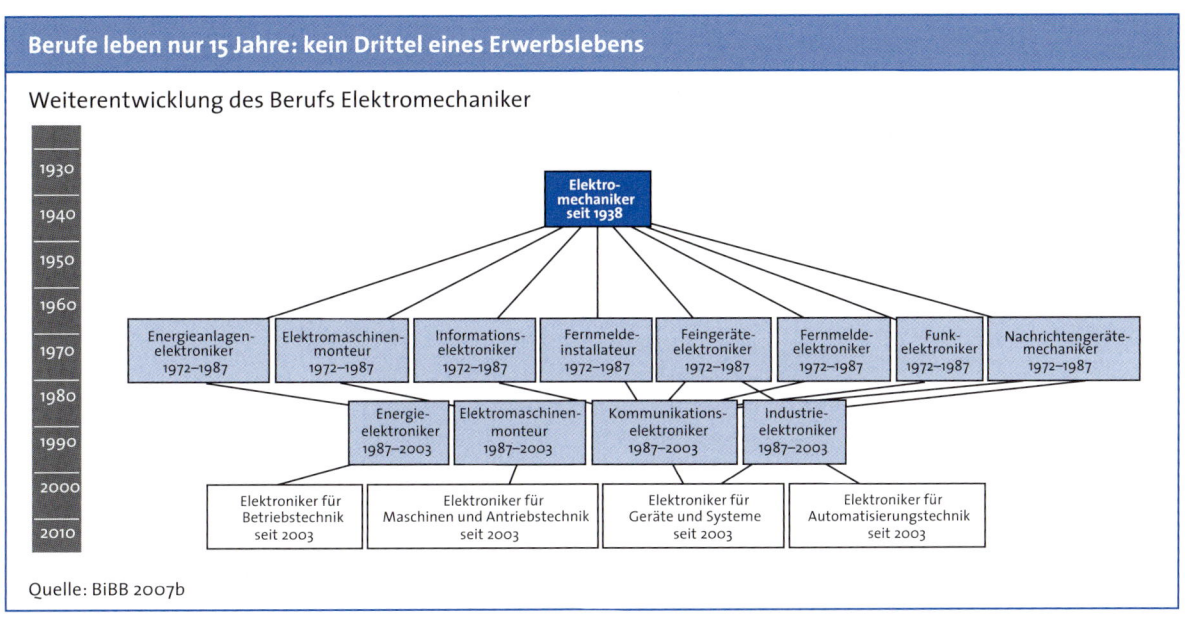

**Berufe leben nur 15 Jahre: kein Drittel eines Erwerbslebens**

Weiterentwicklung des Berufs Elektromechaniker

Quelle: BiBB 2007b

## Aktionsfeld I im Bereich Ausbildung: Hochschulkapazität vervierfachen

Dem Geschäftsplan entsprechend soll in Zukunft der Hauptfokus der Ausbildung nicht mehr auf die berufliche Ausbildung sondern auf die akademische Ausbildung gelenkt werden. Die Hälfte der Deutschen wird einen Hochschulabschluss erreichen und Deutschland so mit den wichtigsten Wettbewerbern gleichziehen. Dafür sollen erstens mehr Schulabsolventen die Hochschulreife erreichen und zweitens mehr Absolventen mit Hochschulreife zu einem Hochschulabschluss kommen. Ersteres ist eine Aufgabe, die durch Investitionen in das schulische System gelöst werden kann. Letzteres ist eine Aufgabe für die Hochschulen, die ihr Angebot auf eine sehr viel breitere Gruppe der Bevölkerung ausrichten werden. Außerdem ist geplant, dass 400.000 ausländische Studenten einen Abschluss erhalten. Die daraus abgeleitete Verdopplung der personellen und Vervierfachung der sonstigen Ressourcen wird über die nächsten zehn Jahre große Investitionen in Infrastruktur und Konzeption erfordern.

### Kapazität vervielfachen – Selbstverständnis erneuern

**Die Studentenzahl wird sich mindestens verdoppeln. Dazu ist nicht nur eine Vervielfachung der Kapazitäten und Budgets notwendig, sondern auch ein neues Selbstverständnis.**

Zur Zeit erleben die deutschen Hochschulen starken Zulauf und hatten 2006 mit 239.000 Absolventen den stärksten Jahrgang ihrer Geschichte. Nicht nur ist die Studienquote eines Jahrgangs – von einem niedrigen Niveau – zuletzt gestiegen. Auch strebt zur Zeit eine »demografische Beule« an die Hochschule, nämlich die Ende der 1980er Jahre geborenen Kinder der geburtenstarken Jahrgänge des Wirtschaftswunders. Schließlich erhöhten kürzere Studienzeiten kurzfristig die Absolventenzahlen. In Zukunft ist geplant, das Hochschulsystem noch erheblich auszubauen: Über die nächsten 25 Jahre bis 2033 sollen jedes Jahr ca. 900.000 Absolventen unterschiedlicher Kategorien produziert werden:

1. Unter den jährlich 900.000 18-jährigen Absolventen der allgemeinbildenden Schulen, inklusive der geplanten Einwandererkinder, wird die Hochschulabsolventenquote auf 50 Prozent oder 450.000 Abschlüsse ausgeweitet.

2. Mindestens 50.000 Erwachsene holen an einer Hochschule einen Abschluss auf Bachelor- oder Masterniveau nach; außerhalb des Hochschulsystems wird es noch 250.000 äquivalente **Weiterbildungen** geben, für die sowohl Hochschulpersonal als auch Hochschulen als Zertifizierungsinstitutionen eingesetzt werden können.

3. Die Zahl der ausländischen Absolventen steigt von heute 21.000 auf 400.000; bei einer angenommenen Rückkehrrate von 62 Prozent kann so die Hälfte der geplanten 300.000 **Einwanderer** im Jahr auf diesem Wege attrahiert werden und ein auf den deutschen Arbeitsmarkt abgestimmtes Humanvermögen aufbauen.

Gegenüber dem traditionellen Selbstverständnis der Universitäten, das die wissenschaftliche Forschung und die Ausbildung des wissenschaftlichen Nachwuchses in den Vordergrund rückt, findet eine klare Verschiebung in Richtung der Lehre statt. Denn ein Großteil der Hochschulabsolventen, besonders der Anteil, der neu hinzukommt, wird nicht wissenschaftlicher Nachwuchs sein, sondern benötigt »nur« eine berufsorientierte akademische Ausbildung; der Ausbau des Hochschulsystems betrifft daher in besonderem Ausmaß die Fachhochschulen. Allerdings bleibt die wissenschaftliche Exzellenz der Universitäten auch als Magnet für Auslandsstudenten ein wichtiger Standortfaktor.

Die Erweiterung um diese wichtigen strategischen Aufgaben bedeutet auch Investitionen in die Entwicklung und Implementierung neuer Kompetenzen bei Lehrinhalten und Lehrmethoden. Die unterschiedlichen Zielgruppen sollen pädagogisch unterschiedlich und mit modernen Kommunikationsmitteln, bedient werden, und die Infrastruktur der Gebäude und Bibliotheken soll effizienter genutzt werden.

Der Geschäftsplan sieht vor, dass Schulabgänger und Auslandsstudenten jeweils zur Hälfte dreijährige Bachelor- und fünfjährige Masterstudiengänge absolvieren, die Auslandsstudenten aber ein zusätzliches Jahr für Spracherwerb und Integration benötigen. Die Weiterbildung der Erwachsenen wird, sofern in Vollzeit, ca. ein Jahr in Anspruch nehmen. Bei einer sich daraus ergebenden durchschnittlichen Verweildauer von etwas über vier Jahren und einer Abbrecherquote von ca. 10 Prozent wird das Gesamtsystem Platz für etwa 4,2 Millionen Studenten bieten. Das entspricht einer Verdopplung der Studentenzahlen gegenüber heute.

---

**Weiterbildung**

Siehe Bereich Produktivität, Seiten 114–118: Jährlich sollen 300.000 Erwachsene mittleren Alters an Hochschulen, Industrie- und Handelskammern oder durch Zertifizierungssysteme von Berufswissen auf ein akademisches Niveau weitergebildet werden.

---

**Einwanderer**

Siehe Bereich Immigration, Seiten 255–256: Einwanderer werden besonders unter den hochschulbefähigten, jungen Absolventen der Sekundarschule ihrer Herkunftsländer rekrutiert werden und ihre Hochschulausbildung in Deutschland erhalten, um so leichteren Zugang zum Arbeitsmarkt zu erhalten.

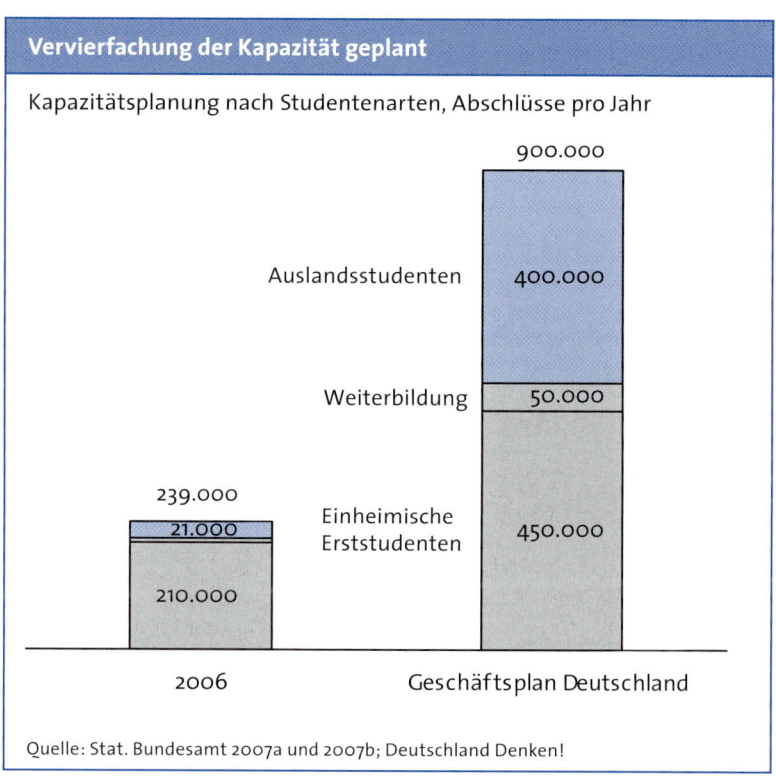

**Vervierfachung der Kapazität geplant**

Kapazitätsplanung nach Studentenarten, Abschlüsse pro Jahr

900.000

Auslandsstudenten — 400.000

Weiterbildung — 50.000

239.000

21.000 — Einheimische Erststudenten — 450.000

210.000

2006 — Geschäftsplan Deutschland

Quelle: Stat. Bundesamt 2007a und 2007b; Deutschland Denken!

### Kapazitätsverordnung

Das Bundesverfassungsgericht hat in den 1970er Jahren festgelegt, dass jeder Studienbewerber ein Recht auf einen Studienplatz hat, solange Kapazitäten vorhanden sind. Um den Gleichheitsgrundsatz zu wahren, legt die Kapazitätsverordnung für ganz Deutschland einheitliche Kapazitätskriterien zu Grunde. Für jedes Studienfach ist ein Curricular-Normwert vorgegeben, der beschreibt, wieviel Personalaufwand ein Student jeweils verursachen darf. Wird der Curricular-Normwert mit den Personalressourcen multipliziert, ergibt sich die Kapazität eines Fachbereichs, die ausgeschöpft sein muss, bevor Studenten abgewiesen werden können.

## Gute Ausbildung ist nicht billig

**Auch ohne Kapazitätsausweitung bräuchten die Hochschulen mehr Geld, um die Studenten angemessen ausbilden zu können. Für die Politik sind Hochschulausgaben Kosten und keine Investitionen.**

In Deutschland gibt es einen festen, nach Fächern differenzierten Schlüssel – die **Kapazitätsverordnung** –, der die Personalausstattung der Universitäten mit der Studentenkapazität verbindet. Dadurch steht das deutsche Verhältnis von Studenten zu wissenschaftlichem Personal international gut da.

Allerdings gewährleistet die Kapazitätsverordnung nur die vollständige Auslastung der vorhandenen Personalressourcen; sie gibt keinen Anreiz, die Studentenzahl zu steigern, da in diesem Fall keine Ausweitung dieser Ressourcen folgt. Wichtiger noch ist, dass es keinen ähnlichen Schlüssel für die nicht-personellen Ressourcen wie Vorlesungs- und Seminarräume, Bibliotheksarbeitsplätze, Lehrmittel und Bücher gibt. Diese sind notorisch unterdimensioniert und im Durchschnitt

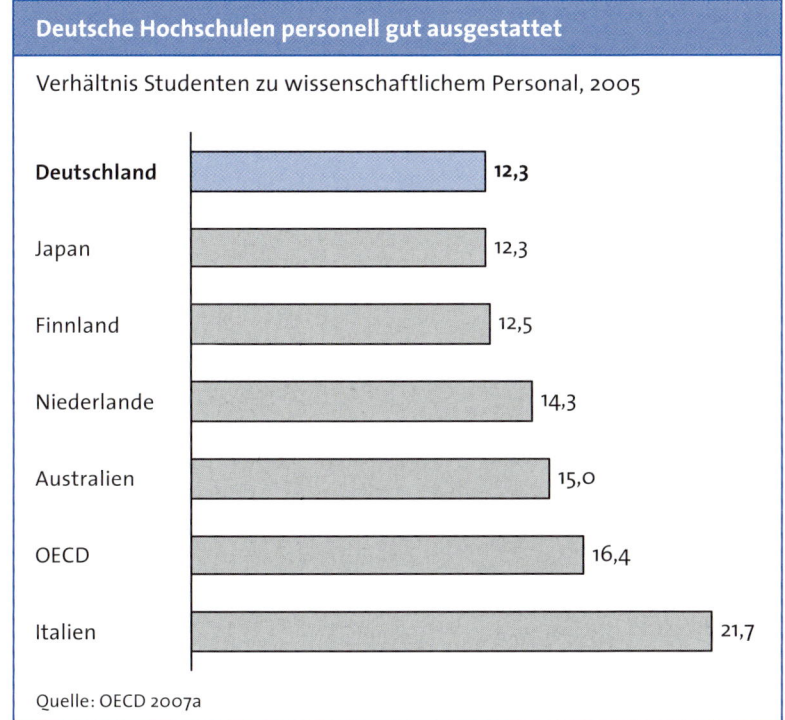

**Deutsche Hochschulen personell gut ausgestattet**

Verhältnis Studenten zu wissenschaftlichem Personal, 2005

| | |
|---|---|
| Deutschland | 12,3 |
| Japan | 12,3 |
| Finnland | 12,5 |
| Niederlande | 14,3 |
| Australien | 15,0 |
| OECD | 16,4 |
| Italien | 21,7 |

Quelle: OECD 2007a

nur für ca. 60 Prozent der tatsächlichen Studenten ausgelegt (Hochschulrahmenplan 2006).

Darin spiegelt sich prinzipiell eine Geringschätzung der Lehre wider. Denn Forschungskapazitäten, Einfluss und Prestige eines Lehrstuhls hängen vor allem von seiner Personalausstattung ab. Für den nicht-personellen Ressourcenbedarf der Studenten gibt es, jedenfalls unter den entscheidenden Professoren, keine Lobby.

Schon auf der Basis der heutigen Situation ist also eine **Budgetausweitung** nötig. Zwar sind auf der einen Seite kürzere Studiengänge in vielen Fällen günstiger. Auch die Ausgaben für Forschung und Wissenschaft müssen nicht im selben Ausmaß steigen wie die für die Lehre. Aber auf der anderen Seite leidet der Lehrapparat schon heute an Unterkapazitäten und schlechter Qualität und würde selbst bei gleich bleibenden Studentenzahlen mehr Ressourcen beanspruchen. Diese Erkenntnis hat sich bei den Beteiligten schneller durchgesetzt als in der Politik, die in erster Linie für die Ressourcenausstattung zuständig ist. Trotz der in bereits sieben Bundesländern eingeführten, aber nach wie vor nur sehr geringen Studiengebühren

**Budgetausweitung I**

»Zwei der größten Herausforderungen der nächsten Jahre: Zum einen besteht die Notwendigkeit, die Studienplatzkapazitäten zügig auszubauen. Zum anderen muss die Qualität der Lehre weiter verbessert werden. Beides verlangt Ressourcen in erheblichem Umfang. Der Wissenschaftsrat hält es daher für erforderlich, dass zusätzliche Mittel für den erforderlichen Ausbau der Lehrkapazitäten bereitgestellt werden.« (Wissenschaftsrat 2007)

**Budgetausweitung II**

»Öffentliche und private Aufwendungen für Bildung und Wissenschaft in Deutschland sind sowohl im Hinblick auf den künftigen Wissens- und Ausbildungsbedarf von Wirtschaft und Gesellschaft als auch im internationalen Wettbewerb völlig unzulänglich.« (Hans N. Weiler, Bildungsforscher, Stanford University, USA, 2007)

sind die Kassen knapp. Die Politik erwartet vom Bologna-Prozess, dass er auch eine höhere Kosteneffizienz und damit absolut geringere oder zumindest nicht wachsende Ausgaben für die Hochschulen ermöglicht.

Im Gegensatz zu dieser Erwartung wird die im Geschäftsplan vorgesehene Verdopplung der Studentenzahlen zu einer Verdopplung der Ausgaben für Lehrpersonal führen. Unter Berücksichtigung der aktuellen Überlastung der Infrastruktur wird deren Kapazität auf das 3,7-fache steigen. Das Budget aller öffentlichen und privaten Hochschulen beträgt heute 31 Milliarden Euro, wovon 12 Milliarden auf die Forschung und Universitätsklinika entfallen. Bei einer Extrapolation des verbleibenden Aufwands erzeugt die geplante Kapazitätsausweitung einen finanziellen Mehrbedarf in Höhe von 33 Milliarden Euro pro Jahr. Dabei schlägt der zusätzliche Bedarf an Lehr- und anderem Personal mit 12 Milliarden Euro zu Buche. Der Rest verteilt sich zu etwa gleichen Teilen auf laufende Ausgaben und Kapitalkosten für Infrastrukturinvestitionen.

**Wird die Finanzierung mindestens auf eine Pro-Kopf-Kalkulation umgestellt, entstehen Anreize nicht nur für Effizienz, sondern auch für Wachstum.**

Angesichts der volkswirtschaftlichen Bedeutung des an den Hochschulen erworbenen Humanvermögens ist es widersinnig, die Kapazitäten durch das Budget bestimmen zu lassen. Vielmehr muss die Nachfrage nach Humanvermögen die Kapazität und diese das Budget bestimmen, denn gemessen an ihren Erträgen sind die Investitionskosten für Hochschulausbildung gering. Im Gegenteil, damit die Hochschulen motiviert werden, zu wachsen und eine hochwertige Lehre anzubieten, müssen sie entsprechend der Anzahl ihrer Studenten – oder besser Absolventen – finanziert werden.

Eine solche an Köpfen orientierte Finanzierung ist in den Niederlanden kürzlich eingeführt worden. Sie ist so strukturiert, dass die Universitäten ein Interesse daran haben, möglichst viele Studenten für ein Studium zu gewinnen, möglichst viele von ihnen in der vorgesehenen Zeit zum Abschluss zu bringen, und dabei möglichst wenige das Studium abbrechen zu lassen. Ein ähnliches System würde auch in Deutschland eine Kapazitätsausweitung bei gleichzeitig steigender Qualität der Lehre möglich machen. Alternativ kann dieser Effekt mit deutlich höheren Studiengebühren, die natürlich durch die entsprechenden Kreditmodelle flankiert werden müssten, erreicht werden.

## Mehr Qualität, weniger Elite

**Das Defizit liegt bei den kurzen, praxisbezogenen Studiengängen, nicht bei den langen, wissenschaftlichen. Die Hürde für einen Hochschulabschluss ist zu hoch.**

Heute sind die deutschen Hochschulen noch nicht auf ihre zukünftigen Aufgaben eingestellt. Das Selbstverständnis der Universität stammt vielmehr aus einer Zeit, als sie eine kleine intellektuelle Elite für die Wissenschaft oder für Führungsaufgaben ausbildete. Passend zu diesem Selbstverständnis wurde Qualität durch Zugangsbeschränkung, nicht durch vermehrte oder verbesserte Ausbildungsanstrengung gewährleistet. Dieses Selbstverständnis ist auch während der Bildungsexpansion der 1970er Jahre intakt geblieben – vielleicht, weil diese sozialpolitisch und nicht wirtschaftspolitisch begründet war.

Dass das Studienangebot der deutschen Hochschulen zukünftig anders aussehen wird als heute, ist unumgänglich. Dafür liefert ein Vergleich mit den USA und Japan einen Hinweis, der unterschiedliche tertiäre Abschlussarten gegenüberstellt – von solchen mit Berufsorientierung (Meisterprüfung) über kurze (Bachelor) und lange (Master) Studiengänge bis zur Promotion. Das deutsche Defizit liegt danach bei den kurzen Studiengängen. Die deutschen Hochschulen bilden genügend Spitze, aber zuwenig Breite aus.

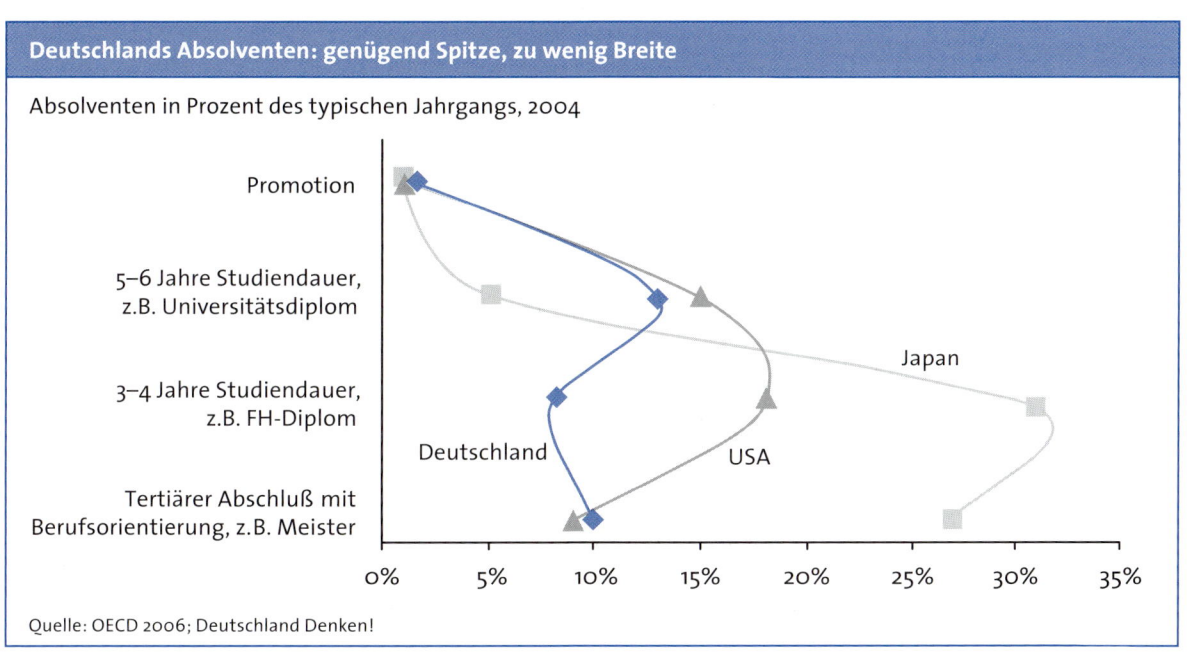

**Deutschlands Absolventen: genügend Spitze, zu wenig Breite**

Absolventen in Prozent des typischen Jahrgangs, 2004

Quelle: OECD 2006; Deutschland Denken!

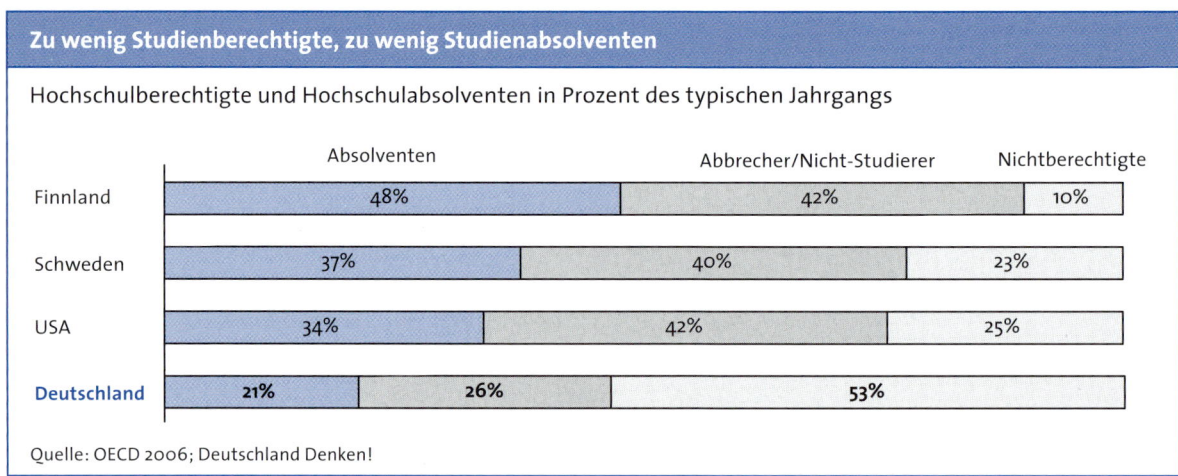

**Zu wenig Studienberechtigte, zu wenig Studienabsolventen**

Hochschulberechtigte und Hochschulabsolventen in Prozent des typischen Jahrgangs

| | Absolventen | Abbrecher/Nicht-Studierer | Nichtberechtigte |
|---|---|---|---|
| Finnland | 48% | 42% | 10% |
| Schweden | 37% | 40% | 23% |
| USA | 34% | 42% | 25% |
| Deutschland | 21% | 26% | 53% |

Quelle: OECD 2006; Deutschland Denken!

### Selektivität

»Wir sind verpflichtet, jedem Studenten eine angemessene Ausbildung zu garantieren, das geht nicht mit jedem Eingang.« Johann-Dietrich Wörner, Präsident der Technischen Universität Darmstadt, 2005, zur Absicht der Wissenschaftsministerien, den Hochschulzugang soweit wie möglich zu öffnen.

Von den 47 Prozent eines Jahrgangs, die über eine Hochschulberechtigung verfügen, haben 36 Prozent diese an allgemeinbildenden Schulen erworben. 21 Prozent eines Jahrgangs kommen zu einem Studienabschluss. Ein ähnliches Verhältnis gibt es auch in anderen Ländern, aber die relativ niedrige Quote von Hochschulberechtigungen in Deutschland macht diese **Selektivität** der Hochschule besonders problematisch.

Die deutschen Hochschulen sind nicht nur absolut gesehen zu selektiv, sondern auch relativ zu der Qualifikation der Schulabgänger. Gemessen an dem Kriterium des international durchgeführten PISA-Schultests hat Deutschland eine höhere **Qualifikationshürde** für einen Hochschulabschluss als die wichtigsten Wettbewerberländer. Nur Schüler, die so leistungsfähig sind, dass sie in den PISA-Tests 593 Punkte erzielten, sind in der Lage, einen deutschen Hochschulabschluss zu erreichen. Der OECD-Durchschnitt liegt bei 547 PISA-Punkten. Anders als in wichtigen Wettbewerberländern sind deutsche Hochschulen – Fachhochschulen wie Universitäten – nicht gewohnt und wahrscheinlich auch nicht in der Lage, Studenten mit Zugangsbefähigungen mittlerer Qualität einen hochwertigen Abschluss zu ermöglichen. Das ist ein wichtiger Grund für die geringe Hochschulabschlussquote.

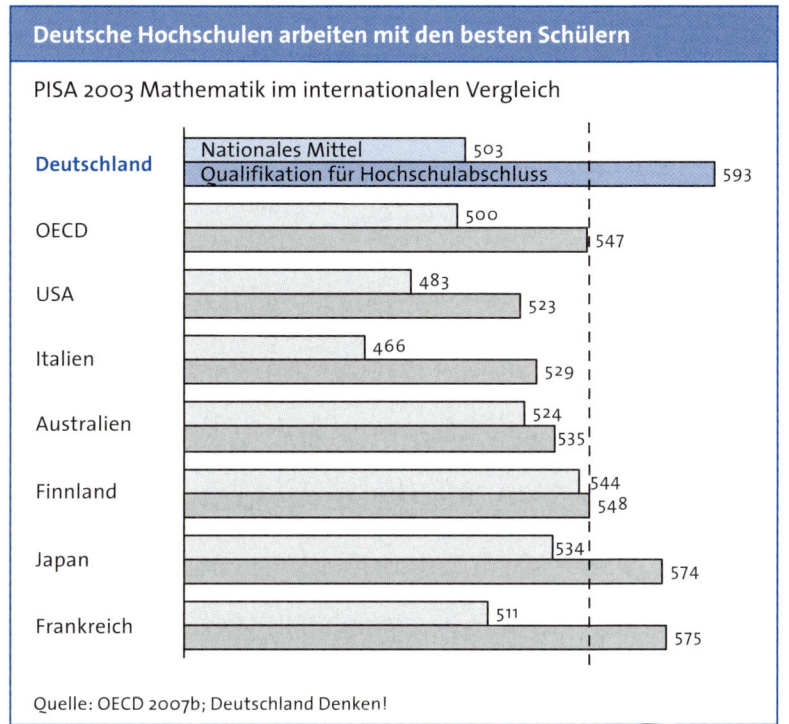

**Deutsche Hochschulen arbeiten mit den besten Schülern**

PISA 2003 Mathematik im internationalen Vergleich

Deutschland
- Nationales Mittel 503
- Qualifikation für Hochschulabschluss 593

OECD
- 500
- 547

USA
- 483
- 523

Italien
- 466
- 529

Australien
- 524
- 535

Finnland
- 544
- 548

Japan
- 534
- 574

Frankreich
- 511
- 575

Quelle: OECD 2007b; Deutschland Denken!

### Qualifikationshürde

Für die Berechnung dieser Hürde wurde unterstellt, dass die jeweils Besten eines Jahrgangs eine Hochschule besuchen. In Deutschland erwerben zur Zeit 21 Prozent eines Jahrgangs den Hochschulabschluss. Das 21. Perzentil des PISA-Tests, also die PISA-Leistung, die die besten 21 Prozent mindestens erbracht haben, bildet daher die implizite Hürde für einen Hochschulabschluss. In Deutschland lag diese Hürde bei 593, im Durchschnitt aller OECD-Länder bei 547 Punkten.

Sieben Prozent eines Jahrgangs treten das Studium zwar an, brechen es aber vor Abschluss wieder ab; weitere 8 Prozent haben zwar eine Hochschulberechtigung einer allgemein bildenden Schule, treten das Studium aber nicht an. Beispielsweise nehmen heute unter den Schulabsolventen mit Hochschulreife Frauen weniger als Männer, Nicht-Akademikerkinder weniger als Akademikerkinder und Fachabiturienten weniger als Abiturienten die Chance zum Hochschulstudium wahr. Wer im Abitur nur eine Drei geschafft hat, traut sich nur in 60 Prozent der Fälle an die Hochschule; unter den Einser-Abiturienten sind es fast 90 Prozent. Hier liegen noch große Reserven.

**Die Hochschulen schrecken viele ab, die mehr Praxisbezug und mehr Betreuung wollen. Ein auf diese Klientel besser abgestimmtes Angebot kann die Absolventenquote deutlich heben.**

Diejenigen, die auf das Studium verzichten, geben unterschiedliche Gründe an. Viele wollen möglichst bald eigenes Geld verdienen oder trauen sich das Studium finanziell nicht zu. Allerdings scheint die Höhe des **BAföG** keinen Einfluss auf die Studienbereitschaft zu haben. Andere interessiert eine praktische Tätigkeit mehr als ein theoretisches Studium.

### BAföG

Zuschüsse und Darlehen zum Lebensunterhalt erhalten 25 Prozent der Studenten auf der Basis des Bundesausbildungsförderungsgesetzes. 1990 wurde die Rückzahlung des Darlehensanteils reduziert und 2001 wurde der bezugsberechtigte Personenkreis um ca. 10 Prozent erweitert. In beiden Fällen war die Absicht, mehr Schulabgänger zum Studium zu bewegen. Es konnte aber kein über den natürlichen Trend hinausgehende Steigerung der Studienanfängerzahlen festgestellt werden. (Baumgartner 2004 und 2006)

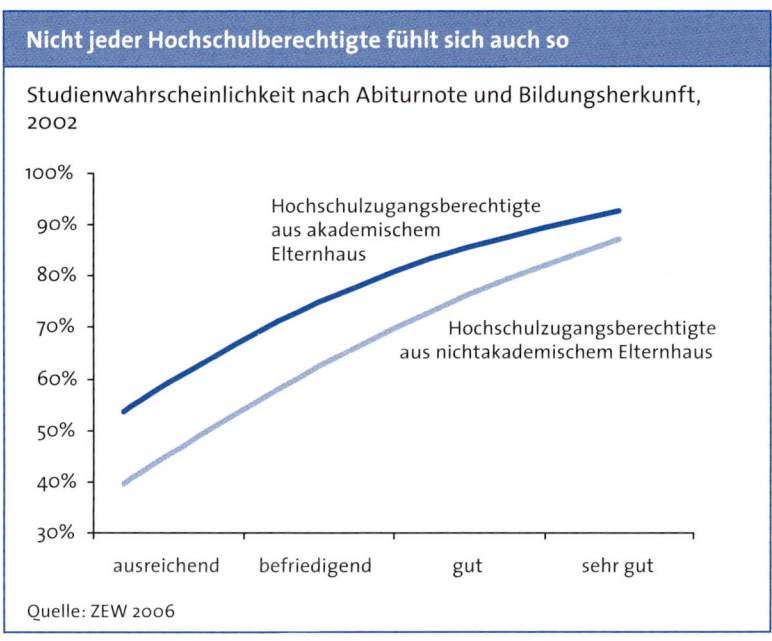

**Nicht jeder Hochschulberechtigte fühlt sich auch so**

Studienwahrscheinlichkeit nach Abiturnote und Bildungsherkunft, 2002

Hochschulzugangsberechtigte aus akademischem Elternhaus

Hochschulzugangsberechtigte aus nichtakademischem Elternhaus

Quelle: ZEW 2006

Ihnen dauert das Studium zu lange oder sie glauben, dass das gewünschte Berufsziel kein Studium voraussetzt (HIS 2006). Eine plausible Interpretation dieser unterschiedlichen Gründe liegt in der relativen Attraktivität der Berufsausbildung, die praktisch ausgerichtet und kürzer ist und für die es schon vom ersten Tag eine Ausbildungsvergütung gibt. Da aber die Berufsausbildung immer weniger in der Lage sein wird, die Anforderungen des Arbeitsmarktes zu erfüllen, jedenfalls nicht als Ersatz für ein Hochschulstudium, müssen die Hochschulen attraktiver werden.

Doch die Hochschulen kennen die unterschiedlichen Bedürfnisse ihrer potentiellen Klientel nicht. Denn ein systematisches Marketing, mit einer Analyse der Kundengruppen und deren Präferenzen und mit der Fokussierung auf bestimmte Segmente gab es bisher nicht. Seit der Abschaffung der Zentralstelle für die Vergabe von Studienplätzen (ZVS) in 2005 will zwar jede Universität die »besten« Studenten rekrutieren, die meisten sind aber mit der neuen Verantwortung der Studentenauswahl überfordert. Sie glauben an Profilbildung, denken dabei aber eher an Forschung und Wissenschaft als an Lehre. Ihre Studienberater erreichen gerade ein gutes Drittel der zukünftigen Studenten (Die Zeit 2007a). Wenn die Schulen die Schüler nicht auf freiwilliger Basis beraten, bleiben sie bei ihrer Wahl einer Hochschule bzw. eines Studiengangs allein. Für jenes Viertel der Studienanfänger – oder sieben Prozent eines

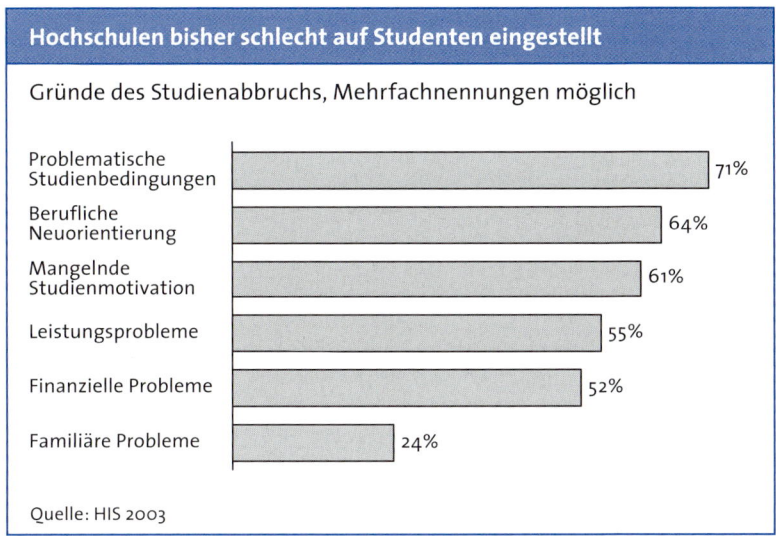

**Hochschulen bisher schlecht auf Studenten eingestellt**

Gründe des Studienabbruchs, Mehrfachnennungen möglich

| | |
|---|---|
| Problematische Studienbedingungen | 71% |
| Berufliche Neuorientierung | 64% |
| Mangelnde Studienmotivation | 61% |
| Leistungsprobleme | 55% |
| Finanzielle Probleme | 52% |
| Familiäre Probleme | 24% |

Quelle: HIS 2003

Jahrgangs –, das das Studium vor dem Abschluss abbricht, kommen zu den Gründen, die denen für den Verzicht auf das Studium ähnlich sind (berufliche Neuorientierung, finanzielle Probleme), nun Ursachen, die konkrete negative Erfahrungen an der Hochschule reflektieren: problematische Studienbedingungen, mangelnde Studienmotivation und Leistungsprobleme.

Die Unsicherheiten eines Hochschulstudiums – ungewisse, lange Dauer, kein fester Stundenplan, kein Leistungsdruck von außen, kein Praxisbezug, geringes und oft unstetes Einkommen – schreckten bisher viele potentielle Hochschulabsolventen ab. Wenn die Hochschulen ein Studienangebot bereitstellen, das sowohl für die Studenten als auch für den Arbeitsmarkt interessant ist, kann Deutschland eine deutlich größere Zahl von Absolventen hervorbringen. Dieses Angebot wird auch für ausländische Studenten interessant sein, die nicht für eine wissenschaftliche Karriere sondern für die professionelle Ausbildung in anspruchsvolle Berufen nach Deutschland kommen, weil sie sich davon höheres Einkommen und eine bessere Karriere versprechen.

Inzwischen ist der Wandel in der Hochschullandschaft bereits in vollem Gang. Der Geschäftsplan verfolgt zwei Stoßrichtungen, die sich im In- und Ausland bereits bewährt haben: die Ausrichtung auf jene Studenten, deren Ziel nicht die Wissenschaft, sondern der Arbeitsmarkt ist, und die Kundenorientierung durch bessere Hochschullehre.

# Aktionsfeld II im Bereich Ausbildung: Hochschulen für Ausbildung

**Eine zunehmende Zahl von Studenten will schnell und anwendungsbezogen auf die Praxis vorbereitet werden. Das war bisher die Domäne der Fachhochschulen und Berufsakademien.**

Damit ein Studium gut auf den Arbeitsmarkt vorbereitet, muss es anwendungsbezogen und kurz sein sowie einen glatten Übergang in das Arbeitsleben bieten. Das fiel den Universitäten bisher schwer. Dass es aber möglich ist, zeigen die Fachhochschulen und Berufsakademien, auf deren Konto das Wachstum der Hochschulabsolventenquote der letzten Jahre vor allem ging. Im verarbeitenden Gewerbe und in der Chemiebranche werden inzwischen mehr Fachhochschulabsolventen als Universitätsabgänger eingestellt. Sie sind **praktischer ausgebildet**, im Schnitt jünger und haben trotzdem mehr Arbeitserfahrung. Das Arbeitslosigkeitsrisiko ist für Fachhochschulabsolventen geringer: Es lag im Durchschnitt der letzten zehn Jahre bei 3,2 Prozent, für Universitätsabsolventen aber bei 4,2 Prozent (IAB 2007).

Noch näher am Arbeitsmarkt sind **Berufsakademien**. Diese konnten, von einer kleinen Basis kommend, ihre Absolventenzahl in den vergangenen acht Jahren mehr als verdoppeln.

## Praktisch ausgebildet

Die SRH Fachhochschule Heidelberg bietet einen »Meisteringenieur« an, der in nur vier Jahren eine Ausbildung, Meisterprüfung und Bachelorabschluss kombiniert und sich am Bedarf des Mittelstands orientiert. »Wir wollen den Ingenieur, der etwas von BWL versteht, aber auch dem Lehrling an der Maschine helfen kann.« (FTD 2007a)

## Wirtschaftsakademie Bremen

»Das Studium war sehr kompakt, gut strukturiert und fand in kleinen Klassen statt.« (Bianca Reinert)

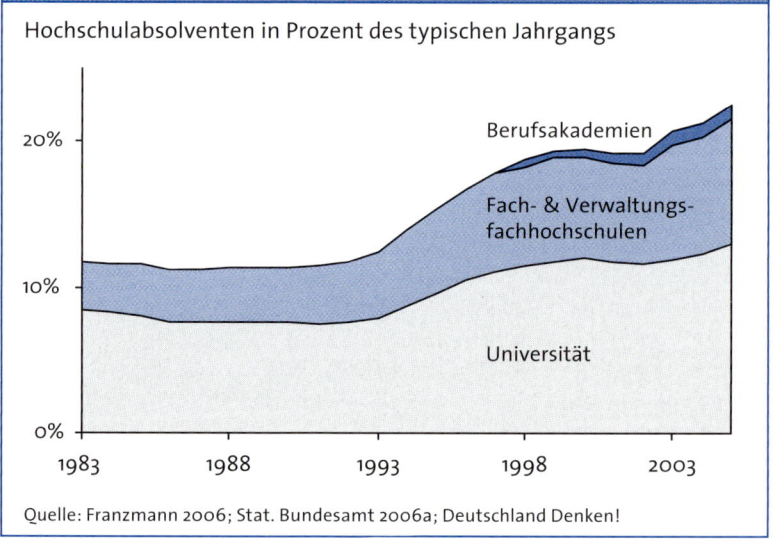

**Hochschulen mit Praxisbezug wachsen schneller**

Hochschulabsolventen in Prozent des typischen Jahrgangs

Berufsakademien

Fach- & Verwaltungsfachhochschulen

Universität

Quelle: Franzmann 2006; Stat. Bundesamt 2006a; Deutschland Denken!

Sie bieten eine duale akademische Ausbildung an, die zügig zu absolvieren und eng mit den Anforderungen des Unternehmens verzahnt ist. Das heißt, die Studenten haben während des Studiums ein geregeltes Einkommen und eine feste Anstellung in einem Unternehmen, wo sie während der Semesterferien oder in Praxissemestern arbeiten. Sie haben eine um ca. 50 Prozent höhere Arbeitsbelastung als ein typischer Student. Praktika, auch im Ausland, sind hier nicht vom Glück oder der ungewissen Initiative des Studenten abhängig, sondern Teil des Curriculums. Dieses duale Studium gibt es inzwischen auch an einigen Universitäten.

**Private Universitäten haben ein starkes Interesse am beruflichen Erfolg ihrer Absolventen. Deren Erfahrung im Arbeitsmarkt wird zur Qualitätskontrolle genutzt.**

Unter den Universitäten haben besonders die privaten ein Interesse am Erfolg des von ihnen vermittelten Humanvermögens im Arbeitsmarkt entwickelt. Sie sind weniger auf Forschung und stärker auf Lehre fokussiert, verstehen den Studenten als Kunden, der je nach Studiengang im Semester zwischen 5.000 und 10.000 Euro Studiengebühr zahlt. Sie machen ein wettbewerbsfähiges Angebot und bereiten gezielt auf einen erfolgreichen Einstieg ins Arbeitsleben vor. Bei den Einstiegsgehältern für BWL-Studenten liegen die drei wichtigsten privaten Universitäten deutlich vor den angesehenen öffentlichen Fakultäten in Köln oder Mannheim. Dabei liegt die Studiendauer mit einem Schnitt von 8,5 Semestern bei den Privaten 30 Prozent niedriger. Und während nur 55 Prozent der öffentlichen Studenten nach dem Abschluss sagen, dass sie wieder an ihrer Alma Mater beginnen würden, bezeichnen 99 Prozent aller privaten Studenten ihr Studium am Ende als gut oder sehr gut (FAZ-Hochschulanzeiger 2006, HIS 2004).

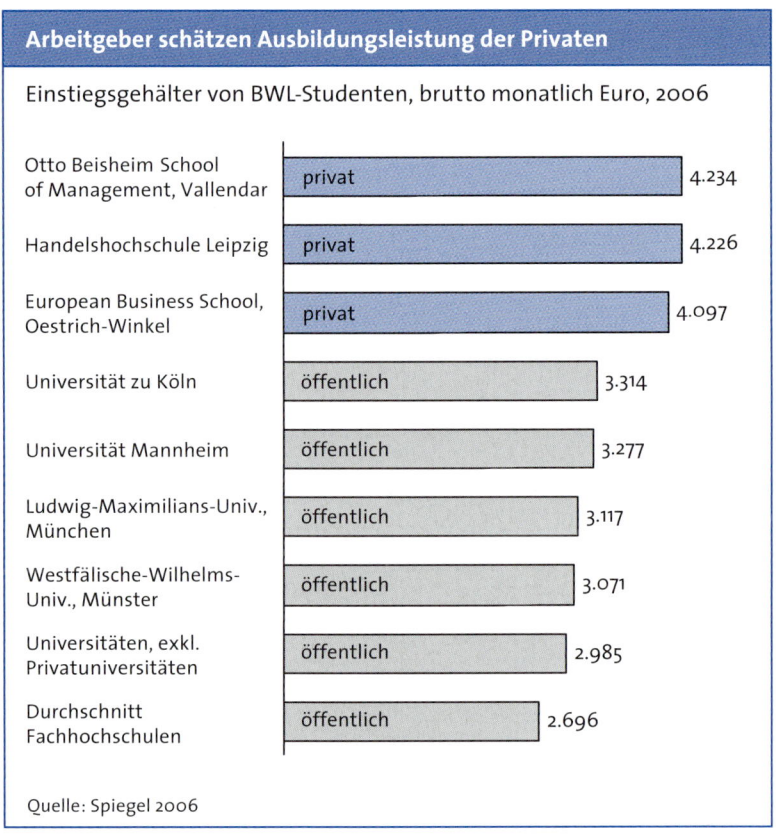

**Arbeitgeber schätzen Ausbildungsleistung der Privaten**

Einstiegsgehälter von BWL-Studenten, brutto monatlich Euro, 2006

| | | |
|---|---|---|
| Otto Beisheim School of Management, Vallendar | privat | 4.234 |
| Handelshochschule Leipzig | privat | 4.226 |
| European Business School, Oestrich-Winkel | privat | 4.097 |
| Universität zu Köln | öffentlich | 3.314 |
| Universität Mannheim | öffentlich | 3.277 |
| Ludwig-Maximilians-Univ., München | öffentlich | 3.117 |
| Westfälische-Wilhelms-Univ., Münster | öffentlich | 3.071 |
| Universitäten, exkl. Privatuniversitäten | öffentlich | 2.985 |
| Durchschnitt Fachhochschulen | öffentlich | 2.696 |

Quelle: Spiegel 2006

Das Wohlwollen ihrer Ehemaligen machen sich die Privaten zu Nutze: Sie laden sie als Spender und Teilnehmer an kostenpflichtigen Weiterbildungsseminaren ein. Und sie beziehen sie in die Qualitätskontrolle in Hochschulräten und Kuratorien ein. Denn die Ehemaligen stehen mitten im Arbeitsmarkt und wissen am besten, was dieser Markt von der Hochschule verlangt. Bisher besuchen nur drei Prozent aller Studenten eine private Hochschule, allerdings mit steigender Tendenz. Wie diese ihre Studenten auf den Berufseinstieg vorbereiten, kann den öffentlichen Hochschulen als nützliches Beispiel dienen.

## Arbeitsmarktorientierung durch Internationalisierung

**Bachelor und Master machen einen früheren Berufseintritt möglich. Dafür werden die Universitäten ihr wissenschaftsbasiertes Ausbildungsmodell aufgeben.**

Die öffentlichen Universitäten haben sich inzwischen besonnen, ihr Angebot an die wachsende Nachfrage nach anwendungsbezogener, schneller Ausbildung anzupassen. Eine flächendeckende Antwort auf die Herausforderung durch Fachhochschulen, Betriebsakademien und Private soll der **Bologna-Prozess** leisten, der seit einigen Jahren die Lehre der Hochschulen grundsätzlich neu ausrichtet. Bisher folgte auf die theoretischen Grundlagen im Grundstudium das auf Spezialisierung, Forschung und Anwendung gerichtete Hauptstudium. Nun soll schon der Bachelor Berufsqualifikation vermitteln und – nach ersten Arbeitserfahrungen – den späteren Zugang zu Master-Studiengängen öffnen, die ganz unterschiedliche Optionen bedienen können: eine berufsorientierte Spezialisierung, eine wissenschaftliche Orientierung oder auch den Einstieg in eine ganz andere Disziplin.

Damit wurde das vorangegangene Modell auf den Kopf gestellt, denn der wissenschaftliche Zugang zum Fach ist nun nicht mehr die Grundlage aller weiteren Ausbildung, sondern nur noch eine von mehreren Entwicklungspfaden. Diese Struktur entspricht allerdings der tatsächlichen Verwendung des Humanvermögens im Arbeitsmarkt deutlich besser als das alte Modell. Die internationale Kompatibilität der Abschlüsse macht das Rekrutieren von Auslandsstudenten und deren Rückkehr in den heimischen oder einen anderen Arbeitsmarkt einfacher und ist deswegen auch ein wesentliches Element des Geschäftsplanes.

Das Ziel internationaler Kompatibilität der Abschlüsse hat die Funktion und Struktur von Hochschulausbildungen in anderen Ländern ins deutsche Blickfeld gerückt: die Verschränkung mit der Praxis, die Fokussierung auf die Lehre und nicht zuletzt die Dauer des Studiums. Während ein deutscher Student bei seinem ersten Berufseintritt bereits fast 27 Jahre alt ist, kommt ein Brite, meistens nach einem Bachelorabschluss, schon mit 22 Jahren auf den Arbeitsmarkt. Drei Viertel des Unterschieds sind einem durch Berufsausbildung oder Jobben verzögerten Studienbeginn und einer längeren Studiendauer geschuldet. Die Einführung des Bachelors wird die durchschnittliche Studiendauer verkürzen. Weil darüber hinaus in fast allen Bundesländern die Schule auf zwölf Jahre reduziert wird, könnte

### Bologna-Prozess

1999 hat die EU in Bologna entschieden, dass Bildungsabschlüsse über europäische Ländergrenzen hinweg anerkennt werden, um die Mobilität von Humanvermögen zu gewährleisten. Konkret wurden zwei Hochschulabschlüsse definiert, Bachelor und Master, die bestimmte Mindestvoraussetzungen erfüllen müssen. Auch innerhalb Deutschlands sind seither auf vorher ungekannte Weise Abschlüsse vergleichbar und kompatibel geworden.

## Geisteswissenschaftler

»Die besten fünf Prozent, auf die es die Wirtschaft abgesehen hat, würden wir gern selbst behalten.« Die übrige Masse sei schlecht ausgebildet und habe kaum Chancen auf dem Arbeitsmarkt. (Prof. Bernhard Jussen, Fakultät für Geschichtswissenschaft, Philosophie und Theologie der Universität Bielefeld)

## Angst

»Viele Geisteswissenschaftler promovieren, um den Einstieg in den Beruf hinauszuzögern, weil sie den Berufseinstig als übermächtige Hürde ansehen. Das halte ich für gefährlich.« (Manfred Bausch, Zentralstelle für Arbeitsvermittlung, der Akademikerabteilung der Arbeitsämter)

## »Querdenker«

»Viele deutsche Konzerne finden nicht mehr die passenden Absolventen auf ihrem gewohnten Markt und öffnen sich deshalb für ›Querdenker‹ aus den geisteswissenschaftlichen Fächern.« (Marion Rang, Bundesagentur für Arbeit)

der erste Berufseintritt in Deutschland möglicherweise sogar unter das britische Niveau sinken. Denn hier werden fast ausschließlich dreijährige Programme angeboten, während in Großbritannien auch eine Reihe von vierjährigen Programmen üblich ist.

**Schnellere Abschlüsse machen die Geisteswissenschaften attraktiver, weil diese dann auch für nicht geisteswissenschaftliche Berufe qualifizieren.**

Für die rund 25 Prozent der Absolventen in Deutschland, die aus geisteswissenschaftlichen Fakultäten stammen, wo sie z. B. Sprachen, Literatur, Geschichte und Philosophie studiert haben, ist der Übergang in das Berufsleben besonders schwierig. **Geisteswissenschaftler** sind schlecht auf das Berufsleben vorbereitet und haben regelrecht **Angst** davor. Dabei lernen Geisteswissenschaftler viele Dinge, für die es auch am Arbeitsmarkt außerhalb der Wissenschaft gute Verwendung gibt, wie selbständiges Arbeiten, Bereitschaft, Verantwortung zu übernehmen, schriftliches Ausdrucksvermögen oder Verständnis im Umgang mit anderen (Unternehmens-)Kulturen (Stifterverband 2007b). Geisteswissenschaftler sind inzwischen bei Unternehmensberatungen und Banken als **»Querdenker«** gesucht. Ein früherer Berufseintritt bei kürzerem Studium verschafft ihnen schnelleren Zugang zur Arbeitswelt. Sie können ihr Wissen am Arbeitsplatz ausformen anstatt mit Ende 20 sofort Produktivität auf höchstem Niveau bieten zu müssen.

Während in Deutschland Geisteswissenschaftler ihre Eignung für nicht wissenschaftsnahe Berufe erst unter Beweis stellen müssen, stellen 70 Prozent der britischen Arbeitgeber Hochschulabsolventen unabhängig von der Fachrichtung ein, also sehr oft auch Geisteswissenschaftler (Stifterverband 2007b). Das geht nur, weil ein britisches Studium kurz ist. Je länger das Studium dauert, desto anwendungsbezogener muss es sein. Wer sich jahrelang auf mittelalterliche theologische Urkunden spezialisiert hat, dessen Humanvermögen ist bestenfalls für den universitären Arbeitsmarkt oder den Vatikan wertvoll. Wer dagegen drei Jahre lang französische Geschichte studiert hat, hat am Arbeitsmarkt ähnlich gute Chancen wie ein sieben Jahre lang ausgebildeter Fertigungsingenieur, denn er wird das Nötige am Arbeitsplatz lernen können. Insofern sind Bachelorabschlüsse der beste Weg für die Geisteswissenschaften, um neben den anwendungsbezogenen Fächern am Arbeitsmarkt zu bestehen.

## Studenten und Arbeitgeber zusammenbringen

**Immer mehr Hochschulen, Studenten und Arbeitgeber sehen den Nutzen der neuen Abschlüsse und der Entwissenschaftlichung des frühen Studiums.**

Die Umstellung des gesamten deutschen Studiensystems verläuft nicht ohne Widerstände. Viele Professoren und Universitätsrektoren sehen die Wissenschaftlichkeit ihrer Bildung in Gefahr. Sie wollen sich von den Fachhochschulen differenzieren, indem sie nicht nur Wissen weitergeben, sondern den Studenten von Anfang an die Möglichkeit geben, selbst in der Forschung aktiv mitzuarbeiten. Doch während zunächst die **Skeptiker** unter den Professoren die Befürworter überwogen, ist es heute umgekehrt.

Auch die Studenten lernen den Umgang mit Bachelor- und Masterabschlüssen noch. In einigen Fächern traut mehr als die Hälfte der Studenten der Arbeitsmarktgängigkeit des Bachelors noch nicht und will sofort im Anschluss auch einen Master absolvieren. Dennoch profitieren sie schon heute. Im Maschinenbau an der TU Darmstadt ist mit der Umstellung die Quote der Studienabbrecher von 60 auf 20 Prozent gefallen (Die Zeit 2006). Zwar sind einige Bachelor-Studiengänge so kurz und straff organisiert, dass für Auslandsaufenthalte keine Zeit bleibt, dennoch zeigen Umfragen, dass die Sorge einer Einschränkung der Auslandsmobilität nicht begründet ist (DAAD 2006). Während in Darmstadt vor der Umstellung nur 20 Prozent ein oder mehrere Semester im Ausland studierten, sind es nun 60 Prozent.

Die Arbeitgeber befürworten die Umstellung, weil sie hoffen, dass dabei die veralteten Lehrpläne entrümpelt werden, wenn die bestehenden Curricula sowohl wegen der Verkürzung als auch wegen der Priorisierung von Praxisverbindung nicht mehr verwendet werden können. Ob aus Reaktion auf die zurückhaltende Umsetzung einiger Universitäten oder aus eigener Vorsicht gegenüber der Qualifikation der Bachelorabsolventen, − viele **Arbeitgeber** bieten Einstiegswege sowohl für Bachelor als auch Master-Absolventen an. Doch gerade solche, die bereits Erfahrungen mit Bachelorabsolventen haben, räumen ihnen mehrheitlich dieselben **Karrierechancen** ein wie traditionellen Absolventen (IW 2004).

### Skeptiker

»Wir wollen, dass der Master-Abschluss der Regelabschluss für die universitäre Ausbildung bleibt. Ingenieure kann man nicht in weniger als fünf Jahren universitär ausbilden.« (Konstantin Meskoutis, Rheinisch-Westfälische Technische Hochschule Aachen)

### Arbeitgeber Telekom

»Geplant ist, Bachelorabsolventen vorwiegend ins Traineeprogramm zu nehmen und die höher qualifizierten Absolventen für den Direkteinstieg vorzusehen. Ungefähr gleich viele Bachelorabsolventen wie Absolventen mit einem Diplom-, Master- oder Doktorgrad sollen jedes Jahr eingestellt werden.« (Rehburg 2006)

### Karrierechancen

»Meine Kollegen haben andere Hochschulabschlüsse. Dass ich den Bachelor habe, hat aber nie eine Rolle gespielt. Viel wichtiger ist, dass man logisch denken kann, die Grundlagen kennt und sich mit allen gut versteht, mit den Menschen reden kann und sich schon auskennt in der Arbeitswelt. Gerade die Praxiserfahrung während des Bachelorstudiums hat mir beim Berufsstart sehr geholfen.« (Bärbel Stienen, Bachelor of Arts Luftverkehrsmanagement)

**Die wachsende Zahl der Career Center zeigt das zunehmende Interesse der Hochschulen für den Erfolg ihrer Absolventen im Arbeitsmarkt.**

Die Hochschulen flogen bisher nicht nur beim Eintritt der Studenten im Blindflug, sondern auch bei deren Austritt aus der Hochschule, denn sie wussten wenig über deren Übergang in den Arbeitsmarkt und trugen noch weniger dazu bei. Doch die meisten von ihnen sind dabei, das zu ändern. Sie haben von den privaten Hochschulen gelernt und nutzen **Netzwerke** von Ehemaligen und neu geschaffene **Career Center**. Die TU München hat einen Alumni-Club mit 20.000 Ehemaligen. Das kann es in Deutschland viel häufiger geben. Die meisten Vereine dieser Art sind bisher auf Fakultätsebene organisiert und weniger breit aufgestellt. Career Centers gibt es inzwischen an vielen Universitäten. Welche quantitative – und vermutlich auch qualitative – Versorgung der Studenten dabei möglich ist, zeigt das Beispiel Großbritanniens. In Deutschland müssen die Hochschulen diese Funktion erst wieder neu erobern, denn sie wird bisher mit unterschiedlichen Schwerpunkten von Arbeitsagenturen, Studenteninitiativen wie AIESEC und privaten, kostenpflichtigen Karriereberatern wahrgenommen.

### Netzwerk

»Früher haben wir Stellenanzeigen geschaltet, mittlerweile setzen wir verstärkt auf Beziehungen zu ausgewählten Universitäten und Professoren.« (Commerzbank 2006)

### Career Center

Erst in den 1990er Jahren entstanden, sind sie heute ein Teil des Gesamtmarketings der unter dem wachsenden Profilierungs- und Wettbewerbsdruck stehenden Hochschulen. Sie vermitteln nicht nur Kontakte und Praktika, sondern fördern gezielt die Fähigkeit zur Planung der eigenen Bildungs- und Berufslaufbahn. Die meisten Hochschulen verfügen über diese Funktion. Oft handelt es sich aber nur um eine oder sogar nur eine halbe Stelle.

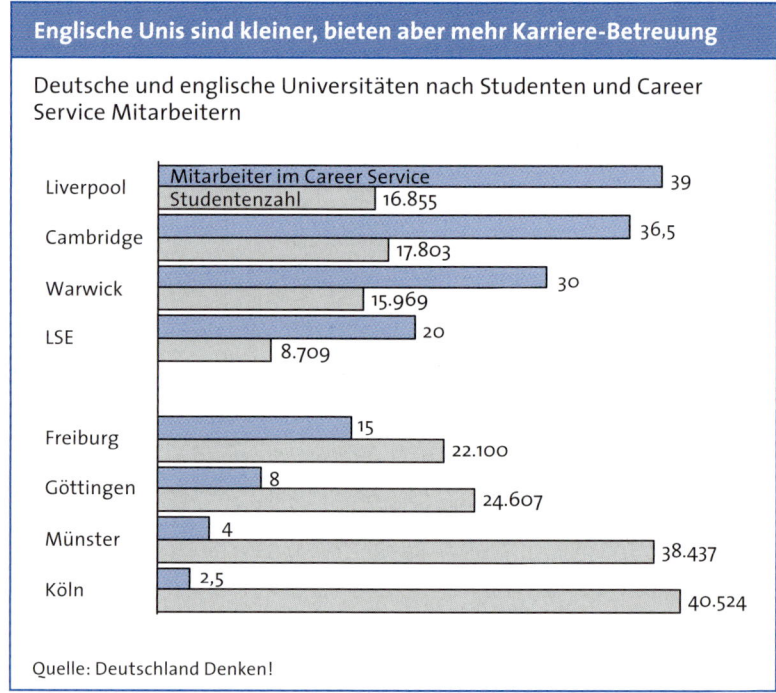

**Englische Unis sind kleiner, bieten aber mehr Karriere-Betreuung**

Deutsche und englische Universitäten nach Studenten und Career Service Mitarbeitern

| | Mitarbeiter im Career Service | Studentenzahl |
|---|---|---|
| Liverpool | 39 | 16.855 |
| Cambridge | 36,5 | 17.803 |
| Warwick | 30 | 15.969 |
| LSE | 20 | 8.709 |
| Freiburg | 15 | 22.100 |
| Göttingen | 8 | 24.607 |
| Münster | 4 | 38.437 |
| Köln | 2,5 | 40.524 |

Quelle: Deutschland Denken!

## Bessere Lehre in der Hochschule

**Viele Studenten leiden unter schlechten Studienbedingungen und schwacher Lehre. Einzelne Beispiele zeigen den Weg zur Verbesserung.**

Die Krise der deutschen Universität ist eine Krise der Lehre. Ein überholtes Selbstverständnis, **Selbstherrlichkeit** trotz mangelhafter Lehrqualifikation, Ressourcenmangel und fehlender Wettbewerb belasten die Studienbedingungen ungleich stärker als die Forschung und Wissenschaft:

▶ »Unverständliche Auftritte im Seminar, stumpfe Vorlesungen vom Blatt, unvorbereitete Gespräche mit Studenten, achtlose Themenvergabe bei Hausarbeiten und kommentarloses Hinnehmen dieser Arbeiten – das alles gehört, sofern es überhaupt zur Sprache kommt, zur Individualität des naturgemäß zerstreuten, an den Grenzen der Kommunikation und des Menschenverstandes arbeitenden Forschers.« (FAZ 2007)

▶ »Endlose Monologe statt lebendiger Vorlesungen, Standardnoten für achtlos überflogene Hausarbeiten. Rausschmisse aus Pflichtveranstaltungen wegen Überbelegung, Kommilitonen, die sich im Seminar zu siebt ein Referat teilen, sind die Absurditäten, mit denen akademische Hochschullehre aufwarten kann.« (Stifterverband 2007a)

▶ »Die Qualität der Hochschullehre kann als eine längst noch nicht erledigte, ja eigentlich nicht einmal richtig begonnene Aufgabe der Hochschulreform in Deutschland gelten.« (Hans N. Weiler, Bildungsforscher, Stanford University, USA, 2007)

▶ »Am wichtigsten ist es, dass wir einen Mentalitätswechsel erreichen, eine Kultur der guten Lehre. Besondere Leistungen in der Lehre müssen mit Drittmitteln, Zulagen, Preisen oder Freisemestern honoriert werden. Hochschullehrer müssen für die Lehre qualifiziert werden, da sie bisher vor allem als Forscher ausgebildet werden.« (Prof. Peter Strohschneider, Vorsitzender des Wissenschaftsrates, 2007)

### Selbstherrlich

Auf der Website www.Mein-Prof.de können Studenten die Lehrqualitäten ihrer Professoren beurteilen und ihren Kommilitonen bei der Auswahl von Vorlesungen und Seminaren helfen. Als über einige Professoren der Rheinisch-Westfälischen Hochschule Aachen negative Beurteilungen auftauchten, verklagten die Professoren die Betreiber der Website, wurden aber vor Gericht abgewiesen.

## Struktur

»Ehrlich gesagt war ich froh, dass wir Bachelor-Studenten die ersten vier Semester noch so an die Hand genommen wurden: Die Stundenpläne waren fix, die Struktur vorgegeben und selbst die Zeiten für Praktika genau geregelt. Das hat den Übergang von der Schule zur Uni enorm erleichtert. Weil alle Klausuren in die Abschlussnote einfließen, wurde man auch gleich dazu erzogen, am Ball zu bleiben.« (Jan-Wilm Lackmann, Bachelor Biologie, Uni Bochum, 6. Semester)

Unter solchen Umständen kann eine Kapazitätsausweitung zu keiner Vermehrung des Humanvermögens führen; das Gegenteil wäre wahrscheinlicher. Die Umsetzung des Bologna-Prozesses wird allerdings dazu beitragen, dass Studenten mit ihren Bedürfnissen ernst genommen werden. Die stärkere **Struktur** der Curricula ist nicht nur den Studenten eine Hilfe, sondern verpflichtet auch die Hochschule zur Leistung. Darüber hinaus gibt es immer mehr Vorschläge und Beispiele, die die Krise der Lehre direkt angehen:

▶ Die kleine Leuphana Universität in Lüneburg, eine Fusion aus einer Fachhochschule und einer ehemaligen Pädagogischen Hochschule, gewinnt den Wettbewerb »Profil und Kooperation« des Stifterverbandes für die Deutsche Wissenschaft und wird als »Hochschule neuen Typs« gepriesen, weil sie ihr Universitäts- und Studienmodell an den akademischen Zielgruppen und nicht nur an Fachkulturen orientiert. Die Leuphana hatte sich ausschließlich mit ihrem Lehrmodell beworben (Die Zeit 2007b).

▶ Der Wissenschaftsrat hat vorgeschlagen, neben den herkömmlichen Professoren, die ca. zwei Drittel ihrer Zeit in der Forschung und das verbleibende Drittel mit der Lehre verbringen, so genannte Lehrprofessoren zu etablieren, bei denen das Verhältnis genau umgekehrt verläuft. Deren Besoldung und Ansehen sollen den herkömmlichen Professoren gleichgestellt sein (Stifterverband 2007).

▶ Ein konkretes Beispiel liefert die Ludwig-Maximilians-Universität München: Im Fach Osteuropastudien am Historischen Seminar wurde ein Elite-Studiengang eingerichtet: mit einer eigenen Bibliothek, besseren Betreuungsrelationen und geförderten Projektarbeiten, und mit einer Sommerakademie in Kroatien für alle Teilnehmer des Studiengangs (Zeit Campus 2007).

Von diesen Beispielen zu lernen und weitere Experimente zur Verbesserung der Lehre zu unternehmen, ist von zentraler Wichtigkeit für die Erfüllung der quantitativen Ziele des Geschäftsplans im Bereich Ausbildung.

# Investitionen in das Sozialkapital im Bereich Ausbildung

Die vorangegangenen Investitionen in Humanvermögen können durch weitere Investitionen in das in diesem Bereich relevante Sozialkapital flankiert werden, um die Wirksamkeit der Investitionen in Humanvermögen zu verstärken. Diese Maßnahmen sind hier kurz zusammengefasst

## Öffentliche Institutionen

Einst waren deutsche Universitäten das Vorbild für Universitäten in der ganzen Welt. Diese hervorragende Reputation für Wissenschaft und Lehre kann wiederbelebt werden. Besonders die quantitative und qualitative Expansion der Lehre in allen Hochschultypen erfordert eine Reihe von institutionellen Änderungen.

Der Bologna-Prozesses muss konsequent fortgesetzt werden, um den Übergang in das Berufsleben besser vorzubereiten, die Abschlüsse mit den Abschlüssen anderer Länder kompatibel zu machen und die Hochschule insgesamt gegenüber anderen Systemen zu öffnen.

Geeignete Anreizsysteme mit Belohnung und/oder Sanktion für Professoren können die Fokussierung auf die Lehre begleiten.

Hochschulen können Ausbildungsorte werden, die grundsätzlich nicht nur einer Elite, sondern allen Alters- und Qualifikationsniveaus mit jeweils passenden Angeboten offenstehen. Dazu müssen die Zugangsqualifikationen verbreitert werden.

## Private Institutionen

Die anwendungsorientierte, marktnahe und unternehmensfinanzierte berufliche Ausbildung, besonders in ihrer dualen Variante, ist einmalig in der Welt. Dieses komplexe Zusammenspiel von Unternehmen, Berufsschulen und Zertifizierungssystemen hat sich über die Zeit als erstaunlich wandlungsfähig erwiesen. Es kann nicht nur sicherstellen, dass die Berufsausbildung sich auch in Zukunft den weiter steigenden Anforderungen entsprechend entwickelt, sondern auch als Beispiel für die Ausgestaltung von dualen Hochschulstudien dienen.

Unternehmen können sich noch stärker für Bachelor-Absolventen, besonders der Geisteswissenschaften öffnen.

## Gesetze und Normen

Die Finanzierung der Hochschulen kann sehr viel wachstumsfreundlicher ausgestaltet werden. In einem ersten Schritt können die Budgets, an den Anzahlen der Studenten ausgerichtet werden. In einem zweiten Schritt können die Studenten selbst zum Beispiel über Bildungsgutscheine das Budget ihrer Hochschule beeinflussen. In einem dritten Schritt kann die private Finanzierung der Hochschulen, auch über Studiengebühren, ausgebaut werden.

## Kulturelle Werte

Die Hochschätzung der Bildung drückte sich bisher oft in einem Unverständnis ihrer wirtschaftlichen Rolle aus, wenn es zum Beispiel heißt, Bildung dürfe nicht zur »Ware« werden. Das hat die fatale Folge, das besonders öffentliche Ausgaben für Hochschulbildung nicht als Investition sondern als Kosten gesehen werden und unter ständigem Reduktionsdruck stehen. Das ist falsch. Bildungsausgaben sind wirtschaftlich rationale Investitionen in zukünftigen Lebensstandard.

# Bereich Schule: Lernen zu lernen

### Bestandsaufnahme: Bildungsexpansion durch Qualitätsexpansion

▶ Die Nachfrage nach Humanvermögen steigt ständig. Die auf Selektion spezialisierte Schule ist dieser Nachfrage bisher nur teilweise oder auf ineffizienten Umwegen gerecht geworden.

▶ Der Arbeitsmarkt und der Ausbildungsmarkt fordern mehr Qualität von der Schule. Bisher orientierte sie sich nicht ausreichend an diesen Märkten.

▶ Die Ergebnisse der Schule, gemessen an PISA-Tests und deren Vorgängern, zeigen unverändert Mittelmaß. Andere Länder haben eine dauerhafte Verbesserung bewirken können.

### Aktionsfeld I: Leistungsschnitt für alle anheben

▶ Es gibt keinen Königsweg zu besseren Schülerleistungen, aber viele gute Beispiele. Sie zeigen die richtige Mischung aus Autonomie und Kontrolle und konzentrieren sich auf die Qualität des Lehrers und des Unterrichts.

▶ Gute Schulen sind Schulen, die selbst entscheiden können – solange ihre Leistungen mindestens in externen Abschlussprüfungen objektiv überprüft werden.

▶ Der Wettbewerb mit privaten Schulen hebt das Gesamtniveau, aber wichtiger ist die Wahlfreiheit der Eltern auch zwischen staatlichen Schulen.

▶ Gute Lehrer machen gute Schüler, weil sie guten Unterricht machen. Dazu müssen sie selbst ständig inner- und außerhalb des Unterrichts lernen, von und mit Kollegen.

▶ Lehrer reagieren weniger auf materielle als auf ideelle Anreize. Sie werden durch ein hohes Berufsethos und soziales Prestige motiviert.

### Aktionsfeld II: Lehrer sind für die Schüler da – nicht umgekehrt

▶ Reagiert eine Schule nicht auf Schwächen eines Schülers, so ist der Rückstand bald kaum noch aufzuholen. Damit die Schule auch schwache Schüler erfolgreich macht, muss jede Schule für den Erfolg jedes ihrer Schüler verantwortlich werden. Jeder einzelne Schüler ist eine institutionelle Intervention wert.

▶ Damit z.B. Hauptschulen keinen Schüler permanent zurückfallen lassen, brauchen sie mehr Ressourcen, entweder durch Umverteilung oder zusätzlich. Allerdings entscheidet das absolute Niveau der Ressourcen kaum über die Leistung. Deutschland gibt vergleichsweise viel Geld für Schulen und Lehrer aus.

▶ Benachteiligte Familien nutzen frühe Bildungsangebote weniger. Wenn sie sie mehr nutzen, können die Kinder zu ihren Altersgenossen aufschließen. Das betrifft besonders Migranten, die einen wachsenden Teil der deutschen Schüler stellen und stärker gefährdet sind zurückzufallen. Je früher die Sprachdefizite abgebaut werden, desto besser.

## Einzelziele für Investitionen in Humanvermögen

Für die Schule sieht der Geschäftsplan primär eine qualitative Verbesserung vor: Die Schülerleistungen der 15-Jährigen sollen auf das Niveau der international besten Schulsysteme ansteigen. Daneben wird auch die Zahl der Schuljahre ausgebaut, nämlich auf 12 Jahre für alle Schultypen. Dadurch wird zusätzliches Humanvermögen von 80 Milliarden Euro geschaffen und eine Verbesserung des Lebensstandards um drei Prozent möglich gemacht. Für sich genommen, ist diese Investition gering, aber nur bei der vorgesehenen Leistungssteigerung ist eine Ausweitung der Hochschulabsolventenquote auf 50 Prozent realistisch. Als Multiplikator für spätere Investitionen hat das schulische Humanvermögen einen überproportionalen Effekt.

Diese Ziele betreffen vorrangig die heute noch nicht geborenen Jahrgänge. Damit die Hälfte eines Jahrgangs einen Hochschulabschluss erreicht, müssen 60 bis 70 Prozent eine Hochschulreife erlangen, ungefähr doppelt so viele wie heute.

Die Grundsteine hierzu werden bereits in der vorschulischen Betreuung gelegt, um insbesondere Kindern aus Migrantenhaushalten und bildungsfernen Haushalten Chancengleichheit zu gewähren. Diese Investitionen haben vor allem langfristige Bedeutung, weil sie erst dann sukzessive Erträge erzielen, wenn zukünftige Absolventengenerationen am Arbeitsmarkt partizipieren.

## Den Leistungsschnitt für alle auf das finnische Niveau anheben

Eine Steigerung des Durchschnitts auf 547 PISA-Punkte und das Erreichen von mindestens 400 Punkten für 95 Prozent aller Schüler lässt Deutschland zum Standard des Spitzenreiters Finnland aufschließen. Die Verbesserung entspricht dem Lernpensum eines Schuljahres. Das setzt Veränderungen im Schulsystem voraus: mehr Freiheit für Lehrer und Schulen bei der Gestaltung des Unterrichts bei gleichzeitiger Zentralisierung und Standardisierung der Prüfungen; stärkere Selektion beim Zugang zum Lehrerberuf und mehr Wettbewerb zwischen den Schulen.

## Schule und Lehrer tragen Verantwortung für den Schülererfolg

Die Verantwortung für Erfolg in der Schule liegt bei Schule und Lehrern – nicht nur beim Schüler und seiner Familie. Bildungsferne familiäre Herkunft oder Leistungs- und Lerndefizite sind Hürden, für deren Überwindung die Schule Verantwortung trägt. Sprachdefizite werden so früh wie möglich aufgeholt. Schulverweise werden abgeschafft: Kein einziger Schüler darf zurückgelassen werden. Wo notwendig, werden Schulen personell und materiell besser ausgestattet.

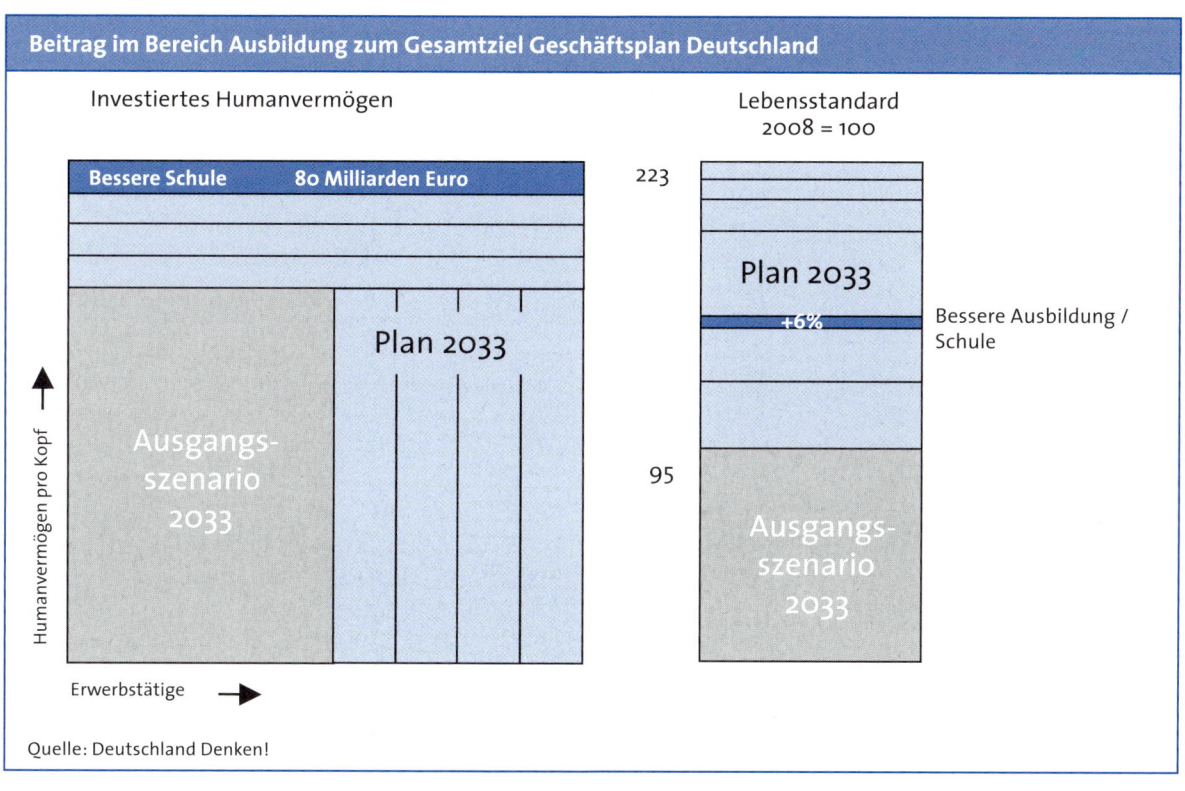

**Beitrag im Bereich Ausbildung zum Gesamtziel Geschäftsplan Deutschland**

Investiertes Humanvermögen

Lebensstandard
2008 = 100

Bessere Schule  80 Milliarden Euro

Plan 2033

Ausgangs-szenario 2033

Humanvermögen pro Kopf

Erwerbstätige

223

Plan 2033

+6%

Bessere Ausbildung / Schule

95

Ausgangs-szenario 2033

Quelle: Deutschland Denken!

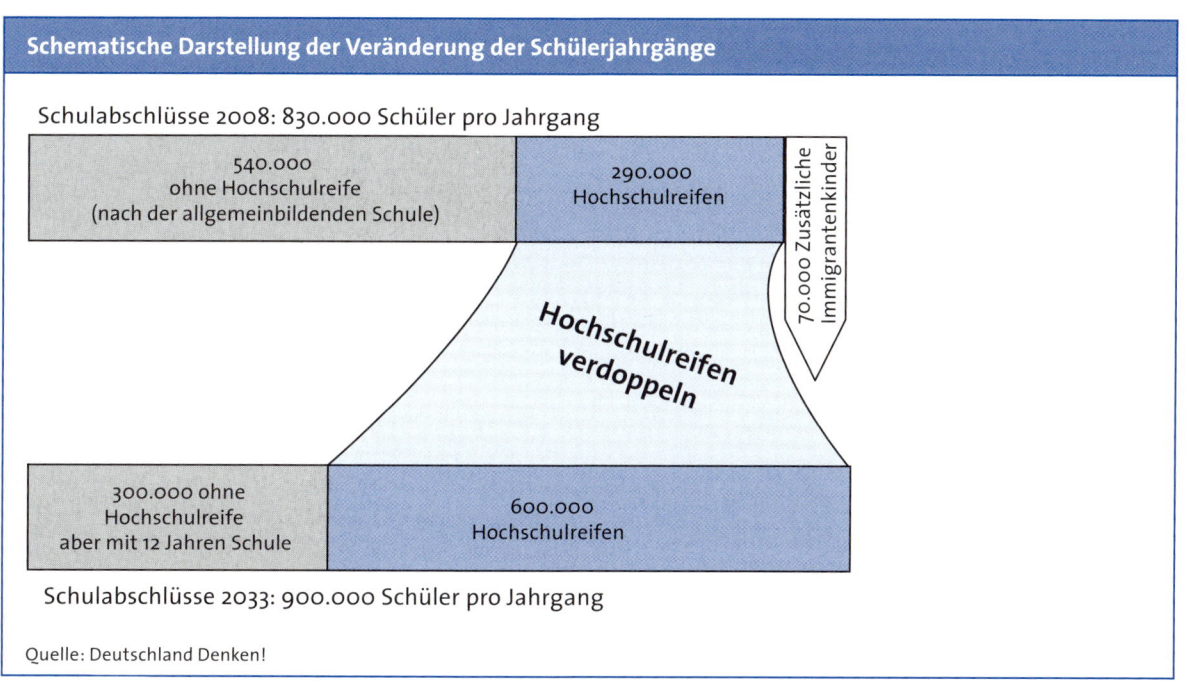

**Schematische Darstellung der Veränderung der Schülerjahrgänge**

Schulabschlüsse 2008: 830.000 Schüler pro Jahrgang

540.000
ohne Hochschulreife
(nach der allgemeinbildenden Schule)

290.000
Hochschulreifen

70.000 Zusätzliche Immigrantenkinder

Hochschulreifen verdoppeln

300.000 ohne
Hochschulreife
aber mit 12 Jahren Schule

600.000
Hochschulreifen

Schulabschlüsse 2033: 900.000 Schüler pro Jahrgang

Quelle: Deutschland Denken!

## Bestandsaufnahme im Bereich Schule: Bildungsexpansion durch Qualitätsexpansion

Das in der Schule erworbene Humanvermögen ist die Voraussetzung für jenes Humanvermögen, das in berufsqualifizierenden Institutionen, insbesondere den Hochschulen und dem beruflichen Ausbildungswesen erworben wird. In beiden Bereichen sind die Anforderungen gestiegen und werden weiter steigen, sowohl qualitativ als auch quantitativ. Schüler, Auszubildende und Studenten müssen mehr lernen, komplexere Sachverhalte begreifen und neue Lerntechniken erwerben. Diesen Anforderungen steht ein Schulsystem gegenüber, das seit 25 Jahren stagniert und kaum Leistungssteigerungen erzielt hat.

Ähnlich der Bildungsexpansion der 1960er und 1970er Jahre kann nur eine große Anstrengung die Leistungsfähigkeit deutscher Schulen deutlich steigern. Dabei kommt es nicht so sehr auf die Schulform oder die Dreigliedrigkeit des Schulsystems an, sondern darauf, dass die Schule auf tatsächliche Lernleistungen verpflichtet wird, also auf eine messbare qualitative Expansion des erzeugten Humanvermögens. Die bisherige Funktion des Schulsystems, als Institution der sozialen Selektion unterschiedlichen Gruppen unterschiedliche Zukunftschancen zuzuteilen, ist hingegen kontraproduktiv. Der Geschäftsplan definiert die zukünftige Rolle der Schule als die eines nicht diskriminierenden, universellen Investors in das Humanvermögen aller zukünftigen Erwerbspersonen.

### Zuwenig Schüler mit Hochschulreife

**Der Anteil der Abiturienten an den Schulabgängern stagniert seit fast zwanzig Jahren. Eine einfache Wiederaufnahme der vorausgegangenen Bildungsexpansion ist aber aus politischen Gründen unwahrscheinlich.**

Auf das Wirtschaftswunder und die gestiegenen Anforderungen des Arbeitsmarktes folgte eine Bildungsexpansion. Die geburtenstarken 1960er Jahrgänge machten nicht nur eine Erhöhung der Zahl der Schulen insgesamt nötig, auch innerhalb der Schultypen gab es eine starke Verschiebung. Wo früher Abiturienten und Realschüler kleine Eliten waren, wurden sie nun zum Normalfall, die Hauptschüler zur Minderheit. Von unter 10 Prozent im Jahr 1965 stieg die Zahl der Abiturienten bis 1990 auf ca. 30 Prozent eines Jahrgangs an und ermöglichte eine Expansion der Hochschulen und Universitäten.

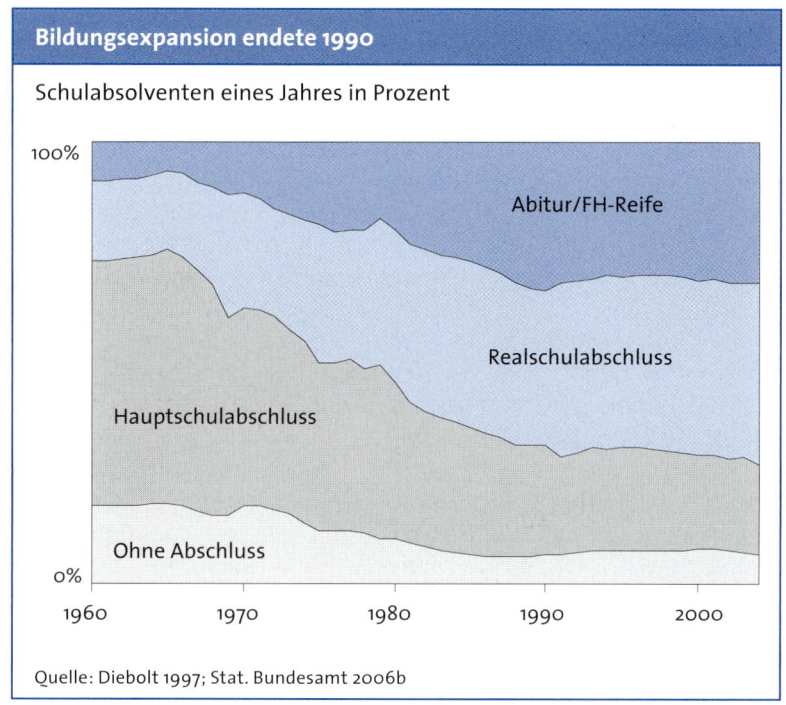

**Bildungsexpansion endete 1990**

Schulabsolventen eines Jahres in Prozent

Abitur/FH-Reife

Realschulabschluss

Hauptschulabschluss

Ohne Abschluss

Quelle: Diebolt 1997; Stat. Bundesamt 2006b

Doch 1990 kam diese Entwicklung zum Erliegen. Wird eine Spanne von knapp zehn Jahren zwischen dem Eintritt in die weiterführende Schule und dem Schulabschluss berücksichtigt, endete die Bildungsexpansion wohl schon vor dem Ende der sozial-liberalen Koalition 1982. Was war geschehen?

Solange die meisten Familien von höheren Bildungsabschlüssen ausgeschlossen waren, ließ sich mit dem Versprechen, Gymnasien und Realschulen zu bauen und zu füllen, Politik machen und Wahlen gewinnen. Mit dem Pillenknick folgten dann Ende der 70er Jahre kleinere Jahrgänge, deren Familien rein zahlenmäßig weniger politisches Gewicht auf die Waage brachten. Eine weitere Bildungsexpansion war möglicherweise auch deswegen nicht mehr gewünscht, weil die Mehrheit nach erfolgreichem sozialen Aufstieg inzwischen auf der anderen Seite saß: Familien, die hofften, den Abstand zu den verbleibenden Hauptschülern aufrecht zu erhalten. Auch deswegen hat die Gesamtschule, also die Aufhebung der Gliederung zwischen den Schultypen, keine politische Mehrheit gefunden. Das gegliederte Schulsystem verschafft in erster Linie **sozialen Status** – nicht aber eine substantielle Verbesserung seiner Leistungsfähigkeit, weder für die Besten noch für den Durchschnitt.

**Sozialer Status**

»Bei gleichen kognitiven Fähigkeiten und gleicher Leseleistung haben Kinder von Spitzenmanagern eine mehr als zweieinhalb mal so große Chance, von ihren Lehrern eine Gymnasialpräferenz zu erhalten als Kinder von Facharbeitern und leitenden Angestellten. Die Chance, von ihren Eltern eine Gymnasialpräferenz zu erhalten, ist sogar 3,8 mal so hoch. Dieser Befund ist 2006 noch deutlicher als 2001 sichtbar.« (Bos 2007)

**Die Nachfrage nach Humanvermögen steigt ständig. Die auf Selektion spezialisierte Schule ist dieser Nachfrage bisher nur teilweise oder auf ineffizienten Umwegen gerecht geworden.**

Im Anschluss an die Grundschule ist das Gymnasium die am häufigsten gewählte Schulform. Doch nicht alle Gymnasiasten erreichen das Abitur, es gibt fast doppelt so viele Abschlüsse mit Mittlerer Reife wie mit Hochschulreife. Auch an der Realschule bringt ein Teil der Schüler nur einen Hauptschulabschluss zustande. Weil aber die Nachfrage des Arbeitsmarktes nach Humanvermögen stetig steigt, erreichen viele Schüler trotz der starken Selektion im gegliederten deutschen Schulsystem doch einen höherwertigen Abschluss, meist mit Praxisorientierung: Hauptschulabsolventen holen die Mittlere Reife nach, Realschulabsolventen besuchen ein Fachgymnasium oder ein IHK-Meister erwirbt automatisch eine Hochschulreife. Doch nur wenige, die die Hochschulreife auf diesem Umweg erlangen, nutzen sie.

Zur Hochschule führen also mehrere Wege. Allerdings wird auch zusammengenommen aus ihnen keine Hauptstraße, denn die Zahl der Hochschulabsolventen stagnierte in Deutschland 20 Jahre lang und liegt noch immer auf einem international unterdurchschnittlichen Niveau. Gemessen am

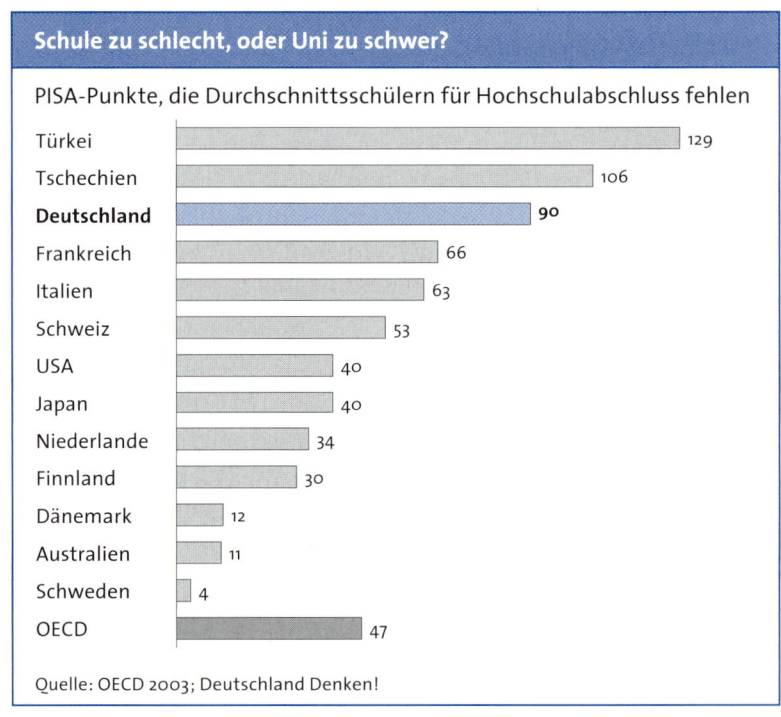

**Schule zu schlecht, oder Uni zu schwer?**

PISA-Punkte, die Durchschnittsschülern für Hochschulabschluss fehlen

| | |
|---|---|
| Türkei | 129 |
| Tschechien | 106 |
| **Deutschland** | **90** |
| Frankreich | 66 |
| Italien | 63 |
| Schweiz | 53 |
| USA | 40 |
| Japan | 40 |
| Niederlande | 34 |
| Finnland | 30 |
| Dänemark | 12 |
| Australien | 11 |
| Schweden | 4 |
| OECD | 47 |

Quelle: OECD 2003; Deutschland Denken!

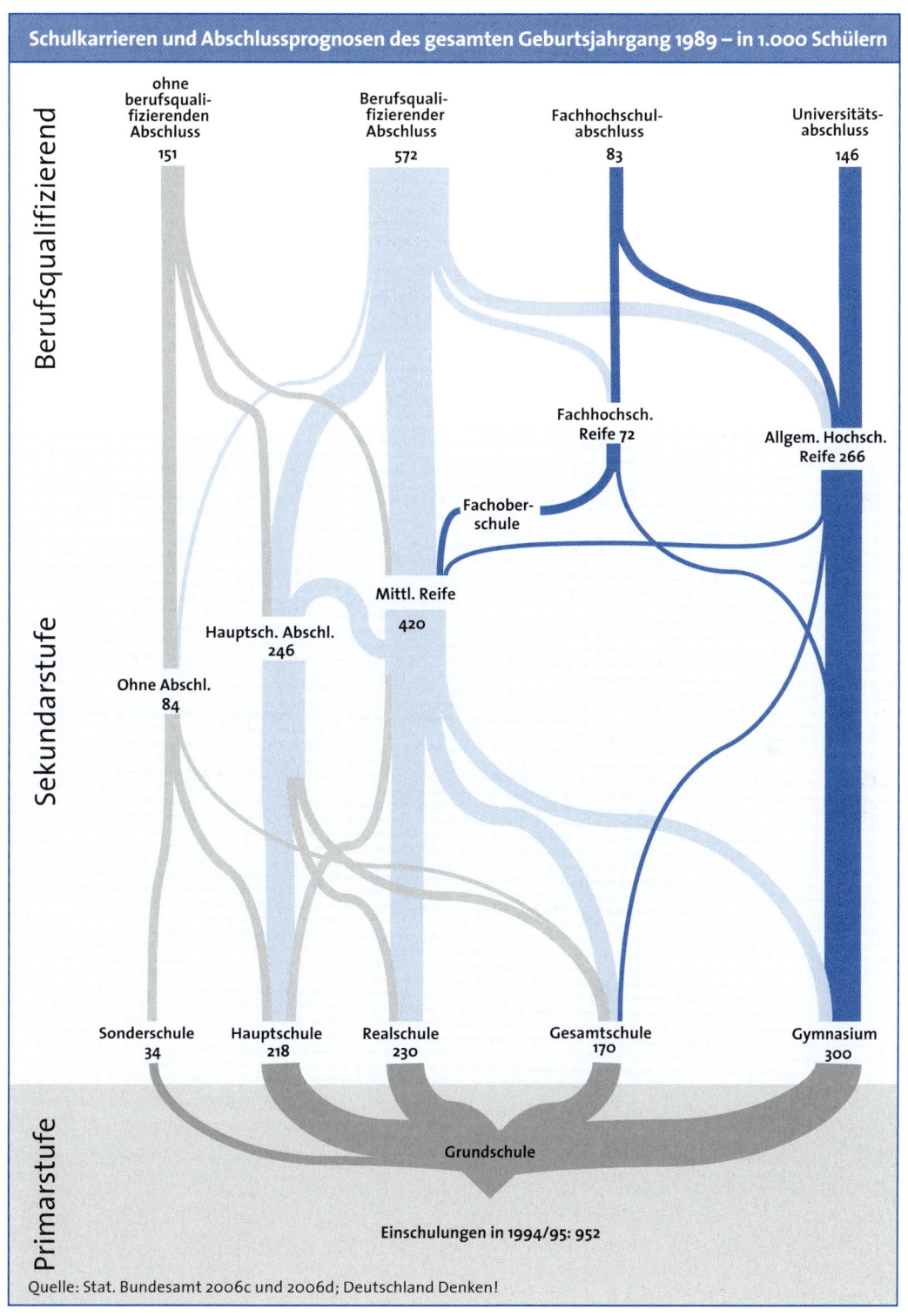

**Schulkarrieren und Abschlussprognosen des gesamten Geburtsjahrgang 1989 – in 1.000 Schülern**

Berufsqualifizierend

ohne berufsquali- fizierenden Abschluss
151

Berufsquali- fizierender Abschluss
572

Fachhochschul- abschluss
83

Universitäts- abschluss
146

Fachhochsch. Reife 72

Allgem. Hochsch. Reife 266

Fachober- schule

Sekundarstufe

Mittl. Reife
420

Hauptsch. Abschl.
246

Ohne Abschl.
84

Sonderschule
34

Hauptschule
218

Realschule
230

Gesamtschule
170

Gymnasium
300

Primarstufe

Grundschule

Einschulungen in 1994/95: 952

Quelle: Stat. Bundesamt 2006c und 2006d; Deutschland Denken!

## PISA

Es handelt sich um standardisierte, vergleichende Leistungstests in einer großen Zahl
von Ländern. Die Struktur der
PISA-Studien und deren Ergebnisse werden am Ende dieses
Abschnitts detailliert.

internationalen **PISA**-Standard ist ein durchschnittlicher deutscher Schüler 90 Punkte von der Qualitätshürde für einen
deutschen Hochschulabschluss entfernt. Größer ist der Abstand nur in wenigen Ländern wie der Türkei und der Tschechischen Republik. Das liegt einerseits daran, dass die Hochschulen – die Fachhochschulen eingeschlossen – zu restriktiv
bei der Aufnahme von Studienanfängern und andererseits die
Schulen nicht in der Lage sind, eine ausreichende Zahl von
Absolventen mit dem notwendigen Humanvermögen auszu-
statten. Nur wenn deutsche Schulen die Qualität liefern, die
deutsche Universitäten benötigen, ist eine erhebliche Ausweitung der Hochschulabschlüsse möglich.

## Anforderungen des Arbeitsmarktes sind gestiegen

### Arbeits- und Ausbildungsmarkt fordern mehr Qualität von der Schule. Bisher war sie nicht an diesen Märkten orientiert.

Jene Hälfte der Schüler, für welche die Hochschule zu anspruchsvoll ist oder deren Neigungen sie nicht entspricht,
erwirbt ihr arbeitsmarktspezifisches Humanvermögen vor
allem über den Weg der Berufsausbildung. Auch für sie sind
die **Anforderungen** gestiegen und steigen weiter. Die Betriebe
fordern von ihren Auszubildenden die Fähigkeit, den gelernten
Stoff auch jenseits der üblichen Schulaufgaben in Situationen
außerhalb des Unterrichts, in einer neuen Fragestellung oder
einem anderen Zusammenhang anzuwenden. PISA testet gerade solche Transferfähigkeit und zeigt, dass dazu nicht ausreichend viele Schüler in der Lage sind.

## Anforderungen

»Die PISA Studie hat gezeigt,
dass ein knappes Viertel der
Fünfzehnjährigen nicht richtig
lesen und rechnen kann. Sie
stehen dem Arbeitsmarkt nur
eingeschränkt zur Verfügung.
Gleichzeitig leiden viele Unternehmen schon jetzt unter
einem Mangel an Fachkräften.
Die Wirtschaft wird also Druck
auf die Politik ausüben und
selbst aktiv werden, um dieses
Problem in den Griff zu bekommen.« (Ludger Wößmann,
Bildungsökonom)

Nur wenige Schulen bereiten effektiv auf den Arbeitsmarkt
und das Berufsleben vor. Ein Viertel aller Ausbildungsverträge
wird vor seinem vorgesehenen Ende aufgelöst, unter anderem
weil Absolventen falsche Vorstellungen von ihrem gewünschten Beruf und vor allem von der Passgenauigkeit zwischen den
eigenen Fähigkeiten und den Anforderungen des Ausbildungs-
marktes haben (Hovestadt 2003). Vielen Schulabsolventen
fehlt sogar jenes Humanvermögen, das in der Regel im Elternhaus und in der Grundschule erworben werden sollte, und das
für die **Arbeitsfähigkeit** das absolute Minimum darstellt. Hier
muss die Schule familiäre Versäumnisse nachholen können.
Diesen erhöhten Anforderungen der Berufswelt ist die Schule
auch deswegen nicht gewachsen, weil sie für 65 Prozent der
Absolventen, die weder eine allgemeine noch eine Fachhoch-
schulreife erwerben, zu kurz ist. Auch an der hohen Abituri-

entenquote in vielen Berufsausbildungen ist erkennbar, dass für anspruchsvolle Berufsausbildungen mindestens 12 Jahre allgemeinbildende Schule Voraussetzung sind.

Die Optionen für Schulabgänger ohne Abschluss sind in Deutschland mager: Fast 60 Prozent von ihnen erhalten keine Berufsausbildung und haben damit eine Erwerbswahrscheinlichkeit von ca. 50 Prozent. Auch von den erfolgreichen Hauptschülern bleiben 17 Prozent ohne Berufsausbildung (Troltsch 1999). Deutschlands Unfähigkeit, alle Schüler auf ein optimal produktives Erwerbsleben vorzubereiten, ist auch fiskalisch teuer. Wer als Erwachsener nicht viel leisten kann, fordert über die soziale Umverteilung das ein, was ihm an Humanvermögen während der Schule verwehrt wurde.

## Gute alte Zeiten hatte die deutsche Schule nie

**Die Ergebnisse der Schule, gemessen an PISA und dessen Vorgängern, zeigen unverändert Mittelmaß. Andere Länder haben eine dauerhafte Verbesserung bewirken können.**

Deutschland kommt bei den PISA-Studien im Mittelfeld vor. Wichtige Industrienationen, mit denen Deutschland im Wettbewerb steht, wie die USA, Frankreich oder Großbritannien, liegen hinter Deutschland. Die deutsche Schule verleiht Deutschland gegenüber diesen Ländern Wettbewerbsvorteile.

Die Ergebnisse zeigen aber auch, dass eine Reihe von Ländern noch erheblich besser sind. Meist handelt es sich um kleinere oder relativ homogene Länder wie Finnland, die Niederlande, Japan oder Korea. Kanada mit einem ähnlich föderalen Bildungssystem wie Deutschland und noch deutlich höheren Einwandererzahlen (fast 36 Prozent der Kanadier haben einen Migrationshintergrund) ist mit Deutschland vergleichbar und dennoch sind die kanadischen Schulen wesentlich leistungsfähiger.

Die Niederlande und Finnland zeigen vor allem, dass Verbesserungen in einem planbaren Zeitraum möglich sind. Beide Länder waren nicht immer gut, sondern haben durch gezielte Anstrengungen in den letzten fünfzehn Jahren Verbesserungen erreicht. **Finnland** liegt nun schon zum dritten Mal in Folge an der Spitze der Gesamtwertungen. **Deutschland** dagegen war auch schon in den 1960er und 1970er Jahren Mittelmaß. Gute alte Zeiten hatte die deutsche Schule nie. Das war damals

### Minimale Arbeitsfähigkeit

»Wo ein Produkt oder Werk im Zusammenspiel der Mitarbeiter hergestellt wird, wo ein Kunde bedient wird, wo eine Dienstleistung für andere Menschen erbracht wird – da sind Zuverlässigkeit und Sorgfalt, Freundlichkeit und Höflichkeit, Kommunikations-, Konflikt- und Teamfähigkeit elementar für das Gelingen. Gerade an Hauptschulen sind heute immer mehr Kinder und Jugendliche zu finden, die aus ihren eigenen Familien in dieser Hinsicht wenig mitbekommen, so dass die Vermittlung dieser elementaren sozialen Kompetenzen in neuem Maße zu einer Aufgabe der Schule geworden ist und dies auch bleiben wird.« (Dr. Donate Kluxen-Pyta, Bundesvereinigung der deutschen Arbeitgeberverbände)

### Deutschland und Finnland

»Das Wichtigste ist für mich, dass wir dazugelernt haben und dass an den Schwachstellen ernsthaft gearbeitet wird. Andererseits sollten uns Länder wie Finnland ein Ansporn sein. Sie zeigen, zu welch erstaunlichen Leistungen auch Fünfzehnjährige schon in der Lage sind. Die spielen in einer anderen Liga und sind ihren Altersgenossen in Deutschland zwei Schuljahre voraus.« (Manfred Prenzel, Leiter der deutschen PISA-Studie 2006)

**Mittelmaß mit wenig Verbesserung**

Durchschnittswerte PISA und ähnliche Tests mit deutscher Teilnahme (z. T. mehrere Tests gemittelt)

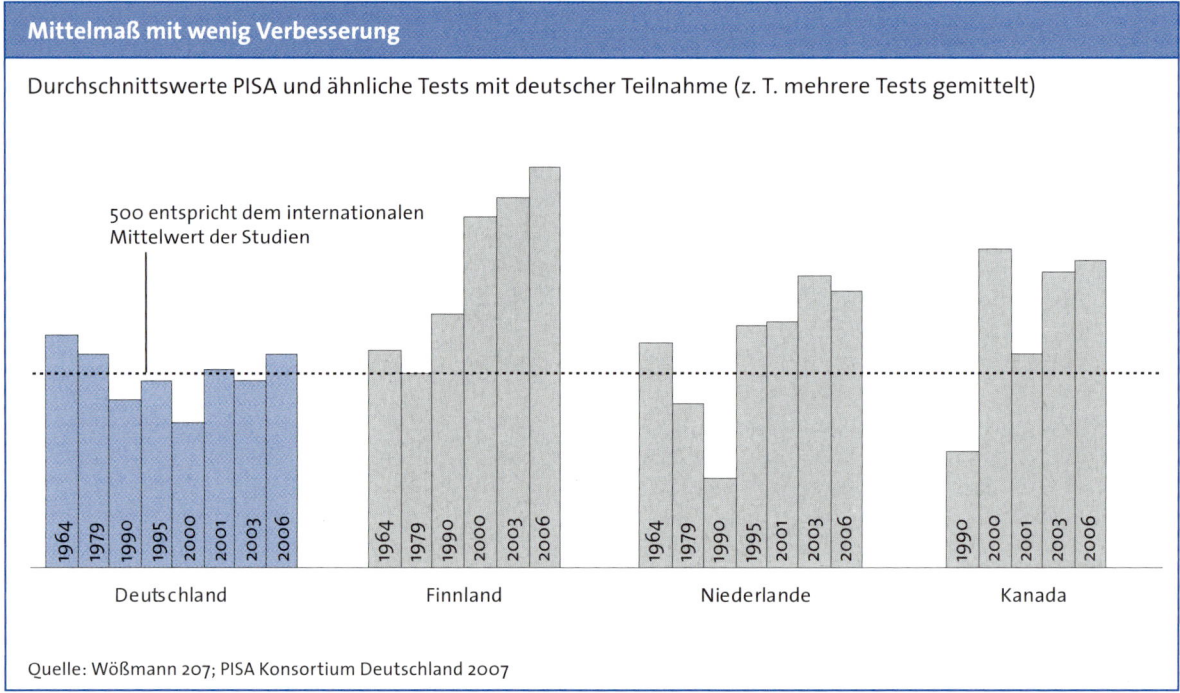

Quelle: Wößmann 207; PISA Konsortium Deutschland 2007

nicht so maßgeblich, aber heute stehen viele Arbeitsplätze in einem direkten globalen Wettbewerb, so dass für Deutschland der Ehrgeiz, die besten Schüler hervorzubringen, Voraussetzung für hochwertige Beteiligung an der internationalen Arbeitsteilung ist.

Internationale und deutsche Erfahrungen zeigen, wie die Anforderungen des Arbeitsmarktes und des Marktes für Berufsqualifikation erreicht werden können. Der Geschäftsplan konzentriert sich dabei auf die Kombination von zwei strategischen Aktionsfeldern:

▶ Das Schulsystem wird die durchschnittlichen Ergebnisse aller Schüler steigern. Die eine Hälfte aller Schüler wird soweit qualifiziert, dass sie erfolgreich eine Hochschule, die andere Hälfte soweit, dass sie eine Berufsqualifikation abschließt.

▶ Das Schulsystem muss sicherstellen, dass jeder Schüler unabhängig von sozialer Herkunft oder persönlicher Disposition sein individuelles Maximum erreicht.

## PISA liefert einen internationalen Qualitätsmaßstab

Das »Programme for International Student Assessment« (PISA) der OECD und vergleicht seit 2000 alle drei Jahre in zuletzt 57 Ländern die Schulleistungen in einer repräsentativen Stichprobe von jeweils rund 5.000 fünfzehnjährigen Schülern.

Die Tests in den drei Bereichen Lesekompetenz, Mathematik und Naturwissenschaften erlauben nicht nur Leistungs-, sondern auch Systemvergleiche, weil sie sich nicht an nationalen Curricula orientieren, sondern allgemeine alltags- und berufsrelevante Fähigkeiten und Kenntnisse testen: wie gut gelernt wird, und ob das Richtige gelernt wird. Das in Deutschland im Jahr 2000 mit der Durchführung beauftragte Max-Planck-Institut für Bildungsforschung wollte »über die Messung von Schulwissen hinausgehen und die Fähigkeit erfassen, bereichsspezifisches Wissen

und bereichsspezifische Fertigkeiten zur Bewältigung von authentischen Problemen einzusetzen« (MPIB 2005). PISA ist daher für die Bewertung des in der Schule erworbenen Humanvermögens besonders geeignet.

Jeder Schüler muss in zwei Stunden 50 Aufgaben – eine Auswahl aus insgesamt 165 Aufgaben – unter Zeitdruck bearbeiten. Jede Antwort wird anschließend als entweder richtig oder falsch bewertet. Aus dem Verhältnis der richtigen und falschen Antworten in allen Ländern wird der Schwierigkeitsgrad einer Aufgabe nachträglich festgestellt. Jedem Schüler wird nun ein Kompetenzwert zugeordnet, je nach Schwierigkeitsgrad seiner richtig gelösten Aufgaben. Dieser Kompetenzwert wird anschließend so skaliert, dass der Mittelwert aller Schüler in den Staaten der OECD bei 500 Punkten liegt und die Standardabweichung 100 Punkte beträgt. Entsprechend liegen knapp 70 Prozent der getesteten Schüler zwischen 400 und 600 Punkten. Für feinste Unterscheidungen sind der Test und die Ergebnisse nicht geeignet. Das deutsche Ergebnis in Naturwissenschaften hat beispielsweise eine statistische Unschärfe von +/– 4 Punkten.

Mit 553 Punkten ist ein durchschnittlicher finnischer Schüler seinem deutschen Gegenpart mehr als ein Schuljahr voraus. Als Faustregel gilt: Ein Schüler

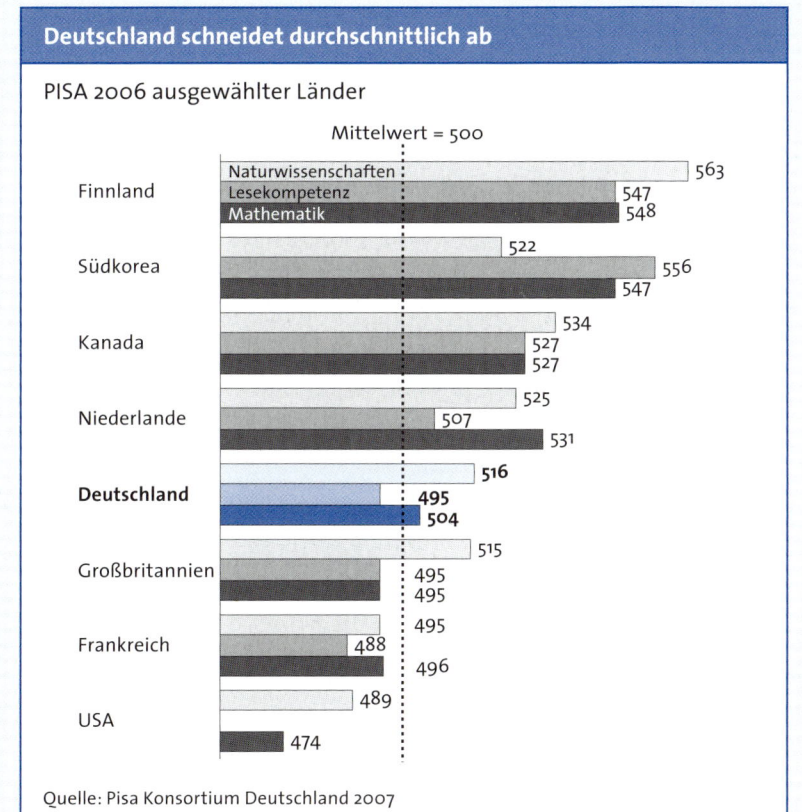

**Deutschland schneidet durchschnittlich ab**

PISA 2006 ausgewählter Länder

Mittelwert = 500

| Land | Naturwissenschaften | Lesekompetenz | Mathematik |
|------|--------------------|---------------|-----------|
| Finnland | 563 | 547 | 548 |
| Südkorea | 522 | 556 | 547 |
| Kanada | 534 | 527 | 527 |
| Niederlande | 525 | 507 | 531 |
| **Deutschland** | **516** | **495** | **504** |
| Großbritannien | 515 | 495 | 495 |
| Frankreich | 495 | 488 | 496 |
| USA | 489 | | 474 |

Quelle: Pisa Konsortium Deutschland 2007

steigert sich je Schuljahr um etwa 40 Punkte. Außerdem ist in Finnland die Streuung der Ergebnisse deutlich niedriger. Für den PISA-Mathematiktest 2003 lag die Spreizung zwischen dem zehnten und dem neunzigsten Prozentpunkt in Deutschland bei 269 Punkten. Nur in einem anderen Land sind die guten Schüler noch weiter von den schlechten entfernt. Beim internationalen Spitzenreiter Finnland lag die Spanne lediglich bei 214 Punkten.

Neben den kognitiven Testdaten erheben die PISA-Untersuchungen auch detaillierte Informationen über den familiären und sozialen Hintergrund der Schüler. Das ermöglicht eine wissenschaftliche Begleitung und Ermittlung der Ursachen beobachteter Unterschiede. Allerdings wird die Veröffentlichung der PISA-Daten in Deutschland zunehmend restriktiv gehandhabt. Die Kultusministerkonferenz wird zum Beispiel die Unterschiede zwischen den Bundesländern bei PISA 2006 nicht mehr veröffentlichen.

Obwohl Deutschland auch schon vorher an einigen, allerdings längst nicht allen, ähnlichen Tests teilgenommen hatte, war die Reaktion auf PISA 2000 gewaltig, viel größer als in anderen Ländern. Nicht nur die öffentliche Debatte ist seitdem kaum abgeebbt, sondern auch viele positive Ansätze einzelner Schulen, Schüler und Lehrer haben ein breiteres Echo gefunden. Trotz unterschiedlicher ideologischer Interpretationen der Ergebnisse gibt es kaum Zweifel an der Bedeutung objektiver, standardisierter Messung von Lernergebnissen.

# Aktionsfeld I im Bereich Schule: Leistungsschnitt für alle anheben

Im internationalen Vergleich produziert die deutsche Schule mittelmäßiges Humanvermögen. Obwohl das schon immer so war, gibt es doch viele Beispiele, in Deutschland wie in anderen Ländern, die eine substantielle Verbesserung zu einem realistischen Ziel machen. Es gibt Hinweise auf strukturelle und institutionelle Veränderungen, die dazu einen Beitrag leisten können. Die Messlatte für Deutschland liegt ungefähr auf dem Niveau des Spitzenreiters Finnland.

## Qualitätsexpansion in allen Schulformen

**Steigt der deutsche Durchschnitt auf 547 PISA-Punkte, kann die eine Hälfte eines Jahrgangs eine Hochschule und die andere mindestens 12 Schuljahre und eine Berufsausbildung abschließen.**

Im Durchschnitt aller OECD Länder befähigt ein PISA-Wert von **547 Punkten** zu einem Hochschulabschluss. Dieser Wert wird zur Zeit von 37 Prozent der deutschen Schüler erreicht. Die Hochschulabsolventenquote beträgt in Deutschland aber nur 21 Prozent. Damit die Hochschulabsolventenquote auf insgesamt 50 Prozent steigen kann, sollen die PISA-Ergebnisse ungefähr auf das finnische Niveau gehoben werden, während die Hochschulen gleichzeitig einen größeren Teil der Hochschulbefähigten zum Abschluss führen. Eine ähnliche Hürde lässt sich für die Befähigung zu einer Berufsausbildung bestimmen, sie liegt bei ungefähr 400 Punkten. Damit in Zukunft niemand ohne Berufsausbildung bleibt, muss die hohe Streuung ebenfalls auf finnisches Maß reduziert werden. Der Geschäftsplan umfasst beide Aufgaben, das Gesamtniveau zu heben, und die Streuung zu reduzieren.

> **547 Punkte**
> Siehe Bereich Ausbildung, Seite 137, und die Berechnung der Qualifikationshürde

Diese Ziele fordern alle Schultypen heraus. Heute erzielen selbst nicht alle 15-jährigen Gymnasiasten 547 Punkte. Einige von ihnen erreichen nicht das Abitur oder anschließend keinen Hochschulabschluss. Ein Teil der heutigen Real- oder Gesamtschüler dagegen besitzt dieses Niveau bereits. Mit einer Verbesserung von 44 Punkten kann die Hälfte der Absolventen dieser beiden Schultypen ebenfalls 547 Punkte erreichen. Für die Hauptschulen und einen kleinen Teil der Gesamtschüler stellt auch das Ziel 400 Punkte eine große, aber realistische Herausforderung dar. Heute liegt die Hälfte der Hauptschüler unter dieser Marke und hat große Schwierigkeiten, eine Aus-

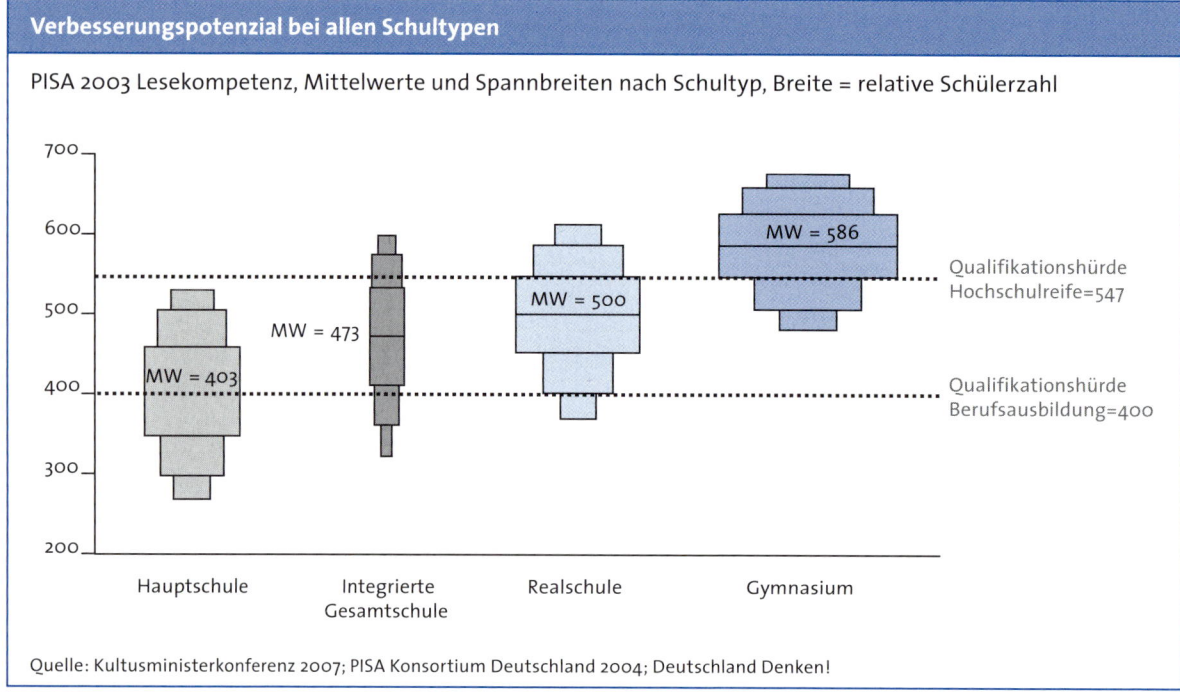

**Verbesserungspotenzial bei allen Schultypen**

PISA 2003 Lesekompetenz, Mittelwerte und Spannbreiten nach Schultyp, Breite = relative Schülerzahl

Quelle: Kultusministerkonferenz 2007; PISA Konsortium Deutschland 2004; Deutschland Denken!

bildungsstelle zu finden. Ein Viertel der Hauptschüler ist weniger als 50 Punkte von dieser Marke entfernt und wird schon durch den Anstieg des Gesamtniveaus die Hürde nehmen. Von dem verbleibenden Viertel mögen einige wenige unter keinen Umständen das für eine Berufsausbildung notwendige Humanvermögen akquirieren können, doch sind viele dabei, die aus vermeidbaren Gründen – mangelnde Deutschkenntnisse oder zu wenig Unterstützung der Schule – keine ausreichenden Leistungen zeigen. Zu diesem Zweck sieht der Geschäftsplan vor, dass alle Schüler für mindestens 12 Jahre eine allgemeinbildende Schule besuchen.

## Beispiele für gute Schulen und Schulsysteme

**Es gibt keinen Königsweg zu besseren Schülerleistungen, aber viele gute Beispiele. Sie zeigen die richtige Mischung aus Autonomie und Kontrolle und konzentrieren sich auf die Qualität des Lehrers und des Unterrichts.**

Dass Ziele für die Leistungen von Schülern ehrgeizig sein können, ohne deshalb utopisch zu sein, zeigen viele Beispiele. Länder, die in den PISA-Ergebnissen vorne liegen, haben zum Teil ganz unterschiedliche, den eigenen Verhältnissen ange-

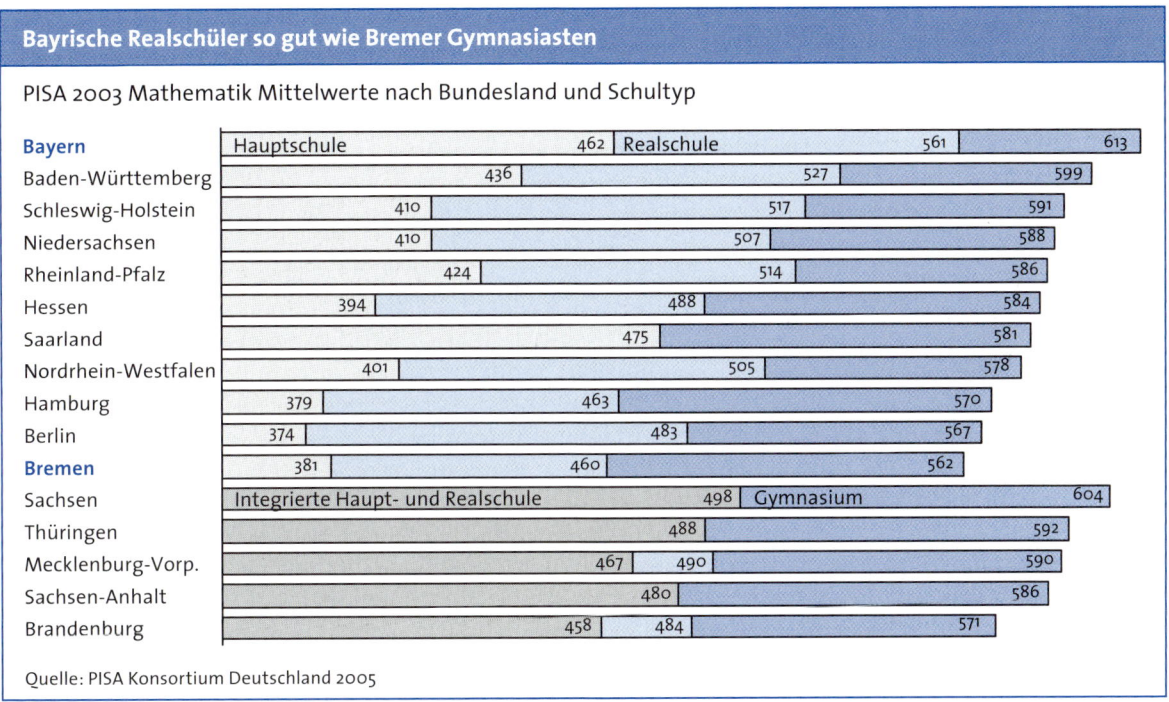

**Bayrische Realschüler so gut wie Bremer Gymnasiasten**

PISA 2003 Mathematik Mittelwerte nach Bundesland und Schultyp

| | Hauptschule | Realschule | Gymnasium |
|---|---|---|---|
| **Bayern** | 462 | 561 | 613 |
| Baden-Württemberg | 436 | 527 | 599 |
| Schleswig-Holstein | 410 | 517 | 591 |
| Niedersachsen | 410 | 507 | 588 |
| Rheinland-Pfalz | 424 | 514 | 586 |
| Hessen | 394 | 488 | 584 |
| Saarland | 475 | | 581 |
| Nordrhein-Westfalen | 401 | 505 | 578 |
| Hamburg | 379 | 463 | 570 |
| Berlin | 374 | 483 | 567 |
| **Bremen** | 381 | 460 | 562 |

| | Integrierte Haupt- und Realschule | Gymnasium |
|---|---|---|
| Sachsen | 498 | 604 |
| Thüringen | 488 | 592 |
| Mecklenburg-Vorp. | 467 / 490 | 590 |
| Sachsen-Anhalt | 480 | 586 |
| Brandenburg | 458 / 484 | 571 |

Quelle: PISA Konsortium Deutschland 2005

passte und durch die eigene Geschichte bedingte Schulsysteme: mal zentral, mal dezentral, zum Teil gegliedert, zum Teil einheitlich, mit hoher Autonomie oder mit hoher Kontrolle. Offenbar gibt es nicht nur einen Weg zum Ziel. Deutschland kann von anderen Ländern lernen, aber es kann sie nicht kopieren.

Auch in Deutschland zeigen genügend Beispiele, dass das deutsche Schulsystem zu Höchstleistungen fähig ist. Das Bundesland Bayern hat 2003 in Mathematik 533 Punkte geschafft – im Durchschnitt über alle Schultypen. Damit läge Bayern, mit einer Bevölkerung mehr als doppelt so groß wie Finnland und kaum kleiner als die Niederlande, in der internationalen Spitzengruppe.

Einzelne deutsche Schulen sind noch besser. Ergebnisse für bestimmte Schulen wurden offiziell nicht veröffentlicht, weil die Stichproben für Schulen nicht repräsentativ ausgewählt und wohl auch zu klein waren. Dass die Leistungsunterschiede nicht nur zwischen den Schultypen, sondern auch innerhalb eines Schultyps erheblich sind, streitet aber niemand ab. Auch hier gibt es genügend Beispiele, an denen Deutschland sich insgesamt orientieren kann.

**Selbständige Schule in NRW**

Das 278 Einzelziele umfassende Projekt will unter maximaler Ausschöpfung der geltenden Vorschriften und dann im Rahmen einer Experimentierklausel die Verbesserung der Qualität schulischer Arbeit und besonders des Unterrichts erreichen: Die Schulen entscheiden über den Lehrplan selbst; sie stellen selbst ein; freie Stellen können alternativ kapitalisiert werden. Ein an PISA und IGLU angelehnter Vergleichstest zeigte eine Verbesserung um 13 bzw. 18 Punkte in nur zwei Jahren. (Selbständige Schule NRW 2006)

**Modus 21 –
Schule in Verantwortung**

An dem bayerischen Pilotprojekt Modus 21 teilnehmenden Schulen wird größere Selbständigkeit und damit mehr Verantwortung für die Gestaltung ihrer Entwicklung übertragen. Die Schulen sollen selbst entscheiden können, wie sie ihre Qualität erhöhen können und so erproben, welcher Grad an Selbstständigkeit für die pädagogische Arbeit hilfreich ist. Ideen werden über eine Website anderen Schulen zum Kopieren zur Verfügung gestellt. Ideen sind zum Beispiel die Flexibilisierung der Stundentafel, Schüler lehren Schüler, Einbeziehung externer Partner, neue Formen der Leistungserhebung wie Präsentationen, Kurzarbeiten oder fachbezogene Projekte. (modus21 2007)

An den Beispielen sind Gemeinsamkeiten zu erkennen. Es gibt Strukturmerkmale, die offenbar eine Leistungskultur erzeugen, wie Autonomie, zentrale Abschlussprüfung und Wahlmöglichkeit der Eltern. Aber noch wichtiger ist die Qualität des Unterrichts, die durch die Qualität des Lehrers, seine Ausbildung und die ständige Entwicklung seiner Fähigkeiten gewährleistet wird. Beide Aspekte, Strukturmerkmale und Lehrerqualität, werden im folgenden noch weiter detailliert.

## Leistungskultur durch strukturelle Veränderungen

**Gute Schulen sind Schulen, die selbst entscheiden können – solange ihre Leistungen mindestens in externen Abschlussprüfungen objektiv überprüft werden.**

Die Orientierung an guten Beispielen lässt sich nicht zentral vorschreiben. Wahrscheinlich können politisch entwickelte Lösungsstrategien überhaupt nur wenig erreichen, weil diese sich zentralistischer Vorgaben bedienen müssen und von der Pädagogik weit entfernt sind. In Großbritannien, wo die Schule bereits seit Jahrzehnten von der nationalen Politik als zentrales Reformfeld mit allen Arten von Veränderungen überzogen wurde, ist bisher keine Verbesserung der gemessenen Leistungsfähigkeit eingetreten (McKinsey 2007).

Damit Schulen und Lehrer lernen können, was die Leistungen steigert und was nicht, müssen sie in der Lage sein, zu experimentieren und autonom über die Gestaltung des Unterrichts zu entscheiden. Diese Autonomie geht in einigen Ländern deutlich weiter als bisher in Deutschland. Der Bundesstaat Alberta in Kanada gibt seinen Schulen höchste Autonomie. Von jedem Dollar, der für die Schule ausgegeben wird, verfügt der Schulleiter eigenständig über 92 Cents: Er wählt die Lehrer aus und stellt sie ein. Er variiert die Klassenstärken selbständig: zum Beispiel 15 Schüler in der ersten Klasse, aber 30 Schüler in der neunten. Immigranten ohne Sprachkenntnisse werden zunächst nur Sprachkenntnisse beigebracht, erst mit der Zeit kommen andere Fächer hinzu. Sitzenbleiben gibt es nicht. Die Eltern arbeiten in den aufsichtsführenden Gremien mit, sind also bei Ressourcenallokation und zentralen Richtungsentscheidungen eingebunden (FTD 2007). Alberta erreichte im PISA-Test 2006 in Mathematik 530 Punkte und im Lesen 535 Punkte. Inzwischen entwickeln sich auch in Deutschland immer mehr Projekte wie die **Selbständige Schule** in Nordrhein-Westfalen oder **Modus 21** in Bayern. In der Tat zeigt auch der internationale Vergleich, dass die

Freiheit der Schule, über die Lerninhalte selbst zu entscheiden, die Testergebnisse bis zu 19 PISA-Punkte steigern kann. Über Lehrergehälter entscheiden zu können, kann sogar 21 Punkte ausmachen. Das gilt allerdings nur unter einer wichtigen Voraussetzung: dass gleichzeitig mindestens die Abschlussprüfungen nicht von der Schule selbst gestellt und korrigiert werden. Wenn es solche externe, objektivierte **Transparenz** der Leistung nicht gibt, dann senkt Schulautonomie die Leistungen sogar (Wößmann 2007).

Das Zentralabitur funktioniert, weil es den Lehrer einer unmöglichen Doppelrolle enthebt: Anwalt und Richter seiner Schüler gleichzeitig zu sein. Werden Aufgaben extern gestellt und beurteilt, sind die Anreize klar: Lehrer und Schüler kämpfen Seite an Seite für bessere Leistungen. Das ist nicht nur für die Abschlussprüfung, sondern für jede Leistungsüberprüfung gut. International haben Länder mit regelmäßigen, standardisierten Tests im Schnitt acht Punkte höhere PISA-Werte als solche ohne externe Leistungsüberprüfungen. Die zentrale Abschlussprüfung ist dagegen bis zu 11 Punkte wert (Wößmann 2007). Am besten funktioniert die objektive Leistungsüberprüfung, wenn die damit beauftragte Institution auch von den Schulverwaltungsbehörden unabhängig ist.

**Transparenz**

Deutsche Eltern sind mit der Leistung der Schule deutlich weniger zufrieden als der Durchschnitt der PISA-Teilnehmerländer. Von Kompetenz und Engagement der Lehrer sind 79 Prozent der deutschen Eltern überzeugt, aber international sind es 89 Prozent. Dass die Schule sich um die Fortschritte des eigenen Kindes kümmert, glauben in Deutschland 61 Prozent, international 78 Prozent. Und nur 46 Prozent fühlen sich ausreichend informiert, international finden das immerhin 74 Prozent der Eltern. (OECD 2007a)

**Zentralabitur wirkt auf die Leistungskultur**

PISA 2003 Mathematik (Einführungsjahr Zentralabitur)

Mittelwert > 510
Mittelwert > 500
Mittelwert > 490
Mittelwert < 490

Schleswig-Holstein (2008)
Mecklenburg-Vorpommern (1991)
Hamburg (2005)
Bremen (2007)
Brandenburg (2005)
Niedersachsen (2006)
Berlin (2006)
Nordrhein-Westfalen (2007)
Sachsen-Anhalt (1993)
Sachsen (1993)
Thüringen (1993)
Hessen (2007)
Rheinland-Pfalz
Saarland (1945)
Baden-Württemberg (1952)
Bayern (1946)

Quelle: PISA Konsortium Deutschland 2005; Deutschland Denken!

### Kein Zentralabitur

Ein Lehrer des altsprachlichen Goethe-Gymnasiums in Berlin hatte es als Zweitkorrektor mit Abiturarbeiten am »Evangelischen Gymnasium zum Grauen Kloster«, einer Vorzeigeschule mit Eliteanspruch, zu tun. Dabei fiel ihm die dortige Zensurenvergabe auf, und er sprach seinen Kollegen darauf an. Am Goethe-Gymnasium werde im selben Fach strenger benotet. Da wurde der Ton des Klosterlehrers scharf, und es fiel ein denkwürdiger Satz: »Die Eltern unserer Schüler hier sind die Chefs der Eltern Ihrer Schüler, und das soll auch so bleiben.« (FAZ 2007)

In Deutschland haben sich externe Prüfungen erst mit der Zeit durchgesetzt. Bayern, Baden-Württemberg und das Saarland nehmen schon seit Beginn der Bundesrepublik zentrale Abiturprüfungen ab. Nach der Wiedervereinigung taten es ihnen die meisten der neuen Bundesländer gleich. Erst nach dem PISA-Schock sind nahezu alle übrigen Länder gefolgt, weil sie erkannt haben, dass die PISA-Werte umso besser sind, je länger es das **Zentralabitur** gibt. Bis institutionelle Anreize in den Verhaltensweisen Einzelner Wirkung zeigen, vergeht offenbar Zeit. Für die Zukunft ist eine deutliche Verbesserung besonders jener Bundesländer zu erwarten, die das Zentralabitur erst kürzlich eingeführt haben.

**Der Wettbewerb mit privaten Schulen hebt das Gesamtniveau, aber wichtiger ist die Wahlfreiheit der Eltern auch zwischen staatlichen Schulen.**

Auch die Anzahl privat geleiteter Schulen – die nicht unbedingt privat finanziert sein müssen, was in Deutschland ohnehin kaum vorkommt – scheint einen positiven Einfluss auf das Gesamtniveau zu haben. Haben Schüler und Eltern die Wahl einer privaten Schule, führt der Wettbewerb dazu, dass alle Schulen sich anstrengen, bessere Leistungen zu erzielen. Eine Steigerung des Anteils privat geleiteter allgemeinbildender Schulen um 25 Prozentpunkte, also in Deutschland von heute 10 auf 35 Prozent, kann eine PISA-Verbesserung um bis zu 15 Punkte bringen, wie der internationale Vergleich zeigt (Wößmann 2007).

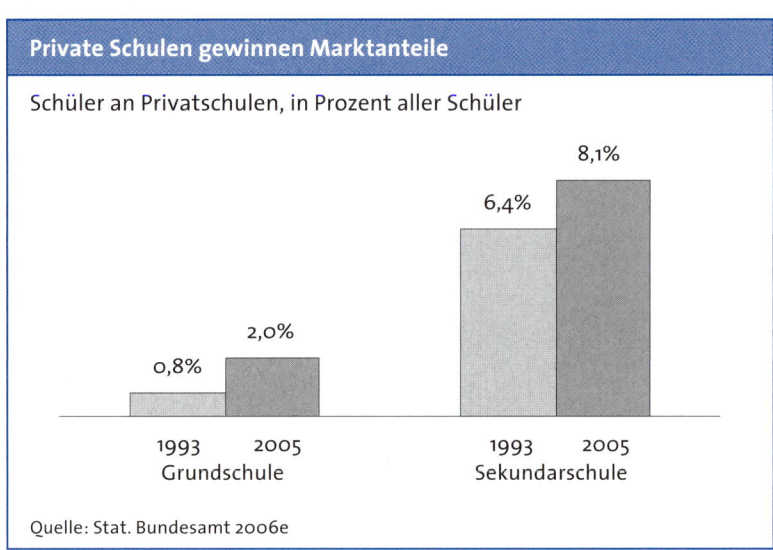

**Private Schulen gewinnen Marktanteile**

Schüler an Privatschulen, in Prozent aller Schüler

8,1%

6,4%

2,0%

0,8%

| 1993 | 2005 |
| Grundschule |

| 1993 | 2005 |
| Sekundarschule |

Quelle: Stat. Bundesamt 2006e

Die Zahl der Privatschulen in Deutschland nimmt stetig zu. In vielen Städten werden neue Schulen gegründet, manchmal gibt es mehrere Neueröffnungen im selben Jahr. Meistens verfolgen sie pädagogische Konzepte, die mehr leisten als die normale staatliche Schule: Unterricht teilweise oder vollständig in englischer Sprache, Montessori-Orientierung oder Ganztagsbetreuung mit Sport und musischem Programm. Ein anderer Schritt in diese Richtung ist die Aufhebung des **Sprengelprinzips**, die bereits in Nordrhein-Westfalen und in Hamburg begonnen hat. Ein weiteres Beispiel findet sich in Freiburg, wo sich einige Gymnasiasten gegenseitig unterrichten und auf ein externes Abitur vorbereiten wollen. Seine Autorität als Monopolist bei der Investition von Humanvermögen auf Schulebene hat der Staat bereits eingebüßt.

## Entscheidend sind der Lehrer und sein Unterricht

**Ein guter Lehrer macht aus mittelmäßigen Schülern gute Schüler, ein schlechter Lehrer macht aus mittelmäßigen Schülern schwache Schüler.**

Der Faktor, der den stabilsten Zusammenhang mit der Schülerleistung zeigt, ist weder strukturell noch institutionell: die Qualität des Lehrers. Es sind immer dieselben Lehrer, bei denen Schüler gute Leistungen erbringen und immer dieselben Lehrer, bei denen sie schlechte Leistungen erbringen. Dabei spielt es keine erhebliche Rolle, ob ein Lehrer viel oder wenig verdient, und ob er lang oder kurz ausgebildet wurde. Jedenfalls ist es bisher nicht gelungen, aus den üblicherweise verfügbaren statistischen Merkmalen diejenigen herauszufiltern, die einen guten Lehrer identifizieren würden.

Wie schwerwiegend der Einfluss des Lehrers ist, zeigt eine Untersuchung aus Großbritannien, wo alle drei Jahre standardisierte Leistungstests durchgeführt werden. Zwei Schüler, die im Alter von acht Jahren beide eine genau durchschnittliche Leistung erbrachten, wurden in den folgenden drei Jahren entweder nur von Lehrern aus dem schwächsten Fünftel des Kollegiums (gemessen an der durchschnittlichen Leistung der Schüler der betroffenen Lehrer) oder nur von Lehrern aus dem stärksten Fünftel unterrichtet. Der Schüler mit den guten Lehrern gehörte nach drei Jahren zum 90. Leistungsperzentil, der mit den schlechten Lehrern dagegen zum 37. Perzentil. Dieser Leistungsunterschied entspricht ungefähr zwei Schuljahren, die der Schüler mit den schlechteren Lehrern wohl nicht mehr

### Sprengelprinzip

Sprengel ist ein altertümlicher Name für »Amtsbezirk«. Das Sprengelprinzip wurde in der Weimarer Republik eingeführt und verpflichtet jeden Grundschüler zum Besuch einer ganz bestimmten, nahegelegenen Schule, die die Behörden festlegen. Das ist in den Augen der Eltern, und auch objektiv, oft nicht die beste mögliche Schule. Diese denken wie der Berliner Regierende Bürgermeister, der seine Kinder nicht in Kreuzberg zur Schule schicken würde, selbst wenn er dort wohnte. Sie umgehen das Prinzip, indem sie sich bei Freunden oder Verwandten anmelden, um in den Sprengel einer besseren Schule zu kommen.

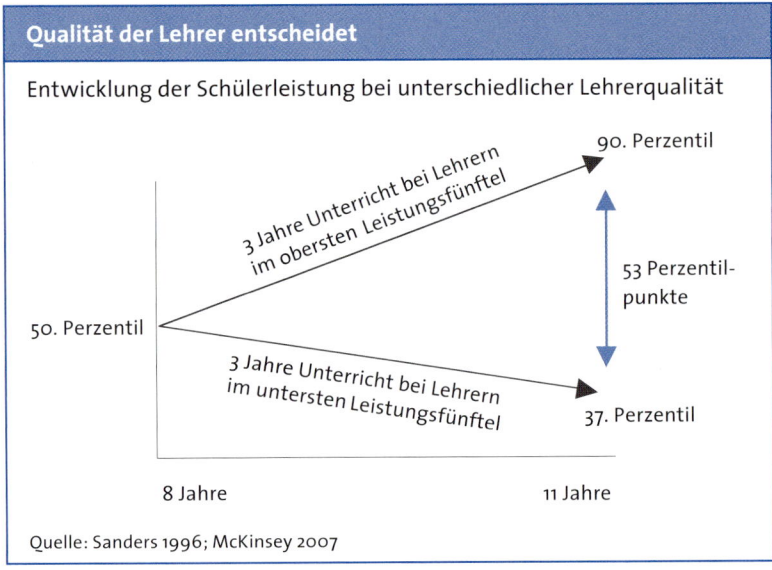

**Qualität der Lehrer entscheidet**

Entwicklung der Schülerleistung bei unterschiedlicher Lehrerqualität

90. Perzentil

3 Jahre Unterricht bei Lehrern im obersten Leistungsfünftel

50. Perzentil

53 Perzentilpunkte

3 Jahre Unterricht bei Lehrern im untersten Leistungsfünftel

37. Perzentil

8 Jahre          11 Jahre

Quelle: Sanders 1996; McKinsey 2007

aufholen kann, obwohl er am Anfang genauso gut war wie sein Schulkamerad.

**Lehrer reagieren weniger auf materielle als auf ideelle Anreize. Sie werden durch ein hohes Berufsethos und soziales Prestige motiviert.**

Damit Deutschland die besten Lehrer hat, sollten die Besten Lehrer werden, oder jedenfalls ein Teil von ihnen. Bislang müssen Lehrer in Deutschland eine zweistufige Ausbildung durchlaufen. Sie schließen zunächst das vier- bis fünfjährige Studium mit einem Ersten Staatsexamen ab. Daran schließt sich ein ca. zweijähriges Referendariat an, an dessen Ende das Zweite Staatsexamen steht. Danach können Lehrer in den Schuldienst übernommen werden. Für das Studium gibt es keine effektive Zugangsbeschränkung, für das Referendariat aber schon, denn jedes Bundesland nimmt nur so viele Referendare auf, wie Pensionierungen, Demografie und Haushaltsentscheidungen Bedarf an freien Stellen schaffen. Diese Faktoren sind für den Lehramtsanwärter nur schwer zu durchschauen, so dass es zum Beispiel in den 1990er Jahren zu einem Überangebot an Absolventen des Ersten Staatsexamens kam. Diese Unsicherheit führt dazu, dass in Deutschland das Lehramtsstudium nicht zur ersten Wahl gehört.

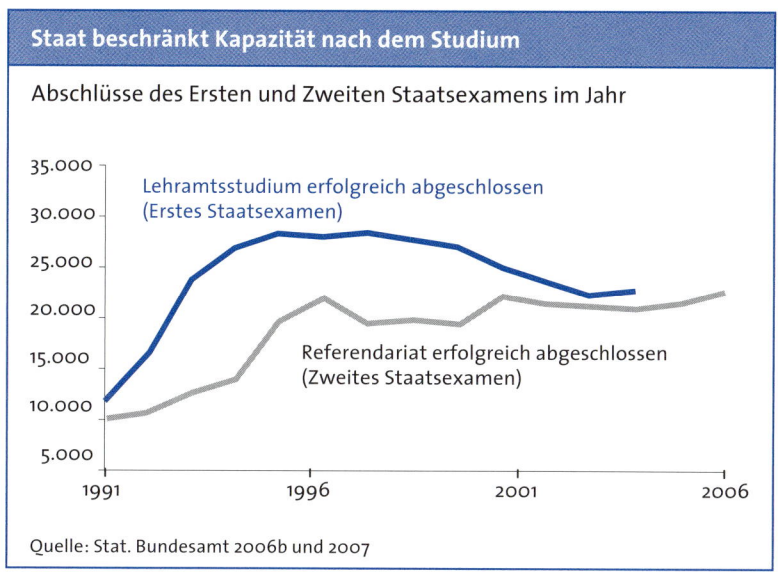

**Staat beschränkt Kapazität nach dem Studium**

Abschlüsse des Ersten und Zweiten Staatsexamens im Jahr

Lehramtsstudium erfolgreich abgeschlossen
(Erstes Staatsexamen)

Referendariat erfolgreich abgeschlossen
(Zweites Staatsexamen)

Quelle: Stat. Bundesamt 2006b und 2007

Deutschland kann sich Finnland, Korea oder Singapur zum Vorbild nehmen. Das Lehramtsstudium genießt dort höchstes Prestige und jedes Jahr werden zum Beispiel im aufwändigen mehrstufigen **finnischen Zulassungsverfahren** für das Lehramtsstudium nur ein Zehntel der Bewerber zugelassen. In Korea gehören die Lehramtsanwärter zu den besten fünf Prozent ihres Jahrgangs. In Singapur werden Anwärter, welche die Hürde genommen haben, schon während des Studiums angestellt und besoldet (McKinsey 2007). Das Wichtige ist: Die große Hürde steht gleich am Anfang, noch vor dem Studium. Wer sie genommen hat, kann sicher sein, dass er Lehrer wird.

In Deutschland werden relativ hohe Lehrergehälter gezahlt, aber international sind die besten Schulsysteme nicht diejenigen, die ihren Lehrern die höchsten Gehälter zahlen, eher im Gegenteil. Zum einen sind Lehrer weniger durch materielle Anreize gesteuert als durch ideelle. »Für das Geld tue ich's nicht« sagt ein finnischer Lehrer und die meisten deutschen würden ihm wohl zustimmen (McKinsey 2007). Eine Ausbildungspolitik, die schon den Zugang zur Ausbildung verknappt und damit den Status der Profession insgesamt erhöht, passt zu dieser ideellen Motivation. Auf der anderen Seite bedeuten hohe Lehrergehälter wie in Deutschland nicht, dass hohe Leistung belohnt wird. Gerade in Deutschland gibt es für beamtete Lehrer kaum effektive Belohnungs- oder Sanktionsinstrumente. Ein deutscher Lehrer kann nicht entlassen, nur versetzt werden. Wer nicht will, ist kaum zu bewegen und bremst auch andere aus.

**Finnisches Zulassungsverfahren**

»Wer sagt, er hält seine Stunde ›erstens, zweitens, drittens...‹, den nehmen wir nicht. Wer die ganze Prüfung über nicht einmal lacht, den nehmen wir nicht. Wer zu viel redet, den nehmen wir nicht. Wir brauchen niemanden, der wunderbar Flöte spielt, wir brauchen Menschen, die sich fragen: Wie erreiche ich, dass die Kinder gerne Flöte spielen? Wir versuchen herauszubekommen, ob die Bewerber selbst denken. Jeder Lehrer muss ein Forscher sein, der das Lernen der Kinder begreift und die Arbeit in der Schule analysiert.« (Matti Meri, Universität Helsinki, zuständig für das nationale Zulassungsverfahren für Lehreranwärter)

## Leiden oder Spaß

Das Ministerium für Bildung in Singapur sieht in der Einstellung und Leistungsbereitschaft der Schüler einen Grund für deren gutes Abschneiden in Mathematik: 75 Prozent der Schüler hätten Spaß am Lernen. International gilt das nicht: je mehr PISA-Punkte in Mathematik, desto geringer der Spaß an der Mathematik. Zumindest in diesem Fach ist guter Unterricht nicht am Vergnügen der Schüler festzumachen. (OECD 2004)

An dieser Situation **leiden** nicht nur die deutschen Schüler, sondern auch die deutschen Lehrer. Eine Untersuchung unter 20.000 Lehrern hat gezeigt, dass nur 17 Prozent mit ihrer Situation zufrieden, engagiert, gesund und belastbar sind. 60 Prozent fühlen sich überfordert, unzufrieden und niedergeschlagen. Die verbleibenden 23 Prozent sind relativ zufrieden, haben aber ihr Engagement reduziert und achten auf die eigene Schonung (Schaarschmidt 2006). Dennoch wird die Arbeit der Lehrer in der Bevölkerung geschätzt, sie stehen an sechster Stelle von 22 ausgewählten Berufen, hinter Ärzten und Hochschullehrern, aber vor Ingenieuren, Diplomaten und Unternehmern (Allensbach 2005).

**Gute Lehrer machen gute Schüler, weil sie guten Unterricht machen. Dazu müssen sie selbstständig inner- und außerhalb des Unterrichts lernen, von und mit Kollegen.**

Es kommt nicht nur auf den Lehrer, seine Kompetenz und Autorität an, sondern auch auf die Art des Unterrichts, den er macht. Der Unterricht wurde in Deutschland über viele Jahrzehnte nicht verändert. Frontalunterricht in 45-Minuten-Einheiten überwiegt noch immer. Vereinzelt werden aber schon neue Formen ausprobiert:

▶ Zwei oder mehr Lehrer in einer Klasse, die zum Beispiel unterschiedliche Sprachen abdecken, sich um Schwache kümmern und voneinander lernen.

▶ Klassenstufenübergreifender Unterricht in der Grundschule, um älteren Schülern die Möglichkeit zu geben, das Gelernte zu festigen, indem sie es selbst den jüngeren beibringen.

▶ Themen- und projektorientiertes Lernen, bei dem ganze Tage oder sogar Wochen einem Thema gewidmet werden, das dann aus den Blickwinkeln unterschiedlicher Disziplinen bearbeitet wird.

Gute Lehrer werden nicht geboren, sondern gemacht. Unterschiede in der Unterrichtsqualität sind systematisch auf spezifische Aspekte der Lehrerkompetenz zurückzuführen. Je größer das fachdidaktische Wissen des Lehrers, desto stärker ist die kognitive Aktivierung der Schüler im Unterricht, ohne die wiederum hohe Leistungen nicht möglich sind. Das muss ein Lehrer lernen und üben – nicht einmal, sondern immer wieder. Ein Lehrer in Singapur hat einen Anspruch auf 100 Stunden Fortbildung im Jahr, und löst ihn auch ein. Nach einer Untersuchung der international besten Schulsysteme durch die Beratungsgesellschaft McKinsey gehört zur **fortlaufenden Entwicklung** der Lehrer, dass sie

▶ sich die spezifischen Schwächen ihrer eigenen Unterrichtspraxis bewusst machen: nicht nur was sie tun, sondern auch warum sie es tun;

▶ die am besten geeignete spezifische Lehrsituation nicht nur theoretisch, sondern durch Demonstration in einer echten Unterrichtssituation kennen;

▶ zu notwendigen Verbesserungen motiviert sind, weniger durch materielle Anreize, sondern weil sie hohe Erwartungen, ein gemeinsames Ziel und die Überzeugung mit anderen Lehrern teilen, für den langfristigen Entwicklungspfad der Schüler Verantwortung zu tragen (McKinsey 2007).

**Fortlaufende Entwicklung**

In Japan und in Finnland planen Lehrer ihre Lektionen gemeinsam, beobachten regelmäßig den Unterricht der anderen und helfen sich gegenseitig, den Unterricht zu verbessern. Daraus resultiert eine Kultur gemeinsamer Reflexion und Planung. In einem solchen System entwickelt jeder Lehrer seine Fähigkeiten beständig weiter und die besten Lehrer strahlen auf ihre Kollegen aus. (McKinsey 2007)

**Hauptschule**

In der Möhnesee-Schule beginnen die Hauptschüler vom ersten Tag an, eine Mappe zu führen, in der sie Belege für die eigenen starken Seiten sammeln. Das gibt Selbstvertrauen, das durch die Zuweisung auf diese Schulform angeknackst ist, und bildet gleichzeitig die Grundlage und das Verständnis für eine den eigenen Fähigkeiten angepasste Orientierung im Berufsleben. Überdurchschnittliche viele Absolventen der Möhnesee-Schule schaffen den Übergang in die Berufsausbildung. (Kluxen-Pyta 2007)

**Sprachkompetenz**

»Unser Hauptproblem besteht darin, dass in Migrantenfamlien der Wille, Deutsch zu lernen, insbesondere in der Elterngeneration zu gering ausgeprägt ist. Erschreckend ist, dass in Deutschland die Leistungen von Schülerinnen und Schülern der zweiten Generation schlechter sind als die von Schülerinnen und Schülern der ersten Einwanderungsgeneration. Das zeigt, dass der Integrationsprozess nicht nur ins Stocken geraten ist, sondern teilweise sogar eine gegenläufige Entwicklung festzustellen ist.« (Heinz-Peter Meidinger, Vorsitzender des Deutschen Philologenverbandes, 2006)

# Aktionsfeld II im Bereich Schule: Lehrer sind für die Schüler da – nicht umgekehrt

Bei den schwächsten Schülern muss die Schule früher eingreifen und sicherstellen, dass alle Schüler unabhängig von ihrer Herkunft über eine ausreichende Basis an Humanvermögen verfügen, um eine weitere Investition überhaupt möglich zu machen. Dass das schwierig, aber möglich ist, dafür sind die Migrantenkinder ein gutes Beispiel. Eine Kultur des »Keiner bleibt zurück!« in allen Schultypen, nicht nur in der **Hauptschule**, kann die Schule zu einem universellen Investor in Humanvermögen der Kinder in Deutschland machen.

## Eine Sprache für alle

**Migranten stellen einen wachsenden Teil der deutschen Schüler und sind besonders gefährdet zurückzufallen. Je früher die Sprachdefizite aufgeholt werden, desto besser.**

Beim PISA-Test 2006 in Naturwissenschaften erreichte ein fünfzehnjähriger Schüler mit Migrationshintergrund durchschnittlich 73 Punkte weniger als ein einheimischer Schüler (PISA-Konsortium 2007). Der Unterschied ist im Alter von zehn Jahren noch deutlich kleiner. Je länger die Migranten die deutsche Schule besuchen, desto mehr multiplizieren sich ihre Schwächen, statt egalisiert zu werden.

Wenn diese Struktur erhalten bliebe, wären für die Zukunft kaum bessere PISA-Ergebnisse in Deutschland zu erwarten, denn heute stammen deutschlandweit 30 Prozent aller Grundschüler aus Migrantenfamilien, in Großstädten noch weit mehr (siehe Bereich Immigration, Seiten 230–232).

Es steht aber in der Macht der Schule, diese Struktur zu ändern. Statistisch kann der Unterschied zwischen den beiden Gruppen durch fehlende **Sprachkompetenz** und fehlende Bildungsorientierung der Migrantenfamilien erklärt werden (Ammermüller 2005). Ohne gemeinsame Sprache ist Lernen offenkundig schwierig. Viele Migrantenkinder sprechen nur in der Schule Deutsch, zu Hause und mit ihren Freunden aber nicht. Lange hat die deutsche Schule auf diese Herausforderung weder in der Lehrerausbildung noch in der Unterrichtsstruktur reagiert. Inzwischen gibt es immer mehr Versuche, produktiv mit ihr umzugehen:

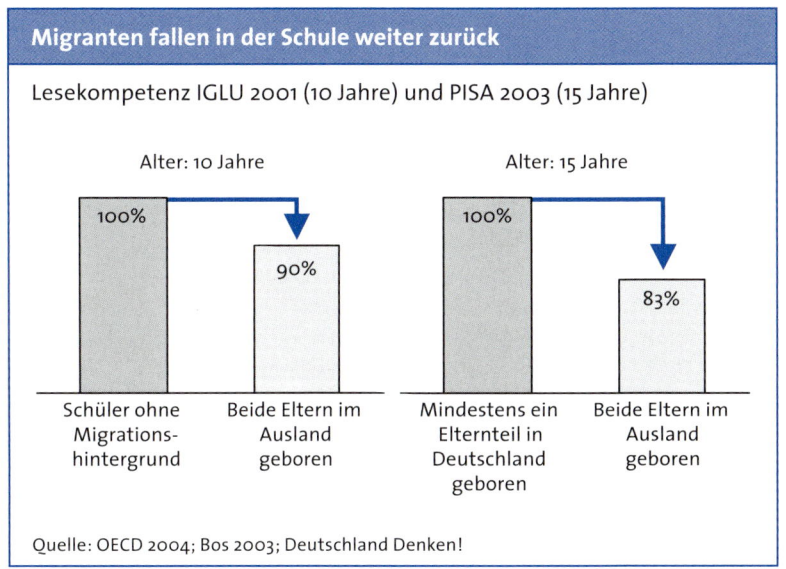

**Migranten fallen in der Schule weiter zurück**

Lesekompetenz IGLU 2001 (10 Jahre) und PISA 2003 (15 Jahre)

Alter: 10 Jahre

100% — Schüler ohne Migrationshintergrund
90% — Beide Eltern im Ausland geboren

Alter: 15 Jahre

100% — Mindestens ein Elternteil in Deutschland geboren
83% — Beide Eltern im Ausland geboren

Quelle: OECD 2004; Bos 2003; Deutschland Denken!

▶ Deutsche und Türken lernen nebeneinander in beiden Sprachen in zweisprachigen, deutsch-türkischen Grundschulen.

▶ Muttersprachlicher Unterricht wird nicht mehr nur zusätzlich angeboten, sondern mit dem Standardcurriculum, besonders in Deutsch, verzahnt.

▶ Zunehmend werden Lehrer eingestellt, auch für Deutsch, die selbst einen Migrationshintergrund aufweisen.

Dabei soll Deutsch die verbindliche Unterrichtssprache bleiben. Die Schule soll Zeit – und Geld – investieren, um einen sprachlichen Nachteil der Migrantenkinder möglichst frühzeitig auszugleichen. Druck auf die Eltern, die sprachliche Integration ihrer Kinder zu unterstützen, ist dabei legitim.

**Benachteiligte Familien nutzen frühe Bildungsangebote weniger. Wenn sie sie mehr nutzen, können die Kinder zu ihren Altersgenossen aufschließen.**

Je früher die Kommunikationsfähigkeit in der deutschen Sprache sichergestellt werden kann, desto besser. Nur 72 Prozent der zugezogenen Kinder im Alter über drei Jahren besuchen einen Kindergarten (Statistisches Bundesamt 2004). Dabei verdoppelt der Besuch des Kindergartens und die dort erlernte Sprachkompetenz die Chance, auf der Realschule oder dem Gymnasium höherwertiges Humanvermögen zu erwerben.

**Erika-Mann-Schule, Berlin**

»Zuhören, Aufnehmen, Umsetzen, Durchhalten« steht an der Tafel des Probenraums. Die Kinder stellen Blumen im Frühling dar. Sie sind alle aus Einwandererfamilien, manche Mädchen mit Kopftuch. Um die richtige Bewegung mit den bunten Tüchern zu machen, die die Blüten darstellen, müssen sie die Nuance zwischen den Begriffen »erblühen« und »aufblühen« lernen. Die Lehrerin spielt den Unterschied vor, die Worte werden im Spiel zur Geste. »Die Kinder werden diese feine Differenz nie wieder vergessen«, erklärt Karin Babbe. »Sie bekommen bei uns einen spielerischen, schöpferischen Zugang zur Sprache.« (Die Zeit 2007)

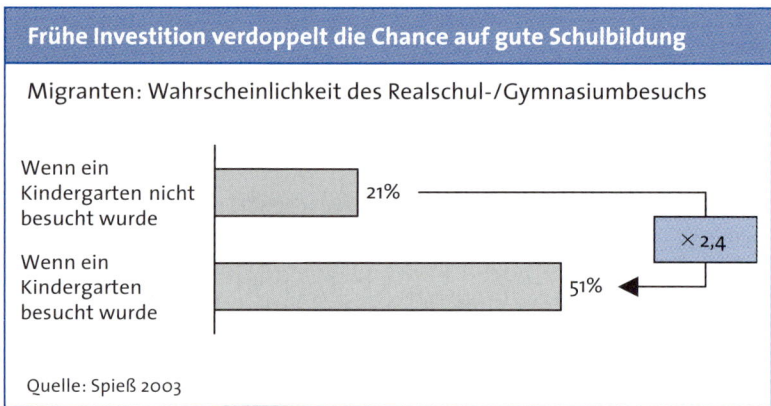

**Frühe Investition verdoppelt die Chance auf gute Schulbildung**

Migranten: Wahrscheinlichkeit des Realschul-/Gymnasiumbesuchs

Wenn ein Kindergarten nicht besucht wurde — 21%

Wenn ein Kindergarten besucht wurde — 51%

× 2,4

Quelle: Spieß 2003

Eine Langzeitstudie in den Vereinigten Staaten zeigt, dass die intensive vorschulische Betreuung von Kindern aus benachteiligten Familien einen langfristigen Einfluss auf die Entwicklung der Kinder nahm: Sie erreichten mit 40 Prozent höherer Wahrscheinlichkeit einen Highschool-Abschluss, verdienten mit 40 Jahren 42 Prozent mehr Geld und wurden um ein Drittel seltener straffällig (Schweinhart 2005). Für den Lebenserfolg von Kindern ohne gute Startbedingungen ist offenbar die externe, auch staatliche Intervention notwendig.

Das gilt auch in Deutschland, obwohl hier die frühe Kinderbetreuung lange Zeit stigmatisiert war. Aber der hohe Einfluss des familiären Hintergrunds auf die PISA-Ergebnisse ist auchdarauf zurückzuführen, dass es in Deutschland kaum Vorschulen gibt, während zum Beispiel in Finnland 98 Prozent der Kinder eine Vorschule besuchen (Domisch 2006). Dadurch werden Kinder aus guten Familien in Finnland nicht schlechter, aber Kinder aus schwierigen Familien werden besser.

### Keiner bleibt zurück!

**Damit die Schule auch schwache Schüler erfolgreich macht, muss nicht die Hauptschule abgeschafft, sondern jede Schule für den Erfolg jedes ihrer Schüler verantwortlich werden.**

Nicht nur die durchschnittliche Punktzahl, sondern auch die Verteilungsstruktur der Testergebnisse einzelner Schüler lässt sich international vergleichen. Im Vergleich zu Finnland zeigen die Verteilungshäufigkeiten in Deutschland, dass die guten Schüler ähnlich gut sind wie in Finnland, dass aber die schlechten Schüler erkennbar schlechter sind. Dadurch ergibt sich eine breitere Streuung der Ergebnisse.

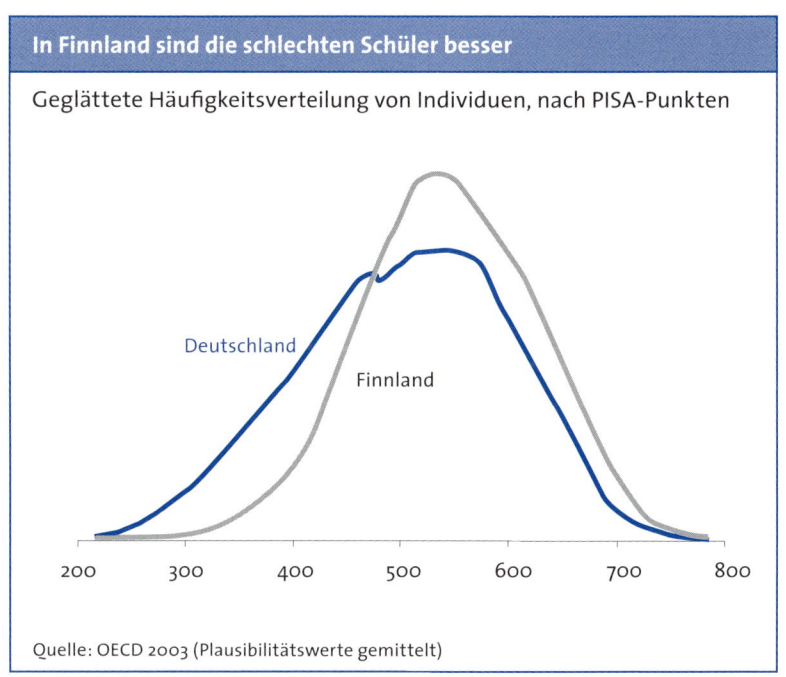

**In Finnland sind die schlechten Schüler besser**

Geglättete Häufigkeitsverteilung von Individuen, nach PISA-Punkten

Deutschland

Finnland

200    300    400    500    600    700    800

Quelle: OECD 2003 (Plausibilitätswerte gemittelt)

Für die PISA 2000-Studie, in welcher der Unterschied zwischen Finnland und Deutschland im Mittel für alle drei Tests 53 Punkte betrug, konnte gezeigt werden, dass der finnische Vorsprung weder an einem besseren Elternhaus (Migrationshintergrund, Bildungsabschluss der Eltern, Anzahl der Bücher im Haus) noch an institutionellen Voraussetzungen (Schüler-Lehrer-Verhältnis, Anzahl Schulstunden, Schulausstattung) lag, denn insgesamt waren die Voraussetzungen in Deutschland besser. Vielmehr hatte die Ausprägung dieser Charakteristika in Deutschland einen großen Einfluss auf die Ergebnisunterschiede zwischen den Schülern, in Finnland nur einen sehr kleinen (Ammermüller 2004). Die unangenehme Wahrheit für deutsche Schulen und deutsche Lehrer ist: In Finnland wird besserer Unterricht gemacht – bei schlechteren familiären und institutionellen Voraussetzungen.

Die Leistungen eines Schülers aus einer benachteiligten Familie in Finnland leiden an dieser Benachteiligung weniger als in Deutschland. Das bedeutet nicht nur mehr **Gerechtigkeit** – die finnische Schule funktioniert als soziales Korrektiv für ungleiche Startbedingungen – sondern vor allem ein besseres Ausschöpfen der vorhandenen Potenziale. In Deutschland blieben diese Potenziale ungefördert und die betroffenen Schüler wurden auf Entwicklungspfade gesetzt, die auch in der Folge

**Gerechtigkeit**

»Arbeiterkinder lernen weniger als Oberschichtkinder, auch wenn sie genauso intelligent und fähig sind. Das ist moralisch verwerflich und ökonomisch unvernünftig.« (Ludger Wößmann, Bildungsökonom)

nur geringe Investitionsmöglichkeiten in Humanvermögen erlauben. Dieses Versäumnis lässt sich später nur mit ungleich höherem Aufwand korrigieren.

Nicht nur die frühe Weichenstellung nach vier Jahren Grundschule, sondern auch die vielen Schulwechsel – in aller Regel auf die nächst »niedrigere« Schulform – zeigen, dass in Deutschland die Verantwortung, das Potenzial jedes Schülers zu realisieren, zu leicht auf eine andere Schule abgewälzt werden kann. Eine Abschaffung der Dreigliedrigkeit oder der Hauptschule würde diese Kultur nicht unbedingt ändern. Solange keine der Schulformen in der Lage ist, alle ihr anvertrauten Schüler zu einem persönlichen Erfolg zu führen, würde die Abschaffung der Dreigliedrigkeit auf die Bestrafung derjenigen Familien hinauslaufen, die noch das größte Interesse an der Investition in das Humanvermögen ihrer Kinder aufbringen. Umgekehrt wird in einem Schulsystem, in dem jede Schule in der Lage ist, auf die Bedürfnisse und Lernfähigkeit der einzelnen Schüler einzugehen, die Gliedrigkeit von alleine Bedeutung verlieren. Aufgabe der Schule soll sein, das maximale Humanvermögen in jeden Einzelnen zu investieren, nicht dem Wunsch nach Konsolidierung der sozialen Rangordnung zu dienen.

**Reagiert eine Schule nicht auf Schwächen eines Schülers, ist der Rückstand bald kaum noch aufzuholen. Jeder einzelne Schüler ist eine institutionelle Intervention wert.**

Je größer das Humanvermögen, desto größer die Aufnahmefähigkeit für noch mehr Humanvermögen. Diese Abhängigkeit zieht sich durch die Analyse aller Altersgruppen und ist auch für die jüngsten Investoren in Humanvermögen, die Vorschüler und Schüler, richtig. Jeder Erfolg präjudiziert den nächsten Erfolg und jedes Versagen trägt den Keim des nächsten Versagens in sich. Britische Schüler, die mit sieben Jahren den standardisierten Erwartungen für ihre Altersgruppe nicht entsprechen, sind mit 63 Prozent Wahrscheinlichkeit auch drei Jahre später dazu nicht in der Lage. Diese Wahrscheinlichkeit nimmt mit dem Alter zu. Wer mit vierzehn nicht soweit ist, hat fast keine Chance mehr, je zu seinen Altersgenossen aufzuschließen. Diese Dynamik drückt sich in Deutschland zum Beispiel in der Praxis des **Sitzenbleibens** aus.

Doch es gibt genügend Beispiele, dass sich dies in Zukunft ändern kann. International haben viele Schulsysteme wirkungsvolle Interventionsmöglichkeiten entwickelt: Wenn eine

### Sitzenbleiben

»Das ›System des Sitzenbleibens‹ und des Verweises an andere Schulformen entlastet zwar den Unterricht mit ›besseren‹ Schülern in Gymnasium und Realschule, verschärft aber das Qualifikationsproblem der Absteiger. Diese sammeln sich in den Abschlussklassen der Hauptschule und im berufsvorbereitenden Jahr und bilden depressive und aggressive Verhaltensweisen aus. Aufgrund ihres fortgeschrittenen Alters nehmen sie problematischen Einfluss auf Jüngere.« (Eckert 2003)

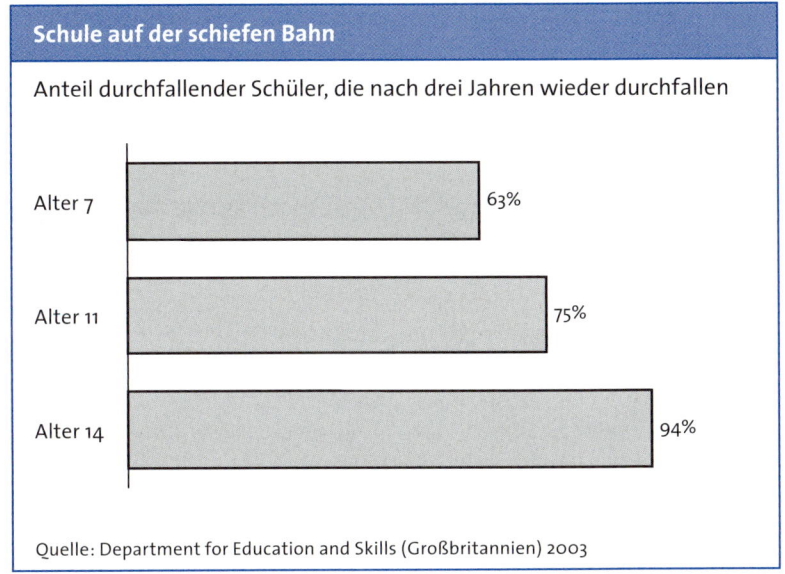

**Schule auf der schiefen Bahn**

Anteil durchfallender Schüler, die nach drei Jahren wieder durchfallen

Alter 7 — 63%

Alter 11 — 75%

Alter 14 — 94%

Quelle: Department for Education and Skills (Großbritannien) 2003

Schule nicht zufriedenstellende Leistungen erbringt, greifen sie ein, um den Leistungsstandard zu heben. Die besten Systeme intervenieren sogar auf der Ebene des einzelnen Schülers und unterstützen, sobald ein Schüler zurückzufallen beginnt. Sie übernehmen **Verantwortung** für jeden einzelnen Schüler.

In Singapur ist es üblich, dass der Lehrer auch nach Ende des täglichen Stundenplans einige Stunden in der Schule verbringt und sich den Schülern zur Verfügung stellt, besonders jenen, deren Leistungen die zusätzliche Aufmerksamkeit am meisten erfordern. Auch in Finnland werden 30 Prozent der Schüler für einen bestimmten Zeitraum zum speziellen Einzelunterricht gebeten, besonders um Rückstände in Mathematik und Finnisch aufzuholen. Der Einzelunterricht wird von besonders qualifizierten und höher bezahlten Lehrern erbracht und bezieht Psychologen oder andere Berater mit ein, wo dies notwendig ist. Auch die besseren Schüler nehmen gelegentlich daran teil, damit der Einzelunterricht nicht zum Stigma wird (McKinsey 2007).

Der Herausforderung, nicht nur einen optimalen Unterricht, sondern für jeden Schüler die optimalen Lernergebnisse zu erreichen, kann kein Lehrplan, sondern nur eine einigermaßen frei entscheidende Schule gerecht werden. Jeder Lehrer muss die Stärken und Schwächen jedes einzelnen Schülers erkennen – und darauf die passende pädagogische Methode anwenden können.

**Verantwortung**

»Ich begleite meine Kinder vom Kindergarten bis zur neunten Klasse, und wenn sie scheitern, kann ich die Verantwortung nicht einer anderen Schule in die Schuhe schieben. Es ist mein Job, dass sie lernen.« Dean Michailides, Leiter der Balwin School in Edmonton, Kanada, kennt jeden seiner 475 Schüler mit Namen. (FTD 2007)

### Reallokation der Ressourcen

**Deutschland gibt vergleichsweise viel Geld für Schulen und Lehrer aus. Aber das absolute Niveau der Ressourcen entscheidet kaum über die Leistung.**

Die Erhöhung des Humanvermögens ist nicht einmal eine Geldfrage: Auch deutlich höhere finanzielle Mittel können so ineffizient eingesetzt werden, dass sich das relative Schulergebnis sogar noch verschlechtert. Australien, Neuseeland und Frankreich haben ihre Ausgaben im Bereich schulischer Bildung von 1970 bis 1994 inflationsbereinigt mehr als vervierfacht. Dennoch sind sie bei internationalen Standardtests zurückgefallen. Eine Frage wurde in diesem Zusammenhang von Bildungsforschern besonders häufig untersucht: Wie groß ist der Einfluss der Klassengröße auf die Leistungsfähigkeit der Schüler und die Antwort ist inzwischen klar: sehr klein. Allenfalls für die frühen Grundschulklassen oder für Klassenstärken um die fünfzig Schüler gibt es einen signifikanten Zusammenhang zwischen kleineren Klassen und guten Leistungen. Die meisten Schüler in Deutschland würden von noch kleineren Klassen nicht profitieren, und in größeren Klassen keinen Schaden nehmen (Wößmann 2007).

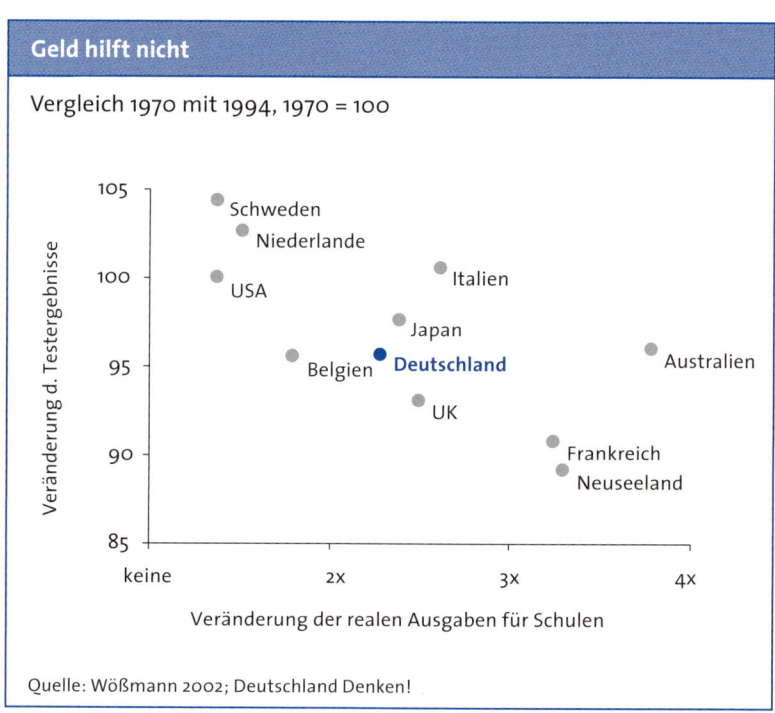

**Geld hilft nicht**

Vergleich 1970 mit 1994, 1970 = 100

Quelle: Wößmann 2002; Deutschland Denken!

Auch Deutschland brachte das Kunststück fertig, die realen Ausgaben deutlich zu steigern, ohne das Ergebnis zu verbessern. Der Grund lag vor allem bei den Steigerungen der Lehrergehälter, die ihren Anteil an der gesamtwirtschaftlichen Lohnsumme erhöht haben. Im internationalen Vergleich verdienen die deutschen Lehrer gut. Das mag notwendig gewesen sein, hat aber nicht zu einer besseren Leistung der Schüler geführt, so dass die Entlohnung offensichtlich bisher nicht die richtigen **Anreize** setzt. Alle Lehrer erhalten unabhängig von ihren Leistungen das gleiche Gehalt. Auch die Ausstattung der Schulen mit Computern kann als teurer Flop gelten. Die Nutzung von Computern zu Hause oder in der Schule führt nicht zu besseren Leistungen (Fuchs 2005). Es kommt eben darauf an, wie der Computer genutzt wird. Schüler aus bildungsfernen Schichten vertrödeln ihre Zeit mit Computerspielen. Die bittere Erkenntnis ist: Selbst mit mehr Geld im System wird das System nicht besser.

## Leistungsanreize

»Gute und einsatzbereite Lehrer oder jene, die Zusatzaufgaben übernehmen, bekommen nicht mehr Geld als ihre faulen oder unfähigen Kollegen. In Finnland etwa verdienen die Lehrer ein Drittel weniger als bei uns. Aber für Zusatzaufgaben und gute Leistungen bekommen sie Zulagen. Hierzulande werden die guten Lehrer bestraft und die faulen belohnt. Das kann nicht funktionieren.« Ludger Wößmann, Bildungsökonom

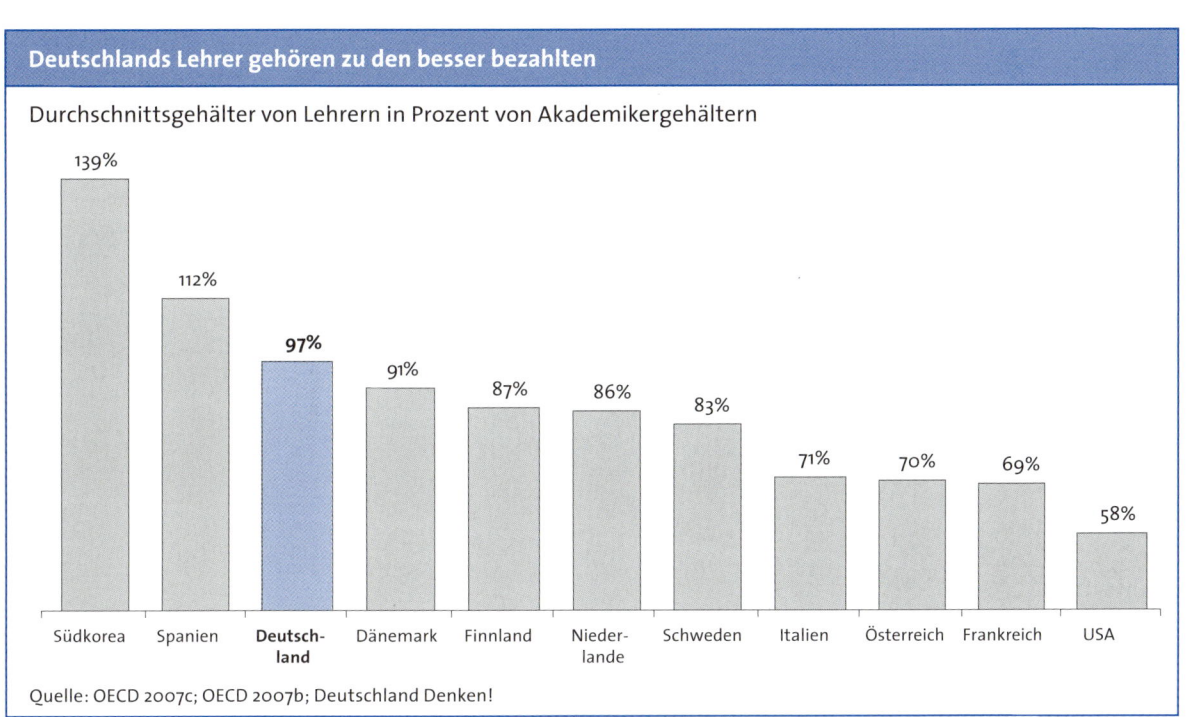

**Deutschlands Lehrer gehören zu den besser bezahlten**

Durchschnittsgehälter von Lehrern in Prozent von Akademikergehältern

- Südkorea: 139%
- Spanien: 112%
- Deutschland: 97%
- Dänemark: 91%
- Finnland: 87%
- Niederlande: 86%
- Schweden: 83%
- Italien: 71%
- Österreich: 70%
- Frankreich: 69%
- USA: 58%

Quelle: OECD 2007c; OECD 2007b; Deutschland Denken!

**Damit Hauptschulen keinen Schüler permanent zurückfallen lassen, brauchen sie mehr Ressourcen, entweder durch Umverteilung oder zusätzlich.**

Für jeden Haupt- und Realschüler gab Deutschland im Jahr 2003 ungefähr 5.300 Euro, für Gymnasiasten dagegen 5.700 Euro aus (Statistisches Bundesamt 2006a). Die Lehrer und Lehrerinnen, die heute die vermutlich härteste Arbeit im gesamten deutschen Schulsystem verrichten, die Hauptschullehrer, haben im Vergleich mit anderen Sekundarstufen I das höchste Stundendeputat, eine geringere Besoldung und schlechtere Beförderungschancen.

Zusätzliche Ressourcen sind notwendig, um in Zukunft frühe und effektive Interventionen bei Leistungsversagen zu ermöglichen. Arme und bildungsferne Eltern legen weniger Wert auf Investitionen in das Humanvermögen ihrer Kinder als wohlhabende und bildungsnahe Eltern. Weil alle ein Interesse an einer geringen Spreizung der schulischen Leistungen haben, ist auch die überproportionale Ressourcenausstattung der von Hause aus benachteiligten Schüler gerechtfertigt. Wenn die Schule in der Lage ist, dieses Handicap auszugleichen, fördert das nicht nur den späteren Wohlstand der Gesellschaft, sondern begünstigt auch die Leistungsfähigkeit des Schulsystems für alle Beteiligten.

| Besoldungsstufe 10. Jahr (NRW) | Hauptschule oder Grundschule | Realschule oder Sonderschule | Gymnasium, Gesamtschule oder Berufskolleg |
|---|---|---|---|
| A12 € 3.085 monatlich | Lehrer; Konrektor (<360 Schüler) | Lehrer | Lehrer in der Sekundarstufe I |
| A13 € 3.448 monatlich | Konrektor (>360 Schüler); Rektor (<360 Schüler) | Lehrer | Lehrer in der Sekundarstufe II |
| A14 € 3.734 monatlich | Rektor (>360 Schüler) | Konrektor; Rektor (<360 Schüler) | Oberstudienrat: Abteilungsleiter an einer Gesamtschule |
| A15 € 4.106 monatlich | | Rektor (>360 Schüler) | Studiendirektor: stellv. Schulleiter; Leiter Gymnasium (<360 Schüler) |
| A16 € 4.545 monatlich | | | Oberstudiendirektor: Schulleiter Gymnasium (>360 Schüler) |

(BBVAmpG 2003/2004)

# Investitionen in das Sozialkapital im Bereich Schule

Die vorangegangenen Investitionen in Humanvermögen können durch weitere Investitionen in das in diesem Bereich relevante Sozialkapital flankiert werden, um die Wirksamkeit der Investitionen in Humanvermögen zu verstärken. Diese Maßnahmen sind hier kurz zusammengefasst:

## Öffentliche Institutionen

Jedes Bundesland ist, trotz der Koordination über die Kultusminister, für die eigene Schulpolitik zuständig. Dieser Bildungsföderalismus kann, sehr viel mehr als bisher, Experiment und Wettbewerb sowie Evaluation innerhalb des Systems erlauben und fördern. Mehr Experimente werden gebraucht wie die Selbständige Schule in NRW oder das Projekt Modus 21 in Bayern, oder zum Beispiel für frühe Spracherziehung, für die Stundentafel übergreifende Projektarbeit, für mehr Lehrer je Klasse oder für klassenstufenübergreifenden Unterricht.

Die ständige Evaluation unterschiedlicher Strategien und Konzepte kann über standardisierte Leistungstests erfolgen, die nicht nur für Abschlussprüfungen oder für repräsentative Stichproben, sondern in regelmäßigen Abständen für alle Schüler Leistungstransparenz herstellen. Die Ergebnisse können auf Landes- und Schulebene öffentlich gemacht werden. Daran können sich Leistungsvereinbarungen zwischen Schule und Schulbehörde oder zwischen Schule und Eltern anschließen.

Die Qualität der Lehre kann durch ein größeres, verpflichtendes Angebot für Weiterbildung, mehr Austausch der Lehrer untereinander und eine stärkere Selektion der Zugänge zum Lehramtsstudium verbessert werden.

## Private Institutionen

2.700 private Schulen bieten Unterricht im Wettbewerb zu den öffentlichen Institutionen, oft indem sie weltanschaulich oder pädagogisch bestimmte Schwerpunkte setzen. Das sind zu wenige, um einer breiten Zahl von Schülern eine effektive Alternative bieten zu können.

## Gesetze und Normen

Die staatliche Schulpflicht gilt in Deutschland vom sechsten bis zum 18. Lebensjahr. Faktisch bieten allerdings die allgemeinbildenden Schulen für die Mehrheit der Absolventen nur neun beziehungsweise zehn Jahre Schule an. Kapazitäten und Curricula müssen an zwölf Schuljahre für alle angepasst werden. Eine Kindergarten- und Vorschulpflicht, wie sie in einigen Nachbarländern schon üblich ist, kann die Integration bildungsferner Familien fördern.

Bessere Wahlmöglichkeiten für Eltern und Schüler sind nur nach einer Aufhebung des Sprengelprinzips möglich. Sie können durch eine Verpflichtung der Schulen gestützt werden, ihre Profile transparent zu machen: Zusammensetzung der Schüler, kurz-, mittel- und langfristige Erfolgsquoten, Lehrerqualifikation und Ausstattung, pädagogisches Profil und besondere Schwerpunkte. Damit muss eine stärkere Autonomie der Schule bei der Gestaltung dieser Profile einhergehen.

## Kulturelle Werte

Um die Schule von ihrer bisherigen Funktion der sozialen Selektion zu entlasten, muss eine allgemeine Leistungskultur etabliert werden, in die sehr leicht eine »Keiner bleibt zurück«-Kultur integriert werden kann.

# Bereich Arbeitsmarkt: Zeit zum Arbeiten

### Bestandsaufnahme: 50 Millionen Erwerbstätige sind möglich

▶ Der historische Vergleich zeigt, dass die Deutschen heute weniger arbeiten. Dieses Phänomen teilen sie allerdings mit keinem anderen fortschrittlichen Land. In den Nachbarländern wächst die Arbeitsmenge stetig.

▶ Arbeit ist ein zentraler Lebensinhalt für in die Gesellschaft integrierte Personen, auch für Ältere. Die Arbeit vermittelt sozialen Status und Wertschätzung.

### Aktionsfeld I: 53 Jahre Erwerbsbiografie bis 75 Jahre

▶ Die Beschäftigungsquote beginnt heute bereits ab dem 43. Lebensjahr zu sinken. Ab dem 52. Lebensjahr beschleunigt sich der Sinkflug und bereits mit 60 Jahren arbeitet nur noch eine Minderheit. Zum Zeitpunkt des offiziellen Verrentungsalters von 65 Jahren befinden sich keine zehn Prozent der Alterskohorte mehr in Arbeit.

▶ Alte nehmen den Jungen nicht die Arbeit weg, wenn sie sich mit der Arbeit und der Arbeitsplatz sich mit ihnen kontinuierlich weiterentwickeln.

▶ Die größte Reserve von ungenutztem Humanvermögen liegt bei den 55- bis 75-Jährigen

### Aktionsfeld II: Kürzere Unterbrechungen in der Erwerbsbiografie

▶ Arbeitslosigkeit ist nur dann ein Problem, wenn sie strukturell ist. In Deutschland macht dies ca. vier Prozent der Erwerbspersonen, oder 1,7 Millionen Menschen aus.

▶ Die Verantwortung für den Arbeitsmarkt liegt nicht nur beim Gesetzgeber, sondern vor allem auf der lokalen Ebene. Erfolgreich ist hier eine »Keiner bleibt zurück«-Kultur.

### Aktionsfeld III: Mütter vollzeitig im Arbeitsmarkt

▶ Deutschland verschwendet Humanvermögen leichtfertig, solange Frauen und Mütter vom vollwertigen Arbeitsmarkt de facto ausgeschlossen werden. Ihnen fehlt die ausreichende Versorgung mit Kinderbetreuungsmöglichkeiten in Kinderkrippen, Kindergärten und Ganztagsschulen. Den späteren schulischen Leistungen der Kinder nutzt die externe Betreuung im Kindergarten.

▶ Mütter, die lange ausgesetzt haben, finden nur schwer in den Arbeitsmarkt zurück. Kürzere Erziehungspausen erhalten das Humanvermögen. Sie sind auch ein Anreiz für Mütter, schon vor der Familienphase mehr in das eigene Humanvermögen zu investieren.

## Einzelziele für Investitionen in Humanvermögen

Der Geschäftsplan unterstellt, dass die Anzahl der Erwerbstätigen von heute 39 auf 50 Millionen im Jahr 2033 steigt. Die Vollzeitäquivalente entwickeln sich entsprechend von 32 auf 45 Millionen. Dadurch steigt das investierte Humanvermögen bis 2033 um 4.504 Milliarden Euro und der Lebensstandard dementsprechend um 62 Prozent gegenüber dem Ausgangsszenario ohne Investitionen.

Nach Alterskohorten unterschieden, findet die größte Ausweitung der Erwerbstätigkeit bei den über 60-Jährigen statt. Die Erwerbstätigkeit der mittleren Kohorten bleibt aufgrund von Einwanderung stabil. Bei den jüngeren Kohorten geht sie dagegen zurück, weil die Ausbildungszeiten insgesamt zunehmen. Die Arbeitszeit in der gesamten Volkswirtschaft steigt um 36 Prozent gegenüber 2006. Dazu trägt auch die Reduktion der Teilzeitquote von 33 auf 22 Prozent bei.

## Erwerbsleben: 53 Jahre oder drei Viertel des Erwachsenenlebens

Der Arbeitsmarkt wird so umstrukturiert, dass die Lebensarbeitszeit mit der steigenden Lebenserwartung, der besseren Ernährung und besseren medizinischen Versorgung auf durchschnittlich 53 Jahre oder drei Viertel des Erwachsenenlebens steigt. Der Eintritt in den Ruhestand findet dann üblicherweise zwischen dem 70. und dem 80. Lebensjahr statt. Renten- und Krankenkassenbeiträge beziehungsweise -leistungen werden versicherungsmathematisch bestimmt. Eine typische Erwerbsbiografie besteht aus zwei oder drei unterschiedlichen Karrieren. Der Geschäftsplan unterstellt, dass die Erwerbstätigen, die älter als 65 Jahre sind, nur 50 Prozent der durchschnittlichen Arbeitszeit arbeiten.

## Brachliegendes Humanvermögen mobilisieren

Der Geschäftsplan mobilisiert heute brach liegendes Humanvermögen. Im Schnitt eines Konjunkturzyklus sind nicht mehr als jene zwei Millionen (oder vier Prozent) kurzfristig arbeitslos, die sich gerade im Arbeitsplatzwechsel befinden. Wegen Berufsunfähigkeit partizipieren nur jene neun Prozent nicht am Arbeitsmarkt, die tatsächlich berufsunfähig sind; das sind meist Ältere. Geringqualifizierte werden durch geduldige Investition in deren Humanvermögen und durch eine Steigerung der Attraktivität des Arbeitsmarktes integriert.

## Ungenutztes Potenzial der Frauen: Mehr Mütter arbeiten Vollzeit

Mütter unterbrechen die Erwerbstätigkeit nur noch für 12 Monate nach der Geburt eines Kindes und halten so ihr Humanvermögen aufrecht. So können sie über das gesamte Erwerbsleben auf einem hohen Niveau am Arbeitsmarkt partizipieren. Dazu werden die kinderbezogenen Transferleistungen reduziert und die institutionelle Kinderbetreuung (Krippen, Kindergärten, Ganztagsschulen) allen Müttern zugänglich gemacht. Zusätzlich macht flexible Arbeitsplatzgestaltung Familie und Beruf vereinbar. Die Hälfte der Mütter mit Kindern unter zehn Jahren arbeitet Vollzeit, die andere Hälfte Teilzeit.

## Beitrag im Bereich Schule zum Gesamtziel Geschäftsplan Deutschland

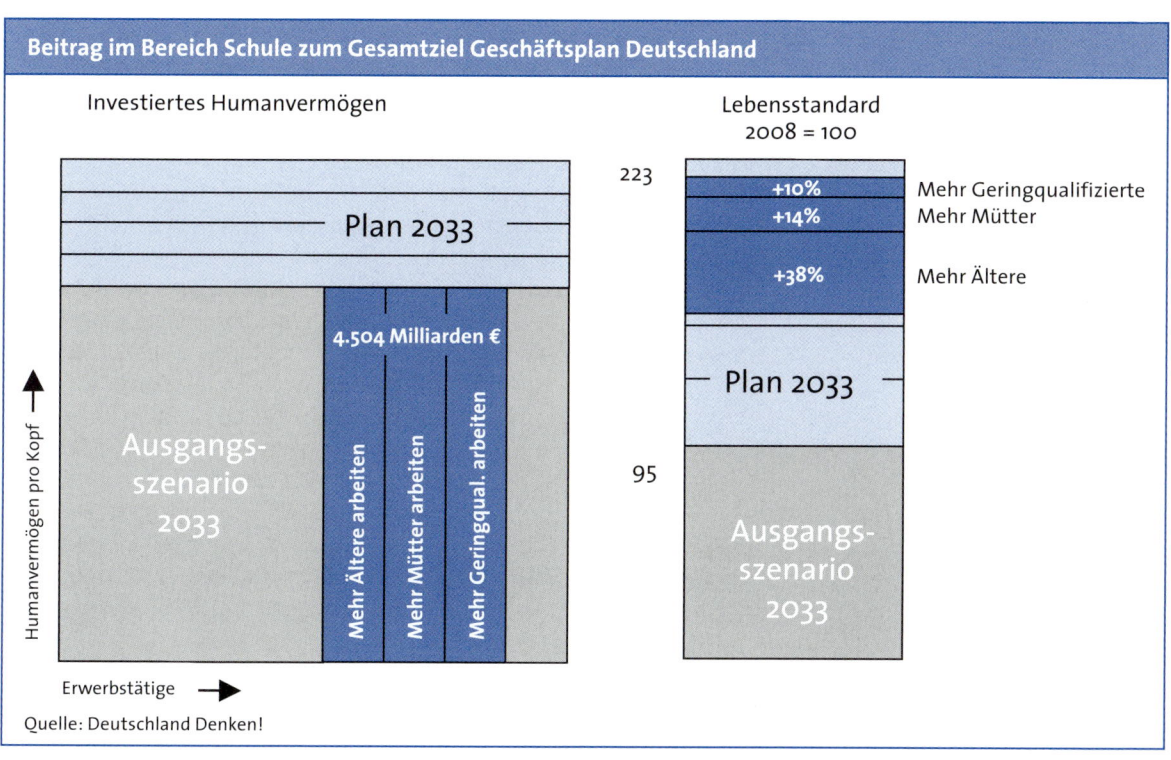

Investiertes Humanvermögen

Plan 2033

Ausgangs-
szenario
2033

4.504 Milliarden €

Mehr Ältere arbeiten
Mehr Mütter arbeiten
Mehr Geringqual. arbeiten

223

Humanvermögen pro Kopf

Erwerbstätige ➤

Lebensstandard
2008 = 100

+10%  Mehr Geringqualifizierte
+14%  Mehr Mütter

+38%  Mehr Ältere

Plan 2033

95

Ausgangs-
szenario
2033

Quelle: Deutschland Denken!

## Schematische Darstellung der Veränderung der Demografie der Erwerbstätigen

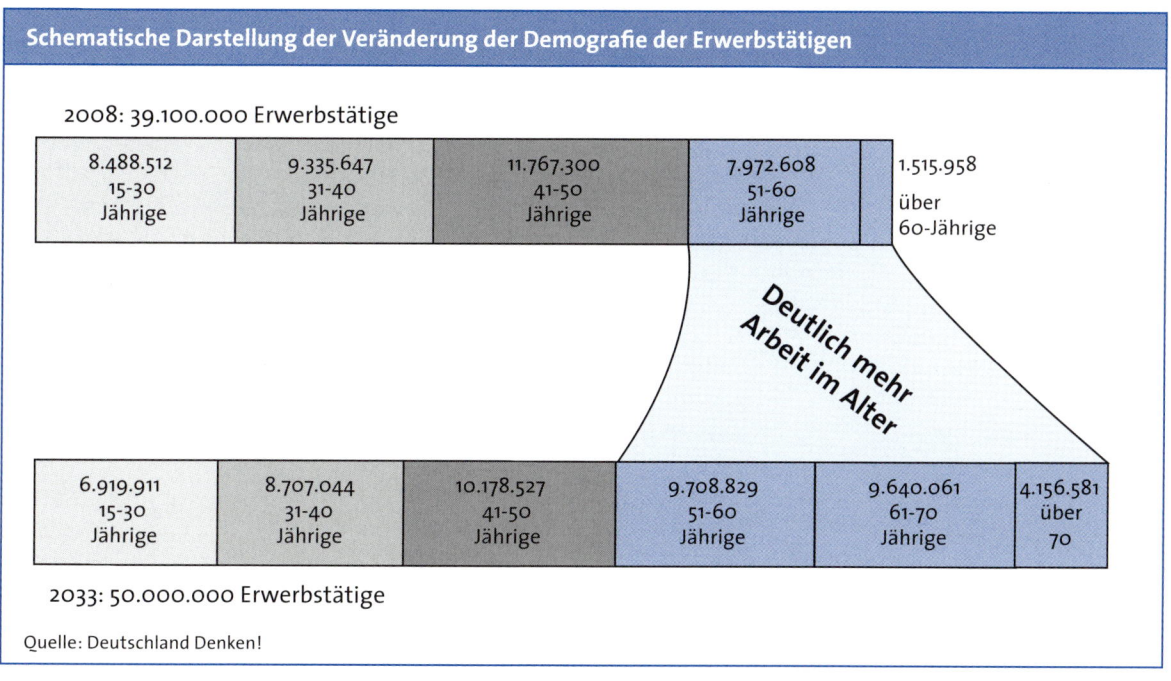

2008: 39.100.000 Erwerbstätige

| 8.488.512 15-30 Jährige | 9.335.647 31-40 Jährige | 11.767.300 41-50 Jährige | 7.972.608 51-60 Jährige | 1.515.958 über 60-Jährige |

Deutlich mehr Arbeit im Alter

| 6.919.911 15-30 Jährige | 8.707.044 31-40 Jährige | 10.178.527 41-50 Jährige | 9.708.829 51-60 Jährige | 9.640.061 61-70 Jährige | 4.156.581 über 70 |

2033: 50.000.000 Erwerbstätige

Quelle: Deutschland Denken!

## Bestandsaufnahme im Bereich Arbeitsmarkt: 50 Millionen Erwerbstätige sind möglich

Die in vorangegangenen Bereichen beschriebene Schul-, Aus- und Weiterbildung wird ihre Wirkung für die Gesellschaft nur entfalten, wenn sie auch in Form von Arbeit eingesetzt wird. Der Wohlstand kann sowohl mit besserer Arbeit oder mit mehr Arbeit steigen – aber noch schneller steigt er mit mehr und besserer Arbeit zugleich. Weil die Chancen, mehr zu arbeiten, eher bei den anspruchsvolleren Arbeitsplätzen liegen und daher steigende Qualifikationen benötigen, kann eine höhere Erwerbsquote nur realisiert werden, wenn die Qualifikation der gesamten Erwerbsbevölkerung gleichzeitig steigt: damit die heute Erwerbslosen auch einen Platz am Tisch bekommen, müssen alle, die dort schon sitzen und arbeiten, aufstehen und einen Platz weiter nach vorne rücken. Der Geschäftsplan sieht vor, dass das ungenutzte Humanvermögen, über das Deutschland mehr verfügt als nahezu jedes andere europäische Land, durch mehr und länger Arbeiten besser ausgeschöpft wird.

### Kein Mangel an Arbeitsnachfrage

**Der historische Vergleich zeigt, dass die Deutschen wenig arbeiten. Das Phänomen der fallenden Arbeitsstunden teilen sie mit keinem anderen fortschrittlichen Land.**

Zwischen 1970 und 2006 ist die durchschnittliche Jahresarbeitszeit pro Beschäftigten um 27 Prozent auf 1.436 Stunden gefallen. Rechnet man den Effekt der in diesem Zeitraum um das Vierfache gestiegenen Teilzeit heraus, dann betrug der Rückgang immer noch 13 Prozent für einen Vollzeitbeschäftigten. Das absolute deutsche Arbeitsvolumen 2006 lag fünf Prozent unter dem Volumen von 1993. Der internationale Vergleich zeigt, dass der Verlust der insgesamt zur Verfügung stehenden Arbeit ein spezifisch deutsches Phänomen ist. In anderen europäischen Ländern ist das absolute Arbeitsvolumen seit 1993 gestiegen.

In nahezu allen Dimensionen arbeiten die Deutschen weniger als ihre Wettbewerber: späterer Berufseintritt, früherer Ruhestand, mehr Urlaub und Feiertage, höherer Krankheitsstand, kürzere Wochenarbeitszeiten, mehr Arbeitslosigkeit. Reserven, mehr zu arbeiten und dadurch das bestehende Humanvermögen besser zu nutzen, gibt es genug.

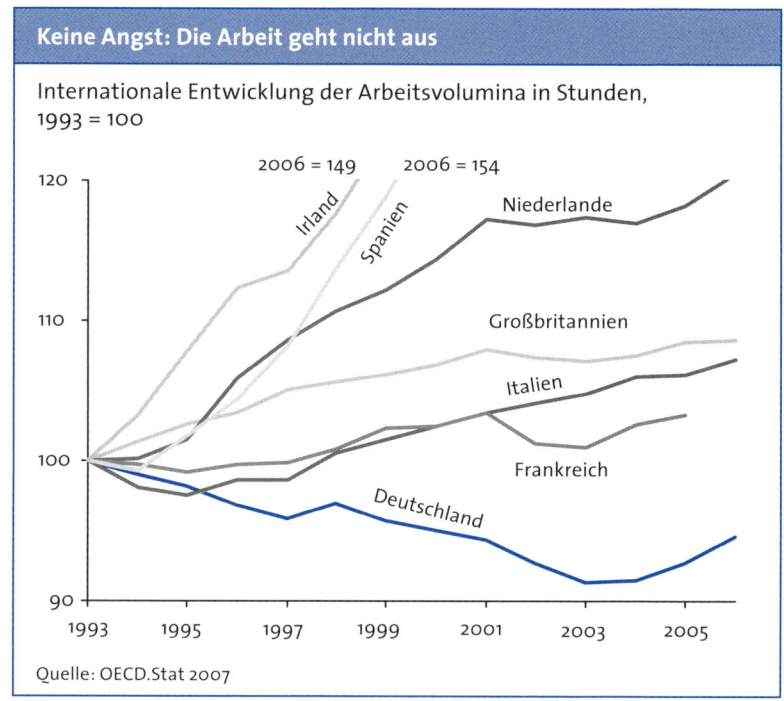

**Keine Angst: Die Arbeit geht nicht aus**

Internationale Entwicklung der Arbeitsvolumina in Stunden, 1993 = 100

2006 = 149  Irland
2006 = 154  Spanien
Niederlande
Großbritannien
Italien
Frankreich
Deutschland

Quelle: OECD.Stat 2007

▶ **Arbeitszeit** – Während sich die Deutschen mit 1.436 Arbeitsstunden ausgelastet fühlen, werden in Korea im Jahresmittel 2.305 Stunden gearbeitet, in den USA 1.804 Stunden. Zum Beispiel genießen Deutsche 42 Feier- und Urlaubstage, der EU-Bürger 35, und in den USA sind es 23.

▶ **Arbeit im Alter** – In Island und Japan beginnt die Rente für Männer bei jeweils 67 und 68 Jahren. In Schweden arbeiten 62 % der 55- bis 64-Jährigen, in Deutschland sind es 42 %.

▶ **Arbeitslosigkeit** – In Dänemark, Großbritannien, Irland und den Niederlanden fiel die Arbeitslosenquote von 1993 bis 2006 von 11,9 auf 4,5 Prozent, in Deutschland ist sie von 6,4 auf 10,2 Prozent gestiegen.

Alle diese Länder haben keinen Mangel an Arbeit – sie erscheint vielmehr als eine unerschöpfliche Herausforderung. Arbeit ist immer vorhanden, solange Menschen sie verrichten wollen und das entsprechende Humanvermögen mitbringen. In Deutschland war bisher entweder das eine, das andere oder beides nicht der Fall. Das Potenzial für mehr Arbeit ist, in Stunden gemessen und auf die durchschnittliche Altersstruktur der kommenden 25 Jahre angewendet, größer als das Volumen der Arbeit, die heute geleistet wird.

## Arbeit in Deutschland

Arbeit ist mehr als nur Erwerbsarbeit, nämlich alle Tätigkeit, die anderen Menschen nutzen stiftet und auf diese Weise zum Wohlstand beiträgt. Doch nicht alle Arbeit wird entgolten:

▶ Erwerbsarbeit: entgeltliche Arbeit in einem Beruf, um damit den Lebensunterhalt zu verdienen;

▶ Hilfsarbeiten: entgeltliche Tätigkeiten, die mit nur wenig oder ohne Anlernen möglich sind und deren Bezahlung meist nicht reicht, um einen Lebensunterhalt zu verdienen; sie werden zum Zuverdienst genutzt;

▶ Schwarzarbeit: entgeltliche Arbeit, die zwar zum Wohlstand und Sozialprodukt beiträgt, deren Erträge aber nicht versteuert werden und die außerhalb des Rechtsrahmen geregelt wird;

▶ ehrenamtliche Arbeit: unentgeltliche Arbeit in Vereinen oder ähnlichen Institutionen, die einer Spende gleichkommt;

▶ häuslich-familiäre Arbeit: unentgeltliche Arbeit, die in Familie und Nachbarschaft geleistet wird.

Der monetär gemessene Wohlstand in den Statistiken der Volkswirtschaft bezieht nur die ersten drei Arten von Arbeit ein. Wenn hier mehr oder besser gearbeitet wird, dann steigt das Wirtschaftsprodukt. Damit wird nur ein Teil des tatsächlichen Wohlstands gemessen. Da aber auch die Qualität der ehrenamtlichen und häuslichen Arbeit mit höherer Bildung und Qualifikation steigt, gilt auch hier: Je mehr und besser gearbeitet wird, desto höher der Wohlstand auch in diesen Dimensionen.

---

### 60 Prozent aller Arbeit wird mit Geld bezahlt

Entgeltliche und nicht entgeltliche Arbeit in Stunden, 2006

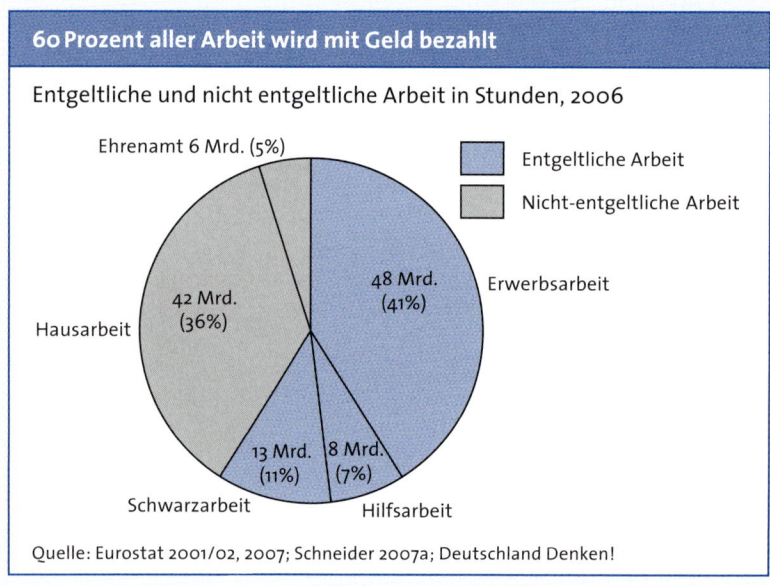

Quelle: Eurostat 2001/02, 2007; Schneider 2007a; Deutschland Denken!

**Großes Potenzial für mehr Arbeit**

Relatives Arbeitvolumen nach Alter, durchschnittliche Altersstruktur 2008–2033, Erwerbsstruktur 2006

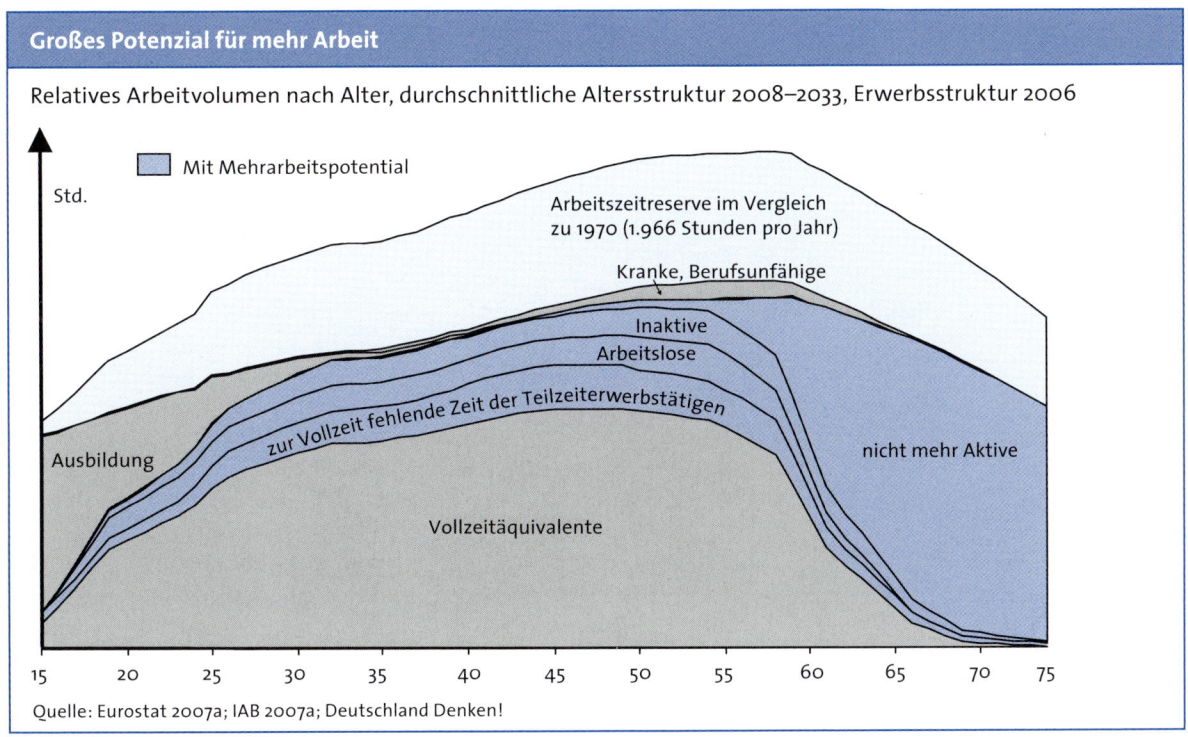

Std.

Mit Mehrarbeitspotential

Arbeitszeitreserve im Vergleich zu 1970 (1.966 Stunden pro Jahr)

Kranke, Berufsunfähige

Inaktive

Arbeitslose

zur Vollzeit fehlende Zeit der Teilzeiterwerbstätigen

Ausbildung

nicht mehr Aktive

Vollzeitäquivalente

15  20  25  30  35  40  45  50  55  60  65  70  75

Quelle: Eurostat 2007a; IAB 2007a; Deutschland Denken!

## Exkurs: Wofür die ganze Arbeit?

**Arbeit hat zwei Funktionen: Sie gibt Identität und sie sichert den Lebensunterhalt. Die Menge der Arbeit wird vom angestrebten Lebensstandard bestimmt.**

In einer modernen Gesellschaft spielt der Arbeitsplatz die zentrale Rolle für die soziale Identität. Gab es früher noch ein breites Spektrum an sozialen Bezügen in unmittelbarer Nähe – die Großfamilie, das Vereinsleben, die Gemeinde, die Kirche, die Partei oder selbst die Person des Arbeitgebers – so definiert heute der Beruf den größten Teil der sozialen Stellung, beantwortet mehr als jeder andere Bezug die Frage nach der Identität. Für Menschen ohne Arbeit ist es schwierig, ihre Position in der Gesellschaft und ihren Wert für diese zu bestimmen.

Die Deutschen brauchen ihre Arbeit nicht weniger als andere Menschen. Sie sind genauso bereit, Opfer einzugehen, um ihre Arbeit zu behalten. Wie die meisten anderen Europäer auch, würden sie dafür vor allem neues oder zusätzliches Humanvermögen aufbauen. Gut die Hälfte würde sogar ein niedrigeres Einkommen akzeptieren, wenn sie damit die Arbeitslosig-

### Identität

»Die für den Menschen unverzichtbare Anerkennung hängt in hohem Maß von der Berufs- und Arbeitswelt ab. Alle Bürger haben die Chance zu jener Selbstverwirklichung, die große Teile der heutigen Arbeit, insbesondere der Erwerbsarbeit, bieten. Denn das Prestige, weitgehend auch das Einkommen und die vorangehende Bildung und Ausbildung hängen wesentlich mit der Art und dem Rang der Erwerbsarbeit zusammen. Mit geistigen Beschäftigungen beispielsweise oder mit ehrenamtlichen, sozialen und politischen Tätigkeiten kann man das arbeitsgeprägte Erwerbsleben zu einem Gesamtentwurf gelungenen Lebens vervollständigen.« (Ottfried Höffe, Philosoph 2007)

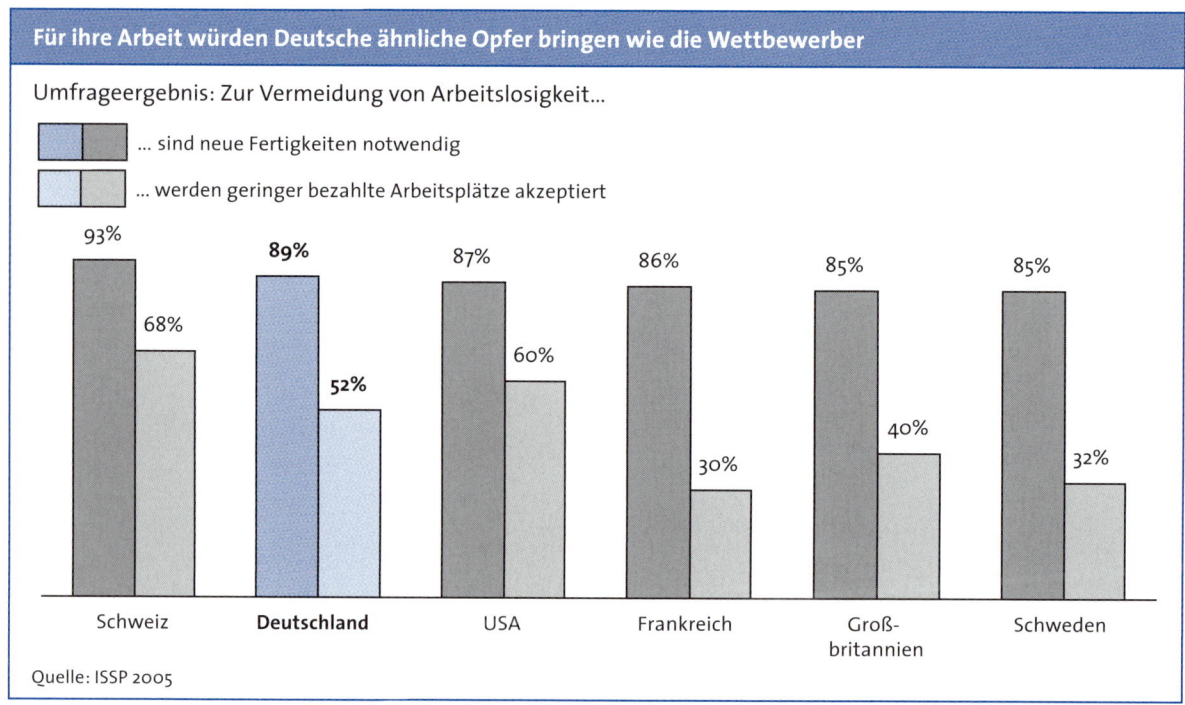

**Für ihre Arbeit würden Deutsche ähnliche Opfer bringen wie die Wettbewerber**

Umfrageergebnis: Zur Vermeidung von Arbeitslosigkeit...

- ... sind neue Fertigkeiten notwendig
- ... werden geringer bezahlte Arbeitsplätze akzeptiert

| | Schweiz | Deutschland | USA | Frankreich | Groß-britannien | Schweden |
|---|---|---|---|---|---|---|
| sind neue Fertigkeiten notwendig | 93% | 89% | 87% | 86% | 85% | 85% |
| werden geringer bezahlte Arbeitsplätze akzeptiert | 68% | 52% | 60% | 30% | 40% | 32% |

Quelle: ISSP 2005

## Zeiten der Nichtarbeit

Während seines Urlaubs beobachtet ein Bankkaufmann einen griechischen Bauern, der sich seit Stunden im Schatten seines Olivenbaums entspannt. Der Finanzmann beginnt ein Gespräch, weil er den Bauern davon überzeugen möchte, dass er sich mit mehr Arbeit mehr Olivenbäume, einen größeren Bauernhof und viel mehr Wohlstand leisten könnte, – anstatt den Tag zu verdösen. Der Bauer fragt: »Und was mache ich dann mit all dem Wohlstand?« – »Zum Beispiel in Ruhe entspannen und das Leben genießen« lautet die Antwort. Der Bauer erwidert: »Das Ziel habe ich schon erreicht.«

keit vermeiden kann. Dieses Opfer würde in Schweden oder Frankreich nicht einmal ein Drittel der Menschen bringen. Die Arbeit ist also Selbstzweck, aber nicht nur. Sie trägt auch zur persönlichen Optimierung des Lebensinhalts bei. Arbeit gewährleistet den Lebensunterhalt sowohl während der Lebensphasen, in denen gearbeitet wird, als auch während **Zeiten der Nichtarbeit**. Die einzelne Person bemüht sich entsprechend der jeweils eigenen Präferenzen, die Mischung aus Arbeitszeit und Freizeit zu optimieren, indem mit den Erträgen aus der Arbeit auch der Konsum während der Freizeit finanziert wird. Dabei fließen zwei Überlegungen in das Kalkül mit ein: einerseits das effektive Nettoarbeitseinkommen, also wieviel die eigene Arbeit netto wert ist, und andererseits, welcher Lebensunterhalt oder Konsum auch ohne Arbeit erzielbar ist, entweder über staatlich-solidarische Transfers, oder aus Familieneinkommen oder einer Kapitalertragsquelle.

**Wer nicht arbeiten kann oder will, oder wer mehr konsumiert, als er mit seiner eigenen Arbeit verdient, lebt immer von den Früchten der Arbeit der anderen.**

Der Lebensunterhalt – volkswirtschaftlich: der Konsum – lässt sich aus drei Arten von Einkommen bestreiten: Arbeits-, Kapital- oder Transfereinkommen. Bei genauerer Betrachtung handelt es sich in allen drei Fällen um Arbeitseinkommen in nur unterschiedlichen Formen. Denn Geld kann man nicht essen – auch nicht gespartes Geld. Wenn zum Beispiel über staatliche Transfersysteme Einkommen umverteilt werden, dann handelt es sich also in Wahrheit um eine Umverteilung von Arbeit: Die einen müssen mehr arbeiten, damit andere weniger arbeiten können. Diese Umverteilung findet in drei Dimensionen statt:

▶ **Erstens, Umverteilung zwischen den Generationen:** Die Menschen kommen unfertig auf die Welt. In modernen Gesellschaften dauert es zwanzig, manchmal sogar dreißig Jahre, bis ein Kind so weit ausgebildet ist, dass es seinen Lebensunterhalt selbst tragen kann. In dieser Zeit lebt es von der Arbeit seiner Eltern. Die parallele Logik gilt für die Älteren. Im Alter sinkt die Arbeitsproduktivität und bei manchem auch die Motivation zur Arbeit. Der Konsum im Alter muss also teilweise oder ganz von Jüngeren erarbeitet werden.

Der Generationenvertrag unterstellt, dass jeder seine noch nicht arbeitenden Kinder und seine nicht mehr arbeitenden Eltern während der Erwerbsphase in demselben Maße unterstützt, wie er als Kind von seinen Eltern und als Älterer von seinen Kindern unterstützt wird. Ein ganz wesentlicher Bestandteil des Generationenvertrages ist daher die Reproduktion: Wer keine Kinder bekommt, muss zwar nicht für ihren Unterhalt bis zur Selbständigkeit sorgen, kann aber im Alter auch nicht auf ihre Unterstützung zählen. Er wird entweder auf seine Altersersparnisse oder auf eine Umverteilung durch die öffentliche Hand (siehe unten) angewiesen sein.

▶ **Zweitens, Umverteilung innerhalb eines Lebenszyklus:** Wer seine Kinder im Alter nicht belasten möchte oder keine hat, oder wer die Arbeit früher aufhören möchte, als der Generationenvertrag eigentlich vorsieht, der kann vorsorgen und rechtzeitig sparen. Kapitaleinkommen speist sich aus in der Vergangenheit nicht konsumiertem Einkommen. Irgendwann ist auch für dieses Kapital schon einmal gearbeitet worden. Das Kapital kann aber nur seinen Wert halten und Erträge hervorbringen, wenn es auch in der Gegenwart mit Arbeit verbunden ist. Keine Fabrik, kein Unternehmen, kein Fonds können Erträge erwirtschaften, ohne dass irgendwo operativ Menschen arbeiten. Wer also seinen Lebensunterhalt aus Kapitaleinkommen deckt, der stellt sein Kapital anderen zur Verfügung, die damit arbeiten.

Diese Umverteilung funktioniert gut, um die Interessen einer heterogenen Gruppe aus Menschen mit vielen Kindern, Menschen mit wenigen Kindern, bis ins hohe Alter arbeitenden Menschen und früh in den Ruhestand tretenden Menschen auszugleichen. Sie funktioniert weniger gut, wenn viele gleichzeitig sparen und gleichzeitig aufhören wollen zu arbeiten. In Deutschland wird es aus demografischen Gründen zu wenige geben, die mit dem Kapitel arbeiten wollen, so dass der Wert des Kapitals und auch der Ertrag darauf sinkt. Kinder lassen sich in einer solchen Situation nicht durch Ersparnisse ersetzen. Das gilt, selbst wenn man die Möglichkeiten des **offenen Weltmarkts** mit einbezieht.

▶ **Drittens, Umverteilung durch die öffentlichen Hand:**
Wenn das Gesparte nicht ausreicht, schließt der Staat die Lücke. Das gilt nicht nur für jene, die aus Altersgründen nicht mehr arbeiten. Die Deutschen ziehen es vor, dass der Konsum gleichmäßiger verteilt ist als das Arbeitseinkommen. Wer langfristig krank oder nicht leistungsfähig ist, wer Kinder hütet oder die Angebote des Arbeitsamtes ausschlägt, dessen Konsum wird durch allerlei staatlich organisierte Transfersysteme subventioniert. Der Staat ist nur scheinbar eine weitere Quelle von Einkommen. Alles was der Staat dem einen Bürger gibt, muss er dem anderen nehmen. Der hat entweder selbst dafür gearbeitet, oder einen Dritten mit seinem Kapital arbeiten lassen. So wird auch jeder staatliche Transfer zu einer Umverteilung von Arbeitenden zu nicht oder weniger produktiv Arbeitenden.

Es gibt allerdings eine Ausnahme: Manche Staaten haben eine eigene Einkommensquelle, weil ihnen auf dem Weltmarkt begehrte Rohstoffe – Mineralöle oder Metalle zum Beispiel – gehören. Diese Staaten können Einkommen verteilen, ohne es vorher von den Bürgern genommen zu haben. Deutschland verfügt leider über keine Rohstoffe.

**Offener Weltmarkt**

Siehe Bereich Geschäftsmodell, Seite 60: Deutschland investiert heute schon im Ausland, allerdings nicht in einer solchen Höhe, dass die Erträge daraus die inländische Erträge nennenswert ersetzen könnten. Weder die Quelle zusätzlicher Investitionen – Handelsüberschüsse oder Verkauf deutscher Kapitalien – ist klar, noch die Aufnahmebereitschaft möglicher Zielländer für Auslandsinvestitionen. Die meisten attraktiven Schwellenländer wie China, Südasien oder der Mittlere Osten können ihren Investitionsbedarf selbst decken.

In Deutschland wird besonders viel von den Arbeitenden zu den Nichtarbeitenden umverteilt – in allen drei Dimensionen. Die Umverteilung zwischen den Generationen ist nicht stabil, denn es wurde und wird zuwenig in Kinder investiert. Die Ersparnisse sind hoch, aber ungleich verteilt und berücksichtigen nicht, dass die Kapitalerträge in Deutschland in Zukunft systematisch zurückgehen könnten. Sehr viele Menschen sind auf die Umverteilung durch die öffentliche Hand – eines der großzügigsten Systeme weltweit – angewiesen, besonders für ihre Altersversorgung. Die Belastungen für diejenigen, die arbeiten, werden immer höher und mit ihnen die Verlockung, auf die Seite der Empfänger zu wechseln.

Diese Situation der Umverteilung basiert auf einem zentralen Missverständnis: Zukünftigen Generationen fiele die Mehrarbeit leichter, weil der technische Fortschritt sie produktiver macht. Das ist falsch. Sie werden zwar produktiver sein, aber mit dem technischen Fortschritt steigen sowohl ihre Ansprüche als auch die Ansprüche der dann nicht arbeitenden Jahrgänge. Die Einschränkungen des eigenen Konsums wird den zukünftigen Deutschen genauso schwer fallen wie den heutigen.

Die Erkenntnis der Notwendigkeit zu mehr Arbeit setzt sich inzwischen durch, wenn auch nur langsam. In einer internationalen Vergleichsstudie waren noch 1989 nur 13 Prozent der Deutschen bereit, mehr zu arbeiten und dafür mehr zu verdienen – die anderen waren zufrieden mit ihrer Arbeitsmenge und ihrem Verdienst. Unter US-Amerikanern waren dies damals 33 Prozent. Seitdem zeigen die Deutschen wieder mehr Interesse an Arbeit: 1997 waren 20 Prozent zu mehr Arbeit bereit, 2005 waren es schon 29 Prozent (ISSP 2005).

## Welches Humanvermögen brachliegt

**Ältere, Frauen und Geringqualifizierte partizipieren seltener am Arbeitsmarkt. Mit ausreichender bzw. mehr Qualifikation kann dieses Humanvermögen mobilisiert werden.**

In Deutschland leben 82,3 Millionen Personen. 59,7 Millionen davon sind im Alter zwischen 15 und 75 und können produktiv erwerbstätig sein. Falls kurzfristige Arbeitslosigkeit, Berufsunfähigkeit und Kindergeburten berücksichtigt werden, bleiben 50,1 Millionen mögliche Erwerbstätige. Tatsächlich arbeiten aber nur 39 Millionen. 30 Prozent dieser Beschäftigten sind sogar nur Teilzeitkräfte, die im Schnitt nur 37 Prozent der Arbeitsstunden einer Vollzeitkraft erbringen.

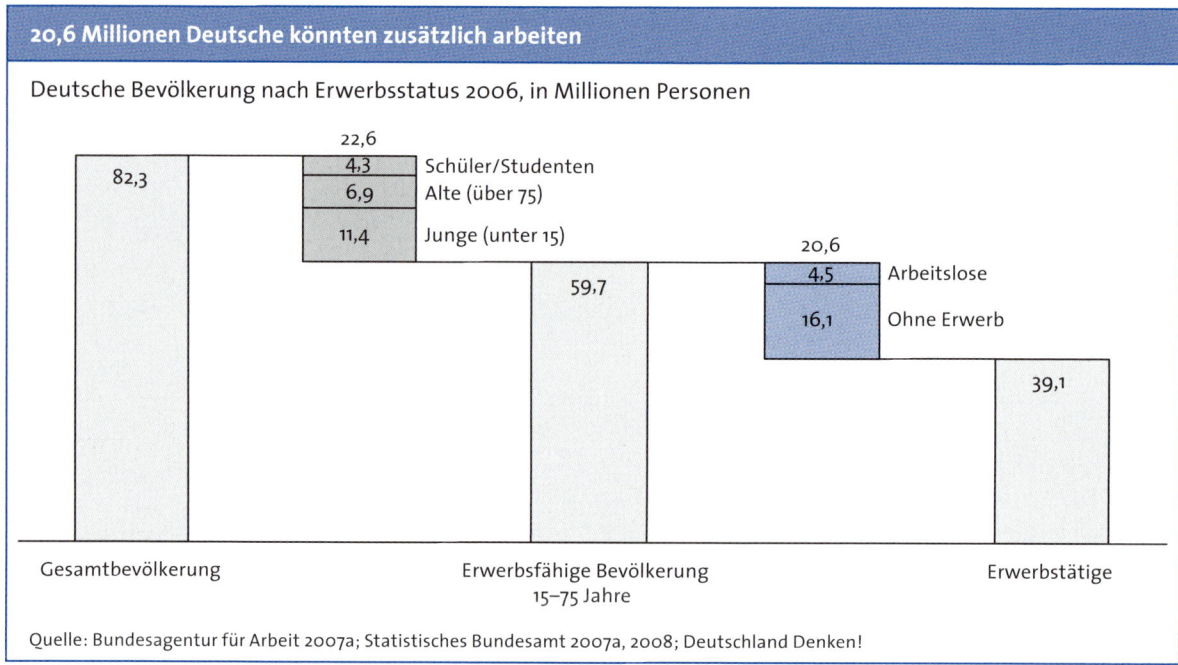

**20,6 Millionen Deutsche könnten zusätzlich arbeiten**

Deutsche Bevölkerung nach Erwerbsstatus 2006, in Millionen Personen

Quelle: Bundesagentur für Arbeit 2007a; Statistisches Bundesamt 2007a, 2008; Deutschland Denken!

Die nicht Erwerbstätigen – Arbeitslose und Inaktive – teilen sich im Wesentlichen in vier überlappende Gruppen mit unterschiedlichen Gründen für die Nichterwerbstätigkeit auf:

▶ Ältere zwischen 55. und 75. Lebensjahr: 12,8 Millionen
▶ Geringqualifizierte: 7,3 Millionen
▶ Frauen: 11,7 Millionen
▶ berufsqualifizierte Männer unter 55 Jahren: 1,9 Millionen

**Beschäftigungsschwelle**

Der technische und organisatorische Fortschritt lässt Arbeitsprozesse produktiver ablaufen, so dass auch ein höheres Wirtschaftsprodukt mit derselben Menge an Arbeit erwirtschaftet werden kann. Die Produktion von Waren und Dienstleistungen muss also um mehr als die Produktivitätssteigerung ausgedehnt werden, damit die Beschäftigung steigen kann.

In allen vier Zielgruppen steigt die Wahrscheinlichkeit, erwerbstätig zu sein, mit der Qualifikation. Eine Nachqualifikation der nicht Erwerbstätigen alleine würde aber für ihre Mobilisierung noch nicht reichen. Insgesamt ist sie nur möglich, wenn auch die heute Erwerbstätigen ihr Humanvermögen so weit aufstocken und in höherwertige Berufe aufrücken, dass sie für die geringer Qualifizierten Berufe und Arbeitsplätze frei machen. Ähnlich wie bei dem Konzept der **Beschäftigungsschwelle** muss das zusätzliche Humanvermögen einen kritischen Punkt überschreiten. Unter der Annahme, dass bessere Arbeit, mehr Schule und mehr Ausbildung diese Voraussetzungen schaffen, wird der Geschäftsplan diese Potenziale wie folgt mobilisieren:

1. **53 Jahre Erwerbsbiografie**
   Im Gleichschritt mit der Lebenserwartung wächst die Erwerbsphase des Lebens auf 53 Jahre an, so dass der Eintritt
   in den Ruhestand meist erst nach dem 70. oder sogar ab
   dem 80. Lebensjahr erfolgt.

2. **Unterbrechungen reduzieren**
   Längere Unterbrechungen beeinträchtigen das Humanvermögen stark; daher sollen Arbeitsplatzverlust, Krankheit
   oder Kindsgeburt nur noch zu kurzen Arbeitsunterbrechun-
   gen führen.

3. **Vollzeit statt Teilzeit**
   Möglichkeiten der Kinderbetreuung in ausreichendem
   Umfang erlauben Müttern und Frauen, eine vollwertige,
   ihrem Humanvermögen entsprechende Arbeit auszuüben.
   Über die Planperiode werden aufgrund des demografischen
   Rückgangs im Jahr 2033 nur etwa 44,3 Millionen Personen
   im Alter zwischen 15 und 75 Jahren arbeiten können. Der
   Geschäftsplan sieht vor, die demografisch bedingte Er-
   werbslücke durch mehr **Immigration** zu füllen.

**Immigration**

Siehe Bereich Immigration,
Seite 223: Jährlich ist eine Nettoimmigration von 300.000 Er-
werbsfähigen mit einem Qualifikationsprofil, das mindestens
der Zielstruktur der einheimischen Erwerbsbevölkerung im
Jahr 2033 entspricht, geplant.

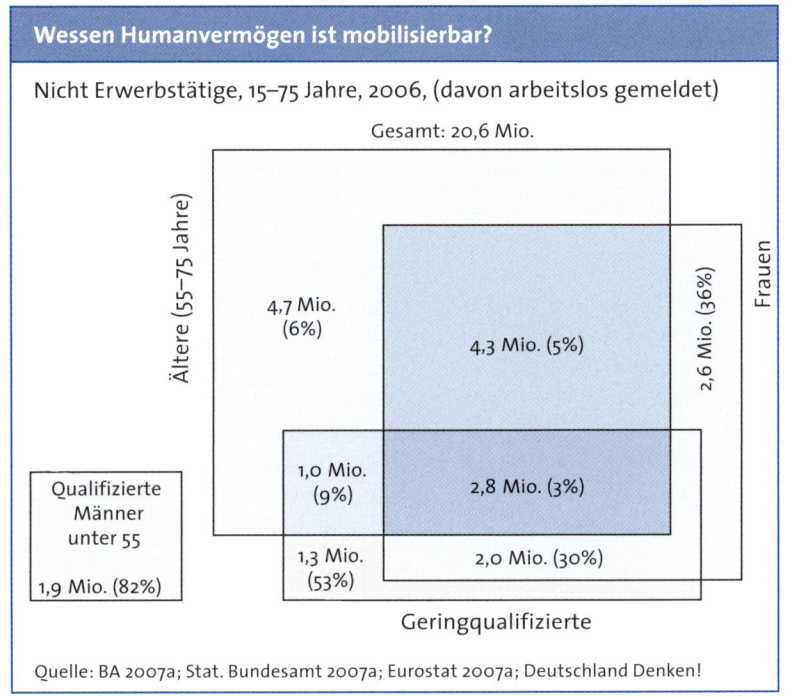

**Wessen Humanvermögen ist mobilisierbar?**

Nicht Erwerbstätige, 15–75 Jahre, 2006, (davon arbeitslos gemeldet)

Gesamt: 20,6 Mio.

Ältere (55–75 Jahre)

4,7 Mio. (6%)

4,3 Mio. (5%)

2,6 Mio. (36%)  Frauen

1,0 Mio. (9%)

2,8 Mio. (3%)

Qualifizierte Männer unter 55

1,9 Mio. (82%)

1,3 Mio. (53%)

2,0 Mio. (30%)

Geringqualifizierte

Quelle: BA 2007a; Stat. Bundesamt 2007a; Eurostat 2007a; Deutschland Denken!

## Aktionsfeld I im Bereich Arbeitsmarkt: 53 Jahre Erwerbsbiografie bis 75 Jahre

Die größte Reserve von ungenutztem Humanvermögen liegt bei den 55- bis 75-Jährigen. Institutionell und kulturell hat sich ein Missverhältnis zwischen Arbeitsleben und Ruhestandsphase etabliert, das heute nur aus glücklichen Umständen unproblematisch ist. In Zukunft, bei veränderten demografischen Bedingungen, wird es nicht aufrecht zu halten sein. Geplant ist, ein Erwerbsleben bis 2033 auf mindestens 50 Jahre auszudehnen. Darin steckt die Chance, die spezifischen Fähigkeiten der Älteren auch zu Gunsten der Jüngeren auf dem Arbeitsmarkt zu nutzen.

### Länger leben, länger arbeiten

**Die heute 30- bis 40-Jährigen werden älter als die Alten heute. Lebenserwartung, Gesundheit und Altersarbeit sind die entscheidenden Einflussfaktoren.**

Heute 30- bis 40-jährige Männer müssen nach der methodisch konservativen Einschätzung des Statistischen Bundesamtes davon ausgehen, dass sie im Schnitt 85 Jahre alt werden. Die Erfahrung zeigt, dass das Amt die tatsächlich erzielte Lebenserwartung um vier bis fünf Jahre unterschätzt. Zudem leben Personen mit hoher Bildung sieben Jahre länger als mit niedriger Bildung (Burström 2005), denn Höhergebildete haben gesündere Lebensbedingungen.

Die deutschen Lebensversicherer, deren Kunden eher höher gebildet sind, veranschlagen daher, dass heute noch junge Männer im Schnitt 95 Jahre alt werden, und Frauen sogar noch fünf Jahre älter. Diese Zahl gilt für den Durchschnitt. Will der zukünftige gut gebildete Ruheständler mit 95 Jahren nicht ohne finanzielle Mittel dastehen, so sollte er seine Lebensplanung eher auf 100 Jahre einrichten. Bei früherem Tod würde er mehr als geplant vererben. Diese Verlängerung der zu erwartenden Lebenszeit um 15 bis 20 Jahre würde für viele eine Verdoppelung der Rentenbezugsdauer gegenüber heute bedeuten.

Dazu hat sich die Generation der heute 30- bis 40-Jährigen nur zu 70 Prozent reproduziert, weil jeweils zwei Erwachsene nur 1,4 Kinder auf die Welt gebracht und großgezogen haben. Die nicht reproduzierten 30 Prozent werden später als Erwerbstätige fehlen.

### Renten fallen

Die Rentenreform der letzten Jahre sind davon ausgegangen, dass der Beitragssatz nicht über 20 Prozent und das Renteneintrittsalter nicht über 67 Jahre steigen darf. Die Nachhaltigkeit in der öffentlichen Rentenversicherung wurde daher über eine Reduktion der zukünftigen Rentenleistung erreicht. In ihren Berechnungen zeigt die Stiftung Finanztest, dass ein durchschnittlicher Rentner im Jahr 2033 trotz gleichbleibend hoher Rentenbeiträge nur 50,3 Prozent eines Durchschnittslohns erhalten wird – gegenüber heute 58 Prozent. Es wird weder politisch noch moralisch durchsetzbar sein, die Ruheständler in diesem Ausmaß zu belasten. Schon 2008 hat Bundessozialminister Olaf Scholz Initiative gezeigt und vorgeschlagen, die Renten stärker als gesetzlich geregelt steigen zu lassen. (Finanztest 2008)

### Rente mit 77 Jahren

Die Vereinten Nationen haben ihrer Rechnung aus dem Jahr 2001 zugrunde gelegt, dass das Verhältnis zwischen Arbeitenden und Rentnern von 1995 konstant bleibt, nämlich bei 4,4. (UN 2001)

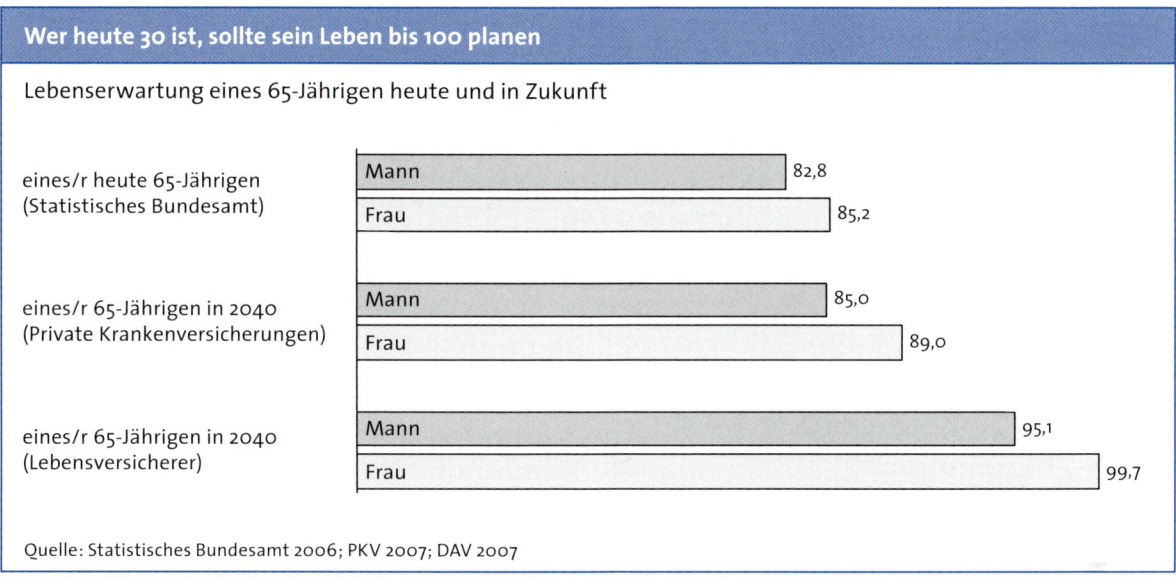

**Wer heute 30 ist, sollte sein Leben bis 100 planen**

Lebenserwartung eines 65-Jährigen heute und in Zukunft

| | |
|---|---|
| eines/r heute 65-Jährigen (Statistisches Bundesamt) | Mann 82,8 / Frau 85,2 |
| eines/r 65-Jährigen in 2040 (Private Krankenversicherungen) | Mann 85,0 / Frau 89,0 |
| eines/r 65-Jährigen in 2040 (Lebensversicherer) | Mann 95,1 / Frau 99,7 |

Quelle: Statistisches Bundesamt 2006; PKV 2007; DAV 2007

Kein Rentensystem – ob mittels öffentlicher Umverteilung oder durch private Kapitaldeckung –, kann bei dieser Kombination aus zu frühem Ruhestand und niedriger Geburtenrate den berechtigten Anspruch der Ruhestandsgeneration erfüllen, auch an der zukünftigen Wohlstandsentwicklung zu partizipieren.

Diese Bevölkerungseckpunkte lassen nur drei Lösungsrichtungen zu: Entweder das Ende des Arbeitslebens liegt in Zukunft zwischen dem 70. und dem 80. Lebensjahr, oder die **Renten fallen** so weit, dass eine große Zahl der Rentner unter die Armutsgrenze fällt, oder die Rentenbeiträge und Sparleistungen steigen auf etwa 40 Prozent des Bruttolohns. Nur die erste Lösung ist nachhaltig – so dass jede Generation den eigenen Lebensunterhalt erarbeitet, ohne nachfolgende Generationen zu belasten. Sogar das Statistikbüro der Vereinten Nationen hat für Deutschland errechnet, dass das durchschnittliche Verrentungsalter im Jahr 2050 bei **77 Jahren** liegen müsste. Warum, verdeutlicht eine **einfache Rechnung**: Mit jeweils zehn Jahren Rentenbeitrag können zwei Jahre Rente finanziert werden, wenn der Beitrag 20 Prozent des Arbeitseinkommens beträgt. Weil ein typischer Rentner geringere Ausgaben hat und mit einem um ein Drittel reduzierten Einkommen zurechtkommt, sind es drei Jahre. Mit viel weniger kann er nicht auskommen: Die Armutsgrenze liegt bei 60 Prozent des Durchschnittseinkommens. Die Arbeit von 53 Erwerbsjahren wird in Zukunft also den Rentenbezug über 17,6 Jahre erlauben.

**Einfache Rechnung**

Warum spielt dabei die Verzinsung des Geldes keine Rolle? In einem Umverteilungssystem kann der Zinssatz nicht über der allgemeinen Steigerung des Lebensstandards, also der Wachstumsrate der gesamten Volkswirtschaft, liegen – die wird aber schon durch die Koppelung des Rentenniveaus an das Nettoarbeitseinkommen der Arbeitenden berücksichtigt. Auch bei der privaten Kapitaldeckung ist das nicht grundsätzlich anders: Der Wert des Ersparten sinkt, wenn das Wachstum sinkt, weil viele sparen und nur wenige mit dem Ersparten arbeiten wollen.

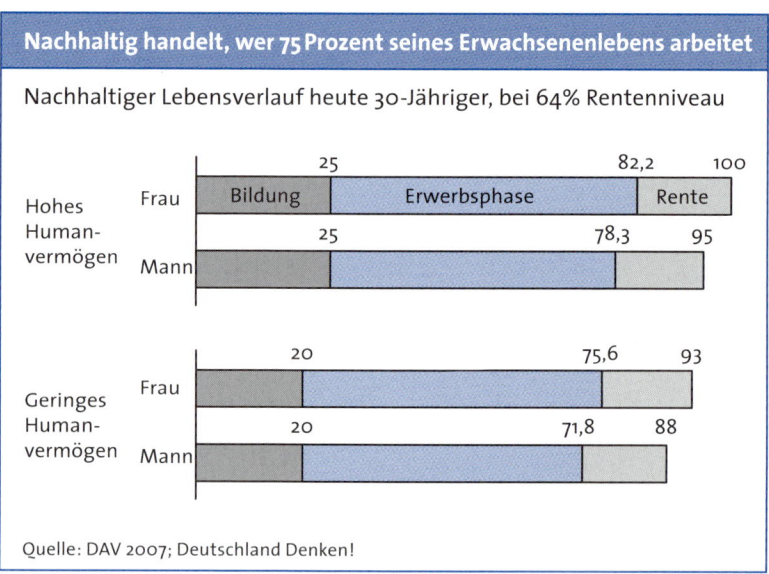

**Nachhaltig handelt, wer 75 Prozent seines Erwachsenenlebens arbeitet**

Nachhaltiger Lebensverlauf heute 30-Jähriger, bei 64% Rentenniveau

Hohes Humanvermögen
- Frau: 25 — 82,2 — 100 — Bildung / Erwerbsphase / Rente
- Mann: 25 — 78,3 — 95

Geringes Humanvermögen
- Frau: 20 — 75,6 — 93
- Mann: 20 — 71,8 — 88

Quelle: DAV 2007; Deutschland Denken!

## Mit 90 noch arbeiten

In der amerikanischen Kleinstadt Needham bei Boston bauen jeden Tag 35 Menschen Nadeln und Kanülen zu Spritzen zusammen und liefern sie an Krankenhäuser im ganzen Land. »Vita Needle« heißt die Firma, in den vergangenen vier Jahren steigerte sie ihre Verkäufe um hundert Prozent. Der Chef sieht den Grund für den Erfolg bei den Mitarbeitern: »Die sind loyal, flexibel und hoch motiviert.« Im Durchschnitt sind sie 74 Jahre alt. Zwei haben die 90 überschritten. (Die Zeit 2002)

## Trendwende

»Ich stelle lieber einen 60-Jährigen ein als einen 30-Jährigen«. Werner Brandenbusch, 50, Unternehmer aus Willich bei Krefeld produziert seit 30 Jahren Textilien, betreibt einen Chauffeurdienst, und ist Gründer des Bellheim-Netzwerkes, einer Vermittlungsagentur für Fach- und Führungskräfte über 50. (Die Zeit 2002)

## Einstellung zur Arbeit im Alter positiv gestalten

**Ab 50 arbeiten immer weniger. Arbeitnehmer, Arbeitgeber und Gesetzgeber haben die Problematik dieser Situation noch nicht ausreichend reflektiert.**

Heute gehen die Bezugsdauern vieler Renten weit über 15 Jahre hinaus und die Erwerbsleben sind oft nur 20 oder 30 Jahre lang. In Deutschland sinkt die Beschäftigungsquote bereits ab dem 43. Lebensjahr. Ab 52 Jahren beschleunigt sich der Sinkflug und bereits mit 60 Jahren arbeitet nur noch eine Minderheit. Zum Zeitpunkt des offiziellen Verrentungsalters mit 65 Jahren befinden sich keine 10 % der Alterskohorte mehr in Arbeit.

Es hat inzwischen eine Trendwende stattgefunden, die daran erkennbar ist, dass die vollzeitäquivalente Beschäftigungsquote der 55- bis 64-Jährigen seit 2003 von 34 auf 41 Prozent gestiegen ist. Es hat sich aber auch die ruinöse Erwartung etabliert, dass sich in Zukunft nicht mehr viel ändern wird. Die Verhältnisse hätten jedoch schon längst zum Kollaps der Sozial- und Staatskassen geführt, wenn die Altersgruppen nicht gerade heute besonders günstig verteilt wären. Die Rentnergenerationen sind wegen der Depression in den 20er Jahren und wegen des Zweiten Weltkriegs eher klein und die Kohorten der heute Erwerbstätigen sind wegen der geburtenstarken Nachkriegsjahrgänge besonders groß.

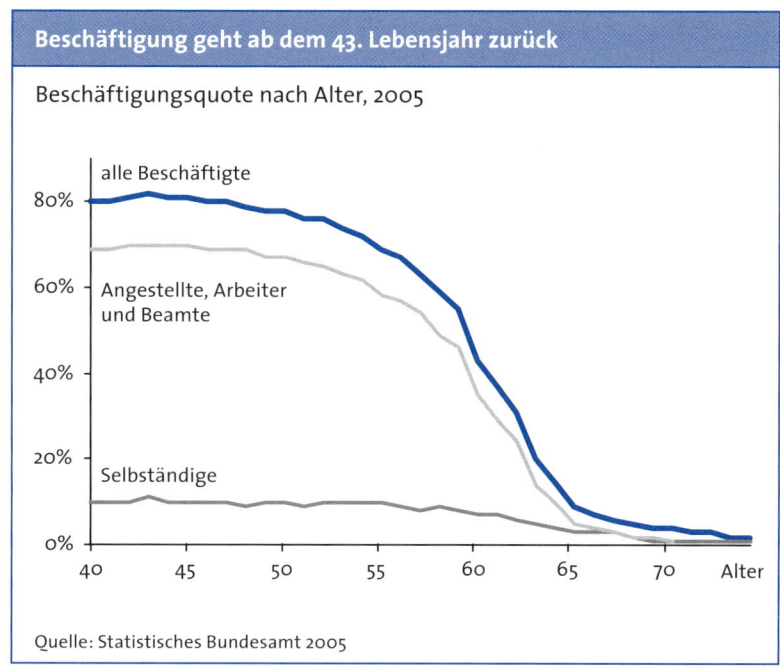

**Beschäftigung geht ab dem 43. Lebensjahr zurück**

Beschäftigungsquote nach Alter, 2005

Quelle: Statistisches Bundesamt 2005

Diese geburtenstarken Jahrgänge sind jetzt Mitte 40 und beginnen gerade, sich nach gängiger Praxis auf den Ruhestand in 15 bis 20 Jahren vorzubereiten. Dass er so bald kommt, ist unwahrscheinlich. Aber auch diejenigen, denen es heute noch gelingt, so früh im Leben mit der Arbeit aufzuhören, verlassen sich auf die Fortsetzung der großzügigen Umverteilung der Früchte von anderer Leute Arbeit. Für ihre 30 bis 40 verbleibenden Lebensjahre ist dies unwahrscheinlich.

Die Gründe für den **frühen Arbeitsausstieg** sind leicht auszumachen. Einerseits führen die deutschen Entgeltsysteme und Kündigungsregelungen dazu, dass ältere Arbeitnehmer für den Arbeitgeber teurer und riskanter sind, während sie gleichzeitig aufgrund struktureller Vernachlässigung der Weiterbildung immer weniger leistungsfähig sind. In Schweden erhalten 55- bis 64-Jährige mit Berufsausbildung noch 137 Stunden Weiterbildung, in Deutschland nur 26 Stunden (OECD 2007c). Zwar sind die großen Frühverrentungsprogramme inzwischen abgeschafft, aber inoffiziell leben sie in vielen Restrukturierungsplänen als Absprachen zwischen Betriebsräten, Arbeitgebern und Arbeitsagenturen fort. Der Geschäftsplan sieht vor, diese Praxis zu beenden und darüber hinaus Rentenab- und -aufschläge für einen früheren oder späteren Renteneintritt so zu gestalten, dass sie einen Anreiz für längeres Arbeiten bieten.

**Früher Arbeitsausstieg**

Die Stellenanzeigen der FAZ werden von Positionen dominiert, die »aufstrebende Nachwuchskandidaten« und »engagierte Aufsteiger zwischen 35 und 45« suchen, für ein Umfeld das geprägt ist von einem »jungen Team«, einem »jungen, motivierten Team« oder sogar einem »jungen, aktiven Team«. 60% aller deutschen Unternehmen beschäftigen keinen Mitarbeiter über 50 Jahre. (Die Zeit 2002)

## Stärken der Älteren fördern und nutzen

**Für viele Ältere ist Arbeit ein zentraler Lebensinhalt. Sie bringen dabei besondere Stärken ein: Kommunikationsfähigkeit, Urteilsvermögen, Intuition und Erfahrung.**

### Anni Reidelbach

Frau Reidelbach hat erst mit 75 aufgehört, in der Bäckerei zu arbeiten, in der sie schon ihr ganzes Berufsleben lang angestellt war. Dann meinte sie, »Jetzt reicht's auch mal«. Nötig hatte sie es nicht. Sie besitzt ein Haus und bezieht Witwenrente ihres Mannes. Die Trikotwäsche für den lokalen Fußballverein erledigt sie aber nach wie vor.

Länger zu arbeiten, hat auch seine angenehmen Seiten. Wer arbeitet, hat produktiven Anteil an der Gesellschaft; er behält seine Stellung im sozialen Gefüge und bleibt weitgehend selbstbestimmt. Im Alter verschieben sich die Lebensprioritäten, aber die Arbeit – vielleicht im Volumen etwas reduziert – spielt dennoch eine wichtige Rolle. Ein Rentner verbringt täglich gerade einmal 18 Minuten mehr Zeit mit sozialen Kontakten, aber fast zweieinhalb Stunden mehr Zeit mit unbezahlter Arbeit als ein in Vollzeit Erwerbstätiger (Statistisches Bundesamt 2001/02). Selbständige arbeiten sehr viel weiter in das Alter hinein, weil Arbeit ihr Lebensinhalt ist. Viele, die selbst über das Ende ihres Erwerbslebens bestimmen können, wählen wie **Anni Reidelbach** einen späteren Zeitpunkt als den gesetzlichen Rentenbeginn.

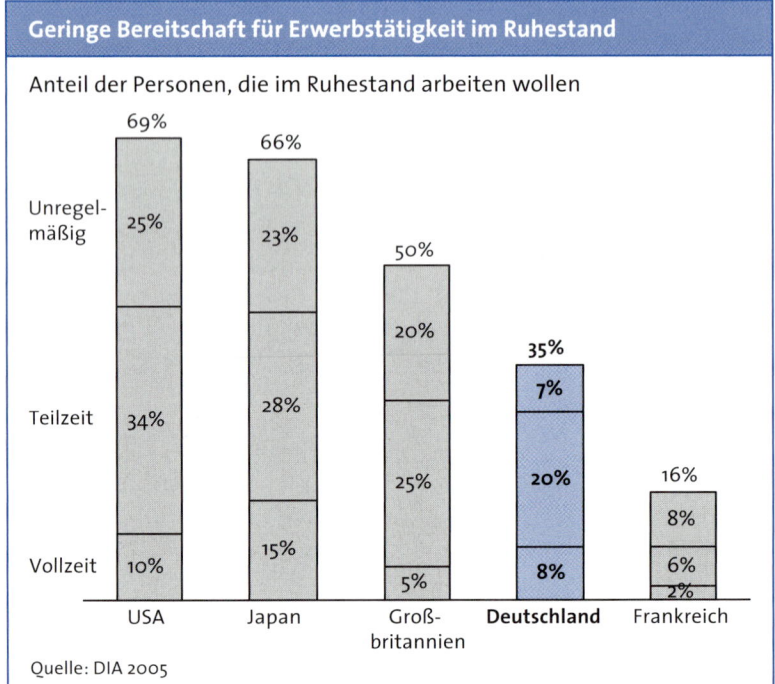

**Geringe Bereitschaft für Erwerbstätigkeit im Ruhestand**

Anteil der Personen, die im Ruhestand arbeiten wollen

Quelle: DIA 2005

Die Arbeitsplätze der Zukunft kommen älteren Menschen dabei entgegen. Körperlich anstrengende Tätigkeiten sind schon jetzt selten geworden. Dafür nehmen Berufe zu, in denen Kommunikation und Urteilsvermögen gefragt sind – Fähigkeiten, die im Alter eher stärker werden. Ältere haben andere **Fähigkeiten**, mit denen sie ebenso produktiv sind wie die Jungen. Künstler zum Beispiel sind besonders in jungen Jahren erfolgreich, wenn sie konzeptionell, also eher mit theoretischem Wissen, arbeiten. Ältere Künstler sind dagegen meist experimentell erfolgreich, wenn sie ihre Erfahrung und Intuition einbringen können. Dasselbe gilt auch für Sozialwissenschaftler: konzeptionell deduktiv arbeitende Ökonomen erreichen mit Anfang 40 ihren wissenschaftlichen Höhepunkt, induktiv und erfahrungsbasiert arbeitende Ökonomen mit Anfang 60 (Galenson 2005a und b).

**Alte nehmen den Jungen nicht die Arbeit weg, wenn sie sich mit der Arbeit und der Arbeitsplatz sich mit ihnen kontinuierlich weiterentwickeln.**

Wegen ihrer unterschiedlichen Stärken sind Junge und Alte keine natürlichen Konkurrenten auf dem Arbeitsmarkt. Weder in Deutschland noch im internationalen Vergleich ist ein Zusammenhang zwischen Jugendarbeitslosigkeit und der Beschäftigungsquote der Älteren erkennbar. Die lange gehörte Devise »Geht früher, macht Platz für Jüngere!«, ist verkehrt.

**Fähigkeiten Älterer**

Altersarbeitsforscher konnten nachweisen, dass Intelligenz und Gedächtnisleistungen bis zum Alter von 75 bis 80 Jahren noch mit viel Jüngeren mithalten können. Noch später sei Leistung allerdings nur durch das SOK-Konzept möglich: Selektion, Optimierung, Kompensation. Zum Beispiel ist der Pianist Arthur Rubinstein noch als 80-jähriger Greis umjubelt worden. In einem Interview lüftete er freimütig das Geheimnis seines anhaltenden Erfolgs: Erstens spiele er weniger Stücke, brauche folglich weniger im Kopf zu behalten (Selektion). Zweitens übe er diese häufiger (Optimierung). Und drittens spiele er vor schnellen Passagen extra langsam. Das lasse die langsamen bedeutungsvoller und die schnellen schneller erscheinen (Kompensation). (Die Zeit 2003)

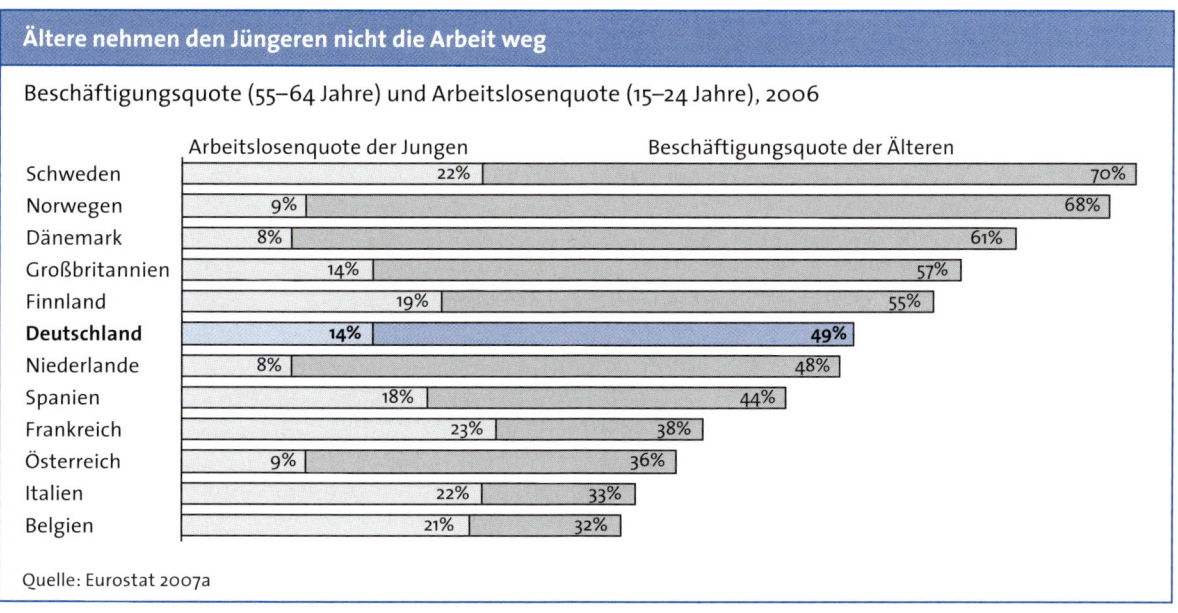

**Ältere nehmen den Jüngeren nicht die Arbeit weg**

Beschäftigungsquote (55–64 Jahre) und Arbeitslosenquote (15–24 Jahre), 2006

| | Arbeitslosenquote der Jungen | Beschäftigungsquote der Älteren |
|---|---|---|
| Schweden | 22% | 70% |
| Norwegen | 9% | 68% |
| Dänemark | 8% | 61% |
| Großbritannien | 14% | 57% |
| Finnland | 19% | 55% |
| **Deutschland** | 14% | **49%** |
| Niederlande | 8% | 48% |
| Spanien | 18% | 44% |
| Frankreich | 23% | 38% |
| Österreich | 9% | 36% |
| Italien | 22% | 33% |
| Belgien | 21% | 32% |

Quelle: Eurostat 2007a

## Altersarbeitsplätze I

Werner R. ist Doktor der Nuklearmedizin und mit 65 in Pension gegangen. Er begann ein Zweitstudium der Kunstgeschichte, das er in 9 Semestern beendete und legte noch eine Doktorarbeit nach. Mit 75 bekam er ein Arbeitsangebot, eine Kunstgalerie zu leiten. Er lehnte ab und veranstaltet heute als 83-jähriger Vortragsreihen über kunstgeschichtliche Themen .

## Altersarbeitsplätze II

Von den 2.100 Mitarbeitern des neuen Leipziger BMW Werkes sind 30 Prozent über 40 Jahre alt, was für die Branche als überdurchschnittlich hoch gilt. Von diesen »älteren« Arbeitnehmern verspricht sich BMW großen Nutzen. Man schätzt ihre Erfahrung, und sie gelten als pflichtbewusster und zuverlässiger. Um wirtschaftlich flexibel zu sein, sei es auch notwendig, dass die Belegschaft aufgrund altersbedingter Fluktuation wechselt, sagt BMW. (Spiegel 2005)

## Wandlungsfähigkeit

»Man muss lernen, dass es vielleicht Jobs gibt, die man über 45 oder 50 Jahre hinaus nicht machen kann. Ein später Berufswechsel wird durchaus zum Arbeitsleben dazugehören« Vizekanzler Franz Müntefering auf der europäischen Gewerkschaftstagung, Februar 2007. (Spiegel 2007a)

Alte nehmen den Jungen nicht die Arbeitsplätze weg, sondern eher sind sie geeignet, sie bei der richtigen Gestaltung der Arbeitsplätze zu einer insgesamt höheren Beschäftigung zu ergänzen.

Einerseits können **Altersarbeitsplätze** so gestaltet sein, dass sie den spezifischen Fähigkeiten besonders entgegenkommen. Andererseits kann ein Arbeitnehmer davon ausgehen, dass nicht nur er sich ändert, sondern mit dem technologischen Fortschritt auch die Umwelt. Das betrifft die Inhalte und in vielen Fällen sogar die Existenz seines Berufs selbst. Der Schlüssel zur Wandlungsfähigkeit liegt in der konstanten Weiterentwicklung von Wissen und Fähigkeiten, und in der Bereitschaft von Arbeitgebern, unterschiedliche altersangepasste Arbeitsumgebungen zuzulassen und aktiv zu fördern und somit auf die unterschiedlichen Lebenszyklusbedingungen der Menschen einzugehen.

Die Umkehr auf dem bisher in Deutschland eingeschlagenen Weg, nicht die Arbeitsplätze den Lebensbedürfnissen der Menschen anzupassen, sondern die Erwerbstätigen schon ab Mitte 40 auf das berufliche und gesellschaftliche Abstellgleis zu schieben, stellt das wichtigste Potenzial für die Mobilisierung von brachliegendem Humanvermögen in diesem Geschäftsplan dar. Ältere werden im Jahr 2033 je nach Qualifikationsniveau und Geschlecht mindestens bis zum 70. oder sogar bis zum 80. Lebensjahr arbeiten können und wollen. Entsprechend der verschobenen Lebensprioritäten geht der Geschäftsplan davon aus, dass die Erwerbstätigkeit in den letzten zehn Arbeitsjahren oft nur in Teilzeit ausgeübt wird.

## Aktionsfeld II im Bereich Arbeitsmarkt: Kürzere Unterbrechungen der Erwerbsbiografie

Unterbrechungen in der Erwerbsbiografie gibt es viele: Arbeitsplatzverlust, Umzug, persönliche Umstände, Mutterschaft, Krankheit. In einem gut funktionierenden Arbeitsmarkt dauern diese Unterbrechungen nicht lange. Allerdings, je länger sie dauern, desto weiter reduziert sich das Humanvermögen. Wenn das erzielbare Einkommen unter die Lohnschranken, die Tarifverträge, Kündigungsschutz und Mindestlohn aufbauen, sinkt, entsteht Langzeitarbeitslosigkeit. Der Geschäftsplan sieht vor, dass aus kurzfristigen Unterbrechungen nicht mehr strukturelle Arbeitslosigkeit wird, sondern die Arbeitslosigkeit auf vier bis sechs Prozent kurzfristige Arbeitslosigkeit beschränkt bleibt, je nach Konjunktur. Die internationalen Erfahrungen zeigen, dass dafür flexiblere Arbeitsmarktstrukturen nötig sind. Erfolgreich sind solche Maßnahmen aber nur, wenn gleichzeitig eine »Keiner bleibt zurück«-Kultur etabliert werden kann.

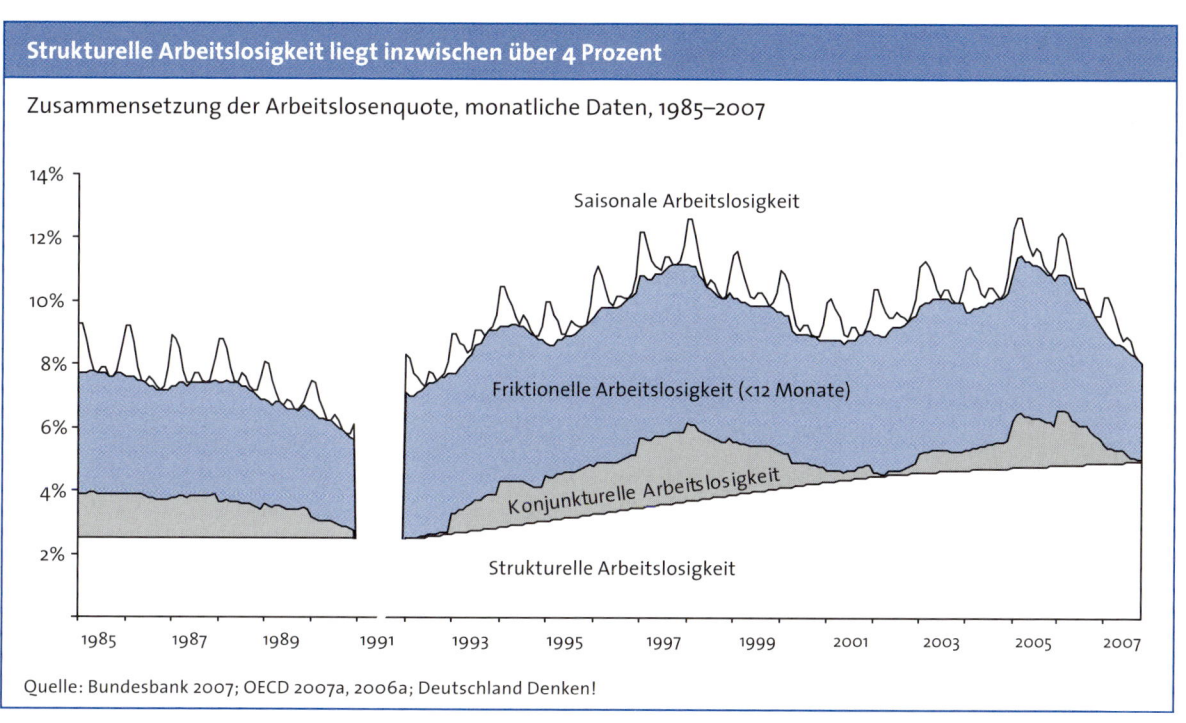

**Strukturelle Arbeitslosigkeit liegt inzwischen über 4 Prozent**

Zusammensetzung der Arbeitslosenquote, monatliche Daten, 1985–2007

Saisonale Arbeitslosigkeit

Friktionelle Arbeitslosigkeit (<12 Monate)

Konjunkturelle Arbeitslosigkeit

Strukturelle Arbeitslosigkeit

Quelle: Bundesbank 2007; OECD 2007a, 2006a; Deutschland Denken!

## Reduktion der Arbeitslosigkeit auf die Arbeitsuche

**Arbeitslosigkeit ist nur dann ein Problem, wenn sie strukturell ist. In Deutschland betrifft das ca. vier Prozent der Erwerbspersonen oder 1,7 Millionen Menschen.**

Arbeitslosigkeit teilt sich in vier Arten auf: saisonale, friktionelle, konjunkturelle und strukturelle. Gegen die ersten drei Arten der Arbeitslosigkeit kann nichts wirklich Sinnvolles unternommen werden. Saisonale Arbeitslosigkeit entsteht wetterbedingt in manchen Branchen wie der Land- und Bauwirtschaft oder in der Touristik. Sie wäre nur vermeidbar, wenn wetterabhängige Berufe nicht mehr als vollwertige Berufs- und Arbeitsplätze anerkannt würden und nur noch zum Nebenverdienst ohne Sozialversicherungsschutz wahrgenommen würden.

**Friktionelle Arbeitslosigkeit** entsteht, wenn Arbeitssuchende ihren Arbeitsplatz verlieren oder kündigen, bis sie einen neuen Arbeitsplatz haben. Ähnliches gilt für konjunkturelle Arbeitslosigkeit.

Sie entsteht durch mittelfristige Einflüsse der Wirtschaftszyklen und ist das Ergebnis des unvermeidbaren Auf und Ab der Märkte. In den meisten großen Volkswirtschaften wie den USA, Großbritannien oder auch Italien, sowie im vollbeschäftigten Süden Deutschlands, schwankt die friktionelle Arbeitslosigkeit um vier Prozent aller Erwerbspersonen, während die konjunkturelle Arbeitslosigkeit bei ein bis zwei Prozent liegt. Sie sind die logische und wünschenswerte Konsequenz aus der Veränderung des technischen Fortschritts, der alte Arbeitsplätze wegfallen und neue entstehen läßt.

**Strukturelle Arbeitslosigkeit ist die Folge falscher oder zu geringer Qualifikation. Wo Humanvermögen dauerhaft fehlt, kann die Arbeit dennoch zu ihrem Marktwert angeboten und subventioniert werden.**

Das ungenutzte Investitionspotenzial für Deutschland ist die hohe strukturelle Langzeitarbeitslosigkeit – damit sind Arbeitssuchende gemeint, die selbst dann keine Arbeit mehr finden, wenn es offene Stellen gibt.

Die strukturelle Arbeitslosigkeit ist in Deutschland größtenteils eine Kombination aus regionaler Arbeitslosigkeit in strukturschwachen Regionen wie z. B. der Südpfalz oder den neuen

### Friktionell arbeitslos

Frank Kochan, ein gut ausgebildeter 30-jähriger Metallfacharbeiter suchte einen neuen Arbeitsplatz. Die Arbeitsagentur bot ihm nur Zeitarbeit an. Kochan bewarb sich auf eigene Faust und schlug sogar Angebote aus. Nach vier Monaten fand er eine Stelle, die ihm 600 Euro netto monatlich mehr einbrint als vorher. Damit liegt er im statistischen Mittel. Wer Arbeitslosengeld I bezieht und kein Hartz IV-Fall ist, der findet im Schnitt nach 17,6 Wochen eine neue Stelle. (Focus 2007)

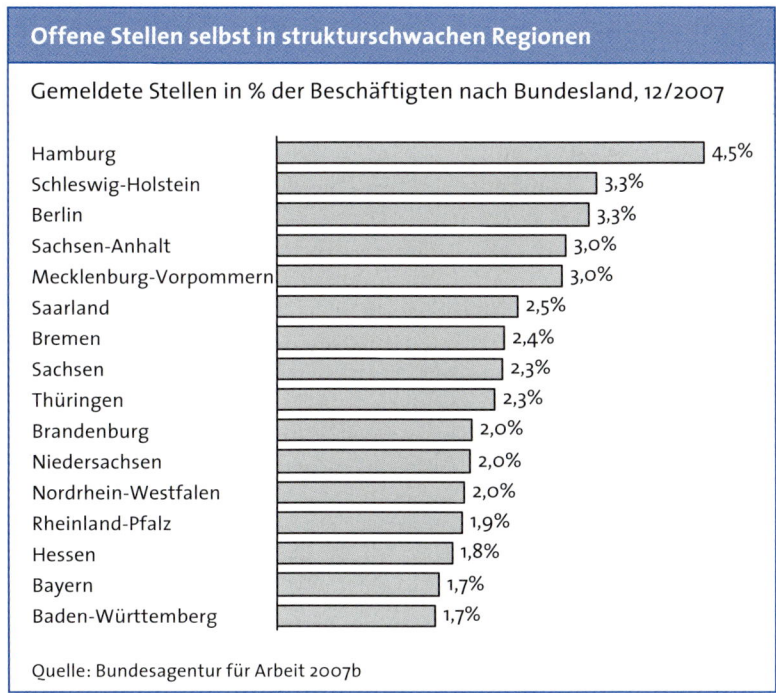

**Offene Stellen selbst in strukturschwachen Regionen**

Gemeldete Stellen in % der Beschäftigten nach Bundesland, 12/2007

| Bundesland | % |
|---|---|
| Hamburg | 4,5% |
| Schleswig-Holstein | 3,3% |
| Berlin | 3,3% |
| Sachsen-Anhalt | 3,0% |
| Mecklenburg-Vorpommern | 3,0% |
| Saarland | 2,5% |
| Bremen | 2,4% |
| Sachsen | 2,3% |
| Thüringen | 2,3% |
| Brandenburg | 2,0% |
| Niedersachsen | 2,0% |
| Nordrhein-Westfalen | 2,0% |
| Rheinland-Pfalz | 1,9% |
| Hessen | 1,8% |
| Bayern | 1,7% |
| Baden-Württemberg | 1,7% |

Quelle: Bundesagentur für Arbeit 2007b

Bundesländern – und einer Minderqualifizierung in diesen Regionen mit den falschen Fähigkeiten für die zur Verfügung stehenden Arbeitsplätze. Die Antwort kann nur heißen, geduldig und beharrlich genügend Humanvermögen aufzubauen, um die Betroffenen in den Arbeitsmarkt zu integrieren, eine Herausforderung, der sich sowohl sie selbst als auch die öffentlichen Institutionen stellen müssen.

**Konzepte zur Sicherung des Lebensstandards für Geringqualifizierte**

**Arbeitslosengeld II in Deutschland**
Grundsicherung für erwerbsfähige Hilfebedürftige; Hinzuverdienst ist möglich. Leistungen für eine ledige Person ohne Kinder: 664 € Grundsicherung inkl. Unterkunft und Heizung; knapp 150 € bei einem Bruttoeinkommen von 1.000 €.

**Bürgergeld (FDP)**
Verknüpfung von Einkommensteuer und Transferleistungen (neg. Einkommenssteuer), so dass die Transferleistungen mit steigendem Lohn sinken. Leistungen für eine ledige Person: 662 € ohne Einkommen, 250 € bei einem Bruttoeinkommen von 1.000 €.

**Earned Income Tax Credit in den USA**
Der EITC ist eine Art Kombilohn im Niedriglohnbereich. Ziel ist es, Geringqualifizierte mit einem Lohn auf Höhe der Transferleistungen zu aktivieren. Leistungen für eine ledige Person ohne Kinder: 70 $ bei einem Bruttoeinkommen von 1.000 $.

**Bedingungsloses Grundeinkommen (Götz Werner)**
Jeder Bürger soll langfristig ein Grundeinkommen von 1.500 € erhalten, die Mehrwertsteuer soll auf etwa 50 Prozent steigen und alle anderen Steuern und Abgaben ersetzen.

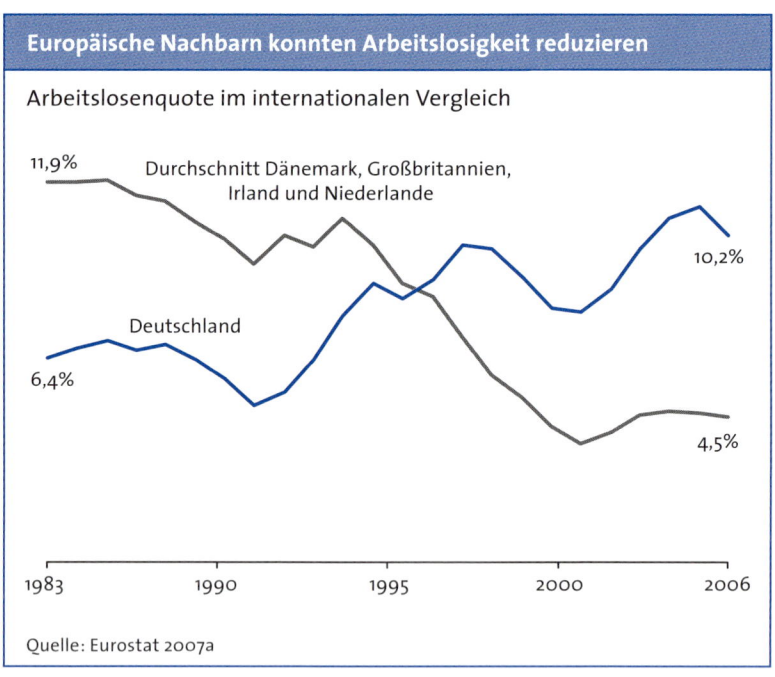

**Europäische Nachbarn konnten Arbeitslosigkeit reduzieren**

Arbeitslosenquote im internationalen Vergleich

11,9%    Durchschnitt Dänemark, Großbritannien,
         Irland und Niederlande

10,2%

Deutschland

6,4%

4,5%

1983    1990    1995    2000    2006

Quelle: Eurostat 2007a

## Mindestlohn

»Von den fast hundert Studien, die seit 1990 die Beschäftigungswirkungen von Mindestlöhnen untersucht haben, zeigen die Hälfte negative Beschäftigungswirkungen. Etwa vierzig Prozent der Studien verlaufen ergebnislos. Knapp zehn Prozent meinen, positive Beschäftigungswirkungen nachgewiesen zu haben. Legt man scharfe wissenschaftliche Maßstäbe zugrunde, etwa die Reproduzierbarkeit der Arbeit und die Belastbarkeit der Resultate, bleiben neunzehn Studien, von denen eine einzige in einem speziellen Fall nachweisen kann, dass die Einführung des Mindestlohns keine zusätzliche Arbeitslosigkeit hervorgerufen hat.« (Börsch-Supan 2007)

Viele europäische Nachbarn haben sehr viel mehr Erfolg bei der Reduktion der Arbeitslosigkeit gezeigt als Deutschland, obwohl sich die Qualifikation der dortigen Arbeitslosen nicht vorteilhaft von derjenigen der Deutschen unterscheidet. Einerseits gibt es in diesen Ländern sehr viel mehr hochwertige Arbeitsplätze, Akademiker und Führungskräfte, wodurch auch die Nachfrage nach geringeren Qualifikationen höher ist.

Andererseits kann die Beschäftigung ausgeweitet werden, wenn die Subventionierung des Lebensunterhalts der Geringqualifizierten nicht über effektive Eintrittsschranken in den Arbeitsmarkt wie Kündigungsschutz, **Mindestlöhne** oder hohe Lohnersatzraten bei Arbeitslosigkeit, sondern über eine Subventionierung der marktgerechten Arbeitslöhne gewährleistet wird. Hier gibt es inzwischen viele internationale Erkenntnisse und Erfahrungen, die im Rahmen des Geschäftsplanes erfolgreich umgesetzt werden können, um dieses ungenutzte Humanvermögen zu mobilisieren.

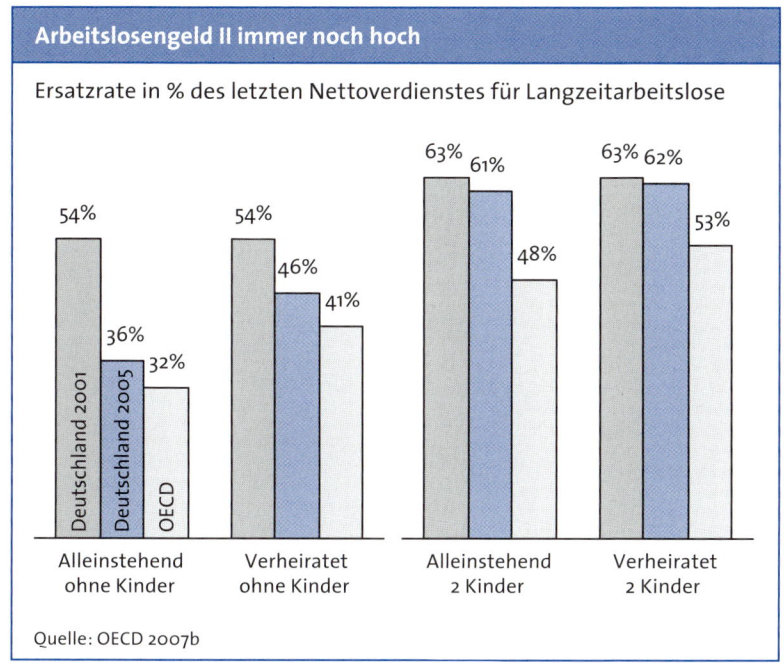

**Arbeitslosengeld II immer noch hoch**

Ersatzrate in % des letzten Nettoverdienstes für Langzeitarbeitslose

Deutschland 2001 — Deutschland 2005 — OECD

Alleinstehend ohne Kinder: 54% / 36% / 32%
Verheiratet ohne Kinder: 54% / 46% / 41%
Alleinstehend 2 Kinder: 63% / 61% / 48%
Verheiratet 2 Kinder: 63% / 62% / 53%

Quelle: OECD 2007b

## Den Arbeitsmarkt attraktiv gestalten

**Hohe Steuern und Abgaben in Deutschland machen die Arbeit unattraktiv – zugunsten von Schwarzarbeit. Jeder dritte Euro Nettoverdienst wird schwarz erarbeitet.**

Auf der einen Seite ist minderqualifizierte Arbeit für die Arbeitgeber zu teuer, auf der anderen Seite halten die Arbeitnehmer die mittel- und hochqualifizierte Arbeit nicht immer für attraktiv. Deutschland rangiert bei der hohen Belastung von Arbeitseinkommen mit Steuern und Abgaben an oberster Stelle im internationalen Vergleich. Das hat folgende Effekte:

▶ Ein hoher Lebensstandard muss mit viel Arbeit erkauft werden, die Freizeit erscheint dagegen billiger. Wer selbst über sein Arbeitsvolumen entscheiden kann, wie Selbständige und Freiberufler, arbeitet weniger als bei niedrigen Steuern und Abgaben.

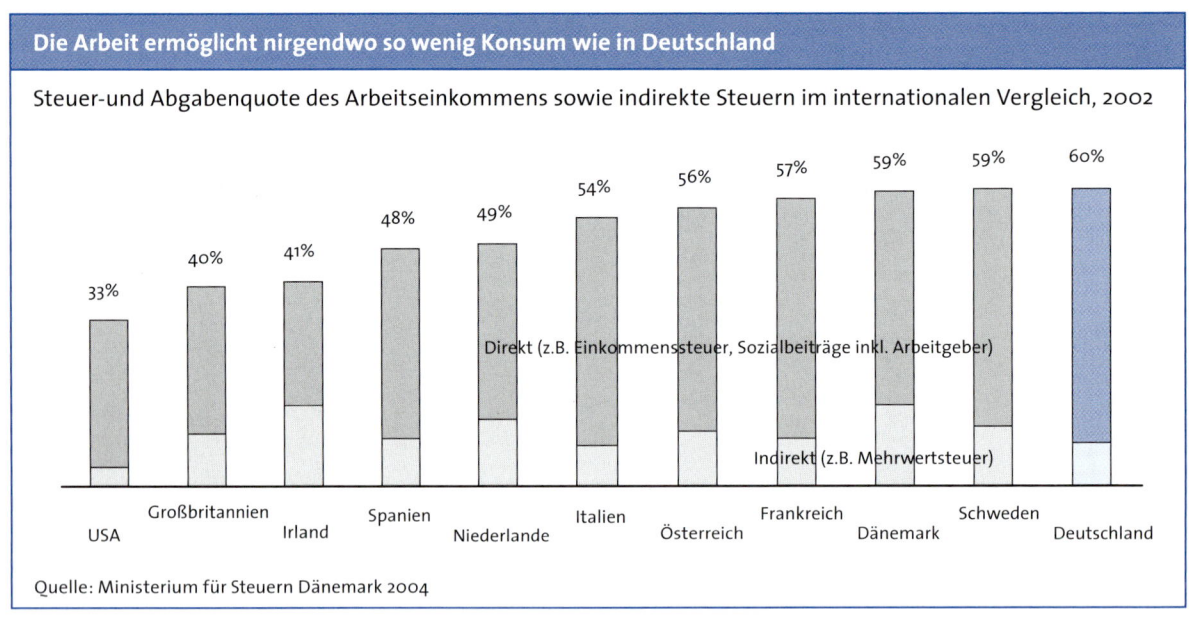

**Die Arbeit ermöglicht nirgendwo so wenig Konsum wie in Deutschland**

Steuer-und Abgabenquote des Arbeitseinkommens sowie indirekte Steuern im internationalen Vergleich, 2002

USA 33%
Großbritannien 40%
Irland 41%
Spanien 48%
Niederlande 49%
Italien 54%
Österreich 56%
Frankreich 57%
Dänemark 59%
Schweden 59%
Deutschland 60%

Direkt (z.B. Einkommenssteuer, Sozialbeiträge inkl. Arbeitgeber)

Indirekt (z.B. Mehrwertsteuer)

Quelle: Ministerium für Steuern Dänemark 2004

▶ Die gleiche Logik gilt für hohe Besteuerung der Erträge auf Sachkapital: Unternehmer reduzieren die Investitionen.

▶ Die **Wettbewerbsfähigkeit** der Festangestellten sinkt, weil die Kosten ihrer Arbeit steigen.

▶ Langfristig werden damit die Anreize, in Humanvermögen und zukünftige Produktivität zu investieren, für alle gesenkt; außerdem geht das Wachstum zurück.

Ein Weg, Steuern und Abgaben zu vermeiden, ist die Schwarzarbeit. Nach Schätzungen wird in Deutschland das Äquivalent von acht bis neun Millionen Vollzeitbeschäftigungen schwarz gearbeitet. Sechs Millionen Schwarzarbeitsplätze werden von bereits Erwerbstätigen wahrgenommen; eine Million durch illegal in Deutschland arbeitende Ausländer. Eine ähnlich große Menge wird von registrierten Arbeitslosen geleistet (Schneider 2007b). Bis zu 30 Prozent der Langzeitarbeitslosen arbeiten zwar, allerdings nicht im offiziellen Arbeitsmarkt, wie ein **Experiment bei Halle** gezeigt hat.

Schwarzarbeit hat für alle Beteiligten Nachteile. Da sie außerhalb des Rechtsrahmens stattfindet, genießen weder die Interessen der Arbeitgeber noch der Arbeitnehmer juristischen Schutz. Außerdem ist Schwarzarbeit eine Straftat, die geahndet wird. Dennoch werden in Deutschland ca. 350 Milliarden Euro in der Schattenwirtschaft verdient, mehr als die Hälfte

## Wettbewerbsfähig

»Langfristige Arbeitsverhältnisse in den Firmen funktionieren nicht mehr. Arbeitnehmer müssen sich stärker selbst und ständig um Qualifizierung kümmern. Noch extremer: Das Risiko 30 oder mehr Mitarbeiter zu beschäftigen wird absolut untragbar. Meine Firma wird in fünf Jahren aus mehreren Kleinfirmen mit Beteiligung der Schlüsselkompetenzträger bestehen. Mit anderen Worten, es wird vielmehr Selbständige und Kleinunternehmer geben. Damit erledigt sich das bestehende Rentensystem schnell.« (Unternehmer aus Frankfurt 2008)

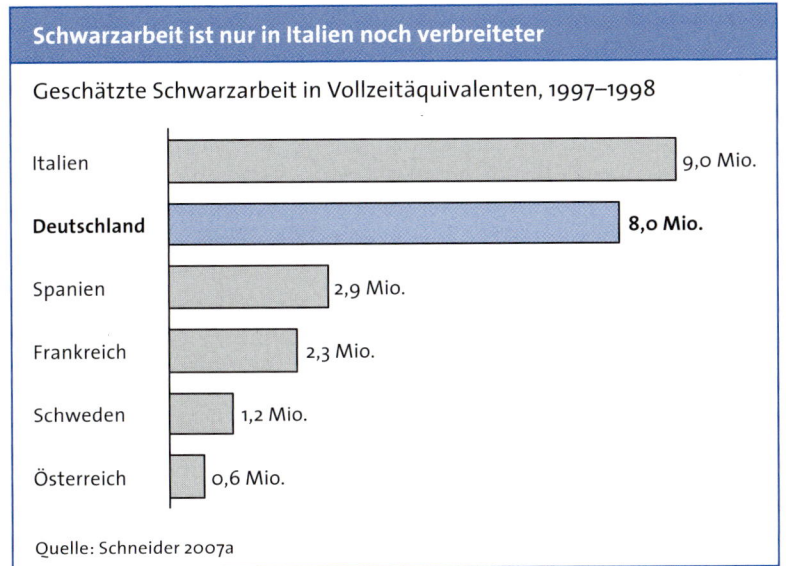

**Schwarzarbeit ist nur in Italien noch verbreiteter**

Geschätzte Schwarzarbeit in Vollzeitäquivalenten, 1997–1998

| | |
|---|---|
| Italien | 9,0 Mio. |
| **Deutschland** | **8,0 Mio.** |
| Spanien | 2,9 Mio. |
| Frankreich | 2,3 Mio. |
| Schweden | 1,2 Mio. |
| Österreich | 0,6 Mio. |

Quelle: Schneider 2007a

der Nettolohnsumme aller Deutschen. Somit ist jeder dritte Euro Nettoarbeitslohn in Deutschland schwarz verdientes Geld und trägt auf diese Weise zum Wohlstand bei.

Die weite Verbreitung der Schwarzarbeit trotz dieser Risiken zeigt, wie teuer und ineffizient der offizielle Arbeitsmarkt ist. Nicht alle, denen Steuern und Abgaben zu hoch sind, lassen sich auf das Risiko Schwarzarbeit ein. Sie bleiben lieber zuhause, arbeiten Teilzeit oder investieren in ihre Hobbies statt in ihr Humanvermögen. Mit geringeren – direkten und indirekten – Steuerquoten werden Arbeit und Investition in Humanvermögen attraktiver und können Arbeitsmarkt und Wachstum gefördert werden.

**Die Verantwortung für den Arbeitsmarkt liegt nicht nur beim Gesetzgeber, sondern vor allem auf der lokalen Ebene. Erfolgreich ist hier eine »Keiner bleibt zurück«-Kultur.**

Allerdings geht es nicht nur um die institutionelle Verfassung des Arbeitsmarktes, sondern auch um die Überzeugung jedes Einzelnen. In Dänemark gleichen die Arbeitsmarktinstitutionen den deutschen in großen Teilen.

Es gibt dort Kombilöhne und Sanktionen bei Nichtarbeit, runde Tische und starke Gewerkschaften. Nur beim Kündigungsschutz und beim Schutz der öffentlichen Angestellten sind die Dänen liberaler. Doch in Dänemark gibt es keine strukturelle Arbeitslosigkeit, es herrscht praktisch Vollbeschäftigung. Ein

**Experiment bei Halle**

Rainer Bomba, Arbeitsvermittler in Sachsen-Anhalt und Thüringen, startete das Experiment in Bad Schmiedeberg, mit 4.200 Einwohnern und einer Arbeitslosenquote von 15,9 Prozent. Er lud die Arbeitslosen der Stadt zu Beratungsgesprächen ein und verkündete ihnen, dass von nun an jeder arbeiten würde. Wer trotz aller Anstrengungen keine Arbeit finden könne, für den würde eine »Bürgerarbeitsstelle« kreiert: Sie würden sich zum Beispiel mit älteren Menschen in Pflegeheimen unterhalten oder Kirchen für Besucher offen halten. Für die Bezahlung der Bürgerarbeit, 800 Euro brutto monatlich, hatte Bomba das Geld für Hartz-IV, 1-Euro-Jobs und Weiterbildungsmaßnahmen gebündelt – mit Ausnahmegenehmigung des Wirtschaftsministers. Als die üblichen Ausreden nicht akzeptiert wurden, meldete sich knapp ein Fünftel aus der Arbeitslosigkeit ab, vermutlich weil sie lieber die Schwarzarbeit fortsetzen wollten. Etwa 40 Prozent meldeten sich für Weiterbildungsmaßnahmen an oder standen dem Arbeitsmarkt nahe, so dass keine intensive Betreuung nötig war. Etwa ein Drittel arbeitete schließlich in der Bürgerarbeit. Die Arbeitslosenquote sank auf 6,3 Prozent. Das Experiment war kostenneutral und wird 2008 auch auf andere Kommunen ausgeweitet.
(Spiegel 2007b)

| | Deutschland | Dänemark |
|---|---|---|
| Kommunale Jobcenter | ✓ | ✓ |
| Sanktionen bei Nichtannahme von Arbeit | ✓ | ✓ |
| Kombilohnmodelle | ✓ | ✓ |
| Hohe Grenzbesteuerung für mittlere Einkommen | ✓ | ✓ |
| Eingeschränkte Immigration | ✓ | ✓ |
| Nationale Pakte zwischen Arbeitgebern und -nehmern | ✓ | ✓ |
| Tarifautonomie | ✓ | ✓ |
| gewerkschaftlicher Organisationsgrad | 27 % | ~88 % |
| Arbeitslosengeld nach Höhe des ursprünglichen Gehaltes | 1 Jahr | 4 Jahre |
| Aktive Arbeitsmarktpolitik | umstritten | verbreitet, aber umstritten |
| Kündigungsschutz, Sozialauswahl | hoch | niedrig |
| besondere Rechte für öffentliche Angestellte | ja | nein |

(IAB 2000, IZA 2007)

erfolgreicher Arbeitsmarkt zeichnet sich nicht nur durch gute Gesetze aus, sondern durch erfolgreiche Mikrostrukturen, die den einzelnen Akteuren – Arbeitgebern, Arbeitnehmern, Vermittlern – Anreize geben, das Richtige zu tun.

# Aktionsfeld III im Bereich Arbeitsmarkt: Mütter vollzeitig im Arbeitsmarkt

Eine attraktive Gruppe zur Mobilisierung von Humanvermögen sind Frauen und Mütter. 2,6 Millionen gut qualifizierte Frauen sind erwerbslos, und 46 Prozent der erwerbstätigen Frauen sind nur in Teilzeit erwerbstätig. In beiden Fällen liegt Humanvermögen brach, das mobilisiert werden kann, wenn Kinderbetreuungsmöglichkeiten flächendeckend eingeführt werden: Kinderkrippen, Kindergärten, Ganztagsschulen. So kann die Teilzeitquote deutlich gesenkt werden.

## Mütter arbeiten gar nicht oder nur Teilzeit

**Es gibt immer mehr Teilzeit- und immer weniger Vollzeitjobs. Vor allem Frauen arbeiten Teilzeit, um ihren familiären Verpflichtungen gerecht werden zu können.**

Die Ausweitung der Beschäftigung auf 39 Millionen Personen in 2007, dem höchsten Stand in der Geschichte, ist auf die starke Zunahme der Frauenerwerbsbeteiligung zurückzuführen. Allerdings handelt es sich bei diesem Wachstum ausschließlich um Teilzeitbeschäftigungen. Die Zahl der Vollzeitbeschäftigten ist zurückgegangen, nicht nur bei den Männern, sondern auch bei den Frauen. Das ist der maßgebliche Grund dafür, dass die deutsche Jahresarbeitszeit aller Beschäftigten so stark gesunken und vergleichsweise niedrig ist.

Die Wirtschaftszweige mit den höchsten Teilzeitquoten sind daher auch besonders häufig solche mit einem hohen Frauenanteil. Im Servicebereich und bei den Bürokräften sind die Hälfte bzw. ein Drittel Teilzeitarbeitsverhältnisse, im Handwerk und bei den Führungskräften sind es dagegen nur sieben Prozent.

Teilzeitarbeit ist in erster Linie eine familiäre Notwendigkeit. Nur 17 Prozent von Müttern mit Kindern unter zehn Jahren sind vollzeitig beschäftigt. Mehr als 75 Prozent der teilzeitbeschäftigten Frauen sind wegen familiärer Verpflichtungen so eingeschränkt (Statistisches Bundesamt 2007b; Faßbender 2001).

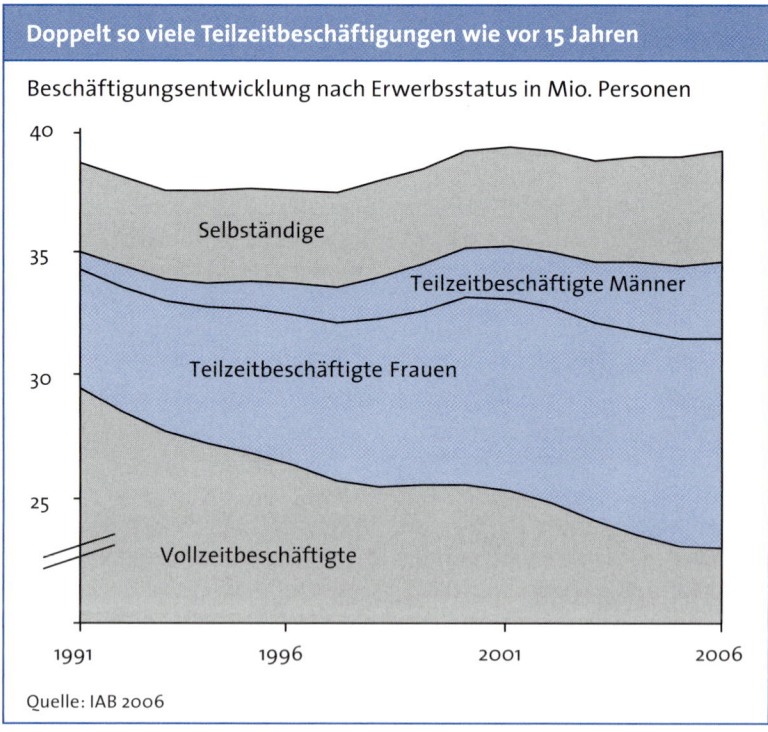

**Doppelt so viele Teilzeitbeschäftigungen wie vor 15 Jahren**

Beschäftigungsentwicklung nach Erwerbsstatus in Mio. Personen

Selbständige

Teilzeitbeschäftigte Männer

Teilzeitbeschäftigte Frauen

Vollzeitbeschäftigte

Quelle: IAB 2006

Zwei Drittel der Betriebe mit 80 Prozent der Beschäftigten geben an, dass sie Teilzeitarbeit auf Wunsch der Beschäftigten anbieten, nicht weil es die Betriebsabläufe erfordern würden (IAB 2005).

**Viele Mütter arbeiten nicht, weil es keine Betreuungsmöglichkeiten gibt. Mehr professionelle Kinderbetreuung würde auch den Kindern nicht schaden, sondern nützen.**

Unter den Müttern mit Kindern unter zehn Jahren arbeiten 43 Prozent gar nicht. Obwohl fast 80 Prozent von ihnen lieber arbeiten würden, erscheint ihnen die eigene Betreuung der Kinder als die pragmatische oder sogar einzige Lösung. Denn die institutionellen Voraussetzungen für Kinderbetreuung in Deutschland sind international gesehen schlecht. Es gibt kaum Krippen oder Ganztagsschulen, die Kosten sind hoch und die staatlichen Leistungen vor allem Barleistungen.

▶ **Kaum Krippen** – Acht Prozent der 0-3-Jährigen werden zurzeit in Krippen betreut. Die Bundesfamilienministerin von der Leyen strebt einen Betreuungsplatz für 35 Prozent der Kinder an, doch in Dänemark gehen schon heute

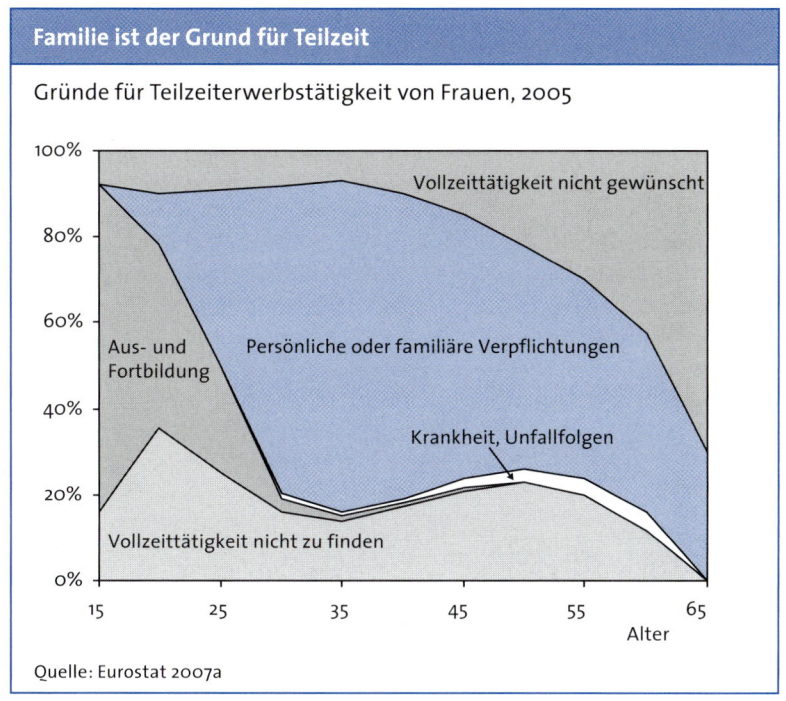

**Familie ist der Grund für Teilzeit**

Gründe für Teilzeiterwerbstätigkeit von Frauen, 2005

Vollzeittätigkeit nicht gewünscht

Aus- und Fortbildung

Persönliche oder familiäre Verpflichtungen

Krankheit, Unfallfolgen

Vollzeittätigkeit nicht zu finden

Alter

Quelle: Eurostat 2007a

64 Prozent der 0–3-Jährigen in Krippen. Selbst bei Kindergärten liegen die Dänen mit 91 vor den Deutschen mit 80 Prozent (OECD 2007d; BMFSFJ 2006).

▶ **Hohe Kosten** – 28 Prozent der Kosten im vorschulischen Bereich müssen privat getragen werden. Höher ist diese Quote in keinem anderen europäischen Land, selbst nicht in den USA, die selten vor privaten Gebühren zurückschrecken (OECD 2007c).

▶ **Viel Bargeld** – Mit über drei Prozent des BIP leistet Deutschland in Europa die dritthöchsten Subventionen für Familien mit Kindern, nur hinter Dänemark und Luxemburg. Doch während in den skandinavischen Ländern 45% bis 60% dieses Geldes in Kinderbetreuung investiert wird, fließen hierzulande drei Viertel des Geldes in direkte Leistungen wie das Kindergeld (Eurostat 2007b).

Bei so schlechten Betreuungsvoraussetzungen wie in Deutschland, ist die ungewöhnlich weite Verbreitung der Sorge, das Kind könne durch externe Betreuung Schaden nehmen, nicht erstaunlich. 67 Prozent der Deutschen sind der Meinung, dass Kinder unter der Berufstätigkeit der Mutter leiden – obwohl

**Schweden**

In Schweden hat jedes Kind mit dem ersten Schuljahr einen Anspruch auf einen Platz in der Kindertagesstätte, den die Kommune nach spätestens drei Monaten erfüllen muss. Das pädagogische Angebot ist hoch, so dass auch Eltern es nutzen, die eigentlich nicht darauf angewiesen sind. Anfänglicher Widerstand gegen die externe Betreuung ist weitgehend verschwunden. 2002 hatten in Schweden 84,1 Prozent der Familien Doppeleinkommen, fast die Hälfte davon stammten aus zwei Vollzeitbeschäftigungen. (Süddeutsche 2007)

fast 70 Prozent finden, dass beide Ehepartner berufstätig sein sollten. In Dänemark, mit flächendeckender staatlicher Kinderversorgung, sind nur 13 Prozent der Meinung, dass berufstätige Mütter ihren Kindern Schaden zufügen (WVS 2006).

Die deutschen Fakten sprechen für die dänische Meinung: Kinder, die länger als ein Jahr den Kindergarten besucht haben, schneiden beim späteren PISA Test um 20 bis 30 Punkte besser ab und sind ihren Mitschülern damit mehr als ein halbes Jahr voraus. Dass vor allem Kinder aus Familien mit höherer Bildung den Kindergarten besuchen, wurde in dieser Analyse bereits herausgerechnet (Anger 2007). Kinder aus **bildungsfernen Familien** würden noch größere Leistungssprünge machen, wenn sie nur rechtzeitig Zugang zur deutschen Sprache und früher Bildung hätten.

> **Bildungsferne Familien**
>
> Siehe Bereich Schule, Seite 176: Für Kinder aus bildungsfernen Familien ist die Wahrscheinlichkeit, eine Realschule oder ein Gymnasium zu besuchen, mehr als doppelt so hoch, wenn die Kinder mindestens ein Jahr einen Kindergarten besucht haben.

## Das Humanvermögen der Frauen wird unterbewertet

**Kürzere Erziehungspausen sichern das Humanvermögen. Sie wären auch ein Anreiz für Mütter, schon vorher mehr in das eigene Humanvermögen zu investieren.**

Deutschland verschwendet Humanvermögen, weil Mütter vom vollwertigen Arbeitsmarkt de facto ausgeschlossen werden. Nur Teilzeit arbeiten zu können, ist aber nicht die einzige Einschränkung. Weil sie nach der Geburt des Kindes zu lange dem Arbeitsmarkt fern bleiben, verlieren deutsche Mütter einen Großteil ihres Humanvermögens. Ihr Einkommenspotenzial auf Stundenbasis liegt nach der durchschnittlichen Erziehungspause von 18 Monaten um fast 20 Prozent unter dem Einkommen direkt vor der Geburt. Bei kürzerer Pause ist der Malus geringer, bei längerer Pause größer. In Deutschland kehren lediglich 17 Prozent aller Mütter innerhalb des ersten Jahres in den Beruf zurück, in Großbritannien und Frankreich mehr als 80 Prozent, in den Niederlanden sogar 94 Prozent. 56 Prozent der deutschen Mütter kehren auch nach drei Jahren Erziehungsurlaub noch nicht an ihren Arbeitsplatz zurück. Für sie wird es immer schwieriger, in einen qualifizierten Vollzeitjob zurückzufinden (Half 2005).

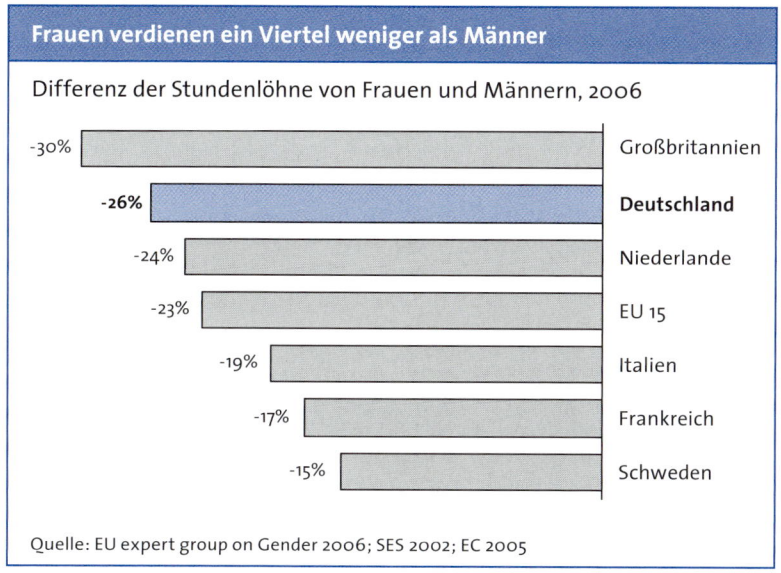

**Frauen verdienen ein Viertel weniger als Männer**

Differenz der Stundenlöhne von Frauen und Männern, 2006

| | |
|---|---|
| -30% | Großbritannien |
| **-26%** | **Deutschland** |
| -24% | Niederlande |
| -23% | EU 15 |
| -19% | Italien |
| -17% | Frankreich |
| -15% | Schweden |

Quelle: EU expert group on Gender 2006; SES 2002; EC 2005

Mütter verdienen, schon bevor das erste Kind geboren ist, fast 20 Prozent geringere Arbeitseinkommen als Frauen ohne Kinder. Offensichtlich sind diese Frauen in der Erwartung der späteren Mutterschaft von vorneherein weniger ehrgeizig und suchen anspruchslosere Tätigkeiten. Sie unterinvestieren freiwillig in Humanvermögen, weil sie wissen, dass sie später nur eingeschränkt Möglichkeiten haben werden, die Erträge auf diese Investitionen einzufahren. Folgerichtig sind die Gehälter beim Wiedereintritt nach der Babypause bereits 35 Prozent niedriger als bei Frauen ohne Kinder.

Auf diese Weise erwachsen Frauen in Deutschland aus den Schwierigkeiten, Beruf und Familie zu vereinen, permanente Nachteile in der Produktivität. Trotz gleich guter Ausgangslage nach Ausbildung und Hochschule, verdienen deutsche Frauen pro Arbeitsstunde 26 Prozent weniger als Männer; in Europa ist der Abstand nur in Großbritannien noch größer. Bessere Betreuungsmöglichkeiten und daraus folgende kürzere Erziehungspausen können diesen Produktivitätsrückstand schließen.

# Investitionen in das Sozialkapital im Bereich Arbeitsmarkt

Die vorangegangenen Investitionen in Humanvermögen können durch weitere Investitionen in das in diesem Bereich relevante Sozialkapital flankiert werden, um die Wirksamkeit der Investitionen in Humanvermögen zu verstärken. Diese Maßnahmen sind hier kurz zusammengefasst:

## Öffentliche Institutionen

Die Sozialversicherungen federn Lebensrisiken wie Krankheit oder Alter bzw. Wirtschaftsrisiken wie Arbeitsplatzverlust oder Strukturwandel ab. So kann der einzelne bei der Berufs- und Arbeitsplatzwahl höhere Risiken eingehen und der Markt für Arbeit wird liquider. Diese Funktion der Sozialversicherung kann gegenüber ihrer Umverteilungsfunktion stärker betont und in ihrer Gestaltung besser berücksichtigt werden, indem weniger der Einkommensersatz und stärker die Befähigung zur – insbesondere hoch qualifizierten – Arbeit im Mittelpunkt steht.

Weiterbildungsinstitutionen müssen sich auch für Ältere stärker öffnen und ihren Bedürfnissen, wie zum Beispiel kürzeren Amortisationszeiten, anpassen.

Bisherige Barleistungen oder Steuerminderungen für Familien sollten in sehr viel stärkerem Maße als bisher in Sachleistungen für Krippen, Kindergärten und Ganztagesschulen umgewandelt werden.

Generell sollten weniger die Arbeitslosenquote und stärker die Erwerbslosen- und Teilzeitquoten im öffentlichen Interesse stehen. Da der Arbeitswunsch stark von institutionellen Faktoren abhängig ist, ist die relevante Unterscheidung nicht die zwischen Arbeit suchenden und nicht suchenden Personen, sondern die Unterscheidung der unterschiedlichen Grade der Arbeitsfähigkeit.

Um die Institutionen des Sparens und des Konsumverzichts zugunsten späteren Konsums auch in Zeiten rückläufiger Demografie effizient zu gestalten, sollte der sichere internationale Kapitalverkehr und die Anerkennung deutschen Eigentums an im Ausland investiertem Sachkapital sowohl in den diplomatischen als auch den sicherheitspolitischen Zielen der auswärtigen Politik verankert werden.

## Private Institutionen

Private Arbeitgeber werden die Arbeitsplätze den Bedürfnissen einer breiteren Altersspanne anpassen müssen. Einige wenige haben die Kompetenz dazu als einen Wettbewerbsvorteil erkannt, die meisten sind allerdings noch schlecht für einen demografischen Paradigmenwechsel gerüstet, obwohl das Angebot von Berufsanfängern schon bald abnehmen wird. Zu dieser Umstellung gehört auch die Absage an versteckte Frühverrentung durch lokale Vereinbarungen mit Betriebsräten und Arbeitsämtern. Eine ähnliche Herausforderung stellt die Arbeitsmarktintegration von Einwanderern dar.

Je weiter der Strukturwandel voranschreitet, desto anspruchsvoller ist die Verbindung des Angebots an Qualifikationen und Kompetenzen mit der Nachfrage nach Humanvermögen. Damit die Dominanz der Bundesagentur für Arbeit in diesem Markt nicht dessen Innovationsfähigkeit behindert, ist eine stärkere Öffnung der Arbeitsvermittlung für private Anbieter sinnvoll.

Außerdem kann das Instrument von Sozialkontrakten zwischen Arbeitgebervertretern, Gewerkschaften und öffentlicher Hand besser genutzt zu werden. Die letzte Anstrengung dieser Art, das Bündnis für Arbeit, ist bereits seit 2002 inaktiv und erreichte auch damals nicht seine Ziele. Die Vielzahl der an seine Stelle getretenen betrieblichen Bündnisse für Arbeit konnten diese Lücke ebenfalls nicht schließen.

## Gesetze und Normen

Um Arbeit für alle attraktiv zu machen, können die Arbeitsanreize verstärkt werden, besonders für gefährdete und am Arbeitsmarkt marginalisierte Personen: Ältere, Arbeitslose, Frauen und gering Qualifzierte. Ein globaler Ansatz in diese Richtung ist die Reduktion der Abgabenbelastung der Arbeit. Eine breitere Finanzierungsbasis der Sozialversicherungen (Selbständige, Beamte, Kapitaleinkommen) sowie leistungs- und risikogerechtere Beiträge können die Arbeitseinkommen entlasten, mehr Transparenz erzeugen und die Arbeitsanreize stärken. Die Bemühungen der Vergangenheit, die Lohnnebenkosten zu senken, waren zu zaghaft.
Die absolute Höhe der staatlichen Leistungen und der damit verbundenen Steuern und Abgaben kann immer wieder auf ihre demokratische Legitimation überprüft werden. Andernfalls können diese gesenkt und die Arbeitsanreize gestärkt werden.

Mindestlöhne und hohe Lohnersatzraten sind sozialpolitische Instrumente, die die Arbeitsmarkthürden für gering Qualifizierte erhöhen. Sie sollten konsequent durch geeignete Mittel der Niedriglohnsubvention ersetzt werden. Die Subventionierung der Teilzeitarbeit, besonders bei Minijobs, kann dagegen überdacht werden

## Kulturelle Werte

In der Vergangenheit hat die Präferenz für Freizeit gegenüber Arbeit stark zugenommen. Das ist grundsätzlich eine legitime Form des Konsums. In dem Maß, wie Arbeitsplätze in Zukunft abwechslungsreicher und attraktiver gestaltet werden, wird sich diese Präferenz ändern. Das gilt auch und besonders für Ältere, Arbeitslose, Frauen und gering Qualifzierte.

Damit Arbeit auch für Ältere möglich bleibt, muss Ausbildung bis ins hohe Alter üblich werden. Die Bereitschaft zu lebenslangem Lernen drückt sich in der individuellen und gesellschaftlichen Erkenntnis aus, nie ausgelernt zu haben, und immer wieder neue Fähigkeiten und Fertigkeiten erlernen zu wollen.

Eine Erhöhung der Reproduktionsrate von heute 1,4 Kindern pro Frau würde während der aktuellen Planperiode von 25 Jahren keinen Einfluss auf den Wohlstand haben. Für die daran anschließende Zeit würde sie aber die notwendigen Anstrengungen für höhere Einwanderung erheblich reduzieren können. Es ist wahrscheinlich, dass eine optimistische Einstellung gegenüber der Zukunft, die sowohl Voraussetzung für die Umsetzung dieses Geschäftsplanes als auch seine Folge ist, sich auch auf die Reproduktionsrate positiv auswirken wird.

# Bereich Immigration: Strukturen auslasten

## Bestandsaufnahme: Einwanderungsland Deutschland

▶ Deutschland wollte nie Einwanderungsland sein, hat aber mehr Migranten aufgenommen als viele Wettbewerber. Immer wieder wurde versucht, Einwanderung zu verhindern, doch die Ängste vor zuviel Immigration sind unbegründet. Inzwischen ist die Einwanderung praktisch versiegt und die Emigration von Deutschen nimmt zu.

▶ 19 Prozent der deutschen Bevölkerung sind Migranten, bei den Jüngeren sogar 30 Prozent. 1,8 Millionen Türken sind immer noch nicht eingebürgert. Migranten arbeiten seltener und verdienen weniger Geld als Einheimische.

▶ In jedem Fall erhöhen Einwanderer das Wirtschaftsprodukt. Obwohl Migranten weniger Steuern und Sozialbeiträge zahlen als Einheimische, entlastet jeder Einwanderer die Staatskasse und Sozialsysteme im Durchschnitt.

## Aktionsfeld I: Wachstum durch Integration

▶ Permanente Einwanderung ist nur ein Aspekt unter vielen, den eine Migrationsstrategie bedienen muss. Eine zukünftige Migrationsstrategie ist außen- und innenpolitisch; sie muss den Interessen der Migranten, Deutschlands und der Herkunftsländer dienen.

▶ In Deutschland sind viele Migranten schlecht integriert, partizipieren nicht ausreichend am Arbeitsmarkt und müssen ihr Humanvermögen erst wieder aufbauen. Der Integrationswunsch fehlte lange Jahre auf beiden Seiten. Viele wollen nicht für immer bleiben.

▶ Wer schlecht Deutsch kann, hat es nicht leicht. Aber wer nicht integriert ist, lernt nicht Deutsch. Sprachliche Integration und Arbeitsmarktintegration gehen Hand in Hand

## Aktionsfeld II: Vorfahrt für hohes Humanvermögen

▶ Der ideale Einwanderer hat zwölf Jahre Sekundarschule absolviert, kommt für ein Hochschulstudium nach Deutschland und entschließt sich, hier zu bleiben. Denn jüngere Einwanderer, die ihren höchsten Bildungsabschluss im Zielland erworben haben, zeigen nahezu gleichwertige Arbeitsmarkterfolge wie Einheimische.

▶ Osteuropa ist als eine zukünftige Herkunftsregion weniger geeignet, weil es selbst eine Demographielücke hat. Eher kommt die Türkei in Frage. Viele Auslandsstudenten, besonders Chinesen, kommen nach Deutschland, aber es könnten noch mehr sein. Auch in Indien gibt es viele Schulabsolventen, aber nicht ausreichend viele Hochschulkapazitäten.

## Aktionsfeld III: Deutschland aktiv vermarkten

▶ Deutschland ist attraktiver, als Deutsche oft denken. Auf den Willen kommt es an.

## Einzelziele für Investitionen in Humanvermögen

Die Nettoimmigration steigt von heute 30.000 auf 300.000 Einwanderer im Jahr. Deren Bildungsprofil entspricht dem Humanvermögen in der Zielstellung des Geschäftsplanes für 2033 wie folgt: Mindestens die Hälfte der Immigranten verfügen über einen Hochschulabschluss oder erwirbt ihn nach der Ankunft in Deutschland. Das Humanvermögen aller 6,7 Millionen erwerbstätigen Einwanderer bis 2033 beläuft sich auf 2.080 Milliarden Euro. Ihr Beitrag zur Steigerung des deutschen Lebensstandards beträgt acht Prozent im Vergleich mit dem Ausgangsszenario ohne Investitionen.

Die geplante Einwanderung hält die Bevölkerung ungefähr auf dem heutigen Niveau und gewährleistet, dass Infrastruktur und langlebige Kapitalanlagen ausgelastet werden. Weil in einer mobileren Welt Migranten zunehmend zirkulieren werden, müssen in den nächsten 25 Jahren ca. 20 Millionen Ausländer für einen mittel- oder langfristigen Aufenthalt in Deutschland interessiert werden. Damit wird der Bevölkerungsanteil der Personen mit Migrationshintergrund von heute 19 auf zukünftig ca. 30 Prozent steigen.

## Wachstum durch Integration auf allen Ebenen

Anders als nach heutigem restriktiven Einbürgerungsrecht erhalten die Migranten und ihre Familienmitglieder zukünftig die automatische Option zum dauerhaften Bleiberecht bei Rahmenbedingungen, die auch temporäre Migration für beide Seiten nutzbringend macht. Deutschland nutzt seine eigenen Erfahrungen und die anderer Einwanderungsländer über erfolgreiche Integrationsmaßnahmen und etabliert Integration in alle gesellschaftlichen Entscheidungsprozesse. Der Fokus liegt auf Zugang zu Arbeitsmarkt und Bildung.

## Vorfahrt für Immigranten mit hohem Humanvermögen oder Potenzial

Besonders attraktiv sind hoch qualifizierte Einwanderer, die am ehesten mobilisiert werden können, wenn sie schon vor dem Hochschulstudium nach Deutschland kommen und hier an Hochschulen ausgebildet werden. Umgekehrt liefert der traditionell gute Ruf deutscher Universitäten ein schlüssiges Argument, um attraktive Immigranten für Deutschland zu interessieren. Ca. 400.000 ausländische Absolventen jährlich erfordern einen starken Ausbau der Kapazitäten der Hochschulen.

## Auf Stärken bauen und Deutschland aktiv vermarkten

Der Geschäftsplan sieht vor, dass Deutschland strategische Partnerschaften mit den wichtigsten Herkunftsländern bildet, zum Beispiel mit Osteuropa, der Türkei, China oder dem indischen Subkontinent. Besonders in bevölkerungsstarken Ländern mit unterentwickeltem Hochschulsystem liegt der Bildungs- und Arbeitsmarktaustausch im Interesse beider Seiten. Generell werden Migrationsziele in die entwicklungs-, wirtschafts- und sicherheitspolitischen Beziehungen mit den Herkunftsländern integriert.

## Beitrag im Bereich Immigration zum Gesamtziel Geschäftsplan Deutschland

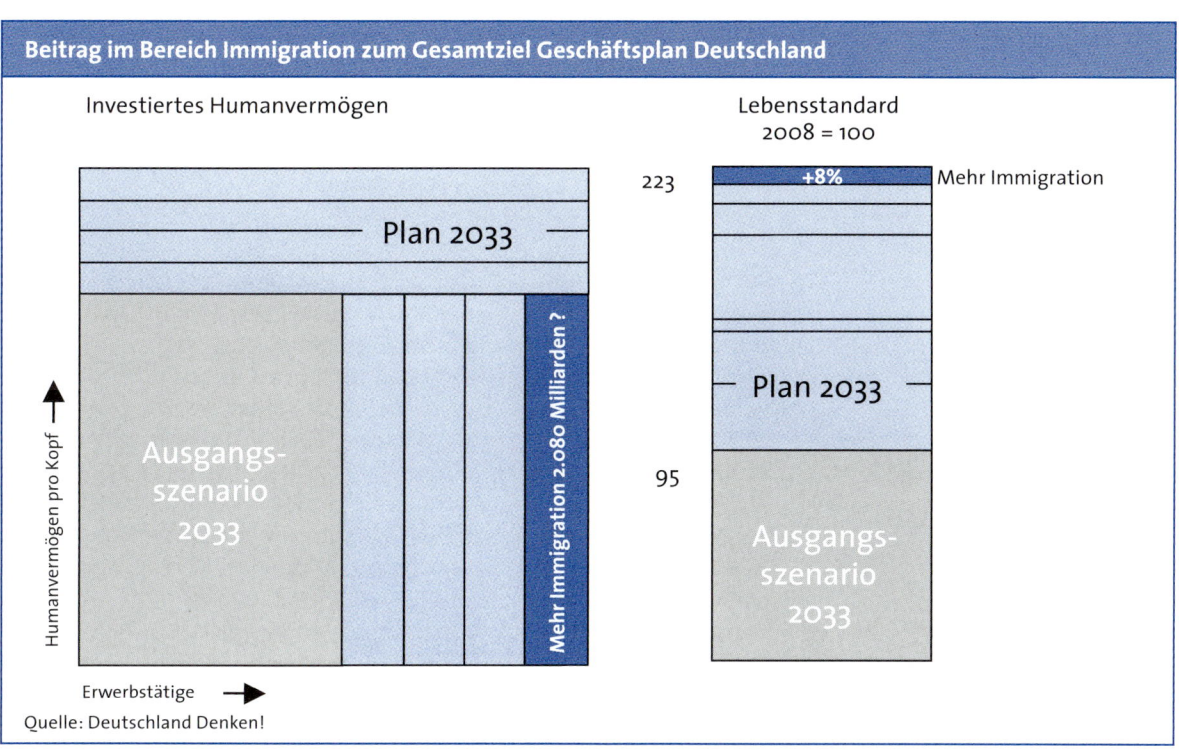

Investiertes Humanvermögen

Plan 2033

Ausgangs-szenario 2033

Humanvermögen pro Kopf

Mehr Immigration 2.080 Milliarden ?

Erwerbstätige

Lebensstandard
2008 = 100

223

+8%   Mehr Immigration

Plan 2033

95

Ausgangs-szenario 2033

Quelle: Deutschland Denken!

## Schematische Darstellung der Migrationsbewegungen

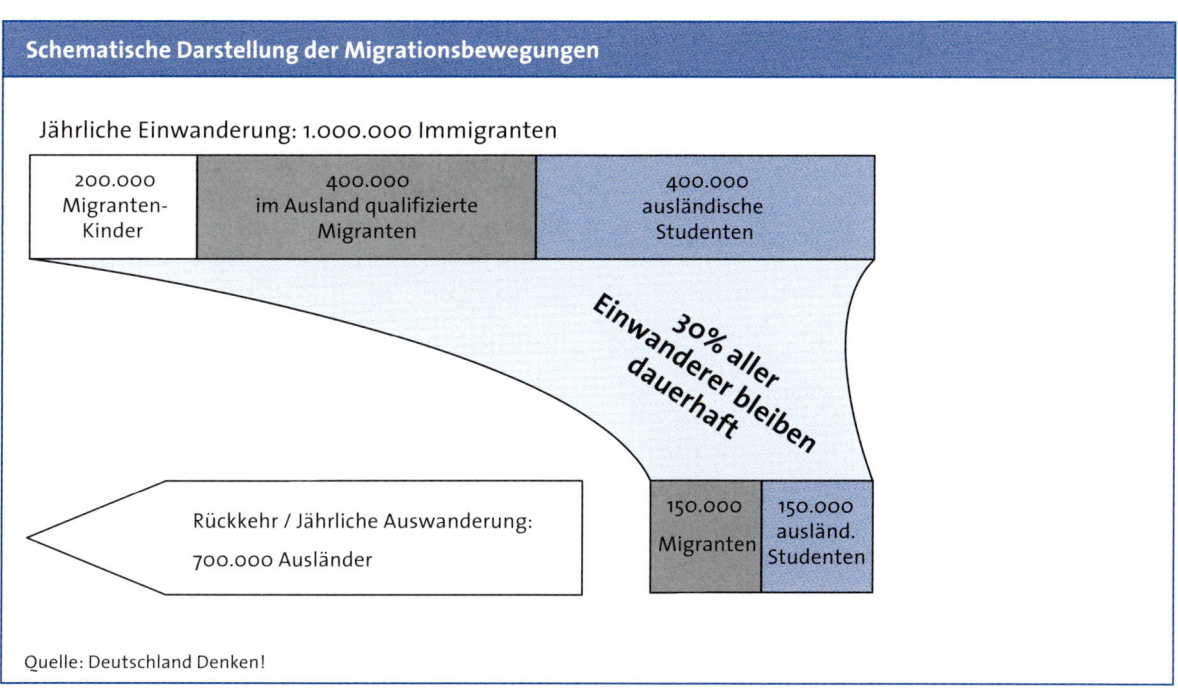

Jährliche Einwanderung: 1.000.000 Immigranten

| 200.000 Migranten-Kinder | 400.000 im Ausland qualifizierte Migranten | 400.000 ausländische Studenten |

30% aller Einwanderer bleiben dauerhaft

Rückkehr / Jährliche Auswanderung:
700.000 Ausländer

| 150.000 Migranten | 150.000 ausländ. Studenten |

Quelle: Deutschland Denken!

## Bestandsaufnahme im Bereich Immigration: Einwanderungsland Deutschland

Einwanderung und Migration spielen in den meisten Industrieländern eine zunehmend wichtige Rolle. Sie sind für beide Seiten attraktiv: Einwanderer suchen bessere Bildung, Arbeit und Sicherheit, Zielländer suchen Humanvermögen, das ihre schiefe Demographie ausbalanciert, und Wachstum und Wohlstand stützt. Alterstruktur, Lebenserwartung und Geburtenrate Deutschlands führen seit etwa 2005 zum Rückgang der Bevölkerungszahl, der sich noch beschleunigen wird. Ohne Immigration würde Deutschland bis zum Jahr 2033 elf Prozent seiner Bevölkerung verlieren. 25 Jahre später wären es weitere 21 Prozent. Im Jahr 2100 würden in Deutschland nur noch 31 Millionen Menschen leben, statt 82 Millionen heute. Für eine solche Entwicklung gibt es kein historisches Beispiel, aber dass die bestehenden gesellschaftlichen Institutionen sie unbeschadet überstehen, ist nicht vorstellbar. Der Geschäftsplan sieht daher vor, dass die demografische Lücke durch Einwanderung geschlossen wird. Je früher sie einsetzt, und je hochwertiger ihr Humanvermögen ist, desto größer der Ertrag.

Damit über die nächsten 25 Jahre 6,7 Millionen Einwanderer mit hohem Humanvermögen in Deutschland langfristig ansässig werden und arbeiten, müssen in einer zunehmend mobilen Welt 20 Millionen Ausländer überzeugt werden, zumindest für einige Jahre nach Deutschland zu kommen. Eine erfolgreiche Migrationsstrategie wird sich in Zukunft an folgenden Punkten orientieren: Sie muss sich zunächst den Fehlern der bisherigen Migrationspolitik stellen; dann muss sie die zukünftig gewünschten Migranten sowie realistische Herkunftsländer identifizieren und aktiv ansprechen; und schließlich muss sie auf dieser Basis Integrationsmechanismen entwickeln, die für Migranten, Herkunftsländer und Deutschland die Migrationsnachteile niedrig und den Nutzen hoch halten.

### Unbeabsichtigtes Einwanderungsland

**Deutschland wollte nie Einwanderungsland sein und tat wenig für die Integration. Aber die Ängste vor zuviel Immigration sind unbegründet.**

Deutschland hat lange Zeit ein zwiespältiges Verhältnis zur Einwanderung gepflegt. Gastarbeiter wurden für das Wirtschaftswunder gebraucht, Asylanten haben das schlechte deutsche Gewissen beruhigt und Aussiedler die letzten Kriegsfolgen beseitigt. Aber ein Einwanderungsland wollte Deutschland nie sein und hat die Angekommenen halbherzig, verständnislos und nicht strategisch integriert.

Eine Einwanderungsstrategie, die deutsche Interessen klar definiert, gibt es bisher nicht. Obwohl die Frage der Einwanderung Außen- wie Innenpolitik beeinflusst, liegen dennoch Wahrnehmung und Wirklichkeit weit auseinander. Die wichtigsten Ängste in diesem Zusammenhang sind,

▶ dass Deutschland kein Einwanderungsland und deswegen nicht in der Lage sei, viele Einwanderer zu integrieren.

▶ dass es für die Einheimischen immer schwieriger werde, Arbeit zu finden, je mehr Einwanderer nach Deutschland kämen.

▶ dass besonders die hohe Zahl geringqualifizierter Einwanderer die Sozialhaushalte belaste.

Alle drei Ängste sind unbegründet. Richtig ist, dass Einwanderungspolitik nicht langfristig, sondern ad hoc gemacht wurde, dass große Versäumnisse bei der Integration der Einwanderer noch in Zukunft Probleme verursachen werden, und dass die Chance, hochwertiges Humanvermögen aus der Welt in Deutschland ansässig zu machen, bisher nicht genutzt wurde. Diese Fehler der Vergangenheit verdeutlichen aber auch das Potenzial für erfolgreiche Einwanderung nach dem geplanten Strategiewechsel.

**Deutschland hat mehr Migranten aufgenommen als die meisten anderen Wettbewerber. Doch das war meist unbeabsichtigt. Vor allem wurde versucht, Einwanderung zu verhindern.**

Deutschland gehört international zu den Ländern mit der größten Immigrationserfahrung und kann sich im Vergleich sogar mit klassischen Einwanderungsländern wie den USA, Kanada oder Australien messen. Relativ zur eigenen Bevölkerung hat Deutschland mit über 16 Prozent in den letzten fünfzig Jahren im Saldo der Ein- und Auswanderungen mehr Einwanderer aufgenommen als die USA (zwölf Prozent) oder Australien (acht Prozent). Nur Kanada lag in diesem Zeitraum mit 20 Prozent vorne.

## Mal kamen viele, mal wenige, aber insgesamt mehr als in die USA

Jährliche Nettomigration in % der Bevölkerung, 1956–2006

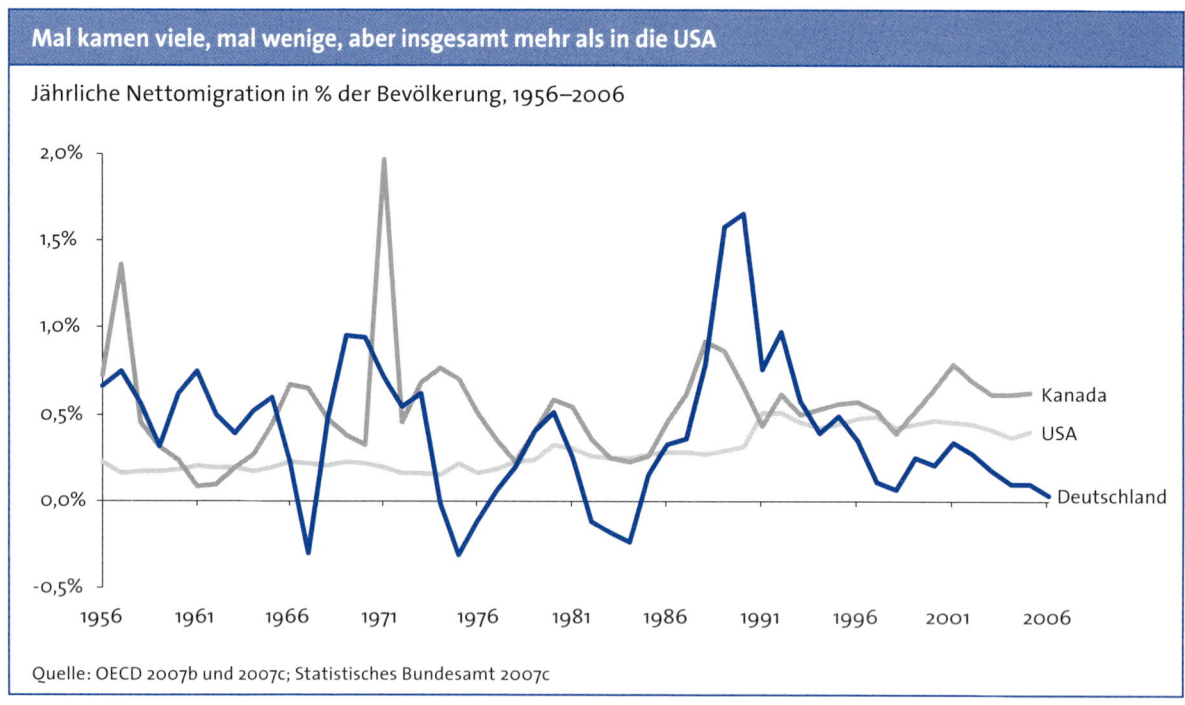

Quelle: OECD 2007b und 2007c; Statistisches Bundesamt 2007c

Das war aber nicht das Resultat einer strategisch orientierten Einwanderungspolitik. Das Ergebnis ist eher zufällig als unbeabsichtigte Folge vorangegangener Handlungen und fehlender Planung entstanden. Gastarbeiter blieben nicht nur Gäste, sondern holten ihre Familien nach und siedelten sich an. Das im Grundgesetz nach dem Krieg festgelegte politische Asylrecht wurde vor allem von Wirtschaftsflüchtlingen genutzt. Das ebenfalls aus der Verantwortung für die Kriegsfolgen entstandene Rückkehrrecht für Deutschstämmige in Osteuropa und Zentralasien wurde von Einwanderern genutzt, deren deutsche Identität kaum noch erkennbar war. Die Reaktion auf diese nicht beabsichtigten Einwandererströme war jedes Mal, stark gegenzusteuern. Gastarbeiter dürfen per Gesetz seit 1973 nicht mehr angeworben werden. Das Asylrecht wurde 1993 verschärft und die Einwanderung von Aussiedlern 1999 kontingentiert. Auch dem freien Zuzug aus den 2004 in die EU aufgenommenen neuen Mitgliedstaaten wurde zunächst bis 2009/11 ein Riegel vorgeschoben. Schließlich hat sogar das Zuwanderungsgesetz 2005 die Zuwanderung weiter reduziert. Eine aktive, gesteuerte und motivierte Einwanderungsstrategie gab es bisher nicht.

**Inzwischen liegt die aktuelle Einwanderung deutlich hinter der der Wettbewerber. Dafür nimmt die Emigration von Deutschen zu.**

Während die Migration weltweit zunimmt und traditionelle Einwanderungsländer strategischen Nutzen aus ihrer Immigrationspolitik ziehen, liegt Deutschland heute weit abgeschlagen hinter seinen Wettbewerbern zurück, in der OECD im hinteren Viertel. Die volatile und unbeabsichtigte Einwanderungspolitik hat auch dazu geführt, dass trotz der langen Einwanderungshistorie nur ein Drittel der Migranten der zweiten Generation angehören, während in Australien mehr als die Hälfte und in Kanada ein noch größerer Anteil schon in der zweiten Generation im Land sind (OECD 2007a). Aus Gastarbeitern wurden zwar Einwanderer, aber nicht in allen Fällen so dauerhafte Migranten wie in Kanada.

Auf die Auswanderung der Deutschen hat die Politik nur einen indirekten Einfluss; sie wird stärker von wirtschaftlichen Faktoren bestimmt. Anfang der 90er Jahre, während des Katers nach dem Wiedervereinigungsboom, wanderten jedes Jahr fast 50.000 Deutsche aus, nach Abzug derjenigen, die temporär (zum Beispiel für eine Entsendung durch die Firma) auswanderten.

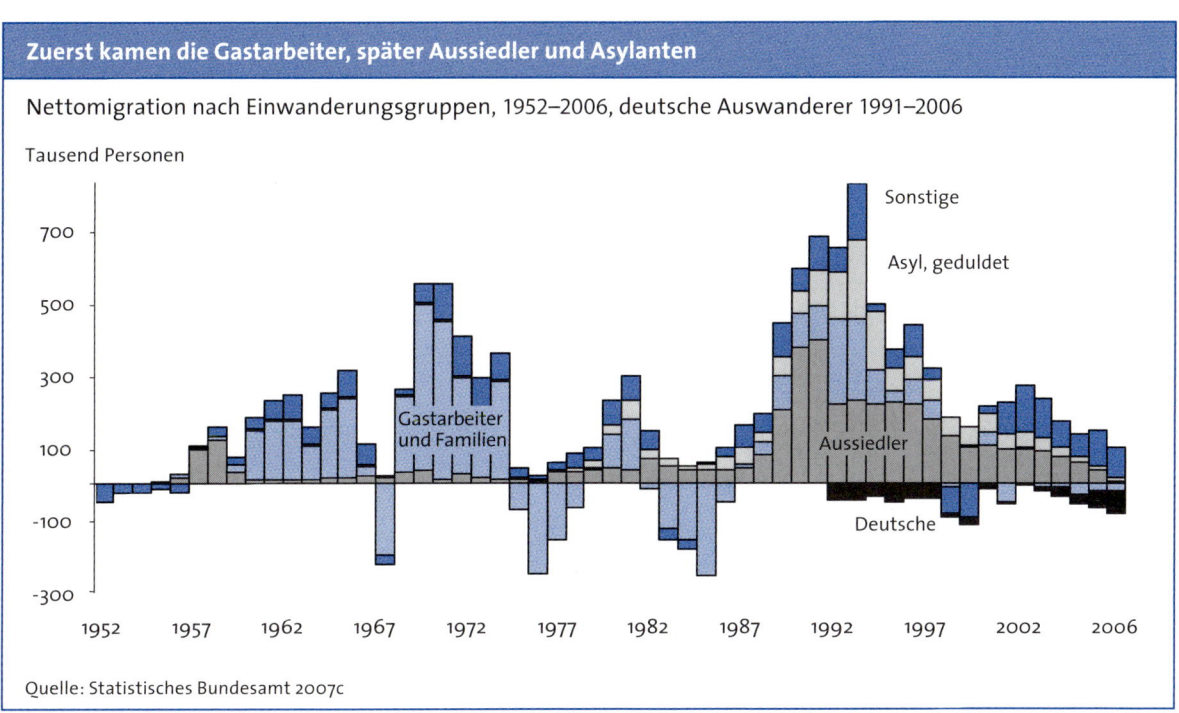

**Zuerst kamen die Gastarbeiter, später Aussiedler und Asylanten**

Nettomigration nach Einwanderungsgruppen, 1952–2006, deutsche Auswanderer 1991–2006

Tausend Personen

Quelle: Statistisches Bundesamt 2007c

## Geschichte der Einwanderung nach Deutschland

Die Immigration nach Deutschland hat, wie überall auf der Welt, eine lange Geschichte. Die Gründe dafür sind seit Jahrhunderten im Kern gleich – das Streben nach einem besseren Leben für sich selbst und die Nachkommen, die Furcht vor politischer, ethnischer oder religiös motivierter Verfolgung oder die gewaltsame Vertreibung. Daneben hat es immer auch Auswanderung aus Deutschland gegeben: Ein Beispiel dafür ist die Auswanderung von Pfälzern und Hessen im 19. Jahrhundert nach Frankreich, wo diese Menschen maßgeblich am Ausbau des Kanalnetzes und der Eisenbahn mitgewirkt haben. Weitere Beispiele sind die Auswanderung Abertausender Menschen aus bitterer Armut in Deutschland im 19. Jahrhundert nach Russland, Südamerika, in die USA und nach Kanada.

1685 – Friedrich Wilhelm, der Große Kurfürst von Brandenburg, erlässt das Edikt von Potsdam. Insgesamt 44.000 Hugenotten, die wegen ihres Glaubens aus Frankreich fliehen, finden Aufnahme in Deutschland. Er will mit Hilfe der Migranten die ökonomischen Probleme seines Landes nach dem Dreißigjährigen Krieg lösen, sowie neue Handwerkszweige und Produktionsformen importieren.

1871 – Nach dem deutsch-französischen Krieg erfolgt die erste Anwerbung von »Ruhrpolen«: Bergarbeiter aus Oberschlesien, polnische Landarbeiter aus Ost- und Westpreußen und Posen. Mit gezielten Anwerbeaktionen versuchen die Zechenunternehmer ihren explosionsartig gestiegenen Arbeitskräftebedarf im Ruhrbergbau zu decken.

1880 – In den Jahren ab 1880 nimmt die Ost-West-Wanderung aus dem preußischen Osten ins Ruhrgebiet weiter zu. Arbeiter aus dem deutschen und russischen Polen sowie aus Österreich-Ungarn sind nicht nur in der Industrie gefragt, sondern werden in großer Zahl (etwa 400.000) saisonal auch in der deutschen Landwirtschaft als Billiglohnkräfte herangezogen. Bis zum Ersten Weltkrieg wandern 200.000 Arbeitsmigranten aus Norditalien zunächst vornehmlich nach Südwestdeutschland zu.

1949 – Das Grundgesetz für die Bundesrepublik Deutschland tritt in Kraft. Unter dem Eindruck der Erfahrungen aus der Zeit der nationalsozialistischen Diktatur in Deutschland sieht es in Artikel 16 ein Asylrecht als individuell einklagbares Recht mit Verfassungsrang vor. Mit Artikel 116 Abs.1 wird die Grundlage für den Zuzug der Spätaussiedler nach Deutschland geschaffen.

1955 – Deutschland und Italien schließen das erste Anwerbeabkommen zur Arbeitskräfterekrutierung. Bis 1965 folgen Anwerbeabkommen mit Spanien, Griechenland, der Türkei, Marokko, Portugal und Tunesien. 1970 ziehen knapp eine Million Menschen nach Deutschland – der Höhepunkt der Gastarbeiteranwerbung.

1973 – Anwerbeabkommen zwischen Vietnam und der DDR zur Lösung des Arbeitskräftemangels in der DDR-Wirtschaft. Für maximal fünf Jahre arbeiten vietnamesische Gastarbeiter in industriellen Ballungsgebieten wie Chemnitz, Dresden und Erfurt.

1973 – Das Bundeskabinett verfügt in der Folge der Ölkrise und der sich eintrübenden Wirtschaftslage den Anwerbestopp. Mit 2,6 Millionen Gastarbeitern ist der deutsche Arbeitsmarkt gesättigt. Mit 605.000 Arbeitnehmern stellen die türkischen Zuwanderer die größte Ausländergruppe in Deutschland.

1978 – Ausländische Arbeitnehmer erhalten nach fünfjährigem Aufenthalt eine unbefristete Aufenthaltserlaubnis und nach achtjährigem Aufenthalt eine Aufenthaltsberechtigung. Erst 1991 folgt eine zunächst auf fünf Jahre befristete Möglichkeit, über Regelansprüche auf Einbürgerung »in der Regel« die deutsche Staatsangehörigkeit unter erleichterten Bedingungen zu erwerben.

1983 – Das Gesetz zur Förderung der Rückkehrbereitschaft von Ausländern tritt in Kraft. Es enthält: Rückkehrhilfe, Erstattung des Arbeitnehmeranteils zur gesetzlichen Rentenversicherung ohne Wartefrist, vorzeitige Verfügung über staatlich begünstigte Sparleistungen ohne Verlust der staatlichen Vergünstigungen, Abfindung von Anwartschaften in der betrieblichen Altersversorgung und Rückkehrberatung.

1987 – Durch die Öffnung Osteuropas und die verbesserten Ausreisemöglichkeiten steigt die Zahl der Aussiedler sprunghaft auf 78.000, im folgenden Jahr auf 203.000 und zu seinem Höhepunkt 1990 auf 420.000 an. Der Zuzug von Aussiedlern wird 1992 und 1999 durch Kontingente beschränkt.

1992 – Bisheriger Höhepunkt der Zuwanderung nach Deutschland: 1.219.348 Zuzüge. Darunter befinden sich fast 440.000 Asylbewerber, von denen aber nur 4,25 Prozent tatsächlich asylberechtigt sind. Der hohe Anteil nicht asylberechtigter Antragsteller wirkt sich negativ auf die Akzeptanz des Asylgrundrechts in der Bevölkerung aus. Nach der Asylrechtsreform 1993 geht die Zahl der Asylbewerber deutlich auf ca. 112.700 zurück. Nur noch derjenige soll sich auf das Asylrecht berufen dürfen, der tatsächlich auf Schutz in Deutschland vor politischer Verfolgung angewiesen ist.

2000 – Neben dem bisherigen Abstammungs- wird nun das Geburtsortsprinzip (ius soli) eingeführt. Damit erhalten in Deutschland geborene Kinder ausländischer Eltern unter bestimmten Bedingungen von Geburt an die deutsche Staatsangehörigkeit. Für den Anspruch auf Einbürgerung wird die erforderliche Aufenthaltszeit auf acht Jahre verkürzt, ein Nachweis ausreichender deutscher Sprachkenntnisse eingeführt und eine Extremistenklausel als Versagungsgrund aufgenommen.

2000 – Bundeskanzler Schröder startet auf der CeBIT seine GreenCard-Initiative. Für ausländische Computerspezialisten wird der Anwerbestopp außer Kraft gesetzt.

2005 – Das Zuwanderungsgesetz tritt nach vier Jahren Streit zwischen CDU/CSU und SPD/Grüne in Kraft. (gekürzt aus BMI 2008)

Zum Höhepunkt der darauf folgenden Wachstumsphase waren es weniger als 10.000. Im Jahr 2006 sind wieder fast 60.000 Deutsche netto ausgewandert. Die laut Presseberichten »größte Auswanderungswelle der Geschichte« (Spiegel 2006) muss nicht schlecht sein. Wenn sich der Güterverkehr, die Wirtschaft und die Kommunikation global immer weiter vernetzen, wäre es erstaunlich, sollten nur die Menschen säuberlich getrennt voneinander leben und arbeiten. Die Welt vermischt sich.

## Hoher Bevölkerungsanteil mit Migrationshintergrund

**19 Prozent der deutschen Bevölkerung sind Migranten, bei den Jüngeren sogar 30 Prozent. 1,8 Millionen Türken haben auch heute nach vielen Jahren noch keine deutsche Staatsbürgerschaft.**

Fast jeder Fünfte, der in Deutschland lebt, ist ausländischer Herkunft, also ein Migrant in erster oder zweiter Generation. Gut die Hälfte von ihnen sind Deutsche, entweder eingebürgerte oder Aussiedler, die keiner formellen Einbürgerung bedürfen, weil sie automatisch als Deutsche anerkannt werden; die andere Hälfte sind Ausländer. Zwei Drittel der Migranten sind selbst im Ausland geboren, bei einem Drittel sind es

**Wichtige deutsche Auswanderungsziele 1952–2006**

| | |
|---|---:|
| USA | 284.308 |
| Kanada | 185.806 |
| Australien | 78.640 |
| Schweiz | 65.229 |
| Kroatien | 38.523 |
| Neuseeland | 2.721 |

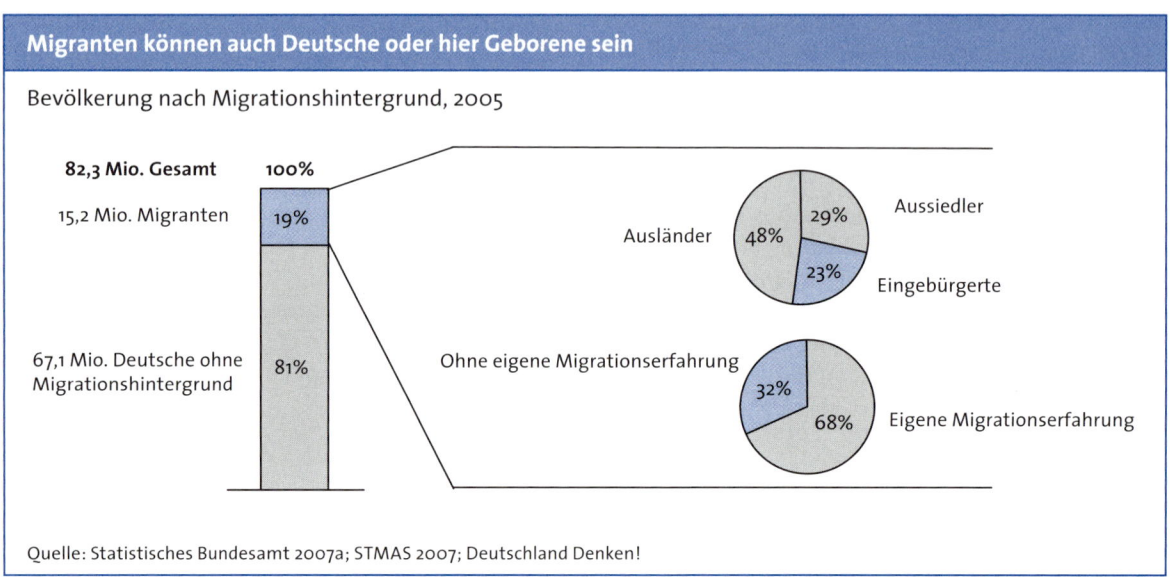

**Migranten können auch Deutsche oder hier Geborene sein**

Bevölkerung nach Migrationshintergrund, 2005

82,3 Mio. Gesamt — 100%

15,2 Mio. Migranten — 19%

67,1 Mio. Deutsche ohne Migrationshintergrund — 81%

Ausländer 48% — Aussiedler 29% — Eingebürgerte 23%

Ohne eigene Migrationserfahrung 32% — Eigene Migrationserfahrung 68%

Quelle: Statistisches Bundesamt 2007a; STMAS 2007; Deutschland Denken!

nur ein oder beide Elternteile. Unter den Ausländern sind immerhin fast zwei Millionen ohne eigene Migrationserfahrung, die schon ihr ganzes Leben in Deutschland leben und für die eine »Rückkehr« in das Land ihrer Staatsbürgerschaft keine echte Option mehr darstellt. Selbst unter den fünfeinhalb Millionen Ausländern, die nicht in Deutschland geboren sind, dürfte das für einen großen Teil ebenso sein.

Unter den Migranten finden sich mindestens 200 Ethnien. Unter den Ausländern stellen die Türken mit 1,76 Millionen, die Italiener mit 548.000, die Serben und Montenegriner mit 507.000, die Griechen mit 316.000 und die Polen mit 292.000 Menschen die fünf größten Gruppen dar (BAMF 2005).

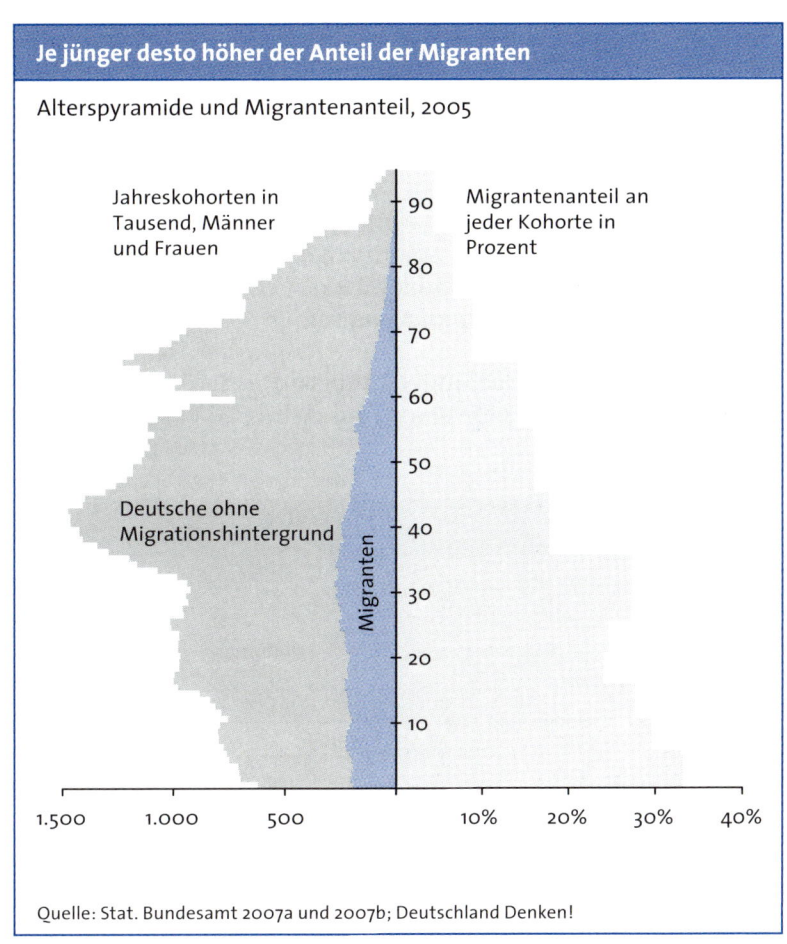

**Je jünger desto höher der Anteil der Migranten**

Alterspyramide und Migrantenanteil, 2005

Jahreskohorten in Tausend, Männer und Frauen

Migrantenanteil an jeder Kohorte in Prozent

Deutsche ohne Migrationshintergrund

Migranten

Quelle: Stat. Bundesamt 2007a und 2007b; Deutschland Denken!

Die Migranten verteilen sich über die Altersgruppen sehr viel gleichmäßiger als die Einheimischen, vor allem weil sie höhere Geburtenraten haben. Dadurch sind sie besonders in jenen Jahrgängen stark vertreten, in denen die Einheimischen wenige sind: bei den Jungen um die Dreißig sowie den Grundschulkindern. Ohne die Migranten wäre das demografische Ungleichgewicht in Deutschland stärker. Ein vollständiger Ausgleich der geburtenschwachen Jahrgänge erfordert aber zwei- bis dreimal so viele Migranten wie zur Zeit in Deutschland leben.

## Unterdurchschnittliche Arbeitsmarktpartizipation

**Migranten arbeiten seltener und verdienen weniger Geld als Einheimische. Aus wirtschaftlicher Sicht wurden die Falschen oder aus falschen Gründen ausgewählt.**

Eine wirtschaftlich motivierte Einwanderungspolitik hatte Deutschland zuletzt vor über 40 Jahren, als die Gastarbeiter angeworben wurden. Damals hatte Deutschland viele hoch qualifizierte Erwerbstätige, aber nicht ausreichend niedrig qualifizierte und so wurden die Gastarbeiter vor allem unter den weniger qualifizierten angeworben.

Seitdem hat sich Deutschland verändert: Das Land wurde reicher und das Anspruchsniveau für Arbeit ist gestiegen. Und die Welt hat sich geändert: Die Nachfrage des Arbeitsmarktes

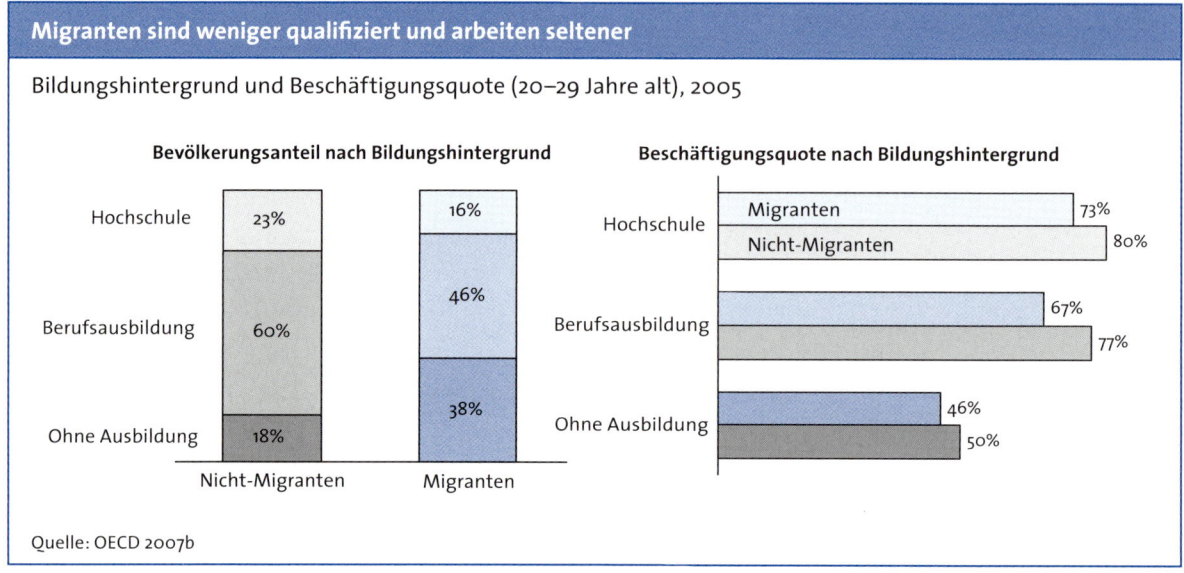

**Migranten sind weniger qualifiziert und arbeiten seltener**

Bildungshintergrund und Beschäftigungsquote (20–29 Jahre alt), 2005

Bevölkerungsanteil nach Bildungshintergrund

Beschäftigungsquote nach Bildungshintergrund

Hochschule — Nicht-Migranten 23% — Migranten 16%

Berufsausbildung — Nicht-Migranten 60% — Migranten 46%

Ohne Ausbildung — Nicht-Migranten 18% — Migranten 38%

Hochschule: Migranten 73% — Nicht-Migranten 80%

Berufsausbildung: 67% — 77%

Ohne Ausbildung: 46% — 50%

Quelle: OECD 2007b

nach hohen Qualifikationen ist ungleich höher als damals. Doch die Qualifikationsstruktur der Erwerbspersonen in Deutschland hat nicht mitgehalten; relativ zur Nachfrage gibt es heute zu viele niedrig qualifizierte und zu wenige hoch qualifizierte Erwerbstätige.

Leider hat sich die Qualifikation der Gastarbeiter und ihrer Familien auch kaum weiterentwickelt, unter anderem weil das deutsche Schulsystem **sozio-familiäre Bildungsstrukturen** eher verfestigt, als auflöst. Doch den späteren Einwanderern, die nicht angeworben wurden, sondern kamen, weil ihnen das Grundgesetz dieses Recht einräumte, geht es nicht besser. Migranten haben damals wie heute im Schnitt deutlich niedrigere Bildungsabschlüsse als Deutsche. Erschwerend kommt hinzu, dass die im Ausland erzielten Bildungsabschlüsse noch nicht alles über das Humanvermögen aussagen – denn oft entsprechen sie nicht den Erwartungen und Anforderungen des deutschen Arbeitsmarktes. Auch die sprachlichen Fähigkeiten spielen eine Rolle. So kommt es, dass Migranten unabhängig vom Bildungshintergrund häufiger arbeitslos oder inaktiv sind. Ihre Beschäftigungsquote liegt bei 60 Prozent, die der Einheimischen bei 73 Prozent (OECD 2007b). Migranten arbeiten dreimal so häufig als Hilfs- und Nicht-Facharbeiter (Spiegel 2007a).

Am schwierigsten ist die Situation der Spätaussiedler. 13 Prozent der Hochschulabgänger unter ihnen und 26 Prozent mit Berufsausbildung sind arbeitslos. Über 70 Prozent derjenigen, die arbeiten, sind Hilfsarbeiter (Spiegel 2007a). Die Spätaussiedler nutzten die historische Stunde, trafen aber zum falschen Zeitpunkt, mitten in der Rezession Anfang der 90er-Jahre, in Deutschland ein und konnten nur schwer im Arbeitsmarkt Fuß fassen.

**Wenn Einwanderer niedrig qualifiziert sind, verlieren niedrig qualifizierte und gewinnen hoch qualifizierte Einheimische. In jedem Fall erhöhen Einwanderer aber das Sozialprodukt.**

Immigration kann einen negativen Effekt auf die Einkommen und die Beschäftigungswahrscheinlichkeit eines Teils der Einheimischen haben. Für die Niederlande hat eine Untersuchung gezeigt, dass Immigration jenen schadet, deren Humanvermögen vergleichbar mit dem der Einwanderer ist, und denen hilft, deren Humanvermögen sich stark von dem der Einwanderer unterscheidet. Im Durchschnitt gleichen sich

### Sozio-familiäre Bildungsstrukturen

Siehe Bereich Schule, Seiten 174–176: Die durch PISA gemessene Leistung der Schüler in Deutschland hängt stärker als in den meisten Wettbewerberländern vom Bildungshintergrund des Elternhauses ab. Grundschulkinder von Spitzenmanagern haben auch bei gleicher Leistung eine fast viermal höhere Chance, für das Gymnasium empfohlen zu werden, als Kinder von Facharbeitern.

**Arbeitslose und Einwanderer I**

»Wir wollen den Menschen, die heute arbeitslos sind, die vielleicht älter sind oder die, bei den jüngeren, in sogenannten Warteschleifen sind, eine Chance geben, bevor wir uns mit der Frage beschäftigen, wie wir das mit Zuwanderung oder Zuzug ausländischer Fachkräfte machen können. Wir haben aber in zwei Bereichen der Ingenieure festgestellt, dass heute schon erheblicher Bedarf besteht. […] Maschinenbau- und Elektroingenieure aus Osteuropa und Studenten werden für einen bestimmten Zeitraum Arbeitsmöglichkeiten in Deutschland bekommen. Aber Vorrang hat erst einmal die Qualifizierung derer, die bei uns über die Grundqualifikationen verfügen.« (Bundeskanzlerin Angela Merkel 2007)

**Arbeitslose**

»Inwieweit Deutschland tatsächlich mehrere hunderttausend hoch qualifizierte Einwanderer auf Dauer benötigt, ist umstritten. Wir sollten prioritär die heimischen Optionen nutzen und das Potenzial der 3,5 bis 4 Millionen Arbeitslosen beziehungsweise einer unterproportionalen Erwerbsbeteiligung von Älteren und Frauen ausschöpfen.« (BAMF 2007)

diese Vor- und Nachteile aus, denn der Beitrag der Immigration zum Wirtschaftsprodukt ist positiv, genau in der Höhe der Arbeitseinkommen der Einwanderer (Roodenburg 2003). In Großbritannien hatten die 346.000 Einwanderer aus den neuen Mitgliedsstaaten seit 2004 noch nicht einmal einen Einfluss auf die Zahl der Arbeitslosen (Britisches Innenministerium 2007).

Immigration muss zum Nachfrageprofil des Arbeitsmarktes passen. Für Deutschland bedeutet das, dass hoch qualifizierte Einwanderer in Deutschland helfen könnten, die hohe Beschäftigungslosigkeit unter den niedrig Qualifizierten zu beheben. Die Qualifikation von **Arbeitslosen** als eine Alternative zur **Einwanderung** darzustellen, ist falsch, weil kaum ein Arbeitsloser schnell genug auf das Niveau qualifiziert werden kann, auf dem hoch qualifizierte Einwanderer einsteigen können.

## Fiskalischer Beitrag der Einwanderer

**Migranten zahlen weniger Steuern und Sozialbeiträge als Einheimische. Dennoch entlastet jeder Einwanderer die Staatskasse und Sozialsysteme im Durchschnitt.**

Manche Einwanderungsländer sind attraktiv, weil sie gute Arbeitsmarktchancen bieten. Sie ziehen vor allem Migranten mit hohem Humanvermögen an. Andere sind attraktiv, weil sie dank eines großzügigen Sozialstaats und hoher Löhne für niedrig qualifizierte Arbeit eine Art **Wohlfahrtsmagnet** darstellen. Diese ziehen eher niedriges Humanvermögen an. Deutschlands Arbeitsmarkt und Sozialstaat positionieren das Land eher in der zweiten Kategorie. Migranten partizipieren an den Pflichten und Rechten des Sozialstaats in gleicher Weise wie jeder, der dauerhaft in Deutschland lebt. Doch ihre unterdurchschnittliche Arbeitsmarktleistung lässt sie überdurchschnittlich an den Umverteilungsmechanismen teilhaben.

Dennoch profitiert der deutsche Sozialstaat von Migranten. Jeder in Deutschland lebende Ausländer hat im Jahr 2004 rund 2.000 Euro mehr in die Sozial- und Staatskassen gezahlt, als er aus ihnen erhalten hat. Auch langfristig, also unter der Berücksichtigung zukünftiger Alterung und Rentenzahlung ist der Beitrag der Ausländer zur Finanzierung der deutschen Sozialsysteme positiv. Jeder heute in Deutschland lebende Ausländer wird bis zu seinem Lebensende rund 11.600 Euro mehr an die öffentlichen Kassen abführen, als er erhalten hat. Für alle 7,2 Millionen Ausländer ergibt sich daraus ein Überschuss von 84 Milliarden Euro (Bonin 2006). Für die Migranten mit deutschem Pass sind diese Zahlen nicht verfügbar, aber sie dürften sich kaum von denen der Ausländer unterscheiden.

Zwar sind die Beiträge und Steuern der Ausländer wegen niedrigerer Einkommen ebenfalls niedriger als die der Deutschen. Erstaunlicherweise sind auch die öffentlichen Ausgaben für einen durchschnittlichen Ausländer niedriger: Altersadjustiert nehmen die Ausländer zum Beispiel weniger Gesundheitsleistungen in Anspruch; sie erhalten weniger Wohngeld, Mutterschaftsgeld oder BAföG. Selbst die höhere Inanspruchnahme der Leistungen der Justiz schlägt nur mit Ausgaben von 48 Euro pro Kopf und Jahr zu Buche.

In Summe ist der Nettobeitrag der Ausländer geringer als der der Deutschen, aber er ist positiv. Dass die öffentlichen Haushalte in Deutschland trotz dieser Beiträge nicht nachhaltig organisiert sind, liegt an den hohen staatlichen Festkosten: Verwaltung und Politik, Polizei und Bundeswehr müssen unterhalten und die Zinslast bezahlt werden, ob es Migranten gibt oder nicht. Selbst die am Arbeitsmarkt relativ schlecht integrierten Ausländer tragen also zur Deckung dieser Festkosten bei. Sie können allerdings noch ungleich stärker beitragen, wenn Migranten den heutigen Anforderungen des Arbeitsmarktes entsprechend vor allem unter den Hochqualifizierten ausgesucht und wenn sie besser integriert würden.

### Arbeitslose und Einwanderer II

»Die Zuwanderung von qualifizierten Arbeitskräften hat positive Beschäftigungseffekte, weil sie die Nachfrage nach komplementären Arbeitskräften mit geringen Qualifikationen und überdurchschnittlichen Beschäftigungsrisiken erhöht.« (IAB 2008)

### Altes Denken

»Diese Überbleibsel alten Denkens nehmen an, dass die Anzahl der Arbeitsplätze in einer Volkswirtschaft irgendwie endlich wären und die Bedürfnisse der heimischen Arbeitnehmer vor dem Wettbewerb durch Migranten beschützt werden muss.« (OECD 2007c)

### Wohlfahrtsmagnet

»Deutschland ist ein Wohlfahrtsmagnet für die Armen dieser Welt. Bismarck hat den Sozialstaat erfunden, und in den letzten drei Jahrzehnten haben ihn verschiedene Regierungen weiter perfektioniert. Der Sozialstaat ist mit dafür verantwortlich, dass von 1970 bis 2002 netto etwa siebeneinhalb Millionen Menschen nach Deutschland eingewandert sind.« (Sinn 2004)

**Fazit: Eine zukünftige Migrationsstrategie ist außen- und innen-
politisch; sie muss den Interessen der Migranten, Deutschlands
und der Herkunftsländer dienen.**

Wenn Deutschland aus der Migration Nutzen ziehen will,
muss es nicht nur für Migranten, sondern auch für Herkunftsländer Nutzen stiften. Die Grundprinzipien einer langfristig
angelegten und an der gestiegenen globalen Mobilität orientierten Migrationsstrategie für Deutschland sind:

### Integration:

▶ Integration der Migranten und ihrer Familienmitglieder
durch frühestmöglichen, gleichberechtigten Zugang zum
Arbeitsmarkt, zu allen Bildungsinstitutionen – insbesondere zu Sprachausbildung, die sich am Arbeitsmarkt
orientiert –, und zum politischen und sozialen Leben in
Deutschland.

▶ Finanzielle und technische Unterstützung von Diaspora-
Netzwerken, um einerseits die Integration in Deutschland
zu beschleunigen, und um andererseits die Migranten in
die strategische Partnerschaft mit den Herkunftsländern
einzubeziehen.

### Selektion:

▶ Gezielte Anwerbung von Personen mit hohem Humanvermögen, vor allem von Hochschulzugangsqualifizierten zum
Studium in Deutschland und von Hochschulabgängern.
Beide Gruppen erhalten die automatische Option für ein
dauerhaftes Bleiberecht bei Rahmenbedingungen, die auch
temporäre Migration für beide Seiten nutzbringend macht.

▶ Strategische Partnerschaften mit den wichtigsten Herkunftsländern, besonders der Türkei, China, Indien und
in Nordafrika. Integration der beidseitig Nutzen stiftenden
Migrationsziele in die entwicklungs-, wirtschafts- und
sicherheitspolitischen Beziehungen mit diesen Ländern.

### Deutschland vermarkten:

▶ Vermarktung der Vorzüge des Landes: niedrige Lebens-
haltungskosten, hohe Lebensqualität, weltoffene Kultur,
hervorragende Infrastruktur, hohes Sozialkapital.

## Wofür Immigration?

Wenn die Deutschen wie in den Geschäftsplan-Bereichen Produktivität und Arbeitsmarkt vorgesehen produktiver und länger arbeiten, dann wird jeder Einzelne seinen zukünftigen Lebensstandard inklusive seiner Alters- und Gesundheitsversorgung selbst erarbeiten. Warum ist Immigration dennoch notwendig?

Weil die Bevölkerungszahl kontinuierlich fällt, schrumpft auch die Volkswirtschaft. Theoretisch muss das nicht schaden, denn so lange das Sozialprodukt pro Kopf wächst, steigt der Wohlstand. In der Praxis wird es dazu nicht kommen, da die über Jahrzehnte installierte Infrastruktur Deutschlands nicht automatisch mitschrumpfen kann.

Ein Beispiel: Deutschland hat Wohnraum für 82 Millionen Menschen. Wenn davon 10 Millionen Wohnungen leer stehen, dann sinkt der Wert aller Wohnungen. Wer seine Ersparnisse in Immobilien angelegt hat, hätte geringere Erträge. Das senkt den Wohlstand. Banken, die Immobilienkredite vergeben haben, müssten Abschreibungen vornehmen und würden zumindest vorübergehend Finanzierung von Unternehmensinvestitionen reduzieren. Das bremst die Wirtschaft. Die öffentliche Infrastruktur für den Wohnraum würde nicht ausgelastet. Die Kosten pro Bürger für den Unterhalt von Stromnetz, Wasserversorgung, Straßen etc. steigen, ohne dass sich die Qualität verbessert.

Die öffentliche Verwaltung auf allen Ebenen müsste kleiner skaliert werden: weniger Bundestagsmandate, weniger Landkreise, weniger KFZ-Ämter, weniger von allem. Die private Wirtschaft müsste sich verkleinern: Betriebe würden schließen, weil ihnen die Kunden und Arbeitnehmer ausgehen. Abgesehen von den Kosten dieses Rückbaus würde das ständige Schrumpfen auf die Stimmung drücken und die Neigung zu Konsum und Investition senken.

Die Schrumpfung würde sich nicht gleichmäßig verteilen, sondern in den Ballungszentren kaum und in mittleren und kleinen Städten massiv auftreten. Während erstere ihre Infrastruktur (Flughäfen, Autobahnen, ICE-Bahnhöfe) weiter ausbauen müssten, würde sie in letzteren nicht mehr instand gehalten werden können. Ein solches Ungleichgewicht wird entweder durch Subventionen ausgeglichen und senkt dadurch den durchschnittlichen Wohlstand, oder es führt zu starken politischen Spannungen.

Deutschland hat genügend Platz – das Boot ist noch lange nicht voll. Indien hat 13 mal soviel Einwohner wie Deutschland, aber nur sieben- bis achtmal so viel bewohn- und besiedelbare Fläche. Bis zum Jahr 2050 wird die indische Bevölkerung noch einmal um die Hälfte wachsen. Dann wäre die Bevölkerungsdichte vier- bis fünfmal höher als in Deutschland, aber bei weitem nicht so gut durch Infrastruktur erschlossen. Immigration aus Indien ist eine Chance für Wachstum in Deutschland – und aus der Perspektive des Geschäftsplans wesentlich attraktiver, als gegen eine ständige Rezession anzukämpfen.

## Aktionsfeld I im Bereich Immigration: Wachstum durch Integration

Integration beginnt mit Selektion. Viele der Herausforderungen, vor denen die Integration der hier lebenden Ausländer in Deutschland heute steht, gäbe es nicht, wenn Einwanderer nach Kriterien des Humanvermögens und der Arbeitsmarktchancen ausgewählt, oder überhaupt ausgewählt worden wären. Dennoch werden auch zukünftige hoch qualifizierte Immigranten Hilfe bei der Anpassung brauchen. Schließlich ist die gelungene Integration der bereits ansässigen Migranten die beste Visitenkarte gegenüber zukünftigen. Trotz aller Integrationsbemühungen werden die meisten Migranten nicht bleiben, sondern nach ein paar Jahren wieder in ihre alte Heimat zurückkehren. Das muss kein Schaden sein. Wirtschaftliche und soziale Bande sind dann dennoch geknüpft und verbinden die Deutschen mit der Welt.

### Die Welt vermischt sich

**Im Zeitalter der Mobilität ist die permanente Einwanderung nur ein Teilaspekt unter vielen, den eine Migrationsstrategie bedienen muss.**

Die Kosten der Migration sind besonders für Menschen mit hohem Humanvermögen stark gefallen, die Integration der Wirtschaft hat global zugenommen. In dieser Welt ist das alte Verständnis von Immigration als einer Einbahnstraße mit gottgegebenem Gefälle überholt. Die OECD schlägt vor, nicht von Immigration, sondern von einem sich entwickelnden System der internationalen Arbeitsmobilität zu sprechen (OECD 2007c).

Gerade zu dem Zeitpunkt, an dem sich Deutschland zu dem Verständnis durchgerungen hat, dass viele Gastarbeiter zu tatsächlichen Einwanderern geworden sind und auch so behandelt werden müssen, ändert sich das Paradigma. Im **Zeitalter der Mobilität** nimmt nicht nur die Migration zu, sondern auch die Häufigkeit der Migration: Sie ist kein im Leben einmaliges Ereignis mehr. Ein afrikanischer Bürgerkriegsflüchtling schafft es nach Spanien und geht von dort über Frankreich nach Schweden. Ein Pakistani kommt zum Studium und für die ersten Berufsjahre nach England, kehrt dann nach Pakistan zurück, um dort ein Geschäft aufzubauen und landet am Ende vielleicht in den USA. Ein Chinese studiert in Deutschland, ar-

**Zeitalter der Mobilität**

»Unseres könnte als das ›Zeitalter der Mobilität‹ in die Geschichte eingehen. Mehr Menschen werden häufiger wandern, angetrieben nicht nur durch unterschiedlich hohe Lebensstandards und Fortschritte bei Transport und Kommunikation, sondern auch durch zwei große Faktoren: den globalen Wettbewerb um Talente und eine demografische Konstellation, in der sich die rasch alternden Industrieländer schnell wachsenden jungen Kohorten in den Entwicklungsländer gegenübersehen.« (OECD 2007c)

beitet in verschiedenen Ländern der EU und kehrt schließlich nach China zurück. Zwei Beispiele: Großbritannien ist sowohl eines der größten Zielländer als auch eines der größten Herkunftsländer in der Welt. Polen hat fast gleich große Zu- und Abwanderungsbewegungen.

Bereits heute ist der Migrationssaldo in Deutschland nur ein kleiner Teil der gesamten Ein- und Auswanderung. Das gilt nicht nur für die Immigranten aus Industrieländern, die vielleicht als Entsandte ihres Mutterkonzerns nach Deutschland kommen und das Land nach einigen Jahren wieder verlassen. Die ca. 1,3 Millionen eingewanderten Türken (die übrigen 500.000 sind in Deutschland geboren) sind der Saldo aus 3,9 Millionen Einwanderungen und 2,7 Millionen Auswanderungen über einen Zeitraum von 45 Jahren. Aus dieser Fluktuationsrate folgt: Um die im Geschäftsplan veranschlagte Nettomigration von 6,7 Millionen erwerbstätiger Menschen in den nächsten 25 Jahren zu erreichen, müssen bis zu 20 Millionen Migranten dafür interessiert werden, nach Deutschland zu kommen. So viele Ausländer zu motivieren und ihnen in Deutschland ein Zuhause zu geben, selbst nur ein zeitweiliges, verlangt explizite Anstrengungen der Integration auf beiden Seiten.

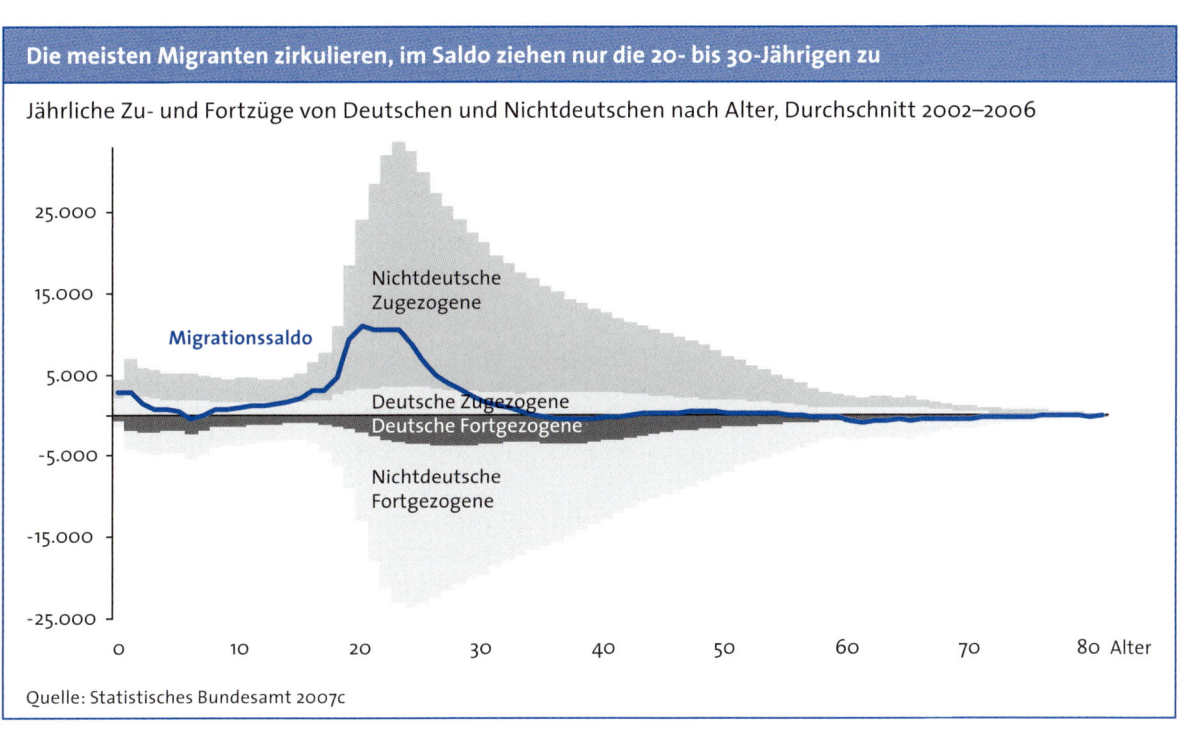

**Die meisten Migranten zirkulieren, im Saldo ziehen nur die 20- bis 30-Jährigen zu**

Jährliche Zu- und Fortzüge von Deutschen und Nichtdeutschen nach Alter, Durchschnitt 2002–2006

Quelle: Statistisches Bundesamt 2007c

## Heterogenität und Vielfalt

»In Deutschland werden die aus Zuwanderung resultierenden Probleme in absurder Weise überbetont, während zugleich die unbestreitbaren Vorteile der Immigration komplett verschwiegen werden. Heterogenität und kulturelle Vielfalt – das tut einer Gesellschaft unglaublich gut. Voraussetzung dafür ist, dass die Zugewanderten eine belastbare Loyalität zu ihrer neuen Heimat entwickeln. Und das tun sie dann ganz besonders, wenn sie rasch die Staatsbürgerschaft mit allen Rechten und Pflichten bekommen, was es ihnen auch einfacher macht, wirtschaftlich erfolgreich zu werden. Und nicht so wie in Deutschland, dass man zuerst wirtschaftlich erfolgreich sein muss und erst dann die deutsche Staatsangehörigkeit erhält.« (Straubhaar 2006)

## Integration andersrum

»Ich bin seit 30 Jahren hier in Höchst. Ich finde es traurig, was aus Deutschland geworden ist. Alle Eltern müssen neuerdings putzen im Kindergarten und in der Schule. Die Stadt hat kein Geld mehr für die Putzfrauen. Dass die Eltern putzen, ist vielleicht nicht so schlimm, es schadet nichts, wir helfen gern. Aber wer hätte das gedacht vor zwanzig Jahren, wie so vieles hier bergab gegangen ist! Wenn ich Deutsch könnte, würde ich jetzt ein Buch schreiben. Ich war so stolz auf Deutschland!« (Keto DeMelo, Kioskbesitzer in Frankfurt-Höchst aus Goa, Indien)

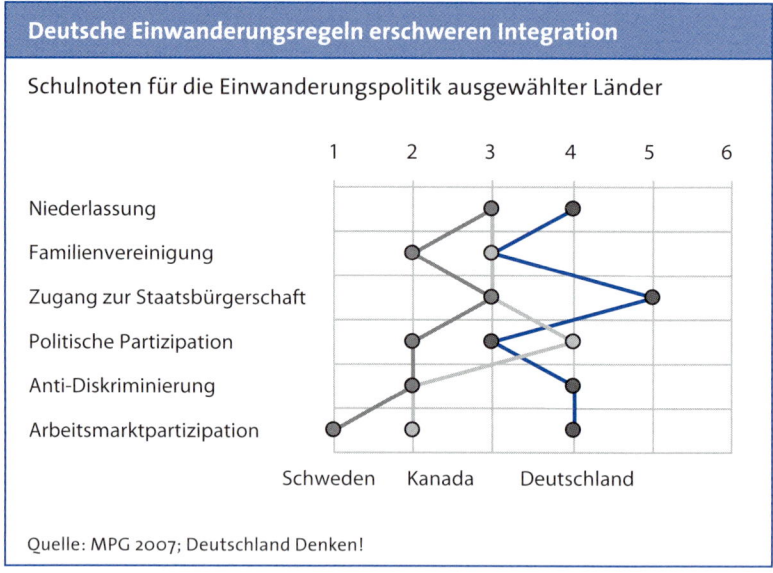

**Deutsche Einwanderungsregeln erschweren Integration**

Schulnoten für die Einwanderungspolitik ausgewählter Länder

Niederlassung
Familienvereinigung
Zugang zur Staatsbürgerschaft
Politische Partizipation
Anti-Diskriminierung
Arbeitsmarktpartizipation

Schweden    Kanada    Deutschland

Quelle: MPG 2007; Deutschland Denken!

## Schwache soziale und sprachliche Integration

**Die meisten Migranten sind schlecht integriert. Viele wollen nicht für immer bleiben. Der Wunsch zur Integration fehlte über lange Jahre auf beiden Seiten.**

Deutschland tut sich mit der Integration seiner Migranten schwer. Die Bertelsmann-Stiftung hat Migranten nach ihrer Bildung, Sprache und sozialen Integration befragt. 55 Prozent aller Migranten bezeichnen sich als »weniger integriert«, und nur 17 Prozent der ersten Generation und 75 Prozent der zweiten Generation als »insgesamt integriert« (Bertelsmann Stiftung 2008).

Eine EU-finanzierte Studie vergleicht die Rechtslage in 25 EU-Staaten sowie der Schweiz, Norwegen und Kanada. Deutschland landet mit 53 von 100 Punkten im Mittelfeld. Spitzenreiter ist Schweden mit 88 Punkten. Problematisch sieht die Studie vor allem das deutsche Wahl- und Arbeitsrecht. Auch beim längerfristigen Aufenthaltsrecht sei Deutschland extrem restriktiv. Nur in Österreich und Dänemark sind die Einbürgerungsbedingungen noch strenger, stellt die Studie fest (MPG 2007). Nur etwas über 700.000 der türkischen Migranten in Deutschland sind eingebürgert worden, obwohl 70 Prozent von ihnen langfristig in Deutschland bleiben wollen. Bei den übrigen Einwanderern ist es umgekehrt: 54 Prozent sind Deutsche geworden, aber nur 45 wollen bleiben (IZA 2003).

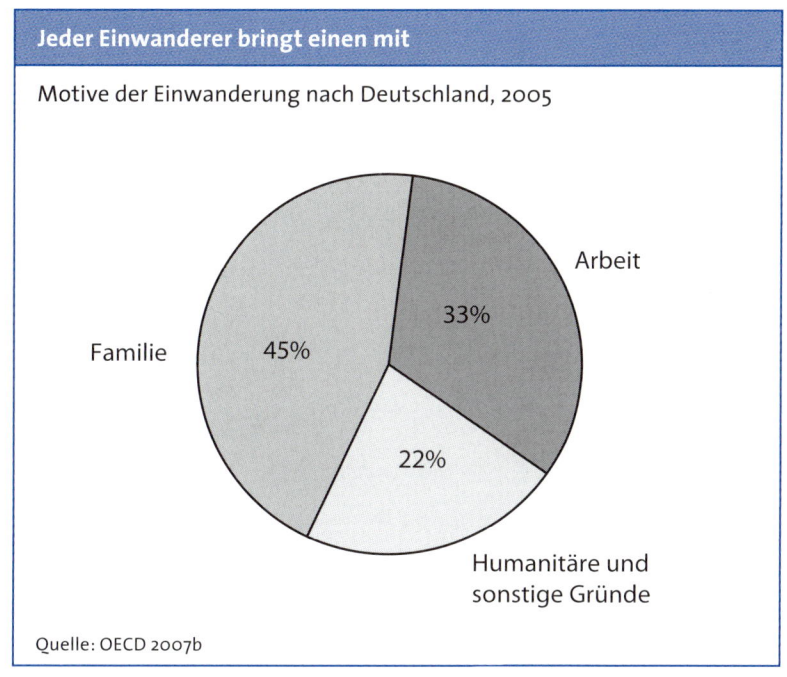

**Jeder Einwanderer bringt einen mit**

Motive der Einwanderung nach Deutschland, 2005

Arbeit 33%

Familie 45%

22%

Humanitäre und sonstige Gründe

Quelle: OECD 2007b

Im Schnitt kommt auf jeden Einwanderer ein weiteres Familienmitglied. Auch diese Familienangehörigen, Ehefrauen und Kinder, sind potentielle zukünftige Erwerbstätige, deren Humanvermögen einen Beitrag leisten kann. Doch bis zum Zuwanderungsgesetz 2005 erhielten Ehefrauen nicht automatisch eine Arbeitserlaubnis. Das verschärft die ohnehin schwierige Situation dieser Frauen unnötig, von denen viele ohne deutsche Sprach- oder Kulturkenntnisse nach Deutschland kommen. Seit 1993 bleiben mehr Frauen als Männer in Deutschland (Statistisches Bundesamt 2006), weil besonders muslimische Migranten oft Frauen aus ihrer Heimat heiraten – oder mit ihnen verheiratet werden.

### Wer schlecht Deutsch kann, hat es nicht leicht. Aber wer nicht integriert ist, lernt nicht Deutsch. Sprachliche Integration und Arbeitsmarktintegration gehen Hand in Hand.

Die meisten Gastarbeiter haben nie die für eine vollständige Integration notwendige Sprachkompetenz erworben. Mitte der 80er Jahre erreichten nur 20 bis 30 Prozent der Migranten mündliche Bilingualität, je nach Alter bei ihrer Ankunft in Deutschland. Sprachlich marginalisiert blieben 10 bis 30 Prozent (Esser 2006). Darunter leidet auch die zweite Generation. Zuhause wird kein Deutsch gesprochen, viele **Mütter** können es nicht einmal. Ohne Kindergartenplätze oder Ganztagsschu-

**Mütter lernen**

Im Projekt Rucksack lernen bildungsferne Migrantenmütter den Wert von Literatur, Bilderbüchern, Liedern, den Wert des Spielens und Malens sowie der Verbindung von Sprache und Handeln für die Entwicklung ihres Kindes kennen. Die Anleitung erfolgt in der Muttersprache der Teilnehmerinnen. Bei 77 Prozent der Mütter wurde Interesse für das Erweitern der eigenen Deutschkenntnisse geweckt. Die Mehrzahl von ihnen tritt nun selbstbewusster auf und traut sich, ihre Meinung zu äußern. In 107 Rucksack-Gruppen in 19 Kommunen und Kreisen in Nordrhein-Westfalen wurden ca. 1.200 Mütter über neun Monate hinweg auf die spielerische Sprach- und Entwicklungsarbeit mit ihren Kindern vorbereitet.

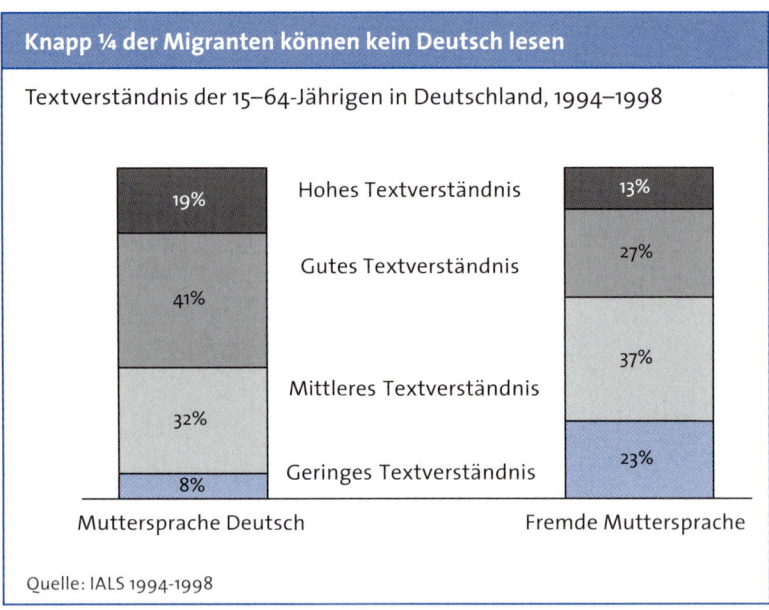

**Knapp ¼ der Migranten können kein Deutsch lesen**

Textverständnis der 15–64-Jährigen in Deutschland, 1994–1998

Hohes Textverständnis — 19% / 13%

Gutes Textverständnis — 41% / 27%

Mittleres Textverständnis — 32% / 37%

Geringes Textverständnis — 8% / 23%

Muttersprache Deutsch — Fremde Muttersprache

Quelle: IALS 1994-1998

### Deutschunterricht

»Es gibt keine Bewertung der Effektivität dieses Trainings, das im allgemeinen nicht mit den Bedürfnissen des Arbeitsmarktes koordiniert ist. Die dünne empirische Evidenz legt nahe, dass der Sprachunterricht in Deutschland als Mittel der Integration in den Arbeitsmarkt nicht sehr effektiv ist.« (OECD 2007a)

len fehlt ihnen einfach Zeit, in der sie Deutsch sprechen können. Denn Sprachkompetenz wird vor allem durch informelle Kontakte erworben. Den Spätaussiedlern geht es kaum besser. Nachdem die ersten Spätaussiedler noch recht gut Deutsch sprachen, schätzen 40 Prozent der später Eingetroffenen ihre Sprachkompetenz als schlecht ein, und das, obwohl sie in der Regel 10 bis 12 Monate Sprachunterricht zur Integration erhalten hatten (OECD 2007a). Zwar gibt es seit dem Zuwanderungsgesetz 2005 in Deutschland systematischen **Deutschunterricht** für alle Migranten. Doch die vorgesehenen 600 Stunden Unterricht, oder drei Monate Vollzeit, reichen nicht aus, um eine vollständige Arbeitsmarktgängigkeit zu erreichen. Die wirkliche Integration ist nur am Arbeitsmarkt zu erreichen und schließt die dafür jeweils notwendige Sprachkompetenz mit ein.

## Mehr Integration am Arbeitsmarkt ist möglich

**Vollständige Integration am Arbeitsmarkt ist ein nicht erreichbares Ideal. Die Migranten müssen ihr Humanvermögen in Deutschland erst wieder aufbauen.**

Die erfolgreiche Integration in den Arbeitsmarkt ist der wichtigste Aspekt der Eingliederung in Deutschland, noch vor der Integration der Familien in die Gesellschaft. Die Immigranten müssen ihre Fähigkeiten und Qualifikationen im neuen

Arbeitsmarkt nutzen können und ihre Kinder müssen die notwendigen Kenntnisse und Ausbildung erhalten, um später im Arbeitsmarkt erfolgreich zu sein. Andernfalls findet Immigration auch keine ausreichende Akzeptanz in der Bevölkerung.

Arbeitsmarktintegration ist jedoch kein absolutes, sondern ein relatives Kriterium für Integration. Studien in verschiedenen Ländern zeigen, dass im Herkunftsland erworbenes Humanvermögen im Zielland erheblich an Wert verliert. Wenn der höchste Bildungsabschluss im Ausland erworben wurde, liegt die Beschäftigungswahrscheinlichkeit deutlich unter derjenigen der Einheimischen. In einigen Untersuchungen hat auch die Arbeitserfahrung im Herkunftsland keinen positiven Einfluss auf das Einkommen im Zielland. Migranten, die ihren höchsten Bildungsabschluss im Zielland erworben haben, weisen dagegen eine nur leicht geringere Beschäftigungsrate auf als Einheimische. In Schweden konnte gezeigt werden, dass das Einkommen eines Migranten am höchsten ist, wenn seine Qualifikation im Zielland getestet und als gleichwertig anerkannt, geringer, wenn sie getestet und als nicht gleichwertig anerkannt, und am geringsten, wenn sie nicht getestet wurde (OECD 2007a).

Vollständig zu den Einheimischen aufzuschließen, bleibt schwierig. Selbst in Kanada gelingt es den nach Humanvermögen ausgewählten Einwanderern nicht, sofern sie nicht aus Europa stammen, am Arbeitsmarkt mit den Einheimischen gleichzuziehen. Dennoch ist es hier wie da sinnvoll, das Humanvermögen bei der Migrationsstrategie in den Vordergrund zu stellen. Die Ausgewählten haben nämlich bereits unter Beweis gestellt, dass sie eine hohe **Wertschätzung für Lernen** und Bildung haben, und werden wieder bereit sein, zu lernen.

### In Deutschland partizipieren Migranten auch nach langen Jahren noch nicht ausreichend am Arbeitsmarkt. Viele Beispiele zeigen, wie man es besser machen kann als bisher.

Obwohl der Arbeitsmarkterfolg der Migranten, gemessen an der Differenz zwischen ihrer Beschäftigungsquote und der der Deutschen, direkt nach ihrer Ankunft in Deutschland eher etwas günstiger ist als in anderen europäischen Ländern, verbessert sich dieser Unterschied über die Jahre nur marginal. In Dänemark und Großbritannien dagegen ist nach zehn Jahren kaum noch ein Unterschied zwischen dem Arbeitsmarkterfolg der Migranten und der Einheimischen zu erkennen.

---

### Wertschätzung für Lernen

Die Nasers flohen 1998 mit ihren fünf Söhnen vor den Mudschaheddin aus Kabul nach Hamburg. »Wir wollen etwas erreichen, das erwarten unsere Eltern von uns,« erläutert der 16-jährige Amin als ältester Sohn. So lautet der Familienauftrag, und er wird erfüllt. Amin besucht das Gymnasium in der 11. Klasse, lernt Latein und hat sich für den Leistungskurs Deutsch entschieden. Azim, der 14-jährige Neuntklässler, ist nicht nur Klassensprecher, sondern auch ein Spitzenschüler, der inzwischen seinen Schulkameraden Nachhilfe gibt. Die Einserparade auf seinem letzten Zeugnis würde die meisten deutschen Kinder beschämen. »Azim, was soll man zu so einem hervorragenden Zeugnis sagen?« lautet die Bemerkung der Schule. »Vielleicht das – dein Wahlspruch ist: Man kann alles schaffen. Das hast du gezeigt. In deinem Praktikum hast du erfahren, dass dir Höflichkeit, Neugierde und Begeisterungsfähigkeit alle Tore öffnen.« Weil Azim als mathematisch hochbegabt gilt, durfte er ein Praktikum bei Desy, dem Deutschen Elektronen-Synchroton, in Hamburg absolvieren. (Die Zeit 2004)

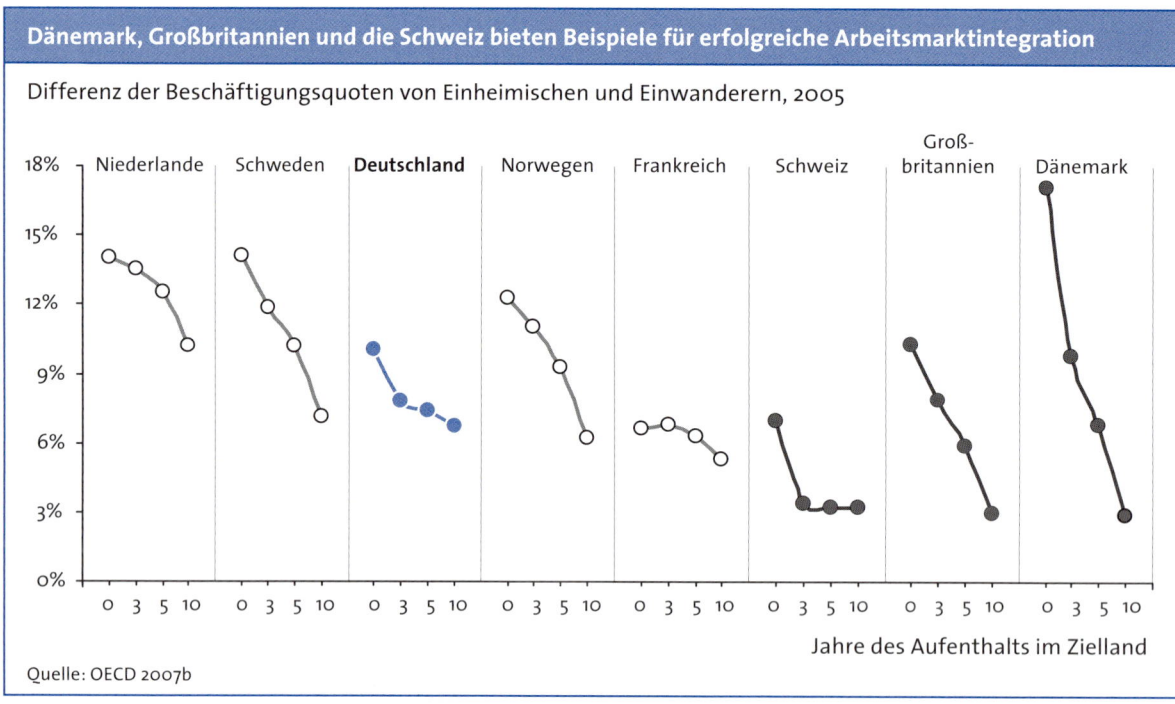

**Dänemark, Großbritannien und die Schweiz bieten Beispiele für erfolgreiche Arbeitsmarktintegration**

Differenz der Beschäftigungsquoten von Einheimischen und Einwanderern, 2005

Jahre des Aufenthalts im Zielland

Quelle: OECD 2007b

### Fraport AG

Die Frankfurter Flughafengesellschaft Fraport führt seit mehreren Jahren eigene, von der Bundesagentur für Arbeit kofinanzierte Maßnahmen für benachteiligte Jugendliche durch, von denen 70 bis 80 Prozent einen Migrationshintergrund haben. Von insgesamt ca. 600 Jugendlichen ohne Hauptschulabschluss konnten so etwa 400 für das Unternehmen gewonnen werden, etwa 200 sind in eine formale Berufsausbildung eingetreten. Auch nach der Absenkung der vormals 70-prozentigen Förderung durch die Bundesagentur für Arbeit auf 40 Prozent wird das Unternehmen diese erfolgreichen Maßnahmen fortführen. (Sachverständigenrat 2004)

Eines der Hindernisse ist der restriktive Arbeitsmarkt in Deutschland. Eigentlich müsste der Migrant, da er schlechter Deutsch kann, etwas weniger verdienen als ein gleich qualifizierter Inländer. Da das im deutschen Arbeits- und Tarifrecht nicht ohne weiteres möglich ist, ist es leichter, ihn gar nicht erst einzustellen. An der Motivation der Migranten liegt es nicht:

▶ Ausländer in Deutschland reagieren sensibler auf Arbeitsmarktsignale und sind eher bereit als Deutsche, den Wohnort zu wechseln (IZA 2007).

▶ Besonders gut integriert sind die Selbständigen unter den Ausländern. Sie arbeiten länger und verdienen mehr als die deutschen Selbständigen, fühlen sich wohl und wollen in Deutschland bleiben (IZA 2003).

▶ Hat ein Migrant es auf die Universität geschafft, schneidet er dort oft besser ab als Deutsche aus vergleichbaren sozialen Verhältnissen (Spiegel 2007b).

Besonders der letzte Punkt spricht dafür, Migranten vor ihrem höchsten Bildungsabschluss nach Deutschland kommen zu lassen.

## Integration I: Qualifikation

Zwischen 2002 und 2005 führten der Jesuiten-Flüchtlingsdienst und die Gulbenkian-Stiftung in Portugal ein Projekt durch, um zugewanderten Ärzten zur Anerkennung ihrer Qualifikationen zu verhelfen. Alle Projektteilnehmer hatten einen Arbeitsplatz in Portugal, der nicht ihren akademischen Qualifikationen entsprach, viele von ihnen arbeiteten in der Bauwirtschaft. Die meisten Teilnehmer – Allgemeinmediziner ebenso wie Kinderärzte, Chirurgen und andere Fachärzte – waren ukrainische, russische oder moldauische Staatsbürger. Das Anerkennungsverfahren umfasste Lehrgänge an einer medizinischen Hochschule, ein Krankenhauspraktikum von vier bis sechs Monaten, eine Prüfung und den Beitritt zur portugiesischen Ärztekammer. Jeder Teilnehmer erhielt ein Stipendium für maximal neun Monate und einen Zuschuss für Bücher. Diese Leistungen wurden ergänzt durch Portugiesischkurse für Fortgeschrittene sowie soziale und psychologische Unterstützung. Zu Beginn nahmen zehn Ärzte an dem Projekt teil, am Ende konnten 105 Ärzte offiziell in ganz Portugal praktizieren (EU Kommission 2007).

## Integration II: Kompetenzen

In Schweden bietet das Programm »Kompetenzbeurteilung am Arbeitsplatz« qualifizierten Zuwanderern eine dreiwöchige Lehre in ihrem Beruf an, um ihr Können am Arbeitsplatz zu beweisen. Zum Abschluss erhalten sie ein Zeugnis, das sie bei späteren Bewerbungen vorlegen können. Das Programm »Beschäftigung auf Probe« bietet Zuwanderern, die über keine Berufserfahrung in Schweden verfügen, eine dreimonatige Beschäftigung unter Aufsicht. Führt diese nicht zur Festanstellung, erhält der Betreffende ein Zeugnis. Beide Programme werden vom Staat finanziert und wurden im Februar 2005 aufgenommen. Sechs Monate nach Programmende hatte die Hälfte der 450 Teilnehmer am Programm »Beschäftigung auf Probe« einen Arbeitsplatz gefunden (EU Kommission 2007).

## Integration III: Kommunalverwaltung

In Stuttgart ist die Stabsabteilung für Integrationspolitik unmittelbar dem Oberbürgermeister unterstellt, das heißt, Integrationsfragen stehen ganz oben auf der politischen Agenda. Die Stabsabteilung für Integrationspolitik verfügt über ein eigenes Budget. Nachahmenswerte Verfahren werden sichtbar gemacht, indem sie vom Oberbürgermeister unterstützt werden. Diese fachliche Aufsicht wird durch das politische Monitoring des Internationalen Ausschusses des Gemeinderats ergänzt, eines beratenden Ausschusses, dem 13 gewählte Stadträte und zwölf sachkundige Einwohner der Stadt angehören (EU Kommission 2007).

## Integration IV: Finanzierung

In Italien betreibt das BCC, ein Netz von Genossenschaftsbanken mit 3.500 Zweigstellen in ganz Italien, ein Mikrokreditprogramm für Migranten, die eine Existenzgründung planen; die Darlehen in Höhe von maximal 6.000 EUR werden ohne Garantieleistung und zu einem geringen Zinssatz von zwei Prozent gewährt (EU Kommission 2007).

## Integration V: Mentoring

In Frankreich wird das Mentoring-System eingesetzt, um jungen Zuwanderern eine größere Auswahl beruflicher Möglichkeiten zu eröffnen. Einheimische Senioren im Ruhestand fungieren als Mentoren oder »Paten« für junge Migranten, die über die Beschäftigungs- und Sozialdienste ermittelt werden. Die Mentoren sind zwar ehrenamtlich tätig, erhalten jedoch eine staatliche Schulung. Derzeit werden 18.000 Jugendliche betreut, angestrebt ist eine Gesamtzahl von 20.000 (EU Kommission 2007).

## Aktionsfeld II im Bereich Immigration: Vorfahrt für hohes Humanvermögen

Die zukünftige Migrationsstrategie kann nicht als Fortsetzung der bisherigen Politik gedacht werden, sondern muss neu ansetzen: als deutsche Interessenpolitik. Sie wird sich an andere Migranten richten und neue Herkunftsländer erschließen. Sie verbindet Innen- und Bildungspolitik mit Außen-, Entwicklungs- und Sicherheitspolitik.

### Brain Drain? Brain Gain?

**Vor allem besser Ausgebildete wandern aus. Doch wer einwandert, entscheidet die Einwanderungspolitik. Hier setzt Kanada den Standard für hohes Humanvermögen.**

Weltweit entschließen sich vor allem die besser Qualifizierten eines Landes zur Emigration. Sie kennen die Verhältnisse anderswo besser, können sich die Umsiedlungskosten leisten und besitzen Sprachkompetenzen. Im Jahr 2000 besaßen 47 Prozent der Asiaten, 31 Prozent der Afrikaner und 28 Prozent der Lateinamerikaner, die in ein Land der OECD auswanderten, einen Hochschulabschluss. Die Hochschulabsolventenquote in den Bevölkerungen dieser drei Herkunftsregionen lag im selben Jahr bei 6, 4 und 12 Prozent respektive (Docquier 2004).

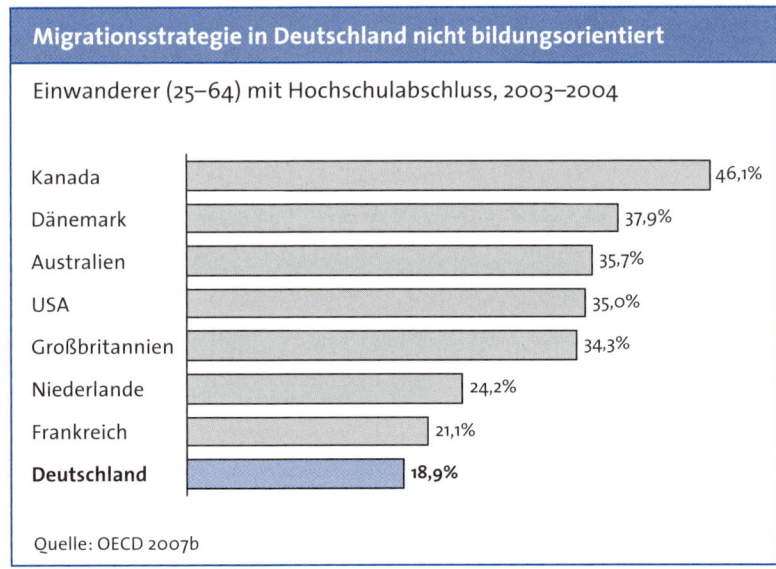

**Migrationsstrategie in Deutschland nicht bildungsorientiert**

Einwanderer (25–64) mit Hochschulabschluss, 2003–2004

| | |
|---|---|
| Kanada | 46,1% |
| Dänemark | 37,9% |
| Australien | 35,7% |
| USA | 35,0% |
| Großbritannien | 34,3% |
| Niederlande | 24,2% |
| Frankreich | 21,1% |
| **Deutschland** | **18,9%** |

Quelle: OECD 2007b

Allerdings steigt der Anteil der Einwanderer, die aus Ländern mit niedrigem Pro-Kopf-Einkommen und relativ niedrigen Bildungsniveau stammen. Dadurch sinkt tendenziell auch der Anteil der hohen Bildungsabschlüsse unter den Migranten. Dennoch gelingt es einigen Zielländern auch aus diesen Herkunftsländern überdurchschnittlich hohe Anteile an hoch Qualifizierten für sich zu gewinnen.

Wer eine klar an der Qualifikation der Einwanderer orientierte Selektion betreibt wie Kanada oder Australien, zieht hohe Humanvermögen an, wer bilaterale Gastarbeiterabkommen abschließt wie Deutschland, zieht niedrige Humanvermögen an (IAB 2008). Erfolg und Misserfolg lassen sich wie folgt messen: Eine Selektionsintensität von 100 Prozent bedeutet, dass die Hochschulabsolventenquote der Einwanderer eines Ziellandes, die aus dem selben Herkunftsland stammen, genauso hoch ist wie die Hochschulabsolventenquote in der Gesamtbevölkerung des Herkunftslandes.

Das Zielland Deutschland hat eine Selektionsintensität von 80 Prozent und Kanada eine von 450 Prozent. Kanada nimmt aus jedem Land nur die besten, Deutschland bekommt eher unterdurchschnittliche Einwanderer. Kanada hat im Übrigen eine ähnliche Einkommensverteilung wie Deutschland und ist unter diesem Gesichtspunkt genauso attraktiv für niedrige Humanvermögen wie Deutschland.

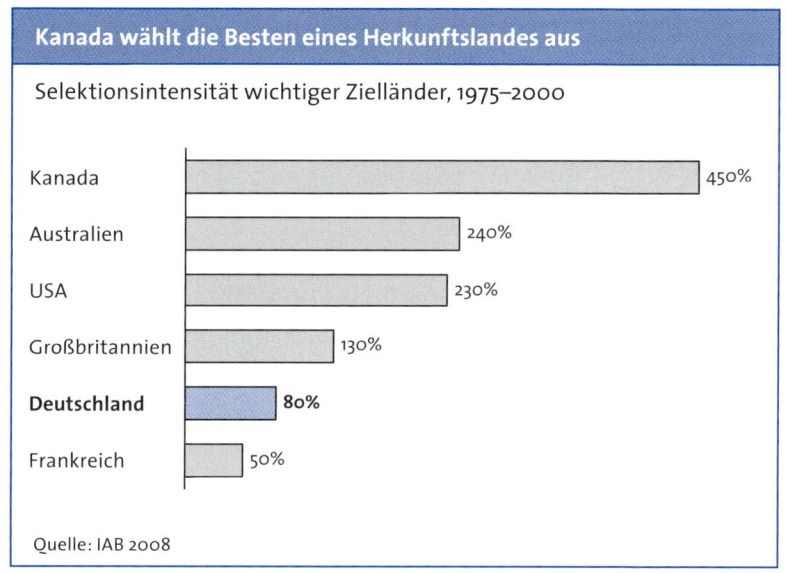

**Kanada wählt die Besten eines Herkunftslandes aus**

Selektionsintensität wichtiger Zielländer, 1975–2000

| | |
|---|---|
| Kanada | 450% |
| Australien | 240% |
| USA | 230% |
| Großbritannien | 130% |
| **Deutschland** | 80% |
| Frankreich | 50% |

Quelle: IAB 2008

**Die deutschen Auswanderer haben überdurchschnittlich viel Humanvermögen. Eine Million Deutsche mit Hochschulabschluss leben im Ausland.**

Die Qualität der Einwanderer zu steuern, ist umso wichtiger, weil es schwierig ist, die Qualität der Auswanderer zu beeinflussen. Denn auch in Deutschland sind die, die gehen, nicht die schlechten. Das Land gehört zu den großen Exporteuren von Menschen mit Hochschulabschluss. Deutschland hat keinen Überschuss an Ärzten, Krankenschwestern oder IT-Spezialisten. Dennoch arbeiten über 17.000 deutsche Ärzte im Ausland, vor allem in den USA, der Schweiz und Großbritannien. Nur aus Indien sind noch mehr Ärzte emigriert. Mit 33.000 ausgewanderten Krankenschwestern belegt Deutschland nach den Philippinen und Großbritannien den dritten Rang. Sie hier zu halten, könnte der Mühe wert sein. Leichter ist es aber, andere anzuziehen: In Deutschland arbeiten 28.000 Ärzte und 75.000 Krankenschwestern aus dem Ausland. Der Saldo ist für Deutschland also positiv.

### IT-Spezialisten

»Die IT-Branche in Neuseeland sucht händeringend nach Experten und Nachwuchswissenschaftlern. Die betroffenen Firmen nutzen die weltgrößte Computermesse Cebit, um hiesige IT-Spezialisten abzuwerben. Deutsche haben bei den Kiwis einen guten Ruf.« (FTD 2007)

| Staatsangehörigkeiten mit der höchsten Zahl von Hochschulabsolventen im Ausland, 2000 | |
| --- | --- |
| Großbritannien | 1.542.011 |
| Philippinen | 1.260.879 |
| Indien | 1.021.613 |
| Deutschland | 1.016.007 |
| China | 906.337 |

(Docquier 2007)

## Wer Qualifizierte will, der bekommt sie auch

**Das neue Zuwanderungsgesetz bevorzugt Hochqualifizierte nur sehr zaghaft. Die Greencard für IT-Experten im Jahr 2000 war wirksamer.**

Die typischen Einwanderungsländer wie die USA, Kanada oder Australien zeigen, dass sie mit gezielter, an einer Maximierung des Humanvermögens orientierter Einwanderungspolitik die Qualifikationsstruktur nicht nur der Migranten, sondern darüber auch der gesamten Bevölkerung positiv beeinflussen können.

Deutschland hat eine solche strategische Steuerung zum ersten Mal im Jahr 2000 versucht. Unter der damals eingeführten Greencard für IT-Spezialisten sind 17.931 Einwanderer nach Deutschland gekommen. Die meisten von ihnen dürften zwar nicht mehr in Deutschland sein, denn die Arbeits- und Aufenthaltsgenehmigung war auf fünf Jahre beschränkt worden. Auch verhinderte der Zusammenbruch der New Economy, dass die ursprünglich erwarteten 75.000 Spezialisten kamen. Doch die Greencard hat einwanderungspolitisch ein neues Paradigma aufgestellt. Zum ersten Mal wurde die Zuwanderung an hohem Humanvermögen ausgerichtet.

Das Zuwanderungsgesetz, das sie abgelöst hat, ist dann leider hinter diesem Beispiel weit zurückgeblieben. Die Befristung wurde auf drei Jahre verkürzt und selbst hohe Qualifikationen stehen unter dem Vorbehalt einer **Wettbewerbsprüfung**. Diese Prüfung ist im Einzelfall kaum objektiv durchzuführen, im Allgemeinen sendet sie sowohl an Arbeitgeber als auch an Migranten ein Signal, dass Immigration nicht erwünscht ist. Von der Befristung und der Wettbewerbsprüfung ausgenommen sind nur Höchstqualifizierte wie Professoren oder leitende Angestellte mit mehr als 85.500 Euro Jahresgehalt.

### Die kanadischen und australischen Punktesysteme wählen jene aus, die langfristig am Arbeitsmarkt Erfolg haben werden.

Zwar gibt es auch in Kanada eine Wettbewerbsprüfung, doch das attraktive am Angebot der Amerikaner, Kanadier oder Australier ist, dass man bleiben darf. Selbst die Einwanderer mit dem höchsten Humanvermögen haben zunächst einmal Migrationskosten: Sie müssen Sprache und Kultur erlernen, neue Arbeitsmarkterfahrungen sammeln und ihre Qualifikationen anpassen. Diese Investitionen ergeben nur Sinn, wenn die Ertragsphase ausreichend lang ist. Wer nur fünf oder sogar drei Jahre bleiben darf, der wird diese Investitionen nicht auf sich nehmen. Entsprechend orientieren sich die Selektionskriterien Australiens oder Kanadas weniger an der kurzfristigen Passgenauigkeit auf dem Arbeitsmarkt, sondern mehr an den langfristigen Arbeitsmarkt- und Integrationschancen. Eine detaillierte Prüfung bewertet Alter, Ausbildung, Sprachkompetenz, Arbeitserfahrung und die Integrationswahrscheinlichkeit nach Punkten. Wer die Mindestzahl von Punkten nicht schafft, der wird nicht genommen. Deutschland kann diese Selektionsmechanismen übernehmen und adaptieren, um ähnlich wie Kanada vor allem Einwanderer mit hohem Humanvermögen auszuwählen. Das alleine wird aber nicht reichen.

**Wettbewerbsprüfung**
Die Bundesagentur für Arbeit kann der Erteilung einer Aufenthaltserlaubnis zur Ausübung einer Beschäftigung zustimmen, wenn sich durch die Beschäftigung von Ausländern keine nachteiligen Auswirkungen auf den Arbeitsmarkt ergeben, für die Beschäftigung deutsche und gleichgestellte Arbeitnehmer nicht zur Verfügung stehen oder sie durch Prüfung für einzelne Berufsgruppen oder Wirtschaftszweige festgestellt hat, dass die Besetzung der offenen Stellen mit ausländischen Bewerbern arbeitsmarkt- und integrationspolitisch verantwortbar ist. (§18, 2 Zuwanderungsgesetz)

| Kanadische Einwanderungskriterien | | |
|---|---|---|
| **Optimaler Einwanderer** | | ▶ 21–49 Jahre alt und im Besitz eines Hochschulabschlusses<br>▶ gute mündliche und schriftliche Kommunikationsfähigkeit in Englisch und Französisch<br>▶ mindestens vier Jahre Berufserfahrung z. B. in einem technischen Beruf und ein von kanadischen Behörden anerkanntes Jobangebot<br>▶ hohe Integrationswahrscheinlichkeit, z. B. weil der Lebenspartner ebenfalls einen Hochschulabschluss besitzt oder weil Verwandte kanadische Staatsbürger sind<br>▶ finanzielle Mittel, um den eigenen Unterhalt zu bestreiten<br>▶ medizinische und polizeiliche Unbedenklichkeitsbescheinigung |
| **Marginale Einwanderer** | ohne Hochschulabschluss | ▶ 20 Jahre alt mit Abitur, aber ohne Hochschule<br>▶ gutes Englisch, etwas Französisch<br>▶ ein Jahr Berufserfahrung und ein selbst organisiertes Jobangebot |
| | älter und geringe Sprachkompetenz | ▶ 53 Jahre alt mit Universitätsdiplom<br>▶ etwas Englisch, kein Französisch<br>▶ mehr als vier Jahre Berufserfahrung und ein Jobangebot in Kanada<br>▶ Verwandte oder Bekannte in Kanada |
| | ohne Jobangebot | ▶ 40 Jahre mit Abitur und einjähriger Ausbildung als Handelswirt<br>▶ gutes Englisch, etwas Französisch<br>▶ mehr als vier Jahre Berufserfahrung, aber kein Jobangebot<br>▶ Ehefrau mit Abschluss Betriebsakademie |

## Herkunftsländer strategisch wählen

**Können die bisherigen Herkunftsregionen diese Rolle auch in Zukunft spielen? Osteuropa hat selbst eine Demografielücke. Eher kommt die Türkei in Frage. Oder China und Indien.**

20 Millionen Menschen mit maximalem Humanvermögen anzuziehen, ist nur mit einer langfristigen Migrationsstrategie zu erreichen. Demografische Defizite in nahezu allen Industrienationen werden in den nächsten Jahren einen weltweiten harten Wettbewerb um Humanvermögen anfachen. Eine passive Migrationsstrategie, die unter eigeninitiativen Einwanderern auswählt, wird weniger erfolgreich sein, als eine, die auf der Basis bestehender oder neuer Beziehungen sowohl Migranten anspricht und mit spezifischen Angeboten lockt, als auch mit ausgewählten Herkunftsländern strategische Partnerschaften eingeht. Für den Zuzug künftiger Immigranten kommen besonders drei Typen von Ländern in Frage:

▶ Länder und Regionen mit traditionell guten Beziehungen zu Deutschland, vorhandener Migrationsgeschichte und vielfältigen Verbindungen wie die Türkei, Osteuropa oder Russland

▶ Regionen mit hohem Bevölkerungswachstum und Migrationsdruck wie Nordafrika und der Mittlere Osten

▶ Länder mit größeren Zahlen hoher Schul- und Hochschulabschlüsse wie China und Indien

Das ideale Herkunftsland vereint alle drei Aspekte auf sich, doch das scheint es nicht zu geben. Osteuropa und Russland stehen vor noch größeren demografischen Problemen als Deutschland. Osteuropa hat bereits seit 1990 eine abnehmende Bevölkerung und beklagt schon heute einen erheblichen Talentmangel am Arbeitsmarkt. Tschechien beispielsweise spielt im Wettbewerb um gute Einwanderer aus anderen osteuropäischen Staaten selbst mit. Die für Emigration relevante Altersgruppe der 20- bis 34-Jährigen wird bis 2050 um die Hälfte zurückgehen. Außerdem reduziert eine bereits fortgeschrittene Angleichung der Lebensstandards die Anreize für Migration. Das Ost-West-Migrationspotenzial aus den neuen in alle alten EU-Mitgliedsstaaten wird auf nur 1,5 Millionen Menschen geschätzt (Straubhaar 2002).

Am ehesten kommt die Türkei dem idealen Einwanderungsland nahe, weil sie lange und vielfältige Beziehungen mit Deutschland hat und weil ihre Bevölkerung von heute 80 Millionen bis 2050 auf über 100 Millionen wachsen wird. Die Zahl der jungen Türken wird dabei zwar weitgehend konstant bleiben, aber durch eine Verbesserung des derzeit noch relativ niedrigeren Bildungsniveaus wird der Anteil der Sekundar- und Hochschulabsolventen deutlich zunehmen.

Mit Nordafrika gibt es zwar relativ wenig Migrationserfahrung in Deutschland (mehr beim Nachbarn Frankreich), doch wächst dort nicht nur die Bevölkerung, sondern auch die Zahl der jungen Menschen kräftig. Wenn in stark expandierenden Bevölkerungen Ausbildungs- und Arbeitsmarktchancen fehlen, wächst der Migrationsdruck und die Chance, durch Migration die Interessen beider Länder zu bedienen.

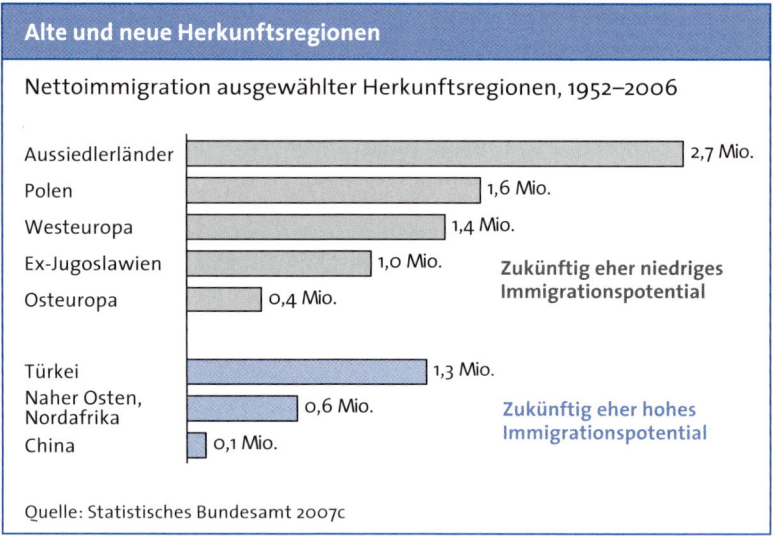

**Alte und neue Herkunftsregionen**

Nettoimmigration ausgewählter Herkunftsregionen, 1952–2006

| | |
|---|---|
| Aussiedlerländer | 2,7 Mio. |
| Polen | 1,6 Mio. |
| Westeuropa | 1,4 Mio. |
| Ex-Jugoslawien | 1,0 Mio. |
| Osteuropa | 0,4 Mio. |

Zukünftig eher niedriges Immigrationspotential

| | |
|---|---|
| Türkei | 1,3 Mio. |
| Naher Osten, Nordafrika | 0,6 Mio. |
| China | 0,1 Mio. |

Zukünftig eher hohes Immigrationspotential

Quelle: Statistisches Bundesamt 2007c

Viele dieser Länder sind muslimisch geprägt. Inwieweit sie als Herkunftsländer für zukünftige Migration Frage kommen, hängt auch davon ab, ob es gelingt, in Westeuropa einen selbstbewussten, modernen und emanzipierten Islam zu etablieren, der sich in die sozialen und ethischen Grundwerte der westeuropäischen Gesellschaft integrieren kann.

**Auch Indien und China sind traditionelle Herkunftsländer, allerdings nicht für Deutschland. Hier müssen neue, beidseitig nützliche Verbindungen erst noch geknüpft werden.**

Eine Alternative können China und Indien sein. Auch hier gibt es in Deutschland bisher kaum Migrationserfahrung, allerdings sind beide Kulturen ausgesprochen integrationsfähig. Inder und Chinesen leben seit Generationen friedfertig und wirtschaftlich erfolgreich in den meisten Ländern Afrikas und Südostasiens. Der durch die Ein-Kind-Politik verursachte Bevölkerungsrückgang Chinas wird erst etwas später als in Europa eintreten. Die Zahl der chinesischen Sekundarschulabsolventen wird jedenfalls über die nächsten 25 Jahre gegenüber heute um 60 Prozent zunehmen. In beiden Ländern würde sich eine auf Immigration nach Deutschland gerichtete Diplomatie lohnen.

Im Zeitalter der Mobilität ist Migration kein Nullsummenspiel. Die Herkunftsländer können ebenso wie die Zielländer einen Nutzen haben. Jedenfalls wird eine Migrationsstrategie, die nicht auf eine diplomatische, wirtschaftspolitische und sicherheitspolitische Partnerschaft mit den Herkunftsländern baut, nicht erfolgreich sein. Entsprechend dem Geschäftsplan werden Beziehungen zu diesen Ländern aufgebaut und langfristig gepflegt. Dazu wird zukünftigen Migranten der Beweis erbracht werden, dass ihre Integrationschancen in Deutschland hoch sind – und ihre Zuwanderung langfristig strategisch erwünscht und nicht Spielball kurzfristiger Politik ist.

## Hochschulen als Einwanderungsmagnet

**Viele Auslandsstudenten kommen nach Deutschland, aber es könnten noch mehr sein. Darunter sind viele Chinesen.**

Im Wettbewerb um Humanvermögen sind Hochschulabsolventen besonders gefragt. Doch dass die gesamte Nachfrage von 400 bis 800 Millionen gut ausgebildeten Migranten, nur um die demografische Lücke in Europa und Asien bis 2050 auszugleichen (Holzmann 2005), mit Hochschulabsolventen gedeckt werden kann, ist nicht möglich. Strategisch ist es sinnvoller, sich auf die Gruppe der Absolventen von mindestens zwölf Schuljahren als potentielle Einwanderer zu konzentrieren, sie früh nach Deutschland einzuladen und hier in ihre Bildung zu investieren.

Deutschland ist schon heute einer der großen internationalen Studentenmagneten. 260.000 ausländische Studenten studierten 2004 im Land und erwarben 21.000 Abschlüsse, mehr gab

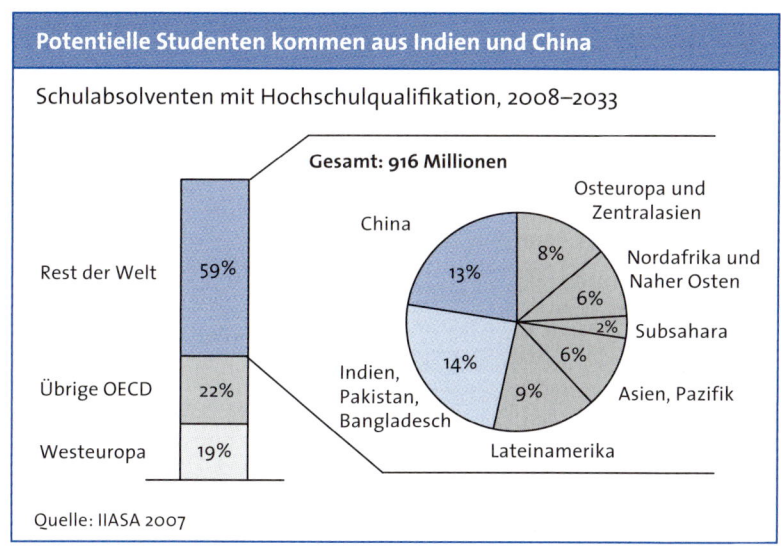

**Potentielle Studenten kommen aus Indien und China**

Schulabsolventen mit Hochschulqualifikation, 2008–2033

Gesamt: 916 Millionen

Rest der Welt 59%
Übrige OECD 22%
Westeuropa 19%

China 13%
Osteuropa und Zentralasien 8%
Nordafrika und Naher Osten 6%
Subsahara 2%
Asien, Pazifik 6%
Lateinamerika 9%
Indien, Pakistan, Bangladesch 14%

Quelle: IIASA 2007

## Studenten aus Osteuropa

»Annähernd 12.500 Bulgaren und 4.000 Rumänen studieren in Deutschland. (...) Für Rumänen und Bulgaren sind es ganz klar die Karriereperspektiven, die Hoffnung auf einen gut dotierten Posten und den sozialen Aufstieg, der sie nach Deutschland zieht. Zugleicht gibt es in beiden Ländern ein ausgeprägtes Interesse an der deutschen Sprache, Kultur und Rechtsordnung. So immatrikulieren sich bulgarische Studenten in Deutschland, neben den Studiengängen der Wirtschafts- und Ingenieurwissenschaften, ganz bewusst in Germanistik und Rechtswissenschaften. Die Goethe-Institute in Sofia und Bukarest können die Nachfrage nach Deutschkursen kaum bewältigen.« (Stifterverband 2007)

es nur in den USA und Großbritannien. Nach dem Studium können die Absolventen ein Jahr in Deutschland bleiben, um sich Arbeit zu suchen. Haben sie diese gefunden, müssen die lokalen Behörden eine Arbeitsgenehmigung, deren Dauer nicht gesetzlich befristet ist, erteilen. In Darmstadt, wo sich um die Technische Universität einige junge Technologiefirmen angesammelt haben und die Arbeitskräfte sehr knapp sind, dauert die Genehmigung noch nicht einmal zwei Wochen. Wie viele dieser Studenten anschließend langfristig in Deutschland bleiben, ist jedoch unbekannt. Aber es ist unwahrscheinlich, dass die Quote die 70 Prozent erreicht, die in den USA bleiben, nachdem sie dort promoviert haben. In Australien wurde ein Verbleib von mindestens 20 Prozent gemessen (ifo 2005).

Bisher zieht Deutschland vor allem aus China, Osteuropa und der Türkei Studenten an. Osteuropa und die Türkei sind traditionell Herkunftsländer für Migranten in Deutschland. Die große Gruppe der chinesischen Studenten stellt aber ein bisher ungenutztes Immigrationspotenzial dar. Für eine aktive Immigrationspolitik reichen die aktuellen Studentenzahlen schon deshalb nicht, weil sie relativ zur Bevölkerung recht wenige sind.

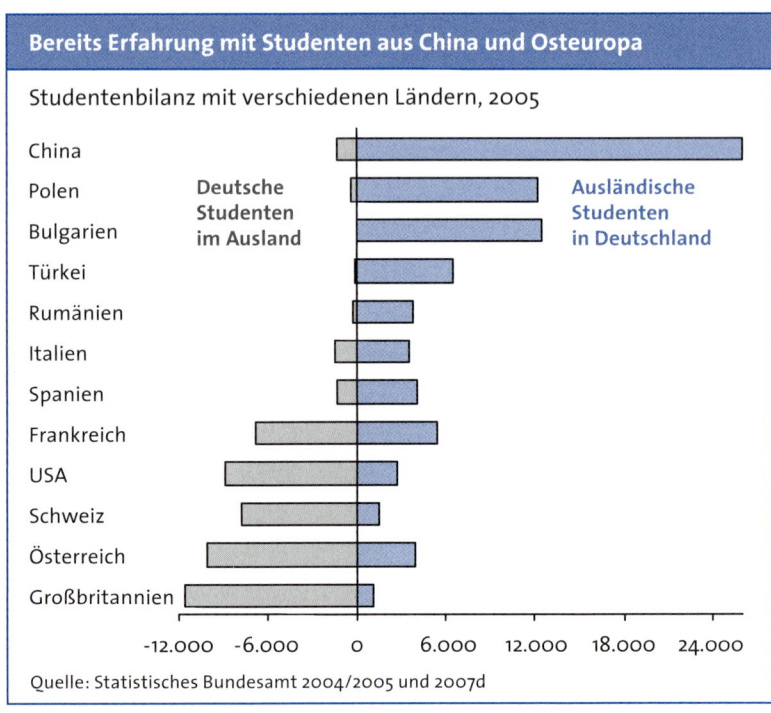

**Bereits Erfahrung mit Studenten aus China und Osteuropa**

Studentenbilanz mit verschiedenen Ländern, 2005

Quelle: Statistisches Bundesamt 2004/2005 und 2007d

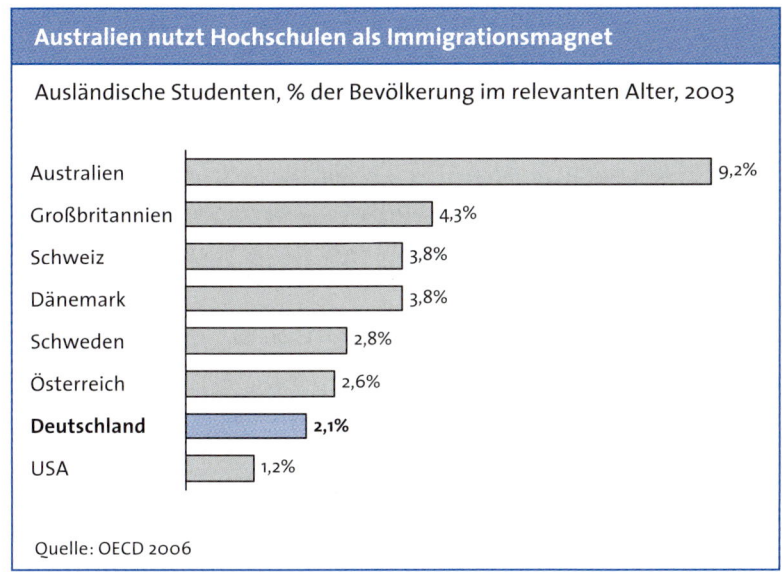

**Australien nutzt Hochschulen als Immigrationsmagnet**

Ausländische Studenten, % der Bevölkerung im relevanten Alter, 2003

| | |
|---|---|
| Australien | 9,2% |
| Großbritannien | 4,3% |
| Schweiz | 3,8% |
| Dänemark | 3,8% |
| Schweden | 2,8% |
| Österreich | 2,6% |
| **Deutschland** | **2,1%** |
| USA | 1,2% |

Quelle: OECD 2006

**Der ideale Einwanderer hat zwölf Jahre Sekundarschule absolviert, kommt für ein Hochschulstudium nach Deutschland und entschließt sich, hier zu bleiben.**

Um die Zahl der Erwerbstätigen in Deutschland stabil zu halten, werden jedes Jahr 300.000 Einwanderer zusätzlich nach Deutschland kommen. Der Geschäftsplan nimmt an, dass die Hälfte von ihnen an einer deutschen Universität ausgebildet wird und dass drei ausländische Studenten kommen müssen, damit einer bleibt. Wenn zwei von drei in Deutschland ausgebildete Studenten nicht bleiben, ist das keine Fehlinvestition. Diese Heimkehrer haben die deutsche Kultur und Sprache kennen gelernt und hier Kontakte gebildet. Sie werden in ihren Heimatländern Ansprechpartner für die auf den Export angewiesene deutsche Industrie sein.

Jedes Jahr werden somit 400.000 ausländische Studenten, zusätzlich zu ca. 450.000 einheimischen Studenten, einen Abschluss von einer deutschen Hochschulen erhalten. Das ist zwar eine große Herausforderung für das deutsche Hochschulsystem, aber Voraussetzung für eine erfolgreiche Migrationsstrategie. Weltweit werden über den Planungszeitraum von 25 Jahren in Ländern, die nicht der OECD angehören, 916 Millionen Schüler mindestens 12 Schuljahre absolvieren und eine Hochschulqualifikation erwerben. Damit aus dieser Gruppe dem Plan entsprechend ein Prozent, oder 10 Millionen Studenten rekrutiert werden können, spielen die Hochschulen und Universitäten hierzulande eine Schlüsselrolle für die zukünftige Migrationsstrategie:

▶ Ein Studium in Deutschland, vielleicht um ein Jahr verlängert, kann leichter als Integrationsphase genutzt werden als ein Arbeitsplatz, sowohl weil die Opportunitätskosten der Integration geringer sind, als auch weil das Studium ebenso für Einheimische eine wichtige Sozialisierungsleistung erbringt.

▶ Das in Deutschland erworbene Humanvermögen ist besser als ausländisches Humanvermögen an die hiesigen Arbeitsmarkterfordernisse angepasst und damit ohne Abschläge einsetzbar.

▶ Viele Herkunftsländer mit wachsenden Bevölkerungen und zusätzlicher Bildungsexpansion werden die sprunghaft ansteigende Nachfrage nach Hochschulplätzen nicht befriedigen können.

▶ Deutsche Hochschulen haben im Ausland einen historisch guten Ruf. Besonders wenn neben der guten Forschung auch die Qualität der Lehre ausgebaut wird, besteht eine gute Möglichkeit, ausländische Studenten anzuziehen.

▶ Eine subventionierte oder sogar kostenlose Ausbildung liegt auch im Interesse der Herkunftsländer, weil ein Teil der Absolventen wieder in das Herkunftsland zurückkehrt.

Eine aktive Migrationsstrategie muss auf maximal qualifizierbare Personen im Alter zwischen 16 und 25 gerichtet werden, die für ein Hochschulstudium geeignet und interessiert sind. Stipendien- und Austauschprogramme, Forschungs- und Lehrkooperationen werden deswegen besonders mit solchen Ländern aufgebaut und unterhalten werden, die als strategische Herkunftsländer in Frage kommen.

# Aktionsfeld III im Bereich Immigration: Deutschland aktiv vermarkten

Wollen die besten Ausländer wirklich in Deutschland leben? Das Wetter ist das halbe Jahr schlecht, Dienstleistungen sind unterdurchschnittlich entwickelt und nur mit Englisch kommt man nicht sehr weit. Für die schwache Nachfrage nach der deutschen Greencard können auch dies Gründe gewesen sein.

**Deutschland ist attraktiver, als viele Deutsche denken. Damit Einwanderer kommen wollen, müssen die Vorzüge des Landes gepriesen werden.**

Doch Deutschland ist attraktiv, auch für hoch qualifizierte Ausländer. Die Unternehmensberatung Mercer stellt jedes Jahr einen Index der Lebensqualität der weltweit 50 größten Städte zusammen, auf dessen Basis sie dann internationalen Unternehmen Empfehlungen über Härtezulagen für entsandte Mitarbeiter gibt. Städte, die sicher und stabil sind, landen in der Rangfolge oben und erfordern keine Härtezulage, während gefährliche Städte einen niedrigen Rang erhalten und eine Härtezulage erfordern. Drei deutsche Städte, Düsseldorf, Frankfurt und München befinden sich unter den Top 10. Berlin liegt immerhin noch auf Platz 16. Manche mögen den Reiz der Gefahr bevorzugen, besonders wenn er mit Geld versüßt wird, aber Städte mit hoher Lebensqualität sind für Migranten sicher attraktiv. Als Land liegt Deutschland vor Kanada und Australien. Nur die kleine Schweiz ist mit Zürich und Genf noch lebenswerter.

| 1. | Zürich |
|---|---|
| 2. | Genf |
| 3. | Vancouver |
| 4. | Wien |
| **5.** | **Düsseldorf** |
| 5. | Auckland |
| **7.** | **Frankfurt** |
| **8.** | **München** |
| 9. | Bern |
| 10. | Sydney |
| **16.** | **Berlin** |
| 33. | Paris |
| 39. | London |
| 48. | New York |

(Mercer 2007)

Und Deutschland wird immer internationaler. Im Jahr 2005 hatten von 186 DAX-Vorständen 38 keinen deutschen Pass. Zehn waren Schweizer oder Österreicher, fünfzehn hatten Englisch als Muttersprache und die verbleibenden dreizehn andere Muttersprachen. Wahrscheinlich mussten sie noch nicht einmal Deutsch lernen, denn in großen Unternehmen mit ausländischen Niederlassungen und Töchtern ist Englisch längst zur Managementsprache geworden.

Je mehr es gelingt, gute Leute anzuziehen und erfolgreich zu machen, desto mehr wollen gute Leute kommen – und bleiben. Noch vor aller Migrationspolitik, geht die Anziehungskraft eines Landes vor allem von einer hohen Arbeitsmarkt- und Wachstumsdynamik aus, wie die USA immer wieder gezeigt haben. Insofern kann eine Migrationsstrategie alleine keinen

## Attraktives Deutschland

»Jede Gesellschaft muss ihre Zuwanderer auswählen. Aber sie muss sie auch umwerben. Wir stehen in einem weltweiten Wettbewerb um die besten Köpfe. Eine Gesellschaft, die von Zuwanderung profitiert, ist dynamischer, optimistischer, zukunftsgewandter – und vergrault die leistungsfähigen Einheimischen nicht. Die Fußball-WM ist dafür eine gute Metapher: Es herrscht eine Stimmung, die dafür sorgt, dass die einen nicht abhauen und andere dazukommen, um gemeinsam eine Party zu feiern.« (Straubhaar 2006)

Wohlstand erzeugen. Aber im Zusammenspiel mit der Qualifizierung und Mobilisierung des einheimischen Humanvermögens entfaltet sie ihre große Kraft.

Aus der Sicht eines potentiellen Migranten hat Deutschland Schwächen und Stärken. Wie jeder Produktverkäufer – oder wie jeder Heiratswillige, der einen zukünftigen Partner umwirbt – müssen die Deutschen ihre Stärken in den Vordergrund rücken und sich **attraktiv** machen. Es gibt keinen Grund, sich für ein solches Werben zu schade zu sein. Deutschland kann in der Welt selbstbewusst als ein attraktives, fremdenfreundliches Land mit großem Zukunftspotenzial auftreten. Nur wer selbst von sich überzeugt ist, kann andere von sich überzeugen.

Optimisten, die positiv denken, können die Besten dieser Welt für eine Investition in Deutschland gewinnen. Optimisten können diesen Geschäftsplan umsetzen.

# Investitionen in das Sozialkapital im Bereich Immigration

Die vorangegangenen Investitionen in Humanvermögen können durch weitere Investitionen in das in diesem Bereich relevante Sozialkapital flankiert werden, um die Wirksamkeit der Investitionen in Humanvermögen zu verstärken. Diese Maßnahmen sind hier kurz zusammengefasst:

## Öffentliche Institutionen

Die unter dem Geschäftsplan vorgesehene Einwanderung wird eine Dimension erreichen, die die bisherige institutionelle Berücksichtigung von Migrantenbelangen sprengt. Sie kann nur gelingen, wenn Multilingualität, Integration und die besonderen Bedürfnisse von Migranten in allen Bereichen der öffentlichen Verwaltung Berücksichtigung finden.

Die überwiegend öffentlichen Hochschulen werden eine zentrale Rolle in der Selektion und Integration zukünftiger Einwanderer spielen. Da Einwanderer aus den wahrscheinlichen Herkunftsländern nur selten kostendeckende Studiengebühren zahlen können, werden für ihre Ausbildung geeignete öffentliche Finanzierungskonzepte entwickelt werden müssen.

Die deutsche Sprache ist keine Lingua Franca. Dennoch ist ihre Beherrschung eine Voraussetzung für erfolgreiche Integration in Deutschland. Die Goethe-Institute können als eine Art weltweites Marketing-Netzwerk dienen, um potenzielle Einwanderer mit deutscher Sprache und Kultur vertraut und einen mittel- oder langfristigen Aufenthalt schmackhaft zu machen, noch bevor sie nach Deutschland kommen. Dieses Netzwerk kann durch die Förderung von gemeinnützigen Organisationen und Privatinitiativen mit ähnlichen Zielen ausgebaut und gestärkt werden.

## Private Institutionen

In Deutschland sind Unternehmen enger mit den weltweiten Waren- und Finanzströmen verflochten als in den meisten Wettbewerberländern. Auch Privatleute reisen viel und sind daher mit den Kulturen und Werten der Welt vertraut. Dieses Wissen und internationale Verbindungen kann Deutschland nutzen, um mit zukünftigen Herkunftsländern Migrationsstrategien von beidseitigem Nutzen zu entwickeln und zu implementieren.

## Gesetze und Normen

Wer Bürger ist und wie man es wird, bestimmt die langfristige Identität eines Staates. Damit diese gesetzlichen Bestimmungen mit den Vorgaben der Gesamtstrategie übereinstimmen, müssen die Einbürgerungsvoraussetzungen deutlich erleichtert werden. Gleichzeitig sind auch die Integrationserwartungen gegenüber allen Beteiligten zu formalisieren und einzufordern.

## Kulturelle Werte

Die deutsche Kultur ist tolerant, weltoffen und ausländerfreundlich, weil das Land über seine gesamte Geschichte Kreuzungspunkt europäischer Güter- und Menschenströme gewesen ist. Fremdenfeindlichkeit findet in der Gesellschaft regelmäßig großen Widerspruch. Solange sich Einwanderer innerhalb der relativ weit gesteckten kulturellen und juristischen Toleranzgrenzen bewegen, können sie schnell auf Freundschaft und Respekt zählen, wie beispielsweise die Fußball-WM 2006 belegt.

# Wie man Deutschland verändert – ein Nachwort

In den 1970er Jahren waren viele Institutionen des Westens an ihrem Tiefpunkt angekommen: In Asien siegte der Sozialismus, in Afrika scheiterte die Dekolonialisierung, in Lateinamerika regierte das Militär und zu Hause lähmten Inflation, Energiekrise und Arbeitslosigkeit. Die Situation rief nach einer grundlegenden Modernisierung.

Viele Länder haben in den 1980er Jahren auf diese Herausforderungen reagiert. Ronald Reagan, Margaret Thatcher oder Yasuhiro Nakasone wurden zu Symbolen dieser Modernisierung, die alte Dogmen wie den Monetarismus oder die Staatswirtschaft über Bord warf und neue Wege für Fortschritt und Wachstum beschritt. Nicht nur im Westen: In der Sowjetunion leitete Michail Gorbatschow den Anfang vom Ende des Kommunismus ein, in China legte Deng Xiaoping die Grundsteine für eine atemberaubende Entwicklung und Nelson Mandela gab Afrika die Hoffnung zurück. Die Eliten dieser Gesellschaften bestimmten Ziele, entwickelten geeignete Strategien und stellten sie zur Debatte. Sie gewannen die notwendige politische Legitimation und machten sich an die Arbeit.

Und in Deutschland? Die Eliten in Politik und Wirtschaft zogen es vor, dem Wandel aus dem Weg zu gehen. Nicht einmal der Glücksfall Wiedervereinigung geriet zur Chance für den institutionellen Neuanfang sondern diente der Verfestigung des Überkommenen. Politiker, die für Aufbruch standen, haben sich in allen Parteien von der Politik abgewandt, weil sie im entscheidenden Moment allein dastanden. Seit einer Generation wird Deutschland von Personen geführt, denen die Macht Selbstzweck ist anstatt Instrument der Realisierung einer Vision der Zukunft. Dass sie dann auch im Ruhestand keine staatsmännische Rolle spielen, ist nur konsequent.

Die Fußstapfen von Willy Brandt, Alfred Herrhausen und Wolfram Engels sind verweht. Unternehmer und Denker, die diesem Land strategische Weitsicht leihen könnten, treten zu selten auf. Dass Unternehmensmanager ihre Unternehmensinteressen vertreten, ist legitim. Dass sie nicht mehr tun, ist kurzsichtig. Strategisches Denken müsste doch ihre Domäne sein. Die Finanzierung von Museen und Fußballvereinen ist weder Ersatz noch Entschuldigung für fehlende gesellschaftspolitische Verantwortung.

Die Zurückhaltung der Eliten ist nur die eine Seite der Medaille. Denn in einer Demokratie kann gesellschaftliche Veränderung nicht an Politiker oder Wirtschaftsbosse delegiert werden. Sie wird erst durch eine Veränderung im Bewusstsein legitimiert und möglich. In Deutschland regiert mehr als anderswo der Konsens und deswegen werden die Deutschen ihre Zukunft nur gemeinsam gestalten. Der Diskurs über die zukünftigen Grundlagen des deutschen Wohlstands und der Möglichkeit, auf die Entwicklung der Welt einzuwirken, ist im Gang. Doch er droht sich zwischen den allabendlichen Polit-Talkshows und den gut organisierten Partikularinteressen zu verheddern, weil er bisher alles ist – moralisch, ordnungspolitisch, apokalyptisch – nur nicht strategisch, also an konkreten, realistischen und langfristigen Zielen orientiert.

Hier leistet der vorliegende Geschäftsplan einen Beitrag. Die präsentierten Fakten oder Maßnahmen mögen für sich genommen nicht immer neu oder überraschend sein; dass Bildung für Wohlstand wichtig ist, dass unsere Schulen und Hochschulen der Spitze hinterherhinken, dass es zuwenig lebenslanges Lernen gibt, das ist alles bekannt. Doch nur die Synthese aller dieser Themen, ihrer gegenseitigen Abhängigkeiten and ihrer relativen Prioritäten kann Basis für eine strategische Diskussion sein.

Der Geschäftsplan Deutschland beschreibt ein Land, das über politische Fragen nicht moralisierend, sondern strategisch denkt. Er beschreibt ein Land, das das Nötige tut, um seine Wunschvorstellungen von Gerechtigkeit, Ressourcenschonung, Freiheit und Frieden durchsetzen zu können.

Wir laden alle unsere Leser ein, für dieses Deutschland zu kämpfen.

Peer Ederer
Philipp Schuller
Stephan Willms

# Quellenverzeichnis

### Investitionsmemorandum, S. 9–43

*AMECO 2008:* »Annual Macroeconomic Database of the European Commission's Directorate General for Economic and Financial Affairs«; http://ec.europa.eu/ economy_finance/indicators/annual_macro_economic_ database/ameco_en.htm, Januar 2008.

*Bundesbank 2008:* Zeitreihe WU0022, »Umlaufs-renditen inländischer Inhaberschuldverschreibungen / Industrieobligationen«; Zeitreihe WU0004, »Umlaufs-renditen inländischer Inhaberschuldverschreibungen / Anleihen der öffentliche Hand«; http://www.bundesbank.de/statistik/statistik_ zeitreihen.php?open=aussenwirtschaft, Februar 2008.

*DIW 2005:* Peter Krause, Andrea Schäfer, »Verteilung von Vermögen und Einkommen in Deutschland: Große Unterschiede nach Geschlecht und Alter«; Deutsches Institut für Wirtschaftsforschung Berlin, Wochenbericht Nr. 11/2005, Berlin.

*Economist 2008:* »Rescuing Kalamazoo. A promising future«; The Economist 09.02.2008.

*Eurostat 2007:* »Arbeitskräfteerhebung (Labour Force Survey) 2005–2007«.

*Eurostat 2008:* Geld- und andere Finanzstatistik, »Aktienpreisindizes – Jährliche Daten«; ec.europa.eu/ eurostat/, Januar 2008.

*IAB 2007:* »Durchschnittliche Arbeitszeit und ihre Komponenten in Deutschland (Früheres Bundesgebiet) 1970 bis 1991«; Institut für Arbeitsmarkt- und Berufsforschung, Nürnberg.

*IW 2007:* Oliver Koppel, »Ingenieurmangel in Deutschland – Ausmaß und gesamtwirtschaftliche Konsequenzen«; IW-Trends, Vierteljahresschrift aus dem Institut der Deutsche Wirtschaft Köln, 34. Jahrgang, Heft 2/2007, Köln.

*Maddison 2003:* Angus Maddison, »Historical Statistics for the World Economy: 1-2003 AD«; http://www.ggdc. net/maddison/, November 2007.

*Münchau 2006:* Wolfgang Münchau, »Das Ende der sozialen Marktwirtschaft«; München.

*OECD 2002:* Sveinbjörn Blöndal, Simon Field, Nathalie Girouard, »Investment in Human Capital Through Post-Compulsory Education and Training«; OECD Economic Department Working Papers No. 333, Paris.

*OECD 2007:* »Education at a Glance 2007«; Paris.

*Pisa Konsortium Deutschland 2007:* Manfred Prenzel, Cordula Artelt, Jürgen Baumert u.a., »PISA 2006. Die Ergebnisse der dritten internationalen Vergleichsstudie – Zusammenfassung«.

*PWT6.2:* Alan Heston, Robert Summers, Bettina Aten, »Penn World Table Version 6.2«; Center for International Comparisons of Production, Income and Prices at the University of Pennsylvania, September 2006.

*Statistisches Bundesamt 2007a:* Fachserie 18, Reihe 1.4, »Volkswirtschaftliche Gesamtrechnungen, Inlandsproduktberechnung, detaillierte Jahresergebnisse 2006«; Wiesbaden.

*Statistisches Bundesamt 2007b:* Fachserie 1 Reihe 1.3, »Bevölkerungsfortschreibung«; Wiesbaden.

*Statistisches Bundesamt 2007c:* Sonderauswertungen der Abteilung »Räumliche Bevölkerungsbewegungen«; Wiesbaden.

*Statistisches Bundesamt 2008:* »Pressemitteilung Nr. 001 vom 02.01.2008«; Wiesbaden.

*Wahrenburg 2007:* Mark Wahrenburg, Martin Weldi, »Return on Investment in Higher Education – Evidence for Different Subjects, Degrees, and Gender in Germany«; Goethe Universität Frankfurt, September 2007.

*Weltbank 2006:* »Where is the Wealth of Nations? Measuring Capital for the 21st Century«; The World Bank, Washington D. C.

*Weltbank 2008:* »World Development Indicators Online (WDI)«; http://ddp-ext.worldbank.org/ext/DDPQQ/ member.do?method=getMembers&userid=1&queryId =135, Februar 2008.

*Wößmann 2007:* Ludger Wößmann, »Letzte Chance für Gute Schulen«; Gütersloh.

*ZEW 2005:* Andreas Ammermüller, Maria Weber, »Educational Attainment and Returns to Education in Germany«; Zentrum für Europäische Wirtschaftsforschung GmbH, Discussion Paper No. 05 17, Mannheim, März 2005.

### Geschäftsmodell Deutschland, S. 45–79

*AMECO 2008:* »Annual Macroeconomic Database of the European Commission's Directorate General for Economic and Financial Affairs«; http://ec.europa.eu/economy_finance/indicators/annual_macro_economic_database/ameco_en.htm, Januar 2008.

*Bundesbank 2008:* »Wichtige Posten der Zahlungsbilanz«, Zeitreihe EU4001, EU4100, EU4170, EU4220, EU4710; http://www.bundesbank.de/statistik/statistik_zeitreihen.php?open=aussenwirtschaft, Februar 2008.

*Breyer 1999:* Friedrich Breyer, Volker Ulrich, »Gesundheitsausgaben, Alter und medizinischer Fortschritt: eine Regressionsanalyse«; Ernst-Moritz-Universität Greifswald, Rechts- und Staatswissenschaftliche Fakultät, Wirtschaftswissenschaftliche Diskussionspapiere, Diskussionspapier 1/99.

*Crimmins 2001:* Eileen M. Crimmins, Yasuhiko Saito, »Trends in healthy life expectancy in the United States, 1970–1990: gender racial, and educational differences«; Social Science and Medicine 52/2001.

*Deutsche Bank 2005:* »Current Issues: Global growth centres 2020. Formel-G for 34 economies«; Deutsche Bank Research, International Topics Economics, Frankfurt, 23.03.2005.

*Deutsche Bank 2007:* »Wie werden ältere Deutsche ihr Geld ausgeben? Wie demografische Entwicklungen, Wachstum und sich ändernde Verbraucherpräferenzen zusammenspielen«; Deutsche Bank Research, Aktuelle Themen 385, Frankfurt, 09.05.2007.

*DG ECFIN 2006:* Giuseppe Carone, Cécil Denis, Kieran Mc Morrow u.a., »Long-term labour productivity and GDP projections for the EU 25 Member States: a production function framework«; European Commission, Directorate-General for Economic and Financial Affairs, Economic Papers No. 253, Brüssel, Juni 2006.

*Die Zeit 2003:* Sabine Etzold, »Der Rat der Greise«; Die Zeit 33/2003.

*DIW 2005a:* Peter Krause, Andrea Schäfer, »Verteilung von Vermögen und Einkommen in Deutschland: Große Unterschiede nach Geschlecht und Alter«; Deutsches Institut für Wirtschaftsforschung Berlin, Wochenbericht Nr. 11/2005, Berlin.

*DIW 2005b:* zitiert in: »WIID2b«; United Nations University, World Institute for Development Economics Research, World Income Inequality Database V 2.0b, Mai 2007.

*DIW 2008:* »Energiepreise: 200 Dollar fürs Öl? DIW empfiehlt mehr Nüchternheit in der Debatte«; Deutsches Institut für Wirtschaftsforschung Berlin, Pressemitteilung, Berlin, 07.01.2008.

*Economist 2007:* »The new (improved) Gilded Age«; The Economist 22.12.2007.

*EIA 2008:* »Annual Energy Outlook 2008 (Early Release) – Energy Price Section«; Energy Information Administration, http://www.eia.doe.gov/oiaf/aeo/prices.html, 06.03.2008.

*Euromonitor International 2008:* »GMID - Global Market Information Database«; http://www.gmid.euromonitor.com, Februar 2008.

*Europarat 1970:* »Recommendation 611 (1970) on permanent education«; Council of Europe, assembly debate on 22 September 1970 (15th sitting), Straßburg.

*Guger 1989:* zitiert in: »WIID2b«; United Nations University, World Institute for Development Economics Research, World Income Inequality Database V 2.0b, Mai 2007.

*Glaeser 2004:* Edward L. Glaeser, Rafael La Porta, Florencia Lopez-de-Silanes, Andrei Sleifer, »Do Institutions Cause Growth?«; National Bureau of Economic Research, NBER Working Paper 10568, Cambridge.

*Goldman 2003:* Dominic Wilson, Roopa Purushothaman, »Dreaming with BRICs: The path to 2050«; Goldman Sachs, Global Economics Paper No. 99, New York.

*IAB 2007:* Alexander Reinberg, Markus Hummel, »Qualifikationsspezifische Arbeitslosigkeit im Jahr 2005 und die Einführung der Hartz-IV-Reform«; Institut für Arbeitsmarkt- und Berufsforschung der Bundesagentur für Arbeit, IAB Forschungsbericht Nr. 9/2007, Nürnberg.

*Kirsch 2007:* Guy Kirsch, »Es geht um Gerechtigkeit, es geht um Angst«; Frankfurter Allgemeine Sonntagszeitung 43/2007.

*Luxembourg Income Study 2000:* LIS Project, Luxemburg.

*Maddison 2003:* Angus Maddison, »Historical Statistics for the World Economy: 1-2003 AD«; http://www.ggdc.net/maddison/, November 2007.

*Max-Planck-Institut für Demografische Forschung 2008:* »Lebenserwartung der Frauen im jeweils rekordhaltenden Land seit 1840«; Rostock.

*OECD 2003:* »The Sources of Economic Growth in OECD Countries«; Paris.

*OECD.Stat 2008:* »OECD.StatExtracts«; http://stats.oecd.org/wbos/Default.aspx, Februar 2008.

*Ovum 2006:* zitiert in: »Motivation und Herausforderungen für Incumbents«; T-Systems Enterprise Services GmbH, White Paper Next Generation Network, Frankfurt.

*Phelps 2006:* Edmund S. Phelps, »Economic Culture and Economic Performance: What Light is Shed on the Continent's Problem?«; Conference of CESifo and Center on Capitalism and Society, Venedig.

*Prescott 2004:* Edward C. Prescott, »Why Do Americans Work So Much More Than Europeans?«; Federal Reserve Bank of Minneapolis Quarterly Review, Vol. 28, No. 1, Juli 2004.

*PWT6.2:* Alan Heston, Robert Summers, Bettina Aten, »Penn World Table Version 6.2«; Center for International Comparisons of Production, Income and Prices at the University of Pennsylvania, September 2006.

*Raffelhüschen 2007:* Bernd Raffelhüschen, Christian Hagist, Matthias Heidler, Jürg Schoder, »Die Generationenbilanz – Brandmelder der Zukunft«; Stiftung Marktwirtschaft: Argumente zu Marktwirtschaft und Politik Nr. 100, Berlin, Mai 2007.

*Rat der Evangelischen Kirche 1997:* »Für eine Zukunft in Solidarität und Gerechtigkeit. Wort des Rates der Evangelischen Kirche in Deutschland und der Deutschen Bischofskonferenz zur wirtschaftlichen und sozialen Lage in Deutschland«; Hannover 22.02.1997.

*Spiegel 2006:* Gabor Steingart, »Weltkrieg um Wohlstand«; Der Spiegel, 37/2006.

*Statistisches Bundesamt 2006a:* Fachserie 15 Heft 5, »Einkommens und Verbrauchsstichprobe – Aufwendungen privater Haushalte für den privaten Konsum 2003«; Wiesbaden.

*Statistisches Bundesamt 2006b:* Fachserie 15 Heft 6, »Einkommens- und Verbrauchsstichprobe – Einkommensverteilung in Deutschland 2003«; Wiesbaden.

*Statistisches Bundesamt 2006c:* Fachserie 18 Reihe S.29, »Inlandsproduktberechnung. Revidierte Jahresergebnisse 1970 bis 1991«; Wiesbaden.

*Statistisches Bundesamt 2007a:* Fachserie 18, Reihe 1.4, »Volkswirtschaftliche Gesamtrechnungen, Inlandsproduktberechnung, detaillierte Jahresergebnisse 2006«; Wiesbaden.

*Statistisches Bundesamt 2007b:* Fachserie 15, Heft 4, »Einkommens- und Verbrauchsstichprobe – Einnahmen und Ausgaben privater Haushalte 2003«; Wiesbaden.

*Strauss 2007:* Hubert Strauss, Christine de la Maisonneuve, »The Wage Premium on Tertiary Education: Micro Data Evidence for 21 OECD Countries«; OECD, Economics Department Working Papers No. 589, Luxemburg, Paris, Dezember 2007.

*Technology Review 2008:* Ben Rodenhäuser, Cornelia Daheim, Gereon Uerz, »Zehn Jahre Zukunft. Was passiert, wenn man bestehende Trends bis ins Jahr 2018 fortschreibt? Ein Gedankenexperiment«; Technology Review, Januar 2008.

*WEF 2007:* »The Global Competitiveness Report 2007–2008«; World Economic Forum, Davos.

*Weber, Max:* zitiert in Weyh 2006.

*Weyh 2006:* Florian F. Weyh, »Vermögen. Was wir haben, was wir können, was wir sind«; Frankfurt.

*Wienert 2006:* Helmut Wienert, »Simulation privater Bildungserträge: Lehre bringt Traumrenditen«; Wirtschaftsdienst 10/2006.

## Bereich Produktivität, S. 81–119

*Achenbach, Gisela:* zitiert in: »Nokia-Betriebsrat: Kallasvuo will von eigenen Versäumnissen ablenken. Hat Nokia Trends verschlafen?«; Bochum, 22.08.2008.

*Acemoglu 2002:* Daron Acemoglu, »Technical Change, Inequality, and the Labor Market«; Journal of Economic Literature, Vol. XL, March 2002.

*Almeida 2006:* Rita Almeida, Pedro Carneiro »The internal rate of return to on-the-job training«; Aufsatz für die Konferenz: Desenvolvimento Económico Portugês no Espaço Europeo, Lissabon 2006.

*BiBB 2003:* Uwe Grünwald, Dick Moraal, Gudrun Schönfeld (Hrsg.), »Betriebliche Weiterbildung in Deutschland und Europa«; Bundesinstitut für Berufsbildung, Bielefeld.

*BiBB 2007:* »Informationssystem Aus- und Weiterbildungsberufe«; Bundesinstitut für Berufsbildung, http://www.bibb.de/de/774.htm, Oktober 2007.

*BMFSFJ 2005:* »Freiwilliges Engagement in Deutschland 1999–2004«; TNS Infratest Sozialforschung i. A. des Bundesministeriums für Familie, Senioren, Frauen und Jugend, München.

*Brandenbusch 2002:* zitiert in: »Raus aus dem Altersgefängnis!«; Die Zeit 27/2002.

*Bundesagentur für Arbeit 2007:* Sonderauswertung des Service-Haus Statistik, Nürnberg.

*CFA Institute 2007:* »Candidate Examination Results 1963–2006«; London.

*DGB 2007:* »DGB-Index Gute Arbeit 2007 – Der Report«; Deutscher Gewerkschaftsbund, Berlin.

Die Zeit 2006: Elisabeth Niejahr, »Gelernt ist eben nicht gelernt«; Die Zeit 05/2006.

*DIHK 2004:* »Karriere mit Lehre – Fünfte Erfolgsumfrage zu IHK-Weiterbildungsprüfungen 1997–2002«; Deutscher Industrie- und Handelskammertag, Berlin.

*DIHK 2007:* »Berufsbildung, Weiterbildung, Bildungspolitik 2006/2007«; Deutscher Industrie- und Handelskammertag, Berlin 2007.

*EU-Kommission 2007:* »Flexicurity Pathways – Turning Hurdles into Stepping Stones«; Report by the European Expert Group on Flexicurity, Brüssel.

*Eurostat 2002:* »Lohn- und Gehaltsstrukturerhebung«.

*Eurostat 2007:* »Arbeitskräfteerhebung (Labour Force Survey) 1995, 2002, 2005, 2006, 2007«.

*FAZ 2007a:* Thomas Reinhold, »Vom Büro zur Uni zum Aufstieg«; Frankfurter Allgemeine Zeitung 292/2007.

*FAZ 2007b:* »EU-Kommission fordert Anspruch auf Weiterbildung«; Frankfurter Allgemeine Zeitung 163/2007.

*Focus 2007:* Henning Krumrey, Rainer Pörtner, Frank Thewes, »Sogar Misserfolg wird vergütet«; Focus 50/2007.

*Foders 2004:* Enrico Foders, »Bildungspolitik für Beschäftigung und Wachstum«; in: Klaus Deutsch, Norbert Walter (Hrsg.), »Mehr Wachstum für Deutschland. Die Reformagenda«; Frankfurt.

*Meyer, Helmut:* zitiert in: Heiko Zwirner, »Alles bleibt anders«; McKinsey and Company, McK Wissen 06.

*Glas, Ulrich:* zitiert in: »Nokia-Betriebsrat: Kallasvuo will von eigenen Versäumnissen ablenken. Hat Nokia Trends verschlafen?«; Bochum, 22.08.2008.

*HEPI 2006:* »The Academic Experience of Students in English Universities«; Higher Education Policy Institute, Oxford, Oktober 2006.

*IAB 2006:* Lutz Bellmann, Harald Bielenski, Frauke Bilger u.a., »Personalbewegungen und Fachkräfterekrutierung Ergebnisse des IAB-Betriebspanels 2005«; Institut für Arbeitsmarkt- und Berufsforschung, IAB Forschungsbericht, Nr. 11/2006, Nürnberg.

*ILO 1990:* »International Standard Classification of Occupation: ISCO-88. Deutsche Übersetzung des Statistischen Bundesamtes«; International Labour Office, Genf.

*ILO 2007:* »Laborsta Internet«; International Labour Organization, http://laborsta.ilo.org/, Dezember 2007.

*IW 2007:* Oliver Koppel, »Ingenieurmangel in Deutschland – Ausmaß und gesamtwirtschaftliche Konsequenzen«; IW-Trends, Vierteljahresschrift aus dem Institut der Deutsche Wirtschaft Köln, 34. Jahrgang, Heft 2/2007, Köln.

*Lechner 2004:* Michael Lechner, Ruth Miquel, Conny Wunsch, »Long-run Effects of Public Sector Sponsored Training in West Germany«; Universität St. Gallen, Discussion Paper no. 2004-19.

*New Source 2008:* New Source GmbH, direkte Auskunft.

*North 2000:* Michael North, »Deutsche Wirtschaftsgeschichte – Sonderausgabe. Ein Jahrtausend im Überblick«; München.

*Ochsen 2006:* Carsten Ochsen, »Zukunft der Arbeit und Arbeit der Zukunft in Deutschland«; Perspektiven der Wirtschaftspolitik 2006 7(2).

*OECD 2003a:* E. Bartelsman, S. Scarpetta, F. Schivardi, »Comparative Analysis of Firm Demographics and Survival: Micro-Level Evidence for the OECD Countries«; OECD Economics Department Working Papers No. 348, Paris.

*OECD 2003b:* »The Sources of Economic Growth in OECD Countries«; Paris.

*OECD 2007a:* »Education at a Glance 2007«; Paris.

*OECD 2007b:* »STAN Database for Industrial Analysis«; http://www.oecd.org/document/15/0,2340,es_2649_20 1185_1895503_1_1_1_1,00.html, Dezember 2007.

*Schleicher 2007:* »Europe's Skills Challenge«; Indicators and Analysis Division OECD Directorate for Education, Präsentation bei: The Lisbon Council, Brüssel, 15.10.2007.

*Schmidetzki, Rainer:* zitiert in: Philip Wesselhöft, »Sounddesign: Komponisten des perfekten Klicks«; Spiegel Online, 25.10.2006.

*SKBF 1998:* »Alltag und Belastungen von Schülerinnen und Schülern«; Schweizerische Koordinationsstelle für Bildungsforschung, Bern und Aarau.

*Statistisches Bundesamt 2007a:* Fachserie 14 Reihe 6, »Personal des öffentlichen Dienstes, 2006«; Wiesbaden.

*Statistisches Bundesamt 2007b:* Fachserie 14 Reihe 3.6, »Ausgaben, Einnahmen und Personen der öffentlichen und öffentlich geförderten Einrichtungen für Wissenschaft, Forschung und Entwicklung, 2005«; Wiesbaden.

*Statistisches Bundesamt 2008:* »Pressemitteilung Nr. 001 vom 02.01.2008«; Wiesbaden.

*The World Bank 1996:* William L. Megginson, Robert C. Nash, Matthias van Randenborgh, »The Privatization Dividend«; Public Policy for the Private Sector, Note No. 68, Washington D.C., Februar 1996.

*T-Online 2008:* Linda Wabel, »Deutschland sucht neue Rektoren«; Deutsche Presse-Agentur GmbH, Hamburg, 02.03.2008.

*VDMA:* »Weltmarktanteil der deutschen Maschinen- und Anlagenbauindustrie«; Verband Deutscher Maschinen- und Anlagenbau e.V., Abteilung Volkswirtschaft und Statistik, direkte Auskunft, 14.12.2007.

*Wagner 2007:* Andreas Wagner, »Das Falsche der Religionen bei Sebastian Franck«; Freie Universität Berlin, Fachbereich Politik- und Sozialwissenschaften, Inauguraldissertation, Berlin.

*ZDH:* Zentralverband des Deutschen Handwerks, Peter-Werner Kloas, »Modulare Aufstiegsfortbildung im Handwerk«; Berlin.

*ZDH 2006:* Zentralverband des Deutschen Handwerks, »Meisterprüfungsstatistik 2006«; Berlin.

*ZEW 2004:* Alexandra Spitz-Oener, »Are Skill Requirements in the Workplace Rising? Stylized Facts and Evidence on Skill-Biased Technological Change«; Zentrum für Europäische Wirtschaftsforschung, ZEW Discussion Paper No. 04-33, Mannheim.

**Bereich Ausbildung, S. 121–149**

*Baumgartner 2004:* Hans J. Baumgartner, Viktor Steiner, »Enrolment into Higher Education and Changes in Repayment Obligations of Student Aid«; Deutsches Institut für Wirtschaftsforschung Berlin, Discussion Paper 444, Berlin.

*Baumgartner 2006:* Hans J. Baumgartner, Viktor Steiner, »Does More Generous Student Aid Increase Enrolment Rates into Higher Education?«; Deutsches Institut für Wirtschaftsforschung Berlin, Discussion Paper 563, Berlin.

*Bausch, Manfred:* zitiert in: Julie Schrader, »Was bringt der Doktor-Titel noch?«; Frankfurter Allgemeine-Hochschulanzeiger 74/2004.

*BiBB 2007a:* »Bildungswege und Berufsbiografie von Jugendlichen und jungen Erwachsenen im Anschluss an allgemein bildende Schulen«; Bundesinstitut für Berufsbildung, http://www.bibb.de/de/wlk16029.htm, November 2007.

*BiBB 2007b:* »Informationssystem Aus- und Weiterbildungsberufe«; Bundesinstitut für Berufsbildung, http://www.bibb.de/de/774.htm, Dezember 2007.

*BMBF 1999:* »Berufsbildungsbericht«; Bundesministerium für Bildung und Forschung, Bonn.

*BMBF 2007:* »Berufsbildungsbericht«; Bundesministerium für Bildung und Forschung, Bonn und Berlin.

*Commerzbank 2006:* zitiert in: »Small Talk im Weinkeller«; Der Spiegel, 50/2006.

*DAAD 2006:* »Auslandsmobilität von Studierenden in Bachelor- und Masterstudiengängen. Ergebnisse einer Umfrage des DAAD an deutschen Hochschulen«; Deutscher Akademischer Austauschdienst, Bad Honnef.

Die Zeit 2006, Kilian Kirchgessner, »Vorbild Darmstadt«; Die Zeit 22/2006.

*Die Zeit 2007a:* Jan-Martin Wiarda, »Ratlose Abiturienten«; Die Zeit 37/2007.

*Die Zeit 2007b:* Jan-Martin Wiarda, »Die schluckt keiner mehr«; Die Zeit 52/2007.

*Die Zeit Campus 2007:* Sebastian Christ, »Ludwigs Luftschloss«; Zeit Campus 01/2007.

*DIHK 2004:* »Karriere mit Lehre, Fünfte Erfolgsumfrage zu IHK-Weiterbildungsprüfungen 1997–2002«; Deutscher Industrie- und Handelskammertag, Berlin.

*FAZ 2007:* Jürgen Kaube »Die Lehrsklaven kommen«; Frankfurter Allgemeine Zeitung 24/2007.

*FAZ-Hochschulanzeiger 2006:* Hans-Martin Barthold, »Private Wirtschaftshochschulen im Vergleich«; Frankfurter Allgemeine Hochschulanzeiger 83/2006.

*Franzmann 2006:* Gabriele Franzmann, »Berufsausbildung und Studium in der ehemaligen Deutschen Demokratischen Republik (DDR) von 1960 bis 1989. Ein Überblick anhand der amtlichen DDR-Statistik«; ZA/ZHSF-Datenkompilation, HISTAT, Köln.

*FTD 2007:* Svenja Üing, »Duales Studium – vielfältig wie nie«; Financial Times Deutschland, 07.09.2007.

*HIS 2003:* Ulrich Heublein, Heike Spangenberg, Dieter Sommer, »Ursachen des Studienabbruchs, Analyse 2002«; Hochschul-Informations-System GmbH, HIS: Hochschulplanung Band 163, Hannover.

*HIS 2004:* Kolija Briedis, Karl-Heinz Minks, »Zwischen Hochschule und Arbeitsmarkt«; Hochschul-Informations-System GmbH, HIS Projektbericht, Hannover.

*HIS 2006:* Christoph Heine, Heike Spangenberg, Dieter Sommer, »Studienberechtigte 2004, Übergang in Studium, Ausbildung und Beruf«; Hochschul-Informations-System GmbH, HIS Kurzinformation A5/2006, Hannover.

*Hochschulrahmenplan 2006:* »35. Rahmenplan für den Hochschulbau nach dem Hochschulbau-förderungsgesetz 2006–2009«; Planungsausschuss für den Hochschulbau, 07.04.2006.

*IAB 2004:* Hans Dietrich, Susanne Koch, Michael Stops, »Ausbildung muss sich lohnen – auch für die Betriebe«; Institut für Arbeitsmarkt- und Berufsforschung der Bundesagentur für Arbeit, IAB Kurzbericht 6/2004, Nürnberg.

*IAB 2007:* Alexander Reinberg, Markus Hummel, »Qualifikationsspezifische Arbeitslosigkeit im Jahr 2005 und die Einführung der Hartz-IV-Reform«; Institut für Arbeitsmarkt- und Berufsforschung der Bundesagentur für Arbeit, IAB Forschungsbericht Nr. 9/2007, Nürnberg.

*IW 2004:* Christiane Konegen-Grenier, »Akzeptanz und Karrierechancen von Bachelor- und Masterabsolventen deutscher Hochschulen«; IW-Trends, Vierteljahresschrift aus dem Institut der Deutschen Wirtschaft Köln, 31. Jahrgang Heft 3/2004.

*IW 2007:* Oliver Koppel, »Ingenieurmangel in Deutschland – Ausmaß und gesamtwirtschaftliche Konsequenzen«; Institut der deutschen Wirtschaft, IW-Trends Heft 2/2007, Köln.

*Jussen, Bernhard:* zitiert in: Stifterverband 2007b.

*Kratzmeyer 2007:* zitiert in: Katja Barthels, »Karriere mit Lehre«; Die Zeit 42/2007.

*Lackmann, Jan W., zitiert in:* Katja Barthels, »Jan Wilm Lackmann«; Die Zeit 22/2007.

*Lundgreen 2007:* Peter Lundgreen, »Berufliche Schulen und Hochschulen in der Bundesrepublik Deutschland 1949–2001«; Datenhandbuch zur deutschen Bildungsgeschichte VIII, Göttingen.

*Meskoutis, Konstantin:* zitiert in: Bärbel Schwertfeger, »FH und Uni: Noch immer erhebliche Unterschiede«; Financial Times Deutschland, 15.01.2007.

*OECD 2006:* »Education at a Glance 2006«; Paris.

*OECD 2007a:* »Education at a Glance 2007«; Paris.

*OECD 2007b:* »PISA 2006, Volume 2: Data«; Paris.

*Rang, Marion:* zitiert in: Stifterverband 2007b.

*Rehburg 2006:* Meike Rehburg, »Hochschulreform und Arbeitsmarkt. Die aktuelle Debatte zur Hochschulreform und die Akzeptanz von konsekutiven Studienabschlüssen auf dem deutschen Arbeitsmarkt«; Friedrich Ebert Stiftung, Gutachten Hochschulreform, Berlin 2006.

*Reinert, Bianca:* zitiert in: Katja Barthels, »Karriere mit Lehre«; Die Zeit 42/2007.

*Spiegel 2006:* »Gute Fächer, schlechte Fächer«; Der Spiegel, 50/2006.

*Statistisches Bundesamt 2006a:* Fachserie 11 Reihe 2, »Berufliche Schulen, verschiedene Jahrgänge«; Wiesbaden.

*Statistisches Bundesamt 2007a:* Fachserie 11 Reihe 4.2, »Prüfungen an Hochschulen, verschiedene Jahrgänge«; Wiesbaden.

*Statistisches Bundesamt 2007c:* Fachserie 11 Reihe 1, »Allgemeinbildende Schulen«; Wiesbaden.

*Stienen, Bärbel:* zitiert in: »Die Neuen sind da: drei Bachelorabsolventen erzählen von ihrem Start in den Beruf«; Die Zeit 44/2006.

*Stifterverband 2007a:* Timur Diehn, »Hoffnung für das Stiefkind«; Stifterverband für die deutsche Wissenschaft e.V., Wirtschaft und Wissenschaft Heft 4/2007.

*Stifterverband 2007b:* Irene Winter, »Geisteswissenschaftler verzweifelt gesucht?«; Stifterverband für die deutsche Wissenschaft e.V., Wirtschaft und Wissenschaft Heft 4/2007.

*Strohschneider, Peter:* zitiert in Stifterverband 2007a.

*Ulrich 2006:* Joachim G. Ulrich, »Wie groß ist die Lehrstellenlücke wirklich? Vorschlag für einen alternativen Berechnungsmodus«; Bundesinstitut für Berufsbildung, BWP – Berufsbildung in Wissenschaft und Praxis 3/2006.

*Weiler 2007:* Hans N. Weiler, »Katalysatoren gesucht«; Stifterverband für die deutsche Wissenschaft e.V., Wirtschaft und Wissenschaft, Heft 4/2007.

*Welsch 2001:* Johann Welsch, »Wachstums- und Beschäftigungsmotor IT-Branche«; Friedrich-Ebert-Stiftung, Bonn.

*Wissenschaftsrat 2007:* »Empfehlungen zu einer lehrorientierten Reform der Personalstruktur an Universitäten«; Berlin.

*Wörner 2005:* zitiert in: Manuel J. Hartung, »Frühreif an die Uni«; Die Zeit 14/2005.

*ZEW 2006:* Christoph Heine u.a., »Bestimmungsgründe für die Wahl von ingenieur- und naturwissenschaftlichen Studiengängen«; Zentrum für Europäische Wirtschaftsforschung, Dokumentation Nr. 06-02, Mannheim.

### Bereich Schule, S. 151–183

*Allensbach 2007:* »Die Allensbacher Berufsprestige-Skala«; Institut für Demoskopie Allensbach, Berlin.

*Ammermüller 2004:* Andreas Ammermüller, »PISA: What Makes the Difference? Explaining the Gap in PISA Test Scores Between Finland and Germany«; Zentrum für Europäische Wirtschaftsforschung, ZEW Discussion Paper No. 04-04, Mannheim.

*Ammermüller 2005:* Andreas Ammermüller, »Poor Background or Low Returns? Why Immigrant Students in Germany Perform so Poorly in PISA«; Zentrum für Europäische Wirtschaftsforschung, ZEW Discussion Paper No. 05-18, Mannheim.

*BBVAnpG 2003/2004:* »Bundesbesoldungs- und -versorgungsanpassungsgesetz, Anhang 27 zu Art. 3 Nr. 2, Anlage 4 des BBesG«; BGBl. I S. 1798.

*Bos 2003:* Wilfried Bos, Eva-Maria Lankes, Manfred Prenzel u.a., »Erste Ergebnisse aus IGLU. Schülerleistungen am Ende der vierten Jahrgangsstufe im internationalen Vergleich«; Münster, 2003.

*Bos 2007:* Wilfried Bos, Sabine Hornberg, Karl-Heinz Arnold u.a. (Hrsg.), »IGLU 2006. Lesekompetenzen von Grundschulkindern in Deutschland im internationalen Vergleich«; Münster.

*Diebolt 1997:* C. Diebolt, »L'Evolution de Longue Période du Système Èducatif Allemand 19. et 20. Siècles«. Economies et Societes, Histoire quantitative de l'economie francaise, Serie A.F. no. 23, p. 276«.

*Die Zeit 2006:* Martin Spiewak, »Man spricht (nicht nur) Deutsch«; Die Zeit 8/2006.

*Die Zeit 2007:* Jörg Lau, »Die neuen Klassenunterschiede«; Die Zeit 6/2007.

*Department for Education and Skills (Großbritannien):* zitiert in McKinsey 2007.

*Domisch 2006:* Rainer Domisch, »Was machen Finnlands Schulen anders – vielleicht besser?«; Das Online-Familienhandbuch, http://www. familienhandbuch.de/cmain/f_Aktuelles/a_Schule/ s_1677.html, 25.02.2008.

*Eckert 2003:* Roland Eckert, »Einundzwanzig Thesen zu Lage und Aufgaben der Hauptschule«; asw – AG sozialwissenschaftliche Forschung und Weiterbildung e. V. an der Universität Trier.

*Fuchs 2005:* Thomas Fuchs, Ludger Wößmann, »Computer können das Lernen behindern«; ifo Institut für Wirtschaftsforschung e.V, ifo Schnelldienst 18/2005, München.

*FAZ 2007:* Jürgen Kaube, »PISA lenkt ab: Die Schule ist überfordert«; Frankfurter Allgemeine Zeitung 283/2007.

*FTD 2007:* Antonia Götsch, »Dossier: Musterschüler Kanada macht es vor«; Financial Times Deutschland, 30.11.2007.

*Hovestadt 2003:* Gertrud Hovestadt, »Jugendliche ohne Berufsabschluss«; Educon, Strategic Education Consulting, Eine Studie im Auftrag des DGB Bundesvorstandes, Rheine, April 2003

*Kluxen-Pyta 2007:* Donate Kluxen-Pyta, »DJI Thema 2007/07: Hauptschulen in Deutschland – Ein Auslaufmodell oder besser als ihr Ruf?«; Deutsches Jugendinstitut, http://www.dji.de/cgi-bin/projekte/output.php?projekt=721, 25.02.2008.

*Kultusministerkonferenz 2007:* »Schüler, Klassen, Lehrer und Absolventen der Schulen 1996–2005«; Statistische Veröffentlichung der Kultusministerkonferenz, Dokumentationsnummer 181, Bonn, Mai 2007.

*McKinsey 2007:* »How the world's best-performing school systems come out on top«; McKinsey & Company, September 2007.

*Meidinger 2006:* Heinz-Peter Meidinger, »Verstärkte Sprachförderung ist der Schlüssel zu besseren Schulleistungen und zu besserer Integration«; Vorsitzender des Deutschen Philologenverbandes zur OECD-Auswertung von PISA 2003 über Schüler mit Migrationshintergrund, Pressemitteilung, Berlin, 15.05.2006.

*Meri, Matti:* zitiert in: Henning Sußebach, Stefan Willeke, »Wo die Lehrer sitzen bleiben«; Die Zeit 17/2007.

*Modus21 2007:* »Modus 21, Schule in Verantwortung«; www.modus21.forschung.uni-erlangen.de.

*MPIB 2005:* »PISA: Projektüberblick, Internationale Grundkonzeption«; Max-Planck-Institut für Bildungsforschung, http://www.mpib-berlin.mpg.de/pisa/intgrundkonzeption.htm, 25.02.2008.

*OECD 2003:* »PISA 2003 Mathematiktest«; http://pisaweb.acer.edu.au/oecd_2003/oecd_pisa_data_s1.html, Oktober 2007.

*OECD 2004:* »Learning for Tomorrow's World – First Results from PISA 2003«; Paris.

*OECD 2006:* »Education at a glance 2006«; Paris.

*OECD 2007a:* »PISA 2006. Science competencies for tomorrow's world«; Paris.

*OECD 2007b:* »Employment Outlook 2007«; Paris.

*OECD 2007c:* »Education at a Glance 2007«; Paris.

*Pisa Konsortium Deutschland 2004:* »Der Bildungsstand der Jugendlichen in Deutschland – Ergebnisse des zweiten internationalen Vergleichs«; Münster.

*Pisa Konsortium Deutschland 2005:* »Der zweite Vergleich der Länder in Deutschland – Was wissen und können Jugendliche?«; Münster.

*Pisa Konsortium Deutschland 2007:* »Die Ergebnisse der dritten internationalen Vergleichsstudie – Zusammenfassung«; Münster.

*Prenzel, Manfred:* zitiert in: »Wir habe dazugelernt«; Die Zeit 50/2007.

*Sanders 1996:* William L. Sanders, June C. Rivers, »Cumulative and Residual Effects of Teachers on Future Student Academic Achievement«; University of Tennessee Value-Added Research and Assessment Center, Research Progress Report, November 1996.

*Schaarschmidt 2006:* »Potsdamer Lehrerstudie«; zitiert in: Süddeutsche Zeitung: »Zum Lehrer nicht geeignet«; 13.12.2006.

*Schweinhart 2005:* Lawrence J. Schweinhart, J. Montie, Z. Xiang u.a., »Lifetime Effects: The High/Scope Perry Preschool Study Through Age 40«; High/Scope Press.

*Selbstständige Schule NRW 2006:* »Entwicklung ist messbar: Zwischenbericht der wissenschaftlichen Begleitforschung zum Projekt Selbständige Schule«; Troisdorf.

*Spieß 2003:* C.K. Spieß, F. Büchel, G.G. Wagner, »Children's School Placement in Germany: Does Kindergarten Attendance Matter?«; Early Childhood Research Quarterly, 11, S. 255–270.

*Statistisches Bundesamt 2004:* »Inanspruchnahme des Kindergartens ab dem Alter von 3 Jahren bis zum Schuleintritt 2004 nach Schulbildung der Bezugspersonen und Staatsangehörigkeit des Kindes (in %)«; zitiert in: »Bildung in Deutschland. Ein Indikatorengestützter Bericht mit einer Analyse zu Bildung und Migration«; Konsortium Bildungsberichterstattung, Bielefeld 2006.

*Statistisches Bundesamt 2006a:* »Im Fokus: Ausgaben je Schüler/-in, 2004«; Wiesbaden.

*Statistisches Bundesamt 2006b:* »Bildung im Zahlenspiegel 2006«; Wiesbaden.

*Statistisches Bundesamt 2006c:* Fachserie 11 Reihe 1, »Allgemeinbildende Schulen. Schuljahr 2005/2006«; Wiesbaden.

*Statistisches Bundesamt 2006d:* Fachserie 11 Reihe 2, »Berufliche Schulen. Schuljahr 2005/2006«; Wiesbaden.

*Statistisches Bundesamt 2006e:* Fachserie 11 Reihe 1.1, »Private Schulen, Schuljahr 2005/2006«; Wiesbaden.

*Statistisches Bundesamt 2007:* Fachserie 11 Reihe 4.2, »Prüfungen an Hochschulen, 2006«; Wiesbaden.

*Troltsch 1999:* Klaus Troltsch, László Alex, Richard von Bardeleben, Joachim G. Ulrich, »Jugendliche ohne Berufsausbildung – eine BiBB/ EMNID Untersuchung«; Bonn.

*Wößmann 2002:* Ludger Wößmann, »Schooling and the Quality of Human Capital«; Institut für Weltwirtschaft an der Universität Kiel, Kieler Studien Vol. 319.

*Wößmann 2007:* Ludger Wößmann, »Letzte Chance für Gute Schulen«; Gütersloh.

*Wößmann, Ludger:* zitiert in: »Das Geld versickert«; Die Zeit 25/2007.

**Bereich Arbeitsmarkt, S. 185 – 219**

*Anger 2007:* Christina Anger, Axel Plünnecke, Michael Tröger, »Renditen der Bildung – Investitionen in den frühkindlichen Bereich«; Institut der deutschen Wirtschaft Köln i. A. der Wissensfabrik – Unternehmen für Deutschland e.V., Februar 2007.

*AuS-Portal 2002:* »Urlaube und Feiertage im internationalen Vergleich«; Internetportal für Arbeits- und Sozialrecht, www.aus-portal.de/media/ urlaub-und-feiertage-im-internationalen-vergleich.pdf, 25.02.2008.

*Beblo 2006:* Miriam Beblo, »The Wage Effects of Entering Motherhood – A Within-firm Matching Approach«; Zentrum für Europäische Wirtschaftsforschung, ZEW Discussion Paper No. 06-053, Mannheim.

*Bergmann 2005:* Hubert Bergmann, zitiert in: Alena Schröder, »50 + Ingenieur = arbeitslos«; Die Zeit 28/2005.

*BMFSFJ 2006:* »Deutschland wird kinderfreundlich – mehr Betreuungsplätze für unter Dreijährige«; Berlin, 12.07.2006.

*Börsch-Supan 2007:* Axel Börsch Supan, »Die Heuchelei mit den Mindestlöhnen«; Frankfurter Allgemeine Zeitung 16/2008.

*Bundesagentur für Arbeit 2007a:* »Arbeitsmarkt in Zahlen – Arbeitslose nach ausgewählten Merkmalen – Jahreszahlen«; Nürnberg, Dezember 2007.

*Bundesagentur für Arbeit 2007b:* »Arbeitsmarkt in Zahlen – Gemeldete Stellen nach Ländern – Jahreszahlen«; Nürnberg, Dezember 2007.

*Bundesagentur für Arbeit 2007c:* »Beschäftigungs- statistik – Sozialversicherungspflichtig Beschäftigte – Zeitreihen ab Juni 1999«; Nürnberg, Dezember 2007.

*Bundesbank 2007:* »Statistik Zeitreihen UUCY01, USCY01, UUCC02, USCC02«; http://www. bundesbank.de/statistik/statistik_zeitreihen. php?open = aussenwirtschaft, 14.08.2007 und 29.11.2007.

*Burström 2005:* Kristina Burström u.a., »Increasing socio-economic inequalities in life expectancy and QALYs Sweden 1980–1997«; Health Economics Vol. 14 No. 8, 2005.

*DAV 2007:* »Sterbetafeln DAV 2004 R«; Deutsche Aktuarvereinigung e.V., Köln, 25.05.2007.

*DIA 2005:* »Erwerbstätigkeit im Alter und Frühruhestand: Arbeiten nach dem Arbeitsleben – Erwerbstätigkeit im Ruhestand«; Deutsches Institut für Altersvorsorge, http://www.dia-vorsorge.de/df_010513. htm, 25.02.2008.

*Die Zeit 2002:* »Raus aus dem Altersgefängnis!«; Die Zeit 27/2002.

*Die Zeit 2003:* Sabine Etzold, »Der Rat der Greise«; Die Zeit 33/2003.

*EGGSIE 2006:* »The gender pay gap. Origins and policy responses. A comparative Review of thirty European countries«; European Commission, Directorate General for Employment, EU expert group on Gender, Social Inclusion and Employment, Social Affairs and Equal Opportunities, Utrecht, Juli 2006.

*Eurostat 2001/02:* »Time Use Survey«.

*Eurostat 2007a:* »Arbeitskräfteerhebung (Labour Force Survey) 2005–2007«.

*Eurostat 2007b:* »Living Conditions and Welfare«.

*Faßbender 2001:* Heino Fassbender, Jürgen Kluge, »Perspektive Deutschland – Was die Deutschen wirklich wollen«; Berlin 2006.

*Finanztest 2008:* »Soviel Rente bekommen Sie – das ist sie dann noch wert«; Stiftung Warentest, Finanztest i. A. von BILD.

*Focus 2007:* Annette Beutler, Frank Thewes, »Mehr Rot als Schwarz auf dem Konto«; Focus 48/2007.

*Galenson 2005a:* David W. Galenson, »The Greatest Artists of the Twentieth Century«; National Bureau of Economic Research, NBER Working Paper No. 11899, Cambridge (Mass.), Dezember 2005.

*Galenson 2005b:* David W. Galenson and Bruce A. Weinberg, »Creative Careers: The Life Cycles of Nobel Laureates in Economics«; National Bureau of Economic Research, NBER Working Paper No. 1799, Cambridge (Mass.), November 2005.

*Half 2005:* »Deutsche Mütter fallen von der Karriereleiter«; Robert Half Finance & Accounting, Pressemitteilung, Düsseldorf, 27.09.2005.

*Höffe 2007:* Otfried Höffe, »Das Unrecht des Bürgerlohns«; Frankfurter Allgemeine Zeitung 298/2007.

*IAB 2000:* »Beschäftigung von Geringqualifizierten in Dänemark«; Institut für Arbeitsmarkt- und Berufsforschung, Werkstattbericht Nr. 3, Nürnberg, Februar 2000.

*IAB 2005:* »Sozialversicherungspflichtige Beschäftigung: Woher kommt die Talfahrt«; Institut für Arbeitsmarkt- und Berufsforschung, IAB Kurzbericht 26/2005, Nürnberg, 28.12.2005.

*IAB 2006:* Susanne Wanger, »Erwerbstätigkeit, Arbeitszeit und Arbeitsvolumen nach Geschlecht und Altersgruppen«; Institut für Arbeitsmarkt- und Berufsforschung, IAB Forschungsbericht 2/2006, Nürnberg.

*IAB 2007a:* »Durchschnittliche Arbeitszeit und ihre Komponenten in Deutschland (Früheres Bundesgebiet) 1970 bis 1991«; Institut für Arbeitsmarkt- und Berufsforschung, Nürnberg.

*IAB 2007b:* »Durchschnittliche Arbeitszeit und ihre Komponenten in Deutschland 1970–2008«; Institut für Arbeitsmarkt- und Berufsforschung, Nürnberg.

*ISSP 2005:* »ISSP 2005 – Work Orientations III – ZA No. 4350«; International Social Survey Programme, http://193.175.239.100/en/data_service/issp/data/2005_Work_Orientations_III.htm, 25.02.2008.

*IZA 2007:* »Wachstumsaspekte der Arbeitsmarktpolitik – Von den Nachbarn lernen«; Institut zur Zukunft der Arbeit, Research Report No. 13, Bonn, April 2007.

*FDP 2005:* »Das Liberale Bürgergeld: aktivierend, transparent und gerecht«; Kommission Bürgergeld Negative Einkommensteuer, Berlin, 28.01.2005.

*OECD 2005–2006:* »Employment Outlook 2005–2006«; Paris.

*OECD 2006a:* »Labour Force Statistics 1985–2005«; Paris.

*OECD 2006b:* »Live Longer, Work Longer: A synthesis report«; Paris.

*OECD 2007a:* »Employment Outlook 2007«; Paris.

*OECD 2007b:* »Benefits and Wages 2007«; Paris.

*OECD 2007c:* »Education at a Glance 2007«; Paris.

*OECD 2007d:* »Babies and Bosses – Reconciling Work and Family Life«; Paris.

*OECD.Stat 2007:* »OECD.StatExtracts«; http://stats.oecd.org/wbos/Default.aspx, Dezember 2007.

*PKV 2007:* »PKV – Sterbetafel 2008«; Verband der privaten Krankenversicherung e.V., Köln, 31.01.2007.

*Schneider 2007a:* Friedrich Schneider, »Size and Development of the Shadow Economy in Germany and Austria: Some preliminary findings«; CREMA –Center Research in Economics, Management and the Arts, Working Paper 2007 – 15, Basel, 03.07.2007.

*Schneider 2007b:* Friedrich Schneider, direkte Auskunft; Johannes Kepler Universität Linz.

*Spiegel 2005:* Sassan Niasseri, »Arbeit für Alte«; Spiegel Online, 06.06.2005.

*Spiegel 2007a:* »Müntefering fordert Bereitschaft zum Jobwechsel im Alter«; Spiegel Online, 27.02.2007.

*Spiegel 2007b:* Uwe Buse, »Reformen: Das kommunistische Dorf«; Der Spiegel, 10/2007.

*Statistisches Bundesamt 2001/02:* »Wo bleibt die Zeit? Die Zeitverwendung der Bevölkerung in Deutschland 2001/2002«; Wiesbaden.

*Statistisches Bundesamt 2005:* »RS 1.2 Bevölkerung – darunter Ausländer – nach Alter, Beteiligung am Erwerbsleben«; Wiesbaden.

*Statistisches Bundesamt 2006:* »11. Koordinierten Bevölkerungsvorausberechnung Sterbetafel 2040 D L1«; Wiesbaden.

*Statistisches Bundesamt 2007a:* »GENESIS Online«; https://www-genesis.destatis.de/genesis/online/logon, Oktober 2007.

*Statistisches Bundesamt 2007b:* Tab. L313 »Erwerbstätige Frauen im Alter von 15 bis unter 65 Jahren nach Familienstand, normalerweise geleisteter Wochenarbeitszeit und Altersgruppen der Kinder in der Familie«; Wiesbaden.

*Statistisches Bundesamt 2008:* »Pressemitteilung Nr. 001 vom 02.01.2008«; Wiesbaden.

*Süddeutsche 2007:* Gunnar Herrmann, »Nachtschicht, auch für die Kleinen«; Süddeutsche Zeitung 161/2007.

*Ministerium für Steuern Dänemark 2004:* »The Danish Tax Cut 2004«; http://www.skm.dk/foreign/english/2177.html, 13.07.2004.

*UN 2001:* »Replacement Migration: Is It a Solution to Declining and Ageing Populations?«; United Nations, Population Division, Department of Economic and Financial Affairs, United Nations Secretariat.

*USTREAS 2007:* »Earned Income Tax Credit«; United States Department of the Treasury: Internal Revenue Service; http://www.irs.gov/individuals/article/0,,id = 96406,00.html, 25.02.2008.

*Werner 2008:* Götz Werner, »http://www.unternimm-die-zukunft.de«; 25.02.2008.

*WVS 2006:* »European and World Values Surveys four-wave integrated data file, 1981–2004O, v.20060423, 2006«; The European Values Study Foundation and World Values Survey Association, Tilburg.

### Bereich Immigration, S. 221–259

*BAMF 2005:* Bundesamt für Migration und Flüchtlinge, »Migrationsbericht des Bundesamtes für Migration und Flüchtlinge im Auftrag der Bundesregierung (Migrationsbericht 2005)«; Nürnberg.

*BAMF 2007:* Bundesamt für Migration und Flüchtlinge, Nürnberg, direkte Auskunft am 5.10.2007.

*Bertelsmann Stiftung 2008:* Tobias Fritschi, Ben Jann »Gesellschaftliche Kosten unzureichender Integration von Zuwanderinnen und Zuwanderern in Deutschland«; Gütersloh.

*BMI 2008:* »Zuwanderungsrecht in Deutschland – Zuwanderung hat Geschichte«; Bundesministerium des Inneren, http://www.zuwanderung.de/1_zeitstrahl.html, 17.03.2008.

*Bonin 2006:* »Der Finanzierungsbeitrag der Ausländer zu den deutschen Staatsfinanzen: Eine Bilanz für 2004«; Institut zur Zukunft der Arbeit, IZA Discussion Paper No. 2444, Bonn, Dezember 2006.

*Britisches Innenministerium 2007:* »Byrne heralds new balance in migration policy«; Home Office, http://press.homeoffice.gov.uk/press-releases/migration-policy-balance, 20.01.2007.

*Bundeskanzlerin Angela Merkel 2007:* Pressestatement mit Bundesminister Franz Müntefering, 24.08.2007.

*Die Zeit 2004:* Sabine Rückert »Hochbegabte Ausländer raus!«; Die Zeit 23/2004.

*Docquier 2004:* Frederic Docquier, Abdeslam Marfouk, »Measuring the International Mobility of Skilled Workers (1990–2000): Release 1.0«; World Bank Policy Research Working Paper No. 3381, Washington D.C., 19.08.2004.

*Docquier 2007:* Frédéric Docquier, Hillel Rapoport, »Skilled migration: the perspective of developing countries«; Institut zur Zukunft der Arbeit, IZA Discussion Paper No. 2873, Bonn, Juni 2007.

*Esser 2006:* Hartmut Esser, »Migration, Sprache und Integration – AKI-Forschungsbilanz 4«; Arbeitsstelle Interkulturelle Konflikte und gesellschaftliche Integration (AKI), Wissenschaftszentrum Berlin für Sozialforschung (WZB), Berlin, Januar 2006.

*EU Kommission* 2007: »Handbuch zur Integration für Entscheidungsträger und Praktiker«; Zweite Ausgabe, Brüssel, Mai 2007.

*FTD 2007:* Sabine Meinert, »Neuseeland wirbt deutschen IT-Nachwuchs ab«; Financial Times Deutschland, 15.03.2007.

*Holzmann 2005:* Robert Holzmann, »Demographic Alternatives for Aging Industrial Countries: Increased Total Fertility Rate, Labor Force Participation, or Immigration«; The World Bank, Social Protection Discussion Paper No. 0540, Washington D.C., Dezember 2005.

*IAB 2008:* Herbert Brücker, Sebastian Ringer, »Ausländer in Deutschland: Vergleichsweise schlecht qualifiziert«; Institut für Arbeitsmarkt- und Berufsforschung, IAB Kurzbericht 1/2008, Nürnberg.

*IALS 1994–1998:* International Adult Literacy Survey, zitiert in: OECD, »Literacy in the Information Age – Final Report of the international Adult Literacy Survey«; 2000.

*ifo 2005:* Markus Lampert, Wolfgang Ochel, »Bleiberecht für ausländische Hochschulabsolventen«; ifo Institut für Wirtschaftsforschung, ifo-Schnelldienst 58. Jahrgang, 15/2005, München.

*IIASA 2007:* »World Population Program«; International Institute for Applied System Analysis, http://www.iiasa.ac.at/Research/POP/, 25.02.2008.

*IZA 2003:* Amelie Constant, Yochanan Shachmurove, Klaus F. Zimmermann, »What Makes an Entrepreneur and Does It Pay? Native Men, Turks, and Other Migrants in Germany«; Institut zur Zukunft der Arbeit, Discussion Paper No. 940, Bonn, November 2003.

*IZA 2007:* Matthias Schündeln, »Are Immigrants More Mobile Than Natives? Evidence from Germany«; Institut zur Zukunft der Arbeit, Discussion Paper No. 3226, Bonn, Dezember 2007.

*Keto DeMelo:* zitiert in Donata Elschenbroich, »Weltwissen der Siebenjährigen«; München, 2002.

*Mercer 2007:* »Worldwide Quality of Living Survey«; Mercer Human Resource Consulting.

*MPG 2007:* Jan Niessen, Thomas Huddlestone, Laura Citron u.a., »Migrant Integration Policy Index«; Migration Policy Group, British Council, Brüssel, September 2007.

*OECD 2006:* »Education at a Glance 2006«; Paris.

*OECD 2006:* »International Migration Outlook 2006«, Paris.

*OECD 2007a:* »Jobs for Immigrants: Labour market integration in Australia, Denmark, Germany and Sweden«; Paris.

*OECD 2007b:* »International Migration Outlook 2007«; Paris.

*OECD 2007c:* »Gaining from Migration – Towards a New Mobility System«; Paris.

*Roodenburg 2003:* Hans Roodenburg, Rob Euwals, Harry ter Rele, »Immigartion and the Dutch Economcy«; CPB Netherland Bureau for Economic Policy Analysis, Den Haag, Juni 2003.

*Sachverständigenrat 2004:* »Migration und Integration – Erfahrungen nutzen, Neues wagen«; Jahresgutachten 2004 des Sachverständigenrates für Zuwanderung und Integration, Wiesbaden.

*Sinn 2004:* Hans-Werner Sinn, »Wohlfahrtsmagnet Deutschland«; ifo Institut für Wirtschaftsforschung, ifo Standpunkt Nr. 54, München, 20.07.2004.

*Spiegel 2006:* »Flucht aus Deutschland: Größte Auswanderungswelle der Geschichte«; Spiegel Online, 22.06.2006.

*Spiegel 2007a:* »Jobben als Hilfsarbeiter«; www.spiegel.de/img/0,1020,990521,00.jpg und »Arbeitslos trotz Hochschulabschluss« www.spiegel.de/img/0,1020,990516,00.jpg, Spiegel Online, 14.11.2007

*Spiegel 2007b:* »Erfolgsmigranten: Deutschlands importierte Überflieger«; Spiegel Online, 20.12.2007.

*Statistisches Bundesamt 2004/2005:* Fachserie 11, Reihe 4.1, »Studierende an Hochschulen Wintersemester 2004/2005«; Wiesbaden.

*Statistisches Bundesamt 2006:* »11. Koordinierte Bevölkerungsvorausberechnung. Annahmen und Ergebnisse. 2006–2050«; Wiesbaden.

*Statistisches Bundesamt 2007a:* Fachserie 1 Reihe 2.2, »Bevölkerung und Erwerbstätigkeit − Bevölkerung mit Migrationshintergrund – Ergebnisse des Mikrozensus 2005«; Wiesbaden.

*Statistisches Bundesamt 2007b:* »RS 1.2 Bevölkerung − darunter Ausländer − nach Alter, Beteiligung am Erwerbsleben«; Wiesbaden.

*Statistisches Bundesamt 2007c:* Sonderauswertungen der Abteilung »Räumliche Bevölkerungsbewegungen«; Wiesbaden.

*Statisches Bundesamt 2007d:* »Deutsche Studierende im Ausland, Statistischer Überblick 1995−2005«; Wiesbaden.

*Stifterverband 2007:* Angelika Fritsche, Veronika Renkes, »Aufbruch in eine ungewisse Zukunft«; Stifterverband für die deutsche Wissenschaft e.V., Wirtschaft und Wissenschaft Heft 4/2007.

*STMAS 2007:* »Statistik Spätaussiedler und deren Angehörige«; Bayerisches Staatsministerium für Arbeit und Sozialordnung, Familie und Frauen, Dezember 2007«.

*Straubhaar 2002:* Thomas Straubhaar, »Ost-West-Migrationspotenzial: Wie groß ist es?«; Jahrbücher für Nationalökonomie und Statistik, Bd. 222/1, Stuttgart 2002.

*Straubhaar 2006:* Thomas Straubhaar, »Es ist nicht egal, wenn ihr euer Land verlasst«; Interview im Manager Magazin 27.6.2006.

*Zuwanderungsgesetz 2004:* Gesetz zur Steuerung und Begrenzung der Zuwanderung und zur Regelung des Aufenthalts und der Integration von Unionsbürgern und Ausländern vom 30. Juli 2004, Bundesgesetzblatt Jahrgang 2004, Teil I, Nr. 41, § 18.2, Bonn.

## Unser Team

Zuerst möchten wir unserem großartigen Team von Deutschland Denken! danken, mit dem wir über ein Jahr eng zusammengearbeitet haben: Sebastian Herzig, Daniel Christel, Jonas Flum, Felix Mannhardt, Jessica Neumann, Timur Nural, Duy Pham-Anh, David Pistor und Arne Jonas Warnke.

Seit vielen Jahren öffnet Gert Dahlmanns für uns Türen. Den Anstoß zu diesem Buch gab Andreas Bödecker. Das Projekt profitierte von der Kooperation mit dem Lisbon Council in Brüssel, Ann Mettler und Paul Hofheinz. In allen Fragen der Kommunikation waren uns Matthias Simon mit seinem Team und Angela Hornberg eine große Hilfe. Karina Wagner und Sycon GmbH erstellten die Grundlagen für die quantitative Modellierung des Humanvermögens. Wir danken unserer Verlegerin, Marita Mollenhauer und ihren Kollegen, für den Wagemut, sich ein zweites Mal auf uns einzulassen.

Für Kommentare zum Manuskript danken wir Axel Apfelbacher, Tim Arnold, Andreas Bödecker, Johannes Bohnen, Klaus Deutsch, Sven Ederer, Michael Eilfort, Federico Foders, Giesela Joos, Ralf Kohl, Peter Lange, Hans-Peter Kosmider, Andrea Maiweg, Hans-Henning von Oertzen, Birger Priddat, Bernd Raffelhüschen, Birgit Sander, Jan-Hendrik Schmidt, Angelika Schöchlin, Frank Schmiedchen, Alexander Schuller, Angelika Schuller, Moritz Schuller, Monika Trebert, Jakob von Weizsäcker, Martin Werding und Ludger Wößmann. Andi Wening und Hubert Brunträger haben die Abbildungen und den Text lektoriert. Außerdem haben wir erneut die Kundenorientierung und Kompetenz des Statistischen Bundesamtes geschätzt.

Freunde, Geschäftspartner und Kunden haben in den letzten neun Monaten nicht die Aufmerksamkeit gefunden, die ihnen zustand. Wir bedanken uns für ihre Geduld und ihren Zuspruch. Am meisten hatten unseren Familien unter dem zeitlichen Anspruch des Projektes zu leiden. Das werden wir gutmachen müssen.

# Deutschland Denken!

Deutschland Denken! e. V. ist ein politisch und ideologisch unabhängiger Think Tank, der mit Methoden aus dem Bereich der Unternehmenssteuerung und mit wissenschasftlicher Vorgehensweise neue Ideen in die politische Diskussion einbringt. Der Verein widmet sich den Schwerpunktthemen Humanvermögen und Wirtschaftswachstum. Er geht davon aus, dass das schließliche Ziel allen Wirtschaftens in Deutschland die Verbesserung des Lebensstandards der Deutschen ist, und dass der Staat politische und wirtschaftliche Freiheit, Sicherheit und Gerechtigkeit nur herstellen kann, wenn er finanziell dauerhaft wirtschaftet.

Deutschland Denken! e. V. arbeitet so, wie eine Strategie- oder Controllingeinheit für den Staat arbeiten könnte und begreift sich als Katalysator in der Kommunikation zwischen Politik und Öffentlichkeit.

Peer Ederer ist Experte für Innovation und Wachstum. Er arbeitet als Strategiecoach für Vorstände und Geschäftsführer europäischer Konzerne und leitet an der Zeppelin University in Friedrichshafen die Innovation&Growth Academy.

Philipp Schuller ist Private Equity Investment Manager. Er ist selbständig und hat vorher für Terra Firma GmbH und die Deutsche Bank AG gearbeitet. Gemeinsam mit Peer Ederer veröffentlichte er 1999 den Bestseller »Geschäftsbericht Deutschland AG«.

Stephan Willms ist Unternehmer. Seine Firma enablers International Ltd. entwickelt internationale Investitionsprojekte und unterstützt Unternehmen bei der Internationalisierung nach China, Südosteuropa und Äthiopien sowie beim Markteintritt in Deutschland. 2000 gründete er zusammen mit Peer Ederer und Philipp Schuller den Think Tank »Deutschland Denken!«.